Radikale Erschütterungen
Körper- und Gender-Konzepte im neuen Horrorfilm

Medien/Kultur 12

**Die Reihe *Medien/Kultur* wird herausgegeben
von Marcus Stiglegger**

Über die Autorin:
Susanne Kappesser ist Filmwissenschaftlerin und freie Autorin in Berlin. Ihr Studium der Filmwissenschaft, Philosophie und Komparatistik hat sie mit einer Arbeit über »Tod und Transgression in den Filmen von Jörg Buttgereit« abgeschlossen. Seit 2006 ist sie als freie Rechercheurin, Redakteurin und Filmautorin (u.a. für ZDF, arte, 3sat) tätig, arbeitet als Dozentin und hat diverse filmwissenschaftliche Aufsätze publiziert. Seit 2015 im Filmteam des Programmkinos »BrotfabrikKino«. 2015 hat sie an der Johannes Gutenberg-Universität Mainz über Körper- und Gendertransgressionen im französischen Genrekino promoviert. Arbeitsschwerpunkte: feministische Filmtheorie, Körpertheorie und Film.

Susanne Kappesser

Radikale Erschütterungen

Körper- und Gender-Konzepte
im neuen Horrorfilm

BERTZ+FISCHER

Bibliografische Information der Deutschen Nationalbibliothek
Die Deutsche Nationalbibliothek verzeichnet diese Publikation in der
Deutschen Nationalbibliografie; detaillierte bibliografische Daten
sind im Internet über <http://dnb.dnb.de> abrufbar.

Dieses Buch ist die überarbeitete Fassung meiner Dissertation »Körper- und Gender-Transgressionen im neuen französischen Genrekino«, die ich 2014 dem Promotionsausschuss des Fachbereichs Philosophie und Philologie der Johannes Gutenberg-Universität Mainz vorgelegt habe. Das Kolloquium fand am 24. Juli 2015 statt.

Fotonachweis:
Umschlag vorne: MARTYRS (Canal Horizons / Canal + / CinéCinéma u.a.),
THE DIVIDE (Instinctive Film / Preferred Content / BR Group u.a.)
Umschlag hinten: LA HORDE (Capture The Flag Films / Le Pacte / Coficup u.a.),
MUTANTS (Sombrero Films / Sombrero Productions / Région Picardie u.a.),
HAUTE TENSION (Alexandre Films / EuropaCorp.),
À L'INTÉRIEUR (La Fabrique de Films / BR Films / Canal+ u.a.)
Innenteil: 67, 81, 96–101, 103–105, 107, 108: Alexandre Films / EuropaCorp. –
83, 85: Capture The Flag Films / Le Pacte / Coficup u.a. – 86–88: Sombrero Films /
Sombrero Productions / Région Picardie u.a. – 90, 91: La Fabrique 2 / BE-FILMS /
Canal+ u.a. – 114, 139, 141, 143–147, 150: La Fabrique de Films / BR Films / Canal+ u.a. –
134, 135: Cartel Productions / BR Films / EuropaCorp u.a. – 155, 175, 183, 184,
187, 188: Canal Horizons / Canal + / CinéCinéma u.a. – 166–171: Instinctive Film /
Preferred Content / BR Group u.a.
© Photographs: original copyright holders

Alle Rechte vorbehalten
© 2017 by Bertz + Fischer GbR, Berlin
Wrangelstr. 67, 10997 Berlin
Printed in Poland
ISBN 978-3-86505-388-6

Inhalt

Gender-Transgressionen und Körperhorror   9
Vorwort von Marcus Stiglegger

Einleitung   11

»The body is everything. The story is nothing« –   12
Das französische Gegenwartskino

»Das Angstbild der Gegenwart scheint eben   17
der Mensch selbst zu sein« – Der Terrorfilm

Leinwandkörper und ZuschauerInnen-Körper: 19
Körper-Transgressionen

Körpergrenzen im Kino   24

Debatten um den Körper   24
Der Zweifel am Körper   24

Körperlichkeit und Film: Der wahrnehmende   26
(Subjekt-)Körper

Gesellschaft und das sich wandelnde Körperbild im Film   33

Performanz und Film   35
Performativität   35

Materialität, Körperlichkeit und Verkörperung   39

Film als performatives Medium   41

Performative Körperlichkeit im Film   50

Performative Körperlichkeit im Terror- und Horrorfilm   55

Zusammenfassung   59

Irritation: Gender-Transgression   66

Performative Geschlechtskörper   66
und der Zwang der Geschlechtsidentitäten

Der Körper als »Bedeutungsproduzent«   66

Materialisierung und Performanz bei Judith Butler   68

Die Bedingungen von Performanz: Die Matrix der Zwangsheterosexualität	70
Nur eine Illusion von Identität: Körper – Gender – Identität	74
Gender-Transgression und der lesbische Phallus	77

Überlebensstrategien in apokalyptischen Welten: LA HORDE, MUTANTS und LA MEUTE — 82

Identität im Schatten: HAUTE TENSION — 93

»Kannst du nicht wie jeder andere was Normales träumen?« Die verbannte Identität — 95

»Ich ist ein anderer« – Die Heraufbeschwörung phallischer Gewalt — 100

Die Handlungsmacht einer destruktiven Identität — 103

Versetzte (Geschlechts-)Identitäten als Irritation von Wirklichkeit — 105

Zusammenfassung — 109

Angriff: Die Destruktion von Körperkonzepten des Mütterlichen — 113

Der transgressive Mutterkörper — 114

Der Ort des Semiotischen — 114

Das Abjekte und der Transgressionsbegriff — 118

Die Macht der präödipalen Mutter im Kino — 122

Mütterliche Kontinuität als Gegenentwurf zum väterlichen Gesetz — 125

Die zweifelnde Mutter als neue Quelle des Horrors? – FRONTIÈRE(S) — 128

Die Zerschlagung mütterlicher Symbolsysteme durch Körper-Transgression: Die ambivalente Mutter in À L'INTÉRIEUR) — 137

Der Haus-Körper als Mutterkörper — 139

Die Abjektion des eigenen Kindes als Auslöser des Bösen — 141

Innerhalb der ambivalenten Mutter: Das Motiv der Transgression	143
Die letzte Überschreitung – Der Kampf im Bereich der unbegrenzten Transgression und die Destruktion des mütterlichen Körpers	147
Zusammenfassung	151

Erschütterung: Körper-Transgression als Entladung körperlicher Lesbarkeit — 154

Körper im Dazwischen — 156
Der posthumanistische Diskurs — 156
Posthumane Körperlichkeiten — 159
Die Utopie der Postsexualität — 162

Der entrückte Körper in THE DIVIDE — 164
Exkurs: Die offene Wunde – Gesellschaftliche Repressionen und die weibliche Körperlichkeit in X IS FOR XXL — 172

Die erschütterte Körperlichkeit: MARTYRS — 174
Die Spuren zur Überschreitung: Körper-Transgression und Postsexualität — 177
Die Überschreitung — 181
Der jenseitige Körper als monströse, posthumane Körperlichkeit — 185

Zusammenfassung — 189

Der kulturelle Handlungskörper: Eine Schlussbetrachtung — 193

Danksagung — 196
Literaturverzeichnis — 197
Index — 208

Für Gisela Kappesser und Manuel Roos

Gender-Transgressionen und Körperhorror
Vorwort von Marcus Stiglegger

In Deutschland haben zumindest zwei Filme aus dem Kontext des neuen französischen Genrekinos nach 2000 mit ihrer Zensurgeschichte Aufsehen erregt: Alexandre Ajas HAUTE TENSION (2002) und Julien Maurys und Alexander Bustillos À L'INTÉRIEUR (2007). Beide Filme stellen terrorisierte junge Frauen ins Zentrum, in beiden geht die Bedrohung gegen den weiblichen Körper letztlich von einer anderen Frau aus, und beide entfalten exzessive Inszenierungen von Körperzerstörungen. Es scheint fast so, als hätten diese Werke hierzulande gleich mehrere Tabus und Regeln gebrochen: die Definition von Geschlechterstereotypen, die Konventionen der Genreerzählung, das Diktum vom überlebenden *final girl* des modernen Horrorfilms. Beide Filme entfalten einen psychosensuellen Terror auf der Bild- und der Tonebene, wie er aus dem amerikanischen Kino so nicht vertraut war. Es schien, als seien diese Filme Symptome einer gesellschaftlichen Veränderung: des Bruchs mit maskuliner Dominanz, mit normierter Heterosexualität, ein Zeichen auch für den Aufstand einer jungen Generation gegen das Establishment (in À L'INTÉRIEUR werden die Unruhen in der Banlieue von Paris zur Metapher für die folgende *home invasion*).

Die Berliner Filmwissenschaftlerin Susanne Kappesser wagt sich mit ihrem vorliegenden Buch an eine intensive filmanalytische und kulturwissenschaftliche Untersuchung dieser filmischen Strömung. Wo der US-Horrorfilm der 1970er und 1980er Jahre noch vorwiegend mit dem *final girl*-Konzept arbeitete, da entdeckt die Autorin in den französischen Produktionen nach der Jahrtausendwende erstaunliche Innovationen. Dabei gelingt es ihr, psychoanalytische Filmtheorie, bizarre Phänomenologie und reiche, vielschichtige Filmanalyse fruchtbar zu verbinden und somit oft verfemtes Genrekino als Maschine von Begehren und Transgression zu erschließen. So steht Susanne Kappesser in der Tradition englischsprachiger Forschung zum marginalisierten Genrekino, wie man sie von Barbara Creed oder Carol J. Clover kennt: essayistisch verdichtete kulturwissenschaftliche Thesen und Konzepte, die anhand von sorgfältig ausgewählten Filmbeispielen umfassend veranschaulicht werden, um einen anderen, neuen Blick auf extremes Körperkino zu gewinnen. Im Zentrum stehen dabei die Geschlechterkonstruktionen im aktuellen französischen Horrorfilm, der fast durchweg starke Frauenfiguren als Protagonistinnen aufweist. Geschlechtergrenzen und -identitäten werden hier transformiert, dekonstruiert und überschritten. Im akademischen Kontext ist der französische Horrorfilm (seit dem Erfolg von HAUTE TENSION) erstaunlich wenig beachtet worden, während man weltweit unzählige publizistische Auseinandersetzungen findet, die Kontinuitäten und Motivketten konstatieren und diese konzeptionell fruchtbar machen. Für die filmanalytische Literatur

Vorwort: Gender-Transgressionen und Körperhorror

aber blieb eine solche Aufarbeitung bislang ein Desiderat, das Susanne Kappessers Dissertation ausfüllt, zumal sie mit einem dezidiert gendertheoretischen Fokus vorgeht.

Susanne Kappesser hat sich sowohl mit ihrer Magisterarbeit über die Filme von Jörg Buttgereit wie auch mit ihrem Beitrag zum französischen Horrorfilm À L'INTÉRIEUR im Band *Global Bodies* (Berlin 2011, erschienen in derselben Buchreihe wie der vorliegende Band) nachdrücklich als Spezialistin für die Anwendung kulturphilosophischer Theorien (der Transgressionstheorie nach Georges Bataille, der Abjekt-Theorie nach Julia Kristeva etc.) auf Mechanismen des Kinos empfohlen. Ihr Buch setzt diesen Weg konsequent und vielschichtig fort: Um Gender-Transgressionen, Post-Humanität und Körperhorror geht es hier, in einer Filmkultur, die typische Genremechanismen mit Melodram, Erotizismus und exzessiver Inszenierung verschmilzt. Susanne Kappessers Projekt steht somit indirekt auch in einem Diskurs des Genrekinos, wie er in Deutschland nur sehr selten geführt wird.

Es ist der Autorin hoch anzurechnen, dass sie sich in ihren Ausführungen nicht zu einem isolationistischen Theoriegebilde verstiegen hat, sondern ihre Thesen eng am filmischen Material und in erfreulich klaren Worten entwickelt hat. Ich freue mich sehr, dass der Band in der Reihe »Medien/Kultur« erscheinen kann.

Marcus Stiglegger
Mainz, im Oktober 2017

Einleitung

Die weibliche Hauptfigur in dem französischen Terrorfilm THE DIVIDE (The Divide – Die Hölle, das sind die anderen!; 2011; R: Xavier Gens) durchlebt eine schreckliche Odyssee: Mit neun weiteren Personen in einen Bunker eingeschlossen, versucht Eva einen verheerenden Atomanschlag zu überleben. Doch nicht die äußeren Umstände bedrohen die Gemeinschaft, sondern die patriarchalen Gruppenstrukturen veranlassen den sukzessiv voranschreitenden moralischen Verfall der Insassen. Alleine Eva hält den Repressionen stand, und es gelingt ihr schließlich, sich als letzte Überlebende aus dem Bunker zu befreien und in die zerstörte Außenwelt zu retten. Die destruktiven sozialen Auseinandersetzungen spiegeln sich in den verfallenden physischen Verfassungen der Figuren wider, lediglich Evas Körperlichkeit bleibt intakt. Ihr Austritt in die apokalyptische Welt ist bezeichnend: In ihrem Schutzanzug wirkt sie wie eine entfremdet-monströse Körperlichkeit, die in eine utopische, posthumane Umgebung schreitet.

In THE DIVIDE wird demnach in einem ersten Schritt auf eine bestehende, selbstzerstörerische Gesellschaftsstruktur und in einem zweiten Schritt auf eine Form von Unvorstellbarkeit eines Körpers verwiesen, der sich ebendieser entledigt hat. Denn Evas Körper ist als Effekt der vorigen Umstände zu einer diffusen, entrückten Gestalt transformiert, die sich in einer apokalyptischen Umgebung bewegt.

Evas Figurenentwicklung ist exemplarisch für die viele Frauenrollen in den neuen französischen Terrorfilmen. Gerade im Genrekino erscheinen sie ungewöhnlich, denn sie sind aktiv und setzen sich, wie in Evas Fall, selbstreflexiv mit den strukturellen Bedingungen auseinander – dementsprechend performen sie ihre jeweilige Körperlichkeit. Auf diese Weise entstehen vielfältige Figuren- und Körperkonstruktionen, wie etwa die unerschrockene Charlotte in LA MEUTE (Die Meute; 2010; R: Franck Richard), die sich mit ihrem gender-transgressiven Auftreten jeglichen Repressionen widersetzt, oder Yasmine aus FRONTIÈRE(S) (Frontier(s) – Kennst du deine Schmerzgrenze?; 2007; R: Xavier Gens), eine schwangere junge Frau, die sich durch die soziale Ungerechtigkeit in der Welt gezwungen sieht, ihr Kind abzutreiben. Dies sind Frauenfiguren, die nicht auf männliche Figuren bezogen sind, sie widersetzen sich tradierten (Geschlechter-)Klischees, sind nicht an (Hetero-)Sexualität interessiert, sind zum Teil gewalttätig, todessehnsüchtig, aber auch völlig passiv und labil zugleich.

Doch gerade jene Vielfalt scheint offenbar verstörendes Potential zu beherbergen. Wie sehen ›weibliche‹ Körperdarstellungen aus, wenn sie all das sein können? Wenn sie sich zudem mit heteronormativ-patriarchalen Strukturen auseinandersetzen oder sich diesen gar widersetzen? Sind diese Frauenkörper Horror-Gestalten?

Weibliche Körperdarstellungen, die aus solch einem Prozess hervortreten und sich der tradierten Lesbarkeit entziehen, werden (wie Eva) monströs oder gar unvor-

Einleitung

stellbar. Körper, die sich herkömmlichen Körperkonstruktionen widersetzen, scheinen demzufolge in der gegenwärtigen sozialen Wirklichkeit nicht vorstellbar – und eine Welt, in der sie existieren könnten, ebenfalls nicht.

Frauenfiguren im Mainstream-Horrorfilm bekommen seit jeher eindeutige Attribute verliehen: Sie sind zumeist attraktive, heterosexuelle, leicht bekleidete oder hysterisch laut schreiende Opfer, die sich möglicherweise in den letzten Zügen des Films doch noch zum mutigen *final girl* wandeln. In den hier untersuchten französischen Terrorfilmen dagegen nehmen die Frauenfiguren zum einen die tragenden Rollen ein und sind zum anderen äußerst facettenreich und komplex gestaltet. Dieser Aspekt macht die Frauenfiguren als Untersuchungsgegenstand interessant, denn sie grenzen sich damit von den meisten Darstellungen weiblicher Hauptfiguren im Genrekino ab. Doch was zeigen diese besonderen Frauenfigurationen auf, und worauf verweisen sie? Welche Motive werden mit ihren Körpern verknüpft? Sind autonome Frauenfiguren etwa die neue Quelle des Horrors?

Gekoppelt an die außergewöhnliche Präsentation von Frauenfiguren ist das Motiv des äußerst drastischen Körperhorrors. Dieser Aspekt lenkt den Fokus stark auf die Körperdarstellungen und wirft Fragen auf, die sich auf die Darstellung von Weiblichkeit als Körper-Konstruktion beziehen. Was passiert mit den Körperdarstellungen, wenn sich die Figuren mit ebensolchen Konstruktionen von Weiblichkeit, wie beispielsweise mit Mütterlichkeit, auseinandersetzen? Am Körper-Horror, vor allem gekoppelt an die Motive der Gender- und Körper-Transgressionen, scheint ein ebensolcher Prozess ablesbar.

Auffällig ist das Phänomen der Betonung von ungewöhnlichen Frauenfiguren und -körpern im französischen Genrekino seit etwa 2003. Mit dem Film HAUTE TENSION (High Tension; 2003; R: Alexandre Aja) setzte eine Produktionswelle der drastischen Terrorfilme ein, die ihren Höhepunkt mit MARTYRS (2008; R: Pascal Laugier) fand, jedoch noch wenige Produktionen nach sich zog, die in diesem Buch bis in das Jahr 2011 (THE DIVIDE) reichen. Die meisten Rezensionen, die sich mit den Filmen dieses Kinos beschäftigen, beziehen sich besonders auf die drastische Gewalt- und die unmittelbar damit verknüpfte Körperdarstellung. Umso verwunderlicher ist es, dass kaum beachtet wird, dass es sich hierbei beinahe ausschließlich um Frauenkörper handelt. Die Fokussierung auf den Körper-Horror als Gewaltdarstellung ist ein durchaus wichtiger Aspekt, allerdings scheint die außergewöhnliche Darstellung von Frauenfiguren ebenso auffällig, zumal der Körper-Horror als Motiv beinahe ausschließlich an deren Körperdarstellungen gebunden ist. Gewalt ist ein tragendes, gängiges und ohnehin vielbeachtetes Element des Horrorgenres, während Frauenrollen dagegen eine zumeist marginale öffentliche Sichtbarkeit zugutekommt. Dies ist ein Phänomen, das sich in der Resonanz der vorliegenden Filme widerspiegelt und im vorliegenden Buch aufgearbeitet werden soll.

»The body is everything. The story is nothing«[1] – Das französische Gegenwartskino

Um den Filmkorpus dieser Arbeit zu bestimmen und einzugrenzen, ist es sinnvoll, ihn mit einigen Definitionen zu vergleichen, die in Zusammenhang mit dem französischen Gegenwartskino entwickelt wurden.

Ausgelöst wurde die internationale wissenschaftliche Auseinandersetzung mit dem transgressiven französischen Kino 2004 durch James Quandt und dessen einflussreichen Begriff der New French Extremity. Was von Quandt als eine Kritik an dem neuen französischen Kino seit Ende der 1990er Jahre bis in die Gegenwart gedacht war, entwickelte sich durch die große Resonanz des polemischen Textes zu einem (auch in der Forschung) gebräuchlichen Begriff des New Extremism[2] für die neue Welle des drastischen europäischen Autorenkinos. Dazu gehören unter anderem Filme von RegisseurInnen wie Catherine Breillat, Bruno Dumont, Michael Haneke, Lars von Trier, Ulrich Seidl, Gaspar Noé und Philippe Grandrieux. Quandt löste eine Debatte über diese Filme aus, die den Terminus des New Extremism vor allem durch die Präsentation von »graphic and confrontial images of sex and violence«[3] erlangt haben.

»The critic truffle-snuffing for trends might call it the New French Extremity, this recent tendency to the willfully transgressive by directors like François Ozon, Gaspar Noé, Catherine Breillat, Philippe Grandrieux – and now, alas, Dumont. Bava as much as Bataille, Salò no less than Sade seem the determinants of a cinema suddenly determined to break every taboo, to wade in rivers of viscera and spumes of sperm, to fill each frame with flesh, nubile or gnarled, and subject it to all manner of penetration, mutilation, and defilement. Images and subjects once provenance of splatter films, exploitation flicks, and porn – gang rapes, bashings and slashings and blindings, hard-ons and vulvas, cannibalism, sadomasochism and incest, fucking and fisting, sluices of cum and gore – proliferate in the high-art environs of a national cinema whose provocations have historically been formal, political, or philosophical [...].«[4]

Quandts Vorwurf der kalkuliert eingesetzten transgressiven Elemente als »vogue for shock tactics«[5] hat in der Fachwelt viel Widerspruch ausgelöst. Anders als Quandt, der in den vereinzelten Provokationen der Filme keine gehaltvolle Bedeutsamkeit erkennen kann, sieht beispielsweise die französische Filmwissenschaftlerin Martine Beugnet gerade darin das Potential einer politischen Aussage, wie Tina Kendall und Tanya Horeck feststellen:

»Beugnet focuses on post-war cinema, considering how emerging extreme cinema deals with political conflicts and concerns about France's involvement in traumatic historical events in ways very different to the tradition of political, socialist realist filmmaking.«[6]

Beugnet erachtet in der direkten, extremen Form des Kinos, das sich durch die »more visceral connection«[7] an das Zuschauersubjekt bindet, die Möglichkeit einer unmittelbaren Auseinandersetzung mit dem jeweiligen historischen Kontext.[8]

Beugnet entwickelte bereits vor Quandt eine inhaltlich weiter gefasste Bezeichnung für die Bewegungen des französischen Gegenwartskinos, die sich auf das französische Kino seit dem Ende der 1980er Jahre bis in die Gegenwart bezieht: das sogenannte *French cinema of the margins* (2003). Wie der Terminus erkennen lässt, erachtet Beugnet das französische Kino als äußerst politisch und gesellschaftskritisch. Beugnet schließt ebenfalls nicht explizit das Genrekino mit ein und fokussiert (wie auch Quandt) das Autorenkino. Jedoch lassen sich einige wichtige Einflüsse auf das Genrekino erkennen. »France has always boasted a strong counterculture, one that repeatedly challenges a long-standing tradition of centralization and normaliza-

Einleitung

tion.«[9] Mit dieser zentralen Aussage erfasst Beugnet einen ausschlaggebenden Aspekt für die hier zu untersuchenden Genrefilme. Denn gerade die Auseinandersetzung mit Normen ist nicht alleine ein Merkmal des Horrorgenres generell,[10] sondern wird in den französischen Terrorfilmen ebenso zum Hauptmotiv der weiblichen Körperdarstellungen. An den Frauenkörpern ist ablesbar, inwiefern diese sich entweder (hetero-)normative Strukturen zunutze machen oder aber sich diesen widersetzen. Sie verhandeln auf diese Weise Körperkonstruktionen des Weiblichen, die ihnen auferlegt werden und aus denen sie gleichzeitig als Effekt hervorgehen.

Beugnet betont das gesellschaftskritische Potential des französischen Gegenwartskinos, indem sie darauf verweist, dass viele filmische Werke in realen gegenwärtigen Umgebungen in Frankreich situiert sind. Ein Beispiel dafür ist das *cinema of the banlieue*,[11] das sich mit den verheerenden Umständen in den Pariser Vororten nach dem politischen Rechtsruck auseinandersetzt. Einige der hier relevanten Filmbeispiele enthalten ebenfalls eine solche realistische Rahmenhandlung (in À L'INTÉRIEUR [Inside; 2007; R: Alexandre Bustillo, Julien Maury] und auch in dem Zombiefilm LA HORDE [Die Horde; 2009; R: Yannick Dahan, Benjamin Rocher] wird ironisch mit diesem Element gespielt). Besonders in der Analyse von FRONTIÈRE(S) wird dies als ein bedeutendes Motiv dargelegt.

Grundsätzlich lässt sich durch diesen Vergleich hervorheben, was in diesem Buch für die kommenden Analysen ausschlaggebend sein wird: Die Körperdarstellungen veranschaulichen die Verhandlungen mit sozialen Konstruktionen und Formationen. Damit gehen die Leinwandkörper eine (diskursive) Verbindung mit den zuschauenden Körperlichkeiten ein. Dieser Aspekt wird zu einem späteren Zeitpunkt ausführlicher erläutert werden.

Um den hier zu untersuchenden Filmkorpus weiterhin in die rezente Forschung über das französische Kino einzuordnen, wird zunächst der Ausdruck des *cinema of transgression*,[12] der ebenfalls von Martine Beugnet definiert wurde, aufgegriffen. Zunächst scheint dieser Ausdruck darauf hinzuweisen, dass dieses Kino viel mit den hier relevanten Filmen gemein hat, ist doch die Transgression ein Hauptmotiv. Jedoch konzentriert sich Beugnet in *Cinema and Sensation* (2007) auf den Begriff der Transgression, um drastische Filmelemente des Autorenkinos zu benennen, die es vermögen, die Zuschauenden in allererster Linie sinnlich zu affizieren, bevor der Prozess des Verstehens und Lesens der Bilder einsetzen kann:

»A specific sense of momentum emanates from the work of a number of contemporary French filmmakers, evidenced by the release, in close succession, of a batch of films which betray a characteristic sensibility to and awareness of cinema's sensuous impact and transgressive nature. [...] There is something particularly engaging in finding this kind of cinematic practice, with its emphasis on the corporeality of film, so much in evidence in contemporary French cinema. In the first instance it goes against the traditions of scenario and/or dialogue-based cinema that as far as the auteur strand is concerned. [...] Secondly, and in more general terms, the return of a cinema as an art of the senses also goes against the ingrained, Cartesian bent towards the abstract that forms the basic of modern French culture.«[13]

In *Cinema and Sensation* konzentriert sich Beugnet dementsprechend hauptsächlich auf das transgressive Autorenkino, das sich der Tradition des französischen Kinos widersetzt, indem es nicht vornehmlich den Intellekt der Zuschauenden adressiert, sondern (vor allem durch extreme körperliche Darstellungen) an die sinnliche Wahrnehmung des Zuschauersubjektes appelliert. Während Beugnet sich auf die unmittelbaren sinnlichen Affizierungen konzentriert, fällt der Forschungsschwerpunkt in dieser Arbeit auf die »kulturelle/soziale Affizierung«[14] der Zuschauenden. Das Genre des Terrorfilms ist ein *body genre* und ohnehin körper- und affektkonzentriert, auf filmischer wie auf rezeptioneller Ebene, anders als das Autorenkino. Statt genauer zu beschreiben, *wie* die Zuschauenden affiziert werden, ist es der Anspruch dieses Buches zu hinterfragen, *warum* dies geschieht.

Neben Beugnet hat auch der US-amerikanische Filmwissenschaftler Tim Palmer auf Quandt reagiert und den Terminus des *cinéma du corps* vorgeschlagen. Der starke Bezug auf die Körperdarstellungen in Palmers Definition ist im Zusammenhang dieser Arbeit ebenfalls interessant:

> »This *cinéma du corps* consists of arthouse thrillers with deliberately discomfiting features: dispassionate physical encounters involving filmed sex that is sometimes unsimulated; physical desire embodied by the performances of actors or non-professionals as harshly self-gratifying; the sex act itself depicted as fundamentally aggressive, devoid of romance or empathy of any kind; and social relationships that disintegrate in the face of such violent compulsions (Palmer 2006).«[15]

Palmer fokussiert sich ausschließlich auf die Autorenfilme des aktuellen französischen Kinos, Genrefilme klammert er vollständig aus. Er bezieht sich vor allem auf FilmemacherInnen wie Marina de Van, Gaspar Noé, Bruno Dumont und Claire Denis. Zudem betrachtet er das *cinéma du corps* als Avantgarde-Phänomen, das sich durch experimentelle Stilelemente auszeichnet.[16] Nach Palmer werden die Sehgewohnheiten der Zuschauenden durch mehrere Aspekte stark herausgefordert; zum einen durch formale Mittel: »it brilliantly radicalizes conventions of film style«[17], zum anderen durch die unmittelbare Fokussierung von Körperlichkeit und Sexualität, »these motifs of physical and/or sexual debasement are undeniably challenging.«[18] Damit wird die Narration des Films bisweilen untergraben und tritt in den Hintergrund. Das Zuschauersubjekt fällt demzufolge aus der passiven, beobachtenden Rolle heraus und wird geradezu physisch herausgefordert:

> »[...] it overhauls the role of the film viewer, rejecting the traditionally passive, entertained onlooker, to demand instead a viscerally engaged experiential participant. In essence, filmmakers like Denis, Noé, Dumont and their contemporaries, have engineered a profoundly empirical cinema.«[19]

Die hier relevanten Genrefilme fokussieren, wie bereits erwähnt, ebenfalls die Körperlichkeiten im Film. Zudem scheint die passive Beobachterposition der Zuschauenden zeitweise aufgehoben zu werden. Dieser für die Filmuntersuchungen äußerst relevante Aspekt wird in diesem Buch etwa durch den filmtheoretischen Performanzbegriff aufgegriffen und noch ausführlich dargelegt werden. Die Zentrierung auf Körperdarstellungen sowie die performativen Elemente,[20] welche die Zuschauenden somatisch mit in den Filmprozess einbeziehen, sind Aspekte, die den Genrefilmen gemeinsam sind.

Jedoch unterscheiden sich die französischen Terrorfilme in einigen Punkten von dem Begriff des *cinéma du corps*. Beispielsweise sind auf rein formaler Ebene keine häufigen und bezeichnenden experimentellen filmischen Bewegungen zu erkennen, wie es etwa Gaspar Noé mit der entfesselten Kamera in IRRÉVERSIBLE (2002) und ENTER THE VOID (2009) vorführt.[21] Der sexuelle Akt zur Darstellung gefühlsentleerter menschlicher Beziehungen kommt zwar in dem apokalyptischen Genrefilm THE DIVIDE vor,[22] stellt jedoch keineswegs ein Leitmotiv des hier vorliegenden Filmkorpus dar, ganz im Gegensatz zu den Filmbeispielen des *cinéma du corps*:

> »But at the center of this cycle, a focal point most famously emblematized by TROUBLE EVERY DAY, is an emphasis on human sexuality rendered in stark and graphic terms. The filmmaking agenda here is an increasingly explicit dissection of the body and its sexual behaviors: unmotivated or predatory sex, sexual conflicts, male and female rape, disaffected and emotionless sex, ambiguously consensual sexual encounters, arbitrary sex stripped of conventional or even nominal gestures of romance. Forcible and transgressive, this is a cinema of brutal intimacy.«[23]

Aus diesen signifikanten Abweichungen vom *cinéma du corps* geht hervor, dass die hier zu untersuchenden Filme nicht diesem Begriff untergeordnet werden können, zumal Palmer selbst den hier relevanten Filmkanon zu ignorieren scheint.

Es gibt eine Vielzahl an Filmlisten, die den Korpus des neuen extremen französischen Kinos einzufangen versuchen. Jedoch sind diese Listen aus film- und genretheoretischer Sicht zumeist ungenau und spekulativ. So werden beispielsweise Autoren- und Genrefilme darin aufgenommen und undifferenziert behandelt. Wenn auch die Abgrenzungen zwischen den beiden Bereichen zum Teil durchaus fließend sein können, soll dies hier vermieden werden. Während im französischen Autorenkino des New Extremism Werke präsentiert werden, die filmisch zumeist experimentell sind und bei denen die Schocksequenzen in dieses Setting vereinzelt eingeworfen werden, dominiert in den hier verhandelten Terrorfilmen dagegen nicht unbedingt eine experimentelle Optik. Zudem richtet sich die Filmstruktur der Terrorfilme nach den aufkommenden Gewaltsequenzen, die zumeist wie *setpieces* in die Handlung eingefügt werden. Einfach formuliert liegt der Unterschied hauptsächlich darin, dass im Autorenfilm die Schocksequenzen eher unerwartet eintreffen und die Zuschauenden damit schockartig überwältigen sollen, während in den Terrorfilmen der vorliegenden Arbeit solche *body horror*-Elemente vom Publikum durchaus erwartet oder gar gefordert werden und den Film strukturieren können.[24] Die Aspekte, die das vorliegende Terrorkino mit den Autorenfilmen des New Extremism verbindet, sind die extrem drastische Form der Gewaltdarstellung und der Fokus auf Körperdarstellungen, die auch eine ›Welle der neuen Härte‹ im Horrorkino ausgelöst haben.

Was alle hier dargelegten Begrifflichkeiten verbindet, ist eine neue theoretische Richtung der Betrachtung der Zuschauerposition. Die Drastik der Körperdarstellungen vermag es, die Zuschauenden bisweilen aus der passiven, beobachtenden Position herauszubefördern. Die Filme des New Extremism, ob Genre- oder Autorenfilme, werfen demzufolge Fragen auf, die sich damit beschäftigen, inwiefern die Zuschauenden in den filmischen Prozess miteinbezogen werden:

> »We locate the new extremism in cinema, then, not simply with respect to what is shown, but in light of the complex and

often contradictory ways in which these films situate sex and violence as a means of interrogating the relationship between films and their spectators in the late twentieth and early twenty-first centuries. In their concerted practice of provocation as a mode of address, the films of the new extremism bring the notion of response to the fore, interrogating, challenging and so often destroying the notion of a passive or disinterested spectator in ways that are productive for film theorizing today.«[25]

Dieser Ansatz ist für dieses Buch äußerst relevant, denn einerseits werden die Untersuchungen der filmischen Körperdarstellungen fokussiert, andererseits wird immerzu die zuschauende Körperlichkeit mitgedacht. Das erste Kapitel wird den theoretischen Rahmen dafür bilden.

»Das Angstbild der Gegenwart scheint eben der Mensch selbst zu sein«[26] – Der Terrorfilm

Die Auswahl des hier relevanten Filmkanons richtet sich zum Ersten danach, dass die Filme ausschließlich von französischen RegisseurInnen stammen, zum Zweiten ist es ausschlaggebend, dass mindestens eine Frauenfigur die Hauptrolle besetzt. Zudem sollte es möglich sein, die Filme dem Terrorkino zuzuordnen.

> »Horror ist grundsätzlich die filmische Konfrontation mit verdrängten und somit unterbewussten Angstbildern. Diese können übernatürlicher Art sein (also Vampire, Zombies) oder eben bis ins Monströse gesteigert, jedoch menschlicher Herkunft sein (Serial-Killer, Kannibalen). Der klassische Horrorfilm unterscheidet sich vom Thriller, dass er die übernatürliche Erklärung nahe legt und eine rationale Erklärung verschleiert. Somit sind viele der momentan als Horror eingestuften Filme strenggenommen Thriller, denn sie zeigen ein Grauen menschlicher Herkunft. Dieses Grauen aber nimmt in seiner monströsen Dimension horrible Züge an. Das Angstbild der Gegenwart scheint eben der Mensch selbst zu sein.«[27]

Das Terrorkino ist ein Begriff, der von Marcus Stiglegger vorschlagen wird, um dem abfällig anmutenden Begriff des *torture porn* entgegenzuwirken, der lange Zeit für die betreffenden Filmwerke verwendet wurde:

> »2007 war längst ein Begriff gefunden, der diese und all die anderen Filme diffamieren wollte, die sich – mal ernster, mal trivialer – mit dem (bürgerlichen) Menschen als Bestie auseinander setzten: ›torture porn‹. Dieser weltweit kolportierte und nie wirklich definierte Kampfbegriff einer konservativen Presse, die damit vor allem ihr Zensurbedürfnis beschwören wollte, entspricht in Deutschland verbreiteten Propagandabegriffen wie ›Gewaltvideo‹, ›Gewaltpornografie‹ oder jüngst ›Killerspiele‹. All diese Begriffe enthalten die suggestive Habitualisierungsthese, dass nämlich die mediale Reflexion von Gewalt selbst Gewalt im Zuschauer erzeugt (›Nachahmung‹) und den Aggressionsreflex stimuliere – daher auch der gerne gesuchte Bezug zur Pornografie, jenem dezidiert ›stimulierenden‹ Genre. Zudem suggerieren alle Begriffe, dass es sich bei den stigmatisierten Medien oder Werken eben nicht um schützenswerte Kunstwerke handle.«[28]

Das Genre des Horrorfilms wird immerzu durch historische Umstände und soziale Befindlichkeiten beeinflusst. Auch Kriege und die mediale Rezeption in der entsprechenden Zeit spiegeln sich in der Ästhetik

Einleitung

und der Narration der Filme wider. Mit dem Vietnamkrieg etwa verlagerte sich das Grauen in den Filmen auf weltliche Typologien:

> »1968 wurde das Horrorgenre nachhaltig modernisiert und erhielt neue Archetypen: den profanen ZOMBIE (NIGHT OF THE LIVING DEAD / Die Nacht der lebenden Toten; 1968, R: George A. Romero) und den beschworenen Anti-Christen (ROSEMARY'S BABY / Rosemaries Baby; 1968; R: Roman Polanski), zwei Motive, die in den folgenden Dekaden bis heute immer neu variiert wurden.«[29]

Weitere Einflüsse gab es während der 1970er Jahre durch das Aufkommen des pornografischen Kinos, wie etwa den Film FORCED ENTRY aus dem Jahr 1973 (R: Shaun Costello).[30]
Der Beginn des Terrorkinos liegt in den Anfängen des modernen Horrorfilms, Ende der 60er Jahre. Vor allem der *backwood*-Film THE TEXAS CHAIN SAW MASSACRE (Blutgericht in Texas; 1974; R: Tobe Hooper) kann als richtungweisendes Werk des Terrorkinos betrachtet werden. In dem neuen französischen Terrorfilm nimmt insbesondere FRONTIÈRE(S) starken Bezug auf diese frühen Einflüsse. Ein Merkmal des Terrors in THE TEXAS CHAINSAW MASSACRE markierte zugleich eine Wende im Horrorgenre, denn der Film ersetzte »das Übernatürliche und Monströse durch genuin menschliche Bedrohung«.[31] Die neue Welle der Terrorfilme, die Anfang des neuen Jahrtausends einsetzte, wurde durch die Ereignisse des 11. Septembers beeinflusst sowie durch die darauffolgende mediale Verwertung von Folter- und Kriegsbildern wie beispielsweise den Abu-Ghraib-Fotografien.[32] Auch diese Einflüsse werden im französischen Kino aufgegriffen, wie hier beispielsweise in THE DIVIDE, der das apokalyptische New York nach einem verheerenden Atomanschlag zeigt (ebenso wie Elemente in FRONTIÈRE(S), ebenfalls von Xavier Gens inszeniert).

> »Die politischen Wirren nach dem Terroranschlag vom 11. September 2001 brachten schließlich eine neue Popularität kruder Terrorfilme mit sich, in denen wiederum der Mensch des Menschen größter Feind ist. Das ›Körperkino‹ generierte so eine neue Dimension des Grauens: das kreative Foltern und die umfassende Versehrbarkeit des Körpers, alles detailliert inszeniert in einer drastischen Konfrontationsästhetik.«[33]

Stiglegger benennt hier die Merkmale des Terrorfilms, die für den vorliegenden Filmkanon ebenfalls ausschlaggebend sind. Folter ist beispielsweise ein tragendes Element in MARTYRS, einem Film, der nach Stiglegger der »programmatische Endpunkt des Terrorfilms heute«[34] ist. In diesem Film wird vor allem »die philosophische und spirituelle Dimension der Tortur erkundet«.[35] Laut Pascal Laugier (Regisseur von MARTYRS) wurde dieser durch die beiden Terrorfilmreihen SAW (USA 2004 ff. R: James Wan) und HOSTEL (USA 2005 ff; R: Eli Roth) inspiriert, die zugleich zwei exemplarische Werke für das Mainstream-Terrorkino sind.[36]

Zwei weitere wichtige Aspekte zeichnen die vorliegenden Filme als Terrorfilme aus. Zum einen wird die »umfassende Versehrbarkeit des Körpers [...] in einer drastischen Konfrontationsästhetik«[37] präsentiert, zum anderen stellt Stiglegger fest, dass

> »es nicht mehr hauptsächlich Frauen sind, die hier zum Opfer werden, das Verhältnis zwischen Männern und Frauen egalisiert sich langsam. In Terrorfilmen wie HAUTE TENSION (High Tension; 2003; R: Alexandre Aja) treten Frauen gleichermaßen als Täter und Opfer auf, zugleich bieten diese Filme

erheblich mehr Identifikationspotenzial für ein junges weibliches Publikum, eine Zielgruppe für das Terrorkino [...].«[38]

Damit nennt Stiglegger den eigentlichen Anstoß für diese Arbeit, denn eine solch auffällige Darstellung von Frauenfiguren und Frauenkörpern scheint im westlichen Horrorkino Alleinstellungsmerkmal zu sein und sollte dementsprechend erörtert werden.

Die vorliegenden Filmbeispiele entsprechen den unterschiedlichen Spielarten und Subgenres des Horrorfilms, wie beispielsweise die Zombiefilme MUTANTS (Mutants – Du wirst sie töten müssen!; 2009; R: David Morlet) und LA HORDE oder der *home invasion*-Film À L'INTÉRIEUR.

Das, was letztlich alle verbindet und damit zum dem Korpus der Terrorfilme gehören lässt, ist, dass – direkt oder indirekt – der Mensch als Quelle des Bösen fungiert und, wie oben erläutert, mehrere archetypische Merkmale des Terrorkinos aufgegriffen werden. Wie in diesem Buch dargelegt wird, haben die Filme sozialkritisches Potential und damit das Vermögen, sich explizit auf die reale, außerfilmische Welt zu beziehen. Sie sind zum Teil an das gesellschaftskritische *cinema of the banlieue* angelehnt (FRONTIÈRE(S), LA HORDE, À L'INTÉRIEUR). Der Terrorfilm MARTYRS klagt die reiche, weiße Oberschicht an, die über Jahrzehnte junge Frauen und Kinder foltert – und verweist letztlich auf melancholische Weise auf das Böse im Menschen selbst (wie in der Analyse noch erörtert werden wird).

In diesem Buch wird jedoch ein besonderer Aspekt fokussiert, der gesellschaftskritisches und möglicherweise gar subversives Potential aufweist und den alle hier vorliegenden Filme gemeinsam haben: die Auseinandersetzung mit patriarchalen, (hetero-)normativen Gesellschaftsstrukturen. So wird etwa, oberflächlich betrachtet, die homosexuelle Hauptfigur in HAUTE TENSION als Quelle des Bösen nahegelegt. Die Analyse wird jedoch die Komplexität des *slasherfilms* berücksichtigen und aufzeigen, dass erst der Ausschlussmechanismus der heterosexuellen Matrix die lesbische Marie dazu verleitet, eine dem System entsprechende (männliche) Körperlichkeit zu performen, die dann auf das System zurückschlägt. Letztlich ist diese destruktive phallische Figur nur ein Effekt der Matrix mit Ausschlusscharakter, die sie zuvor in das Außen verbannt hat.

Dies ist nur ein Beispiel dafür, wie die Filme es vermögen, letztlich die Quelle des Bösen auf die soziale Wirklichkeit zu verlagern. Gerade die Analyse der Darstellung der Frauenkörper zeigt diesen kritischen Ansatz der Filme auf, ist doch an diesen die Auseinandersetzung mit den genannten gesellschaftlichen Strukturen ablesbar.

Diese Darlegung der unterschiedlichen Begrifflichkeiten zur Bestimmung des französischen Gegenwartskinos zeigt auf, dass das neue französische Kino, vor allem seit Beginn dieses Jahrhunderts, zwar international vermehrt wahrgenommen wird, jedoch bleibt der fokussierte Blick auf die weiblichen Körperdarstellungen und die damit einhergehenden somatisch-ästhetischen Elemente der Gender- und Körpertransgressionen im neuen französischen Genrefilm weitestgehend aus.

Leinwandkörper und ZuschauerInnen-Körper: Körper-Transgressionen

In dieser Arbeit sind zwei Ebenen relevant, die kontinuierlich zusammengedacht werden: zum einen die Analyse der Körperdarstellungen auf der Leinwand und zum anderen der performative Austausch der sozialen Körperkonstruktionen mit dem Zuschauersubjekt. Es wird stets davon ausgegangen, dass nicht alleine die drastische

Einleitung

Gewaltdarstellung das Zuschauersubjekt zuallererst somatisch affiziert, sondern mit den Körperlichkeiten auf der Leinwand auch soziale Körperkonstruktionen verhandelt werden, die die Zuschauenden kulturell affizieren.[39] Es werden in diesem Buch dementsprechend ausgewählte Körperästhetiken analysiert, und anhand von kulturphilosophischen Theorien wird zudem dargelegt, welche kulturellen Merkmale durch die Körperlichkeiten dargestellt und mit der zuschauenden Körperlichkeit möglicherweise ausgetauscht werden. Damit grenzt sich diese Arbeit von einem neurologisch basierten und empirischen Forschungsansatz zur Filmwahrnehmung ab. Vielmehr wird hier ein kulturwissenschaftlich-hermeneutischer und ästhetisch-analytischer Ansatz verfolgt.[40]

Es werden zwei Thesen aufgestellt, erstere bezieht sich konkret auf die Körperdarstellungen auf der Leinwand, innerhalb der filmischen Welt: Die Darstellungen der Frauenkörper veranschaulichen die Auseinandersetzung mit normativ-patriarchalen Gesellschaftsstrukturen; letztlich gehen aus diesem Prozess Körper hervor, die aufzeigen, dass weibliche Körper, die sich ebensolcher normativer Körperkonstruktionen widersetzen, als monströs und undenkbar erscheinen.

Es wird deutlich, dass Körperkonstruktionen des ›Weiblichen‹ hinterfragt werden. Die visuellen Motive, die diesen dekonstruktiven Prozess der Hinterfragung veranschaulichen, sind hauptsächlich die der Gender- und der Körper-Transgressionen. Ersteres löst den Bedeutungszusammenhang zwischen Körperlichkeit und dem jeweilig performten Geschlecht auf. Die Körper-Transgression ist nicht als Überschreitung des Körpers an sich zu verstehen, sondern als partielle Transgression der körperlichen Hautgrenze. Dieses drastische Motiv des Körper-Horrors fungiert letztlich als Hinterfragung der identitätsstiftenden körperlichen Lesbarkeit.

Diese Formen des Körper-Horrors führen zu der Unterthese, die im Folgenden immerzu mitgedacht wird. Denn die obige Körperästhetik-These lässt vermuten, dass soziale Körperkonstruktionen verhandelt werden, die sich auf die zuschauende Körperlichkeit beziehen können und damit das Zuschauersubjekt in einen diskursiven Austausch einbeziehen. Was machen die Körper mit den Zuschauenden, abgesehen von konkreten somatischen Affizierungen wie Ekel, Schock und Gänsehaut? In dieser Arbeit wird vorgeschlagen, dass die Zuschauenden kulturell affiziert werden und partiell und zeitlich begrenzt in einen transgressiven, soziokulturellen Austausch mit den Leinwandkörpern treten.

Der Begriff der Körper-Transgression kann demnach auf zwei Ebenen funktionieren: als ästhetisches Motiv der Körperdarstellungen sowie als transgressive Verbindung mit der zuschauenden Körperlichkeit.

Es ist nicht die Absicht dieses Buches, einen detaillierten Überblick über das moderne französische Genrekino zu erbringen. Vielmehr sollen einzelne, ausgewählte Filmbeispiele genaue Analysen der weiblichen Körperdarstellungen liefern, die immer im Zusammenhang mit dem Konzept der kulturellen Affizierung stehen. Letztlich werden die filmischen Körperlichkeiten daraufhin überprüft: Welche sozialen Körperkonstruktionen verhandeln diese Leinwandkörper, und inwiefern schlägt dies als performative Handlung auf die soziale Wirklichkeit der Zuschauenden zurück?

Zunächst werden im ersten Kapitel zentrale Termini dargelegt, die für die Filmanalysen ausschlaggebend sein werden. Wie wird das Konzept der Körperlichkeit betrachtet, und welche Körper-Debatten sind aktuell? Des Weiteren wird überprüft, inwiefern körperliche Darstellungen im Kino mit soziokulturellen Formationen zusammenhängen, ob etwa ein sozialer Wandel mit veränderten Körperdarstellungen im Kino einhergeht. Zudem soll der filmtheoretische Ansatz dieser Arbeit mit der Darlegung des Performanzbegriffs vorgestellt werden. Erst die filmische Performanz macht den Aspekt der kulturellen Affizierung möglich. Diese Erörterungen werden letztlich dazu führen, vorzuschlagen, dass die weiblichen Körperdarstellungen der französischen Terrorfilme als performative Filmkörper durch die kulturelle Affizierung eine soziale Handlung vollziehen. Sie erhalten damit eine sozialkritische Relevanz. Das erste Kapitel hat damit noch eine einleitende Funktion.

Die darauffolgenden filmanalytischen Kapitel sind in drei Schritte unterteilt: ›Irritation‹, ›Angriff‹ und zuletzt ›Erschütterung‹. Mit diesen Schritten soll ein fortlaufender, sich steigernder Prozess der Dekonstruktion von Körperkonzepten vorgeschlagen werden. Es ist nicht alleine an den Leinwandkörpern eine solche dekonstruktive Auseinandersetzung ablesbar, sondern die jeweiligen Schritte sind gleichzeitig als Auswirkung auf Körperkonzepte der Zuschauenden zu verstehen, in Form der kulturellen Affizierung. Um die Körperdarstellungen auf eine solche Form der Affizierung hin untersuchen zu können, müssen zunächst, jeder Filmanalyse vorausgehend, die jeweiligen sozialen Körperkonzepte erläutert werden, die dementsprechend in den Filmen anhand der Körperdarstellungen verhandelt werden.

Der Begriff der Dekonstruktion ist äußerst komplex, beschreibt allerdings in dieser Arbeit einen bestimmten Prozess. Der Terminus deckt sich mit der in der These vorgeschlagenen Hinterfragung von sozialen Körperkonstruktionen. Dekonstruktion ist demnach, im Sinne Judith Butlers, als Hinterfragung von Voraussetzungen zu verstehen: »Die Voraussetzung, die die Dekonstruktion hinterfragt, ist die des Körpers als Naturtatsache.«[41] Dieser Ansatz wird im einleitenden ersten Kapitel noch ausführlich dargelegt und erläutert.

»Dekonstruktion bedeutet [...] zunächst die Produktion von Verunsicherung oder Unsicherheit.«[42] Der erste Schritt ›Irritation‹ greift diesen Ansatz der beginnenden Dekonstruktion auf. Der theoretische Rahmen des ersten Schrittes erläutert die Bedeutungszusammenhänge von Körperlichkeit, Geschlecht und Identität. Vor allem ist in diesem Zusammenhang der Performanzbegriff von Judith Butler ausschlaggebend. Die Filmanalysen legen dar, wie diese zumeist als zusammenhängend gedachten Konzeptionen entweder bestätigt oder aufgelöst werden. Vor allem das Motiv der Gender-Transgression ist hierbei ausschlaggebend. Die Hauptanalyse widmet sich dem Film HAUTE TENSION, der eindeutig eine Störung der erwähnten Bedeutungszusammenhänge veranschaulicht und zudem die Performanz von Geschlecht betont. Damit wird nicht nur die Körperlichkeit auf der Leinwand als Irritation innerhalb der filmischen Welt präsentiert, sondern auch die Körperkonzeptionen des Zuschauersubjektes, die sich auf die möglicherweise zusammen gedachten Aspekte von Körperlichkeit, Identität und Geschlecht beziehen, können irritiert werden.

In dem zweiten Schritt ›Angriff‹ werden Körperkonzepte des Mütterlichen dekonstruiert. Zunächst werden gängige Körperkonstruktionen des Mutter-Körpers vorgestellt sowie Mutter-Konzepte im Kino (Jean-Louis Baudry und Barbara Creed). Hauptsächlich die Termini des Semiotischen und des Abjekten von Julia Kristeva werden in diesem

Einleitung

Zusammenhang dargelegt und fokussiert. Dem wird ein weiteres, offensichtlich verstörendes Mutter-Konzept entgegengestellt: das der ambivalenten, zweifelnden Mutter als Subjekt mit Handlungsmacht. Dieses greift letztlich die tradierten Körperkonzepte des Mütterlichen an. Hier wird nicht nur der Körper im Film angegriffen, sondern auch die Körperkonstruktionen, die die Zuschauenden möglicherweise mit den präsentierten Körperlichkeiten verbinden (in diesem Falle Körperkonzepte des Mütterlichen). Damit schlägt der Angriff in Form einer kulturellen Affizierung auf die soziale Wirklichkeit der Zuschauenden zurück.

Die Betrachtung der Körperdarstellungen im dritten Schritt (›Erschütterung‹) offenbart eine Auseinandersetzung mit patriarchalen Strukturen (THE DIVIDE) und eine drastische Auseinandersetzung mit der Körpergrenze ›Haut‹ als immerzu lesbarem Element der Identifikation (MARTYRS). Es wird deutlich, dass Körper, die aus diesen Prozessen hervorgehen, als monströse, posthumane Körperlichkeiten erscheinen. Zum Ersten werden demnach rezente Gesellschaftsstrukturen hinterfragt, und zum Zweiten wird der Körper in seiner Funktion als lesbares Zeichen dekonstruiert. Dies sind zwei Konzepte, die nur auf etwas Zukünftiges verweisen können, hinterfragen sie doch rezente Körper- und Gesellschaftskonstruktionen; wobei gleichzeitig diese ›zukünftigen‹ Körperlichkeiten nicht völlig ausgedeutet werden. Die Körperlichkeiten befinden sich demnach in einem Zustand des ›Dazwischen-Seins‹. Daher wird der theoretische Rahmen den posthumanistischen Diskurs aufgreifen, der ebendiesen Aspekt beinhaltet. Der Begriff der Postsexualität wird zudem dargelegt, da er den Wandel der Sexualität definiert, der mit posthumanen Vorstellungen von Körperlichkeit einhergeht.

Das Bild der finalen, unlesbaren Körperlichkeit innerhalb einer apokalyptischen oder klinischen Umgebung kann als Erscheinung einer ›erschütterten Materie‹ interpretiert werden. Dabei ist es wichtig zu erwähnen, dass keine vollkommene Ent-körperlichung oder Körperauflösung dargestellt wird – sondern dieses »Erschüttern der Materie« läßt sich verstehen als Anstoß für neue Möglichkeiten, für neue Arten, wie Körper Gewicht haben können.«[43] ❑

»By creating oblique and yet powerful correspondences between the body of the film and the body of the spectator, the films of the new extremism might be said to embody both past and contemporary realities in a novel way. In doing so, they call for a sustained consideration of the complex relations between aesthetics and politics as they are constructed through the intimate dialogue between the film and the spectator, and as they are reproduced and reconfigured through the kind of vociferous public debates that these films so often trail in their wake.«[44]

Anmerkungen

1. Fleig, Michael: »The Body is everything. The story is nothing.« Philippe Grandrieux' Spielfilmdebüt lotet die Möglichkeiten des Films jenseits der Repräsentationslogik aus. In: www.critic.de/film/sombre-4261/ [20.6.2014].
2. Horeck, Tanya; Kendall, Tina (Hrsg.): The New Extremism in Cinema. From France to Europe. Edinburgh 2011.
3. Ebd., S. 1.
4. Qua ndt, James: Flesh and Blood. Sex and Violence in Recent French Cinema. In: Horeck, Tanya; Kendall, Tina (Hrsg.): The New Extremism in Cinema. From France to Europe. Edinburgh 2011, S. 18.
5. Ebd., S. 18.
6. Horeck; Kendall, The New Extremism in Cinema, S. 10.

Anmerkungen

7 Beugnet, Martine: The Wounded Screen. In: Horeck, Tanya; Kendall, Tina (Hrsg.): The New Extremism in Cinema. From France to Europe. Edinburgh 2011, S. 31.
8 Wie sie bereits in *Cinema and Sensation* vorgeschlagen hat, entsteht dieser Vorgang durch den Aspekt der Verkörperung der »embodied forms of thought«. Siehe: Beugnet, Martine: Cinema and Sensation. Edinburgh 2007, S. 17 ff.
9 Beugnet, Martine: French cinema of the margins. In: Elizabeth Ezra (Hrsg.): European Cinema. Oxford 2003, S. 297.
10 So meint etwa Ken Gelder: »Horror can sometimes find itself championed as a genre because it wilfully produces is in fact a disturbance of cultural and ideological categories we may have taken for granted.« Damit greift Grant zudem den Aspekt der Irritation als Merkmal des Horrorgenres auf, der in dieser Arbeit dem ersten Analysekapitel zugeteilt wird. Siehe: Gelder, Ken: The Horror Reader. New York/Oxon 2000, S. 13.
11 Beugnet, Margins, S. 290–293.
12 Beugnet, Cinema and Sensation, S. 14ff.
13 Ebd., S. 14–15.
14 Dies ist ein Terminus, der von Gertrud Koch verwendet wird und im ersten Kapitel ausführlich erörtert wird. Siehe: Koch, Gertrud: Latenz und Bewegung im Feld der Kultur. Rahmungen einer performativen Theorie des Films. In: Krämer, Sybille (Hrsg): Performativität und Medialität. München 2004, S. 163–188.
15 Palmer, Tim: Under Your Skin: Marina de Van and the contemporary French *cinéma du corps*. In: Studies in French Cinema 6 (2006), S. 171.
16 Ebd., S. 172; vgl. auch: Palmer, Tim: Brutal Intimacy. Analyzing contemporary French Cinema. Middletown 2011, S. 57 ff.
17 Palmer, Under your skin, S. 172.
18 Ebd.
19 Ebd.
20 Palmer verwendet selbst nicht den Performanzbegriff, allerdings entsprechen seine Beschreibungen den Definitionen und Auslegungen des filmischen Performanzbegriffs, wie noch dargelegt werden wird.
21 Eine Bezeichnung, die Marcus Stiglegger auf performative Elemente der Filme von Noé bezieht. Vgl.: Vortrag Stiglegger, Marcus: Performative Film/Körper. Die entfesselte Kamera als Signum eines performativen Kinos in Gaspar Noés ENTER THE VOID.
22 Auch in HAUTE TENSION spielt Sexualität zwar eine Rolle, jedoch liegt der Fokus genauer betrachtet viel mehr auf dem Aspekt des Begehrens. An MARTYRS wird in der Arbeit etwa beispielhaft aufgezeigt, wie Sexualität gar völlig ausgelöscht wird und damit Visionen des Postsexuellen aufkommen. Sexualität spielt demnach nicht nur eine untergeordnete Rolle, sondern wird zum Teil dermaßen ausgeblendet, dass dieser Vorgang als Stilelement definiert werden kann.
23 Palmer, Tim: Style and Sensation in the Contemporary French Cinema of the Body. In: Journal of Film and Video 58 (2006), S. 22.
24 Zudem spielt Sexualität eine völlig andere Rolle, wie bereits oben dargelegt.
25 Horeck; Kendall, The New Extremism in Cinema, S. 2.
26 Blut tut gut – Die neue Lust am Horror. Stiglegger, Marcus im Interview mit *Die Welt online*: www.welt.de/kultur/article2482599/Blut-tut-gut-Die-neue-Lust-am-Horror.html [13.6.2014].
27 Ebd.
28 Stiglegger, Marcus: Terrorkino. Angst/Lust und Körperhorror. Berlin 2010, S. 17.
29 Ebd., S. 58.
30 Ebd., S. 19ff.
31 Ebd., S. 59.
32 Vgl. Stiglegger, Blut tut gut/Interview.
33 Stiglegger, Terrorkino, S. 60
34 Ebd., S. 83
35 Ebd.
36 Vgl. Interview mit Pascal Laugier: MARTYRS, DVD, Extras.
37 Ebd.
38 Stiglegger, Terrorkino, S. 69.
39 Die somatische und die kulturelle Affizierung sind dabei immer als gleichwertig und voneinander abhängig zu betrachten. Ebenfalls ein Aspekt, der im ersten Kapitel aufgegriffen wird.
40 Diese methodische Abgrenzung wird ausführlich im ersten Kapitel dargelegt werden.
41 Bublitz, Hannelore: Judith Butler zur Einführung. Hamburg 2002, S. 44.
42 Ebd.
43 Butler, Judith: Körper von Gewicht. Die diskursiven Grenzen des Geschlechts. Berlin 1995, S. 56.
44 Horeck; Kendall, The New Extremism in Cinema, S. 7.

Körpergrenzen im Kino

»Die Körper tendierten nicht nur dazu, eine Welt jenseits ihrer selbst anzudeuten, sondern diese Bewegung über ihre eigenen Grenzen hinaus, eine Bewegung der Grenze selbst, schien von ganz zentraler Bedeutung für das zu sein, was Körper ›sind‹.«

Judith Butler

Debatten um den Körper

Der Zweifel am Körper

Filmische Körper sind künstlich; sie werden aus kreativen Prozessen heraus konstruiert, teilweise neu erfunden und visuell wie auch inhaltlich gestaltet. Sie sind daher angehäuft mit Bedeutungen, die sich aus diskursiven Geflechten heraus zu einer somatischen Gestalt verdichtet haben – filmische Körper tragen Botschaften in sich. Der Körper im Film kann als das betrachtet werden, was Judith Butler in ihrer poststrukturalistischen feministischen Theorie als den menschlichen Körper an sich versteht: »Der Körper ist selbst also nicht lediglich passives Instrument oder Mittel kultureller Einschreibungen, er wird vielmehr als sozialer Geschlechtskörper diskursiv erst ›ins Leben gerufen‹.«[1] Das, was mitunter den größten Widerstand gegenüber Butlers Thesen ausgelöst hat, trifft auf den filmischen Körper zu, ihn nämlich als rein »diskursive Konstruktion zu verstehen«,[2] die sogar seine »Materialität einschließt«.[3] Max Horkheimer und Theodor W. Adorno beispielsweise gehen dagegen davon aus, dass so etwas wie ein ursprünglicher, unberührter, natürlicher Körper existiert, dieser jedoch durch soziale und kulturelle Repressionen und Einschreibungen und im Zuge des Fortschritts der Moderne einem irreversiblen Distanzierungsprozess unterworfen wurde, welcher schließlich zur völligen Entfremdung geführt hat.[4] Der Körper im Film schließt diesen vermeintlichen Dualismus von körperlicher Materialität und sozialem Konstrukt per se aus, vielmehr manifestiert er sich selbst als diskursives Geflecht im Film; eine Verdichtung zur Darstellung einer physischen Gestalt, welche auch hinterfragt und aufgelöst werden kann. Die Visualisierung der sich auflösenden Körper kann ebenso eine Hinterfragung der physischen Materialität symbolisieren. Filmische Körper sind eines der zentralen Spielfelder für wichtige philosophische, kulturwissenschaftliche und filmtheoretische Ansätze der Körperdebatte. Gerade der Horror- und Terrorfilm ist imstande, äußerst flexible Körperkonzepte zu inaugurieren, die wieder aufgelöst und möglicherweise in völlig neuen Formen rekonstruiert werden können. Der poststrukturelle Ansatz Butlers, nach dem der Körper nicht ohne den Diskurs gedacht werden kann, ja sogar völlig aus diesem hervorgeht, ermöglicht auch bei der Betrachtung der filmischen Körper im Genrefilm wichtige Fragestellungen: Was bedeuten diese filmischen ›Körperspiele‹ letztlich für den gesellschaftlichen Diskurs? Woraus sind sie entstanden, und worauf verweisen sie?

»Eine Voraussetzung in Frage zu stellen ist nicht das Gleiche, wie sie abzuschaffen; vielmehr bedeutet es, sie von ihren metaphysischen Behausungen zu befreien, damit verständlich wird, welche politischen Interessen in und durch diese metaphysische Platzierung abgesichert wurden. [...] Dieses Erschüttern der ›Materie‹ läßt sich verstehen als Anstoß für neue Möglichkeiten, für neue Arten, wie Körper Gewicht haben können.«[5]

Damit formuliert Judith Butler einen ausschlaggebenden Aspekt der aktuellen Körperdebatte: Der Zweifel an einem natürlichen, vorgegebenen Körper, der außerhalb des Diskurses als feststehende und eigenständige Entität existiert. Auch Catherine Shelton betont den Aspekt des Hinterfragens der körperlichen Materialität und bezeichnet diesen als grundlegend für die aktuelle Debatte über den Körper:

»Seit den 1980er Jahren expandieren die Beiträge zur Körperdebatte in nahezu unüberschaubarer Weise. Dabei ist, so heterogen sich das weite Diskussionsfeld auch präsentiert, eine Gemeinsamkeit in den Beiträgen auszumachen: Die Selbstverständlichkeit der materiellen Gegebenheit des Körpers und die scheinbar unmittelbar einsichtige Evidenz des Körperlichen wird nachdrücklich in Frage gestellt.«[6]

Zudem wird der Körper in der poststrukturalistischen Debatte immerwährend in Zusammenhang mit seiner Historizität betrachtet – der wandelbare diskursive Körper als Repräsentation seiner Zeit und der filmische Körper als Reproduktion des jeweiligen Zeitgeistes.[7] Auch die Körper im modernen französischen Genrefilm werden entworfen, nicht etwa um eine in sich abgeschlossene und fest verschlossene körperliche Instanz für die Zuschauenden zu erfüllen, sondern um an deren Existenz als ontologische Größe zu zweifeln. Dies zeigt auf, dass in den vorliegenden Filmen aktuelle Körperentwürfe und gesellschaftliche Körperunsicherheiten verhandelt werden. Vornehmlich wird dies dargestellt durch die Zersetzung der Haut und durch die ausgiebige Gewalt am Körper generell: Ein drastisches Stilmittel, das als »Erschütterung der Materie«[8] im Sinne Butlers gedeutet werden kann. Damit übernehmen die französischen Terrorfilme den poststrukturalistischen Ansatz Butlers, nämlich den Körper als eine »Voraussetzung in Frage zu stellen«.[9] Zugleich ist es wichtig zu betonen, dass Butler keineswegs die Existenz von Materialität per se abstreitet:

»Hierbei ist es natürlich notwendig, ganz offen darauf hinzuweisen, daß sich die theoretischen Optionen nicht darin erschöpfen, einerseits Materialität vorauszusetzen und andererseits Materialität zu negieren. Ich möchte weder das eine noch das andere tun. Eine Voraussetzung in Frage zu stellen ist nicht das gleiche, wie sie abzuschaffen; [...].«[10]

Die Darstellung der – zumeist weiblichen – filmischen Körper dient vornehmlich diesem Zweck: Nicht die Abschaffung der Materie selbst, sondern es wird die Hinterfragung der dem menschlichen Körper auferlegten Bedeutungen dargestellt.

Im Zusammenhang mit der filmwissenschaftlichen Körperdebatte werden in dieser Arbeit die Körperrepräsentationen fokussiert, denen der ZuschauerInnenkörper bei dem Prozess des Filmanschauens ausgesetzt ist. Ein weiterer wichtiger Aspekt ist jedoch, abgesehen von der analytischen Betrachtung der Körperbilder im Film, welche Position das Referenzsubjekt in dem gesamten Wahrnehmungskomplex des Filmanschauens einnimmt, welchen Wirkungen es unterliegt und wie diese aufgenommen und verarbeitet werden; aber vor allem, *warum* eine gewisse Form von Affizierung stattfinden kann. Wie zu Anfang dargestellt, sind Körperrepräsentationen im Film Konstruktionen, die in einem künstlerischen Prozess aus sozialen Verdichtungen heraus entwachsen sind. Doch wie verhält es sich mit der zuschauenden Körperlichkeit? Als an das Referenzsubjekt gebundene Materialität ist diese selbst Teil eines sozialen Konstrukts oder geht, wie auch der Körper im Film, gar aus diesem hervor. Doch inwiefern spielt ein solcher Ansatz für die Rezeption selbst eine Rolle? Die Filmtheorie des Körpers ist vornehmlich geprägt durch diesen rezeptionstheoretischen Ansatz.[11] Es wird hinterfragt, welchen Effekt die Filmbilder auf den Körper des Zuschauenden haben und, vor allem, ob den körperlichen Affekten, ausgelöst durch die Konfrontation mit Bildern, ein Prozess vorausgeht, in welchem der Rezipient die Lichtspiele interpretiert und in kulturelle Konstruktionen einbettet – ob die Bilder gelesen oder unmittelbar körperlich gespürt werden.[12] Sind die Zuschauenden zuerst Körper und dann kulturelle Konstrukte, in denen die Bilder erst ihre Verarbeitung finden, oder umgekehrt? Oder beides gleichzeitig? Hat dieser Dualismus noch eine berechtigte Bedeutung in der rezenten Theorie? Und inwiefern hängen diese Wahrnehmungsprozesse voneinander ab?

Letztlich befasst sich so die Filmtheorie mit Fragen, die die Zuschauenden als Subjekte und deren Verhältnis zur eigenen Körperlichkeit betreffen. Ist die Wahrnehmung von Filmbildern und Körpern im Film vor allem eine Wahrnehmung sozial geprägter Subjekte, oder geht dem die Erfahrung der körpereigenen Materialität voraus, also das affektive Spüren als ›authentische‹ Körpererfahrung? Falls das Letztere zutreffen sollte, wird hierbei wiederum auf die Idee des ›natürlichen Körpers‹ verwiesen und damit die physische Materialität bestätigt. Gerade dieser Ansatz scheint ein ausschlaggebender, recht kontrovers diskutierter Aspekt für die Körperdebatte darzustellen und wird im Folgenden erläutert. Ziel ist es schließlich, zu dem Konzept der performativen Filmtheorie zu gelangen, das es ermöglicht, die Dichotomien von Körper – Geist sowie Text – Ereignis zu unterwandern.

Körperlichkeit und Film: Der wahrnehmende (Subjekt-)Körper

Die Auseinandersetzung mit dem ZuschauerInnenkörper im filmischen Wahrnehmungsprozess beinhaltet unterschiedliche filmtheoretische Herangehensweisen, die sich zeitweise auch kritisch gegenüberstehen:

»Es ist in der Tat symptomatisch für einen Trend innerhalb der Filmwissenschaft, Filme als – im buchstäblichen Sinne – auf Erzählung basierende und narrativ angetriebene Prozesse zu betrachten, seien sie nun fiktional oder nicht. Körperliche Wirkungen, die durch das Ansehen von narrativen Filmen hervorgerufen werden – oder in der Tat die körperlichen Wirkungen, die zuallererst Gegenstand von vielen Arbeiten der filmischen Avantgarde sind –, haben de facto keinen Platz in diesem Modell. [...] Die meisten Filmwissenschaftler, die einen kognitivistischen Ansatz in der Filmanalyse verfolgen, wollen die Wirkungen des ›Körpers‹ ausschließen und nur die Schemata des verkörperten Geistes zulassen. Dies ist ein feiner Unterschied.«[13]

Damit benennt Robin Curtis einen wichtigen und umstrittenen Aspekt der Körperdebatte. Curtis nimmt den von ihr erwähnten feinen Unterschied zum Anlass, eine Theorie weiterzuentwickeln, welche die Körperlichkeit des Zuschauenden fokussiert und den Interpretationsprozess des Referenzsubjektes dagegen hintanstellt, und ferner vorzuschlagen, die Filmbetrachtung als performativen Akt zu begreifen, in welchem der Körper des Zuschauenden als »Ort des performativen Prozesses«[14] bestimmt wird. Das Filmanschauen soll demnach nicht mehr als »Text«, sondern vielmehr als »Ereignis«[15] verstanden werden. Darauf wird später in diesem Buch noch einmal ausführlicher eingegangen werden.

Mit der Kritik am betont kognitivistischen Analyseansatz geht der Filmtheoretiker Steven Shaviro bisweilen noch weiter als Curtis, wobei Shaviro sich im Besonderen auf die semiotische Filmtheorie nach Metz und die psychoanalytische Deutungsweise nach Lacan bezieht. Er selbst bedient sich dagegen an einem ihm nach ›alternativen‹ Reservoir an Theorien: hauptsächlich Georges Bataille, Michel Foucault, Gilles Deleuze und Félix Guattari. Grundsätzlich geht Shaviro davon aus, dass TheoretikerInnen, die das Filmbild als semiotisch lesbar und deutbar auffassen, dem Bild selbst automatisch einen Mangel zusprechen und geradezu von einem Mangel des Bildes ausgehen. Denn das Bild wird immerzu in einen diskursiven Zusammenhang gestellt und niemals als eigenständig angesehen. Kinematographische Bilder sind nach Shaviro dagegen keine ideologisch besetzten Repräsentationen von Wirklichkeit, sondern sie reproduzieren die Wirklichkeit und enthalten damit selbst eine Spur des Realen: »Cinematic images and sounds are neither immediately present objects nor their mediated representations, precisely because they are traces and reproductions of the real.«[16] Demnach sei die Grundlage seiner Filmtheorie affirmativ dem Bild gegenüber; diese nehme das Bild als das wahr, was es – nach Shaviros Meinung – seinem Wesen nach sei.

»For Deleuze and Guattari, as for Foucault, the point of theory is to oppose the finality of deep structures, and to elicit and amplify the forces of potential change. Theory is neither a re-presentation of reality nor a critique of representations, but a new, affirmative construction of the real. [...] My guiding principle is that cinematic images are not representations, but *events*.«[17]

Der Akt der Rezeption muss demnach als Ereignis anerkannt werden, das nicht nur körperlich verankert ist (womit Shaviro sich an diesem Punkt mit Curtis' Ansatz deckt), sondern vom Körper ausgeht und demnach unmittelbar, ohne jegliche vorausgehende symbolische Einordnung durch den Zuschauenden, auf diesen einwirkt: »We respond viscerally to visual forms, before having the leisure to read or interpret them as symbols.«[18] Auf dieser Grundlage entwickelt Shaviro seine Theorie des passiven und masochistischen ZuschauerInnenblicks, der mit der sexualisiert-gewalttätigen Überwältigung der Zuschauenden durch das Bild seine Erfüllung findet: »Diese Vereinnahmung des unfreiwillig passiven Zuschauers gleicht einer masochistischen Disposition.«[19] Shaviros Theorie soll zugleich als alternative Filmtheorie zu der semiotischen und psychoanalytischen funktionieren: »And I offer a theory of cinematic fascination that is a radical alternative to the psychoanalytic paradigm.«[20] Entgegen der Annahme – die Shaviro der psychoanalytischen Tradition zuteilt –, dass der Zuschauende den Anblick des Bildes beherrscht und stetig aktiv in einen Akt der Interpretation im distanzierten Austausch mit dem Filmbild steht, geht Shaviro davon aus, dass der Rezipient der Faszination des Bildes völlig ausgeliefert ist. Mit Bataille argumentiert Shaviro für einen verschwenderischen und passiven Akt des Filmanschauens. Der Körper des Zuschauenden wird in einem gewaltsamen Akt von dem Bild unvermittelt ergriffen, und es gibt keine Möglichkeit, sich dieser Wirkung zu entziehen. Die Machtlosigkeit vor dem Bilde deutet Shaviro als sexualisierten und masochistischen Akt. Das Subjekt entfernt sich in diesem Moment von sich selbst und verliert die Distanz zu dem Bild. Damit ist der masochistische Zuschauerblick vergleichbar mit dem Transgressionsakt nach Bataille.

»In the cinematic apparatus, vision is uprooted from the idealized paradigms of representation and perspective, and dislodged from interiority. It is grounded instead in the rhythms and delays of an ungraspable temporality, and in the materiality of the agiated flesh.«[21]

Interessant ist hierbei, dass Shaviro mit Bataille und dessen Transgressionsphilosophie argumentiert (Shaviro bezieht sich des Öfteren auf Bataille), die grundlegend antagonistisch strukturiert und von Ambivalenzen geprägt ist. Der von Shaviro beschriebene verschwenderische und passive Akt des Erliegens vor dem Bilde – »Cinema seduces its viewers by mimetically exacerbating erotic tension, in an orgy of unproductive expenditure«[22] – ist mit Bataille betrachtet nicht unbedingt ein unvermittelter auf den Körper einwirkender Prozess. Denn Bataille geht von einem Subjekt innerhalb einer vernunftgeleiteten Welt der Verbote aus, das sich durchaus der gesellschaftlich gesetzten sittlichen Grenzen (wie beispielsweise Tabus) bewusst sein muss, denn sonst ist der Transgressionsakt nicht möglich. Der Grenzüberschreitung in einen verschwenderischen Moment geht die Grenze selbst voraus, und gleichzeitig geht diese in diesem Augenblick auf. Die Grenze ist eine subjektiv empfundene, jedoch mit dem Hinweis auf die vernunftgeleitete Gesellschaft und die Welt der Verbote auch eine gesellschaftlich konstatierte. Peter Wiechens betont das Aufeinandertreffen und den sich gegenseitig ergänzenden Charakter einer gesellschaftlichen und subjektiven Ebene bei Bataille: »Vielmehr nimmt Bataille eine gesellschaftstheoretische ›Innenperspektive‹ ein.«[23] Der Transgressionsprozess selbst wird getragen von einem ständigen inneren reziproken Austausch mit dem Verbot, welches die Grenze setzt, sowie von der darauffolgenden Überschreitung. Die Überschreitung ist bedingt durch das Verbot und konstituiert dieses gleichzeitig: »Die Überschreitung ist nicht die Negation des Verbots, sondern sie geht über das Verbot hinaus und vervollständigt es.«[24] Auch Marcus Stiglegger beschreibt den Transgressionsakt als einen Prozess, welcher erstens ein Zusammenspiel zwischen diffusen, sozial vermittelten sittlichen Grenzen und dem subjektiven Empfinden dieser vereint und zweitens innerhalb dieses komplexen Prozesses daher nicht unvermittelt eintreffen kann:

»Er [Bataille, S.K.] definierte diese Grenze jedoch nicht als eine allseits feststellbare moralische Demarkationslinie, sondern als ein flüchtiges Phänomen, das sich im Grunde erst im Moment des Transgressionsaktes offenbart. Der Transgressionsakt kann also nicht auf Wunsch herbeigeführt werden, sondern bedarf einer latenten Bemühung, sich dieser diffusen wie mächtigen Grenze zu nähern.«[25]

Stiglegger betont hierbei nicht nur, dass es eines stetigen Bestrebens bedarf, den Moment der Transgression letztlich zu erleben, sondern er erhebt weiterhin den Willen zur Grenzüberschreitung gar zu einem »Lebensprinzip«.[26] Wenn Shaviro also mit Bataille dafür plädiert, dass der Zuschauende unmittelbar körperlich von dem Bild ›berührt‹ wird und zugleich, ohne einen Prozess des Lesens und Einordnens des Bildes, in einen Moment der Verschwendung gerät, also den Transgressionsakt vollzieht, so scheint er sich zu widersprechen. Denn nach Bataille ist eine grundlegende (und damit auch in irgendeiner Form vorausgehende) vernunftgeleitete Einordnung des Verbots stets notwendig, bevor das Subjekt in den verschwenderischen Akt, welcher immer gewaltsam ist, treten kann: »Festzuhalten ist, dass an jeder Äußerung der Gewalt schon die Vernunft beteiligt ist, die sie verbietet und damit erst provoziert.«[27] Somit ist also auch das Lesen des Bildes und dessen kulturell-soziale Positionierung notwendig, um daraufhin körperlich von diesem ergriffen zu werden – oder zumindest ist die Wirkung, die das Bild entfaltet, (mit Bataille gedacht) abhängig von einer gesellschaftlichen sowie inneren Einschätzung durch das Subjekt. Wenn Shaviro den Zuschauerblick also als masochistisch bezeichnet, geht er von einem durch Bataille geprägten inneren, gewaltsamen, verschwenderischen und sexualisierten Zustand aus, der durch die Betrachtung des Bildes ausgelöst wird. Dieser Zustand allerdings ist selbst abhängig von einer vorherigen subjektiven Einordnung durch das Referenzsubjekt und damit schlicht nicht unvermittelt. Catherine Shelton kritisiert Shaviros Ansatz als eine von den Körperaffekten des Zuschauers ausgehende Theorie:

»[...] scheint es zunächst auch äußerst problematisch, den Körper zur Prämisse einer unmittelbaren, sinnlich erfahrenen Filmrezeption zu erheben. Körperliche Wahrnehmung kann hier in der Tat nicht meinen, dass mit diesem Begriff eine ausschließlich im Biologischen begründete und damit vordiskursive und ursprüngliche Filmerfahrung erschlossen werden könnte. [...] So erscheint es problematisch, wenn Steven Shaviro den Versuch unternimmt, die Filmwahrnehmung als unvermitteltes und körperliches Erleben und somit als eine medienspezifische Rezeptionsform zu begründen.«[28]

Shelton argumentiert, indem sie sich auf die Entwicklung der Körperdebatte der letzten Jahrzehnte bezieht. Diese beinhaltet einen Zweifel am vordiskursiven Körper, und die Filmtheorie, die sich mit dem wahrnehmenden ZuschauerInnenkörper beschäftigt, sollte ihrer Meinung nach diesem Anspruch folgen oder ihn zumindest entsprechend berücksichtigen. Indem Shaviro jedoch dafür plädiert, dass der ZuschauerInnenkörper unmittelbar affiziert wird, verweist er (nach Shelton) gleichzeitig auf die Materialität des Körpers und damit auch auf eine vorgesellschaftliche Existenz dessen. Shelton hingegen hinterfragt, *warum* körperliche Affekte, besonders im Horrorfilm, beim Zuschauenden ausgelöst werden, und geht davon aus, dass das ›Lesen‹ des Bildes diese Wirkungen überhaupt erst möglich macht:

»Der Körper im Horrorfilm ist nicht primär aufgrund seiner durch eine lebensnahe, filmische Inszenierung in den Vordergrund gerückten Materialität unheimlich und grauenhaft, sondern er ist es (auch), weil in und mit ihm kulturelle Konzeptionen des Unheimlichen oder Grauenhaften sichtbar werden. Erst dadurch, dass der Horrorfilm diese Konzeptionen aufgreift, modifiziert und fortschreibt, kann er überhaupt den Topos eines unheimlichen und/oder schreckenerzeugenden Körpers darstellen und vermitteln. Die spezifische Wirkung des Horrorfilms beruht also nicht auf der überwältigenden Immanenz des Filmbildes allein (denn die zeichnet ja alle Filme aus), sondern darauf, dass er in seinen ästhetischen wie narrativen Darstellungsverfahren auf kulturelle Vorstellungen von Phantastischem oder Schrecklichem zurückgreift.«[29]

Shelton verweist also auf einen ZuschauerInnenkörper, welcher an sich bereits kulturell-gesellschaftlich geprägt ist, und erläutert, wie sich der Körper im Filmbild darauf bezieht, so wie es auch Dagmar Hoffmann vorschlägt. Hoffmann betrachtet »Körperästhetiken« des Films auf der Repräsentationsebene sowie den Körper des zuschauenden Subjektes als Konstruktionen, die in einen (letztlich gemeinsamen) sozialen Prozess eingebettet sind:

> »In Produktion und Rezeption fließen Interpretationen der jeweiligen Erfahrungswelten sowie das Wissen über die Welt und die Kultur ein. [...] Anhand der medialen Präsentationen von Körpern lässt sich folglich aufzeigen, wie diese von Kultur zu Kultur und von Generation zu Generation umkodiert, neu bewertet, anders erlebt und gelebt werden. Was als gewöhnlich und außergewöhnlich sowie erstrebenswert gilt, hängt immer davon ab, zu welcher Zeit man lebt, in welchem Lebensalter man welche Erfahrungen gemacht hat, welchem Geschlecht und unter Umständen welcher Religion man angehört sowie welchen sozialen Status man innehat.«[30]

Auch Thomas Morsch plädiert für diesen Ansatz: »der im Kino sitzende Körper ist immer schon vergesellschafteter, dessen Konzeptionalisierung die Historizität der Kinosituation und der körperlichen Erfahrung zu berücksichtigen hat.«[31] Shaviros Theorie scheint radikal, da er sich dezidiert gegen eine psychoanalytische und semiotische Filmtheorie ausspricht und mit seiner These, dass der Zuschauende unvermittelt von der Wirkung des Bildes ergriffen wird, scheinbar auf den vordiskursiven Körper verweist. Dabei scheint Shaviro selbst gar nicht von einem solchen Körperentwurf auszugehen:

> »[...] the opposition between the biological and the cultural is a false one, for the pre-Oedipal, pre-Symbolic, infantile body is already steeped in and invested by culture. It is a question of learning to analyse the politics of the regulations of bodies, and of the distribution of pleasures and pains: a politics more fundamental than the one located in the structural constraints and rationalizing process of law and ideology.«[32]

Wie bereits oben erwähnt, sieht Shaviro Theorie nicht als regulierende, von außen wertende Instanz an, sondern als Teil der Realität selbst: »Theory is neither a re-presentation of reality nor a critique of representations, but a new, affirmative construction of the real.«[33] So erklärt sich auch Shaviros Ansatz des absoluten Distanzverlusts zwischen dem Bild und dem Zuschauenden und damit der Akt der Bildbetrachtung als reales Ereignis. Das Spüren des Körpers während der Filmrezeption, wie Linda Williams es bereits 1991 in ihrem vielzitierten Aufsatz »Gender, Genre and Excess«[34] formulierte, lässt sich (vor allem beim Horrorfilm) nicht von der Hand weisen. Shaviro streitet nicht gänzlich ab, dass ein vergesellschafteter Körper im Kinosaal sitzt; er geht lediglich von einem präreflexiven Prozess des Filmanschauens aus, und dieser Moment der Unmittelbarkeit erscheint problematisch.

Die Körperlichkeit der Zuschauenden ist auch in der phänomenologischen Filmtheorie von Vivian Sobchack von zentraler Bedeutung und fungiert gar als Grundlage der Filmwahrnehmung und der Wahrnehmung durch das Subjekt überhaupt. Sobchack bezieht sich dabei auf Maurice Merleau-Pontys' *Phänomenologie der Wahrnehmung*, in der der cartesianische Dualismus von Körper und Geist völlig aufgelöst wird. Merleau-Ponty geht davon aus, dass die Wahrnehmung des Subjektes gänzlich in dessen Körper verankert ist. Damit »ist nämlich zugleich ein Subjektbegriff impliziert, der auf einer *leiblichen, verkörperten Existenz* fußt«:[35]

> »Grundlegend ist die Einsicht in die unaufhebbare Bindung aller Wahrnehmungs-, Denk-, und Erkenntnisprozesse an die Körperlichkeit des Menschen, womit mehr als lediglich der nackte, physische gemeint ist.«[36]

Mit dem Leibbegriff Pontys kann die Körperlichkeit der Wahrnehmung als Voraussetzung dienen. In *The Address of the Eye* und anderen Publikationen[37] macht Sobchack diesen Ansatz für die Filmtheorie fruchtbar, entwickelt den verkörperten Blick der Zuschauenden und erweitert diesen Ansatz um den Aspekt der Körperlichkeit des Films selbst. Sobchack geht davon aus, dass die Filmkamera eine in der Welt verankerte physische Entität ist und als Wahrnehmungsgrundlage für die durch den filmischen Apparat produzierten Bilder dient: »Der filmische Körper ist *verkörpert* in der filmischen Apparatur, so wie wir als *Leib*, der wir *sind*, einen *Körper haben*.«[38] Damit spricht sie dem Film selbst eine Körperlichkeit zu und vergleicht diese Form der filmischen Wahrnehmung durch die Kamera mit der menschlichen Wahrnehmung. Außerhalb der im Körper verankerten Wahrnehmung ist keine weitere Perspektive mehr denkbar; über die physische Wahrnehmung hinaus ist somit nichts intelligibel. Die leibliche Verankerung des Subjektes bringt die Erscheinungen erst hervor, und, damit vergleichbar, erst die Kamera macht eine Welt sichtbar, die dann wiederum von den Zuschauenden betrachtet wird.

> »Indeed, the cinema uses *modes of embodied existence* (seeing, hearing, physical and reflective movement) as the vehicle, the »stuff«, the substance of its language. It also uses the *structures of direct experience* (the »centering« and bodily situating of existence in relation to the world of objects and others) as the basis for the structures of its language. Thus as a symbolic form of human communication, the cinema is like no other.«[39]

Demnach beschreibt Sobchack den Film vornehmlich als Medium, das der menschlichen sinnlichen Wahrnehmung weitestgehend entspricht. Sobchack geht sogar weiter und formuliert die Grundlage aller sinnlichen Erfahrung als körperlich-fleischlich. Davon ausgehend kann erst Bedeutung entstehen, und demzufolge sind alle kulturellen Zusammenhänge letztlich körperlichen Ursprungs. So geht auch die Bedeutung des Films aus der körperlich verankerten Wahrnehmung hervor:

> »Making conscious sense from carnal senses is something we do wether we are watching a film, moving about in our daily lives and complex world, or even thinking abstractly about the enigmas of moving images, cultural formations, and the meanings and values that inform our existence.«[40]

Körpergrenzen im Kino

Im Zusammenhang mit der Körperdebatte scheint es wichtig zu betonen, dass es bei Sobchack keinen Körper außerhalb der Kultur gibt. Erklären lässt sich dies mit Sobchacks Leibbegriff. Sie richtet sich nach der »phänomenologischen Unterscheidung zwischen dinghaftem Körper und fungierendem Leib«.[41] Der Leib ist bei Sobchack der »Begriff des ›lived body‹«[42] als das Fundament des agierenden Subjektes, und dieser bringt kulturelle Formationen erst hervor und geht darin auf, lebt und erlebt diese: »experience meint bei ihr oft eher erleben denn Erfahrung.«[43] Aus diesem grundlegenden Konzept von Körperlichkeit heraus ergeben sich auch Sobchacks Beschreibungen der Filmrezeption, diese ist ein streng im Leib verankertes und damit vor allem sinnliches Erleben. So werden bei ihr die »synästhetischen und vorreflexiven, sinnlich-empathischen Reaktionen auf das Filmmedium als die eigentlich primären und bedeutungsstiftenden Umgangsweisen mit diesem Medium beschrieben.«[44] Einen ebenfalls phänomenologischen Ansatz verfolgt Julian Hanich in seiner Untersuchung der Filmerfahrung, speziell bei der Rezeption von Horrorfilmen und Thrillern. Anhand der Ausgangsfrage »Can fear be pleasurable?«[45] nähert sich Hanich der Untersuchung der somatischen Filmerfahrung und spricht sich für die filmtheoretische Auseinandersetzung mit dieser aus. Hanich grenzt sich dabei dezidiert von Noël Carroll ab, der das Phänomen der »pleasurable fear« aus einem kognitivistischen filmtheoretischen Ansatz heraus erklärt. Die Faszination eines Horrorfilms entfaltet sich nach Carroll vornehmlich durch die intellektuelle Herausforderung, sich in die dem Zuschauersubjekt eigentlich befremdliche Rolle einer Erscheinung auf der Leinwand zu versetzen oder zu nähern und diese dann mit Gefühlen zu verbinden.

Es bedarf irgendeiner kognitiven geistigen Verbindung zum Gezeigten. Diese geht der emotionalen Filmerfahrung voraus.[46] Nach Hanich vernachlässigt Carroll den somatischen Aspekt der Filmrezeption von Horrorfilmen: »Carroll overemphasizes the cognitive pleasure and thus overintellectualizes a rather somatic experience.«[47] Hanich unterscheidet deutlich zwischen dem kognitivistischen und dem phänomenologischen Ansatz und erklärt damit zugleich den eigenen Anspruch:

»While the cognitivists try to explain *why* we feel certain emotions (and therefore focus on explanation), phenomenology is interested in *how* we feel them (and thus specializes on descriptions).«[48]

Eine ausschlaggebende und festzuhaltende Frage für diesen Abschnitt ist zunächst jedoch, *wodurch* und *warum* der Körper affiziert wird. Diese Fragestellung impliziert gleichzeitig, dass es nicht der affizierte Körper ist, welcher hier zur Disposition steht, sondern seine soziale Prägung und das sich daraus ergebende Zusammenspiel mit dem filmischen Körper. Dabei werden in der Analyse die Körperästhetiken auf der Leinwand fokussiert, nicht etwa der zuschauende Körper. Damit grenzt sich dieser Ansatz von dem kognitivistischen ab, welcher zwar ebenfalls nach dem *Warum* fragt, jedoch das Zuschauersubjekt untersucht. Auch der phänomenologische Analyseansatz kann für diese Arbeit aus den genannten Gründen ausgeschlossen werden. Erst die Annahme, dass Filmkörper und Zuschauersubjekt im Rezeptionsprozess eine transgressive Verbindung eingehen (eine Hypothese, die im Folgenden noch ausführlich erläutert wird), lässt schließlich Feststellungen zu, die sich auf das Zuschauersubjekt richten. Diese Betrachtungen haben jedoch keinen Vorrang. Das Lesen des Bildes – beispielsweise die kulturelle Einordnung – macht den körperlichen Affekt möglich und spürbar, es erhält damit erst seine Bedeutung für das Subjekt und letztlich die emotionale und somatische Verbindung zum Filmbild. Das Bild selbst verliert durch diesen Ansatz keineswegs an Eindeutigkeit und Anerkennung, denn es selbst ist aus einem diskursiven Prozess heraus entstanden, ist durchdrungen von sozialen Befindlichkeiten, gerade im Horror- und Terrorfilm.

Gesellschaft und das sich wandelnde Körperbild im Film

Ein Beispiel für das Zusammenspiel aus gesellschaftlichem Wandel und der entsprechenden Modifikation von Körperentwürfen im Film betont Jürgen Felix. Hierbei entsprechen die zumeist zeitgemäßen gesellschaftlichen Bedürfnisse und Ängste einer Sehnsucht nach der Authentizität des Körpers. Felix stellt fest, dass dieses Bedürfnis nach körperlicher Authentizität aus einer Abkehr von der postmodernen Lesbarkeit des Körpers entstanden ist:

»Die Vermutung war, daß sich das postmoderne Spiel mit Zeichen und Zuschauer erschöpft hatte, ein Referenzsubjekt neu verortet wurde: daß sich der Körper wiederum als seismographisches Instrument und möglicher Ort authentischer Erfahrung erweist – ein geschundener, gequälter, bis zur Selbstauflösung destruierter Körper.«[49]

Timothy Corrigan schließt in seinem Text[50] etwa von der postmodernen Eigenschaft des bruchstückhaften Erzählens auf eine »Krise des Körpers«, welcher, ebenso wie die großen Erzählungen der Moderne, in der Zerstreuung zu verschwinden scheint.

Am Beispiel der Miniserie THE SINGING DETECTIVE (Der singende Detektiv; 1986; R: Jon Amiel) stellt Corrigan diese Form der Körperinszenierung fest: »Die Sprünge der Narration [...] entsprechen der paralytischen Auflösung von Marlows Körper, gefangen in der Unmöglichkeit, sich sein Leben als kohärente Erzählung zu vergegenwärtigen.«[51] Hier wird deutlich, dass gerade die Sehnsucht nach authentischer Körpererfahrung eine soziokulturelle Entwicklung ist, so wie von Felix vorgeschlagen, ein Wunsch nach der Entlassung aus der von Zeichen und Symbolen durchdrungenen und zerstreut anmutenden Postmoderne. Körper ist immer auch Subjektkörper und damit auch sozialer Körper. Der Zuschauende ist als gesellschaftliches Wesen fortwährend auf der Suche nach Körper- und Subjektidentitäten, um sich mit diesen zu vergleichen, zu identifizieren und in irgendeiner direkten oder indirekten Form zu lesen und zu deuten. Gleichzeitig sollte nicht vergessen werden, dass auch der ZuschauerInnenkörper gelesen werden kann und wird:

»Körper der Moderne sind Kommunikations- und Projektionsflächen. Der englische Terminus *body images* charakterisiert und attributiert die gegenwärtige Perspektive recht gut. Körper haben eine Gestalt und sie werden gestaltet und modifiziert mit dem Ziel, ihnen einen Ausdruck zu geben sowie ein Image zu verleihen.«[52]

Die französischen Terrorfilme thematisieren dies. Die filmischen Körperfiguren setzen sich dem entgegen und bekämpfen die Lesbarkeit des eigenen Körpers, wollen sie zu uneindeutigem Fleisch machen, die somatische Symbolträchtigkeit ablegen und sich dieser völlig entziehen. Sie werden gehäutet und schlitzen sich selbst in die Haut (MARTYRS), sie verdecken den eigenen Körper bis zur Unlesbarkeit (THE DIVIDE), sie häuten und entfleischen sich selbst bis auf das Skelett (X FOR XXL / Episode aus: THE ABCS OF DEATH; 2012; R: Xavier Gens), sie schneiden sich auf und kehren das innere Fleisch nach außen (À L'INTÉRIEUR); sie entledigen sich damit visuell nicht gänzlich ihrer Körper, es ist nicht unbedingt ein Kampf gegen den Körper per se, es ist kein Verlangen nach einem Gefühl der Authentizität und des Natürlichen und Ursprünglichen, sondern es scheint das Bedürfnis nach Unlesbarkeit zu sein und nach einer Befreiung von auferlegten Attributen und damit gerade die Abkehr von den Repressionen durch vermeintlich ›natürliche‹ Einschreibungen, wie beispielsweise normativ geprägte Assoziationen und Vorstellungen von Weiblichkeit, Mütterlichkeit und (Hetero-)Sexualität.

Bärbel Tischlederer weist mit dem von Pierre Bourdieu geprägten Begriff des symbolischen Kapitals[53] auf die Rolle des Körpers innerhalb der westlichen Gesellschaft hin:

> »In einer stark visuell geprägten Kultur und in einem von vielen flüchtigen Begegnungen bestimmten Alltag spielt der körperliche Eindruck eine zunehmend wichtige Rolle. Im öffentlichen Raum wie im Job ist der Körper als soziales Darstellungsmittel, als Ausdruck der Persönlichkeit von zentraler Bedeutung; [...]«[54].

Die Erfahrung des Körpers als symbolisches Kapital, als immerzu lesbare Fleischmasse, welche angeblich auf unser Inneres verweist, kann als Last empfunden werden. Die oben beschriebene Gewalt am eigenen Körper kann somit als Leid am eigenen symbolischen Potential des Körpers gelesen werden. Es ist das visualisierte Leid an der zwanghaft auferlegten und immerwährend latent spürbaren Symbolhaftigkeit und Lesbarkeit des eigenen Körpers; daher das Bedürfnis, den eigenen Körper zu überschreiten, zu transzendieren. Das ist eine Tendenz des Körperkinos, die Marcus Stiglegger bereits 2001 vorgeschlagen hat,[55] kurz bevor sich diese im französischen Genrefilm niederschlug. Die eigene Körperlichkeit scheint das Subjekt durch seine Zeichenhaftigkeit zu entlarven und bloßzustellen; immerwährend scheint die Physis auf das komplexe Innere zu verweisen. Die starken Verletzungen der Körper im modernen französischen Terrorfilm sprechen nicht alleine für das Leid, sondern außerdem für die Wut auf den andauernd spürbaren Druck der auferlegten Symbolhaftigkeit. Es ist das Verlangen danach, diesen Druck abzulegen, zu sprengen und, um mit Foucault zu sprechen, sich endgültig der Machtverhältnisse zu entledigen oder, um mit Butler zu sprechen, dem Körper das Gewicht zu nehmen. Im französischen Terrorfilm wird somit dem Ansatz von Jürgen Felix[56] noch ein Aspekt hinzugefügt, oder vielmehr wird der Begriff des Authentischen ent-rückt, denn gerade aus dem vermeintlich Authentischen entstehen festgefahrene Körperkonstruktionen, die als ›natürlich‹ bzw. unverfälscht und damit als unhintergehbar geltend gemacht werden. Die hier noch zu analysierenden Körperdarstellungen rütteln auf unterschiedliche Weise an diesen Konstruktionen. Schlussendlich bleiben Körper, die zu unlesbaren Neutren geworden sind und somit auf *neue* Körpermöglichkeiten verweisen, jenseits von scheinbar ›natürlichen‹ Einschreibungen. Denkbar ist in diesem Zusammenhang somit auch ein kulturell-gesellschaftlicher Wandel hin zu einem postsexuellen und posthumanistischen Zeitalter, der auch andere Körperfigurationen auf der Leinwand mit sich bringt.

Diese filmtheoretischen Ansätze machen deutlich, dass es ein schwieriges und möglicherweise auch wenig sinnvolles Unterfangen ist, filmische Körperrepräsentationen von dem Körper des Zuschauenden gänzlich zu trennen. Beide sind auf mehreren Ebenen miteinander verbunden, vor allem jedoch durch soziale Kontexte, die im Film präsentiert werden und damit auf das Referenzsubjekt einwirken. In der rezenten Körpertheorie des Films wird daher die Performanz des Mediums betont. Damit werden Analyseansätze miteinander verbunden, die sich sonst zumeist gegenüber stehen. Denn Performativität ist ein Konzept, das der Linguistik entstammt, und verweist damit einerseits auf eine Form der Lesbarkeit von Bildern, andererseits verfestigen diese sich gleichzeitig als eine Art erfahrenes Erlebnis in den Zuschauenden, was den handlungsorientierten Ansatz des Performativitätsbegriffes betont und somit den affektorientierten Ansatz in der Filmtheorie mit einschließt. Hier wird mit dem Terminus eine diffuse Materialität miteinbezogen, die durch die Verkörperung von Repräsentationen, Ideen und Aussagen entsteht. Ein ausschlaggebender Aspekt für diese Arbeit ist jedoch, dass die Performanz des Mediums auf eine Verschiebung oder gar temporäre Auflösung der körperlichen Grenzen im Akt der Rezeption hinweist: Filmische und zuschauende Körper interagieren miteinander in einem fließend-unbeständigen Prozess. Die Körpergrenzen scheinen dabei teilweise flexibel zu werden und sich zu versetzen. Diese physischen Grenzverschiebungen (Körper-Transgressionen) verweisen letztlich auf die Körper der Zuschauenden selbst.

Performanz und Film
Performativität

Sprache ist ein System, das auf komplexe Weise Objekten und Vorstellungen von Objekten Bedeutungen verleiht, ohne dass diese kausal miteinander verbunden sein müssen. Weiter gehen manche poststrukturalistische Theorien, die besagen, dass die Ideen und das Konzept eines Objektes aus der Sprache, dem bezeichnenden System, hervorgehen und dieses letztlich gar vermögen zu materialisieren. Objekte außerhalb dieses Systems existieren nicht oder sind zumindest nicht sichtbar bzw. intelligibel. Ein anderes Medium, das Zeichensysteme verwendet und damit das vielförmige Spiel zwischen Objekt, Repräsentation und Bedeutung übernimmt, ist der Film. Der Performativitätsbegriff entstammt ursprünglich der Sprechakttheorie und besagt, dass einzelne Sprechakte auch als Handlungen funktionieren können und dementsprechend wirken. Wenn die Sprache als repräsentatives System Bedeutungen konstruieren kann und einzelne Sprechakte performativ auf die soziale Umwelt einwirken können, dann müsste der Film als ein vergleichbares (Zeichen-)Medium ebenso dazu in der Lage sein, performativ zu wirken. Obwohl kein direkter Austausch zwischen zwei oder mehreren Subjekten stattfindet, vermag es das Medium Film, wie die Sprache, Bedeutungen zu produzieren.

Bevor der Performanzbegriff für die Kulturwissenschaften im Kontext des *performative turn* und damit auch für die Filmwissenschaft[57] relevant wurde, hat John L. Austin diesen in seiner Sprechakttheorie bestimmt. Uwe Wirth definiert den Terminus folgendermaßen:

»Im Gegensatz zur ›konstativen Beschreibung‹ von Zuständen, die entweder wahr oder falsch ist, verändern ›performative

Äußerungen‹ durch den Akt des Äußerns Zustände in der sozialen Welt, das heißt, sie beschreiben keine Tatsachen, sondern sie schaffen soziale Tatsachen.«[58]

Austin stellt fest, dass die Dichotomie zwischen konstativ und performativ, die er zunächst selbst aufgestellt hat, unzureichend für die Bestimmung von Sprechakten ist:

»Ursprünglich sind wir bei unserer Gegenüberstellung von performativer und konstativer Äußerung davon ausgegangen, daß (1) mit der performativen Äußerung etwas getan und nicht bloß etwas gesagt sein solle; und
(2) die performative Äußerung glückt oder nicht, statt wahr oder falsch zu sein.
Sind diese Unterscheidungen wirklich haltbar? Unsere anschließende Untersuchung von Tun und Sagen hat deutlich auf das Ergebnis hingewiesen, daß ich immer, wenn ich etwas sage [...], sowohl lokutionäre als auch illokutionäre Akte vollziehe; und offensichtlich hatten wir versucht, gerade mit Hilfe dieser beiden Akte unter den Namen »Sagen« und »Tun« die konstativen von den performativen Äußerungen zu unterscheiden. Wenn wir ganz generell immer beides tun, wie kann unsere Unterscheidung dann überleben?«[59]

Dieser Befund führt ihn zu der Unterscheidung zwischen lokutionären, illokutionären und perlokutionären Akten, wobei schließlich die »illokutionäre Kraft von Äußerungen«[60] den Begriff des performativen Aktes ersetzen sollte. Der lokutionäre Akt vollzieht sich dadurch, dass etwas gesagt wird. Lokutionäre Äußerungen scheint Austin lediglich zu benennen, um die Besonderheiten des illokutionären Aktes hervorzuheben und zu verdeutlichen: »Our interest in the locutionary act is, of course, principally to make quite plain what it is, in order to disinguish it from other acts which we are going to be primarily concerned.«[61] Die »illocutionary forces«[62] bestehen daraus, dass eine Handlung vollzogen wird, indem eine Aussage getätigt wird. Der perlokutionäre Akt bezeichnet die kurz- und weitreichenden Wirkungen der Sprechakte auf den Referenten. Während SprachwissenschaftlerInnen sich vor allem mit der Funktion von performativen Aussagen beschäftigen, hat der *performative turn* dazu geführt, dass sich KulturwissenschaftlerInnen hauptsächlich mit dem phänomenologischen Ansatz auseinandersetzten, nämlich »daß etwas *als Äußerung* verkörpert ist.«[63] Besonders relevant für die filmwissenschaftliche Verwendung des Performanzbegriffs ist Austins Kritik an der kontextuellen Abwandlung der sprachlich performativen Äußerung zu einer in der Kunst angewandten Form der Performanz, wie beispielsweise der Theaterinszenierung:

»Der zentrale Widerspruch zwischen dem ernsthaften Vollzug einer performativen Äußerung und einer inszenierenden *Performance* besteht darin, daß im zweiten Fall – folgt man der sprachphilosophischen Argumentation Austins und Searls – die essentielle Gelingensbedingung der Ernsthaftigkeit dispensiert ist, welche den Sprecher auf bestimmte Handlungskonsequenzen festlegt.«[64]

Die Gelingensbedingung des Sprechaktes sowie dessen Vollzug innerhalb eines Kontextes, in welchem die Handlung daraufhin stattfinden kann, sind für Austin wichtige Grundlagen, die sich durch den sogenannten »Szenenwechsel der illokutionären Äußerung« nicht erfüllen können, und er bezeichnet daher inszenierte performative Äußerungen als »unernst« und »parasitär«.[65] Uwe Wirth erwähnt in diesem Zusammenhang vor allem die dekonstruktivistische Auseinandersetzung Jacques Derridas mit diesem kritischen Aspekt in Austins Kategorisierung. Derrida verweist auf die Gleichstufung der Funktion von Sprache und Schrift und betont dabei vor allem die Zitierbarkeit von Zeichen, die zweifellos aus Kontexten genommen und neu definiert werden können, so demzufolge auch performative Äußerungen. Die Zitierbarkeit sei gar die konstituierende Funktion eines Zeichens und somit auch des performativen Aktes:

»Derridas Argument zielt darauf ab, zu zeigen, daß das Funktionieren performativer Äußerungen die Möglichkeit ebenjenes Phänomens voraussetzt, das Austin aus einer Untersuchung auszuschließen sucht, nämlich das Zitat [...]. Derrida möchte dabei erklärtermaßen weder die illokutionären noch die perlokutionären Wirkungen des Performativen leugnen, vielmehr behauptet er, daß die Wiederholbarkeit von Zeichen eine noch grundsätzlichere Bedingung für das Funktionieren von Kommunikation ist als die Erfüllungsbedingungen der illokutionären Funktion.«[66]

Für die filmwissenschaftliche Einbeziehung des Performanzbegriffes scheint dieser Ansatz Derridas wichtig, denn erst die Eigenschaft des Zitierens macht es für das reproduzierende Medium Film möglich, performative Aussagen zu verkörpern und medientheoretisch anzuwenden. Michel Foucaults Bestimmung des Terminus der Aussage scheint ebenso ausschlaggebend für die Verwendung des Performanzbegriffs in der Filmwissenschaft zu sein. Grundlegend betrachtet Foucault die Aussage als kleinsten Baustein des Diskurses, weshalb die Untersuchung des Begriffes für ihn essentiell erscheint:

»Beim ersten Blick erscheint die Aussage als ein letztes, unzerlegbares Element, das in sich selbst isoliert werden kann und in ein Spiel von Beziehungen mit anderen, ihm ähnlichen Elementen eintreten kann. [...] Ein Korn, das an der Oberfläche eines Gewebes auftaucht, dessen konstitutives Element es ist. Ein Atom des Diskurses.«[67]

Foucault analysiert die Aussage als Verkörperung und untersucht die (wiederholbare) Materialität von performativen Aussagen. Die zuvor erläuterte Diskrepanz zwischen den semiotisch und somatisch orientierten Analyseansätzen in der Filmwissenschaft kann hierbei einen geeigneten Entwurf finden:

»Die besondere Seinsweise der historischen Aussage besteht darin, weder völlig sprachlich, noch ausschließlich materiell zu sein. [...] Könnte man von einer Aussage sprechen, wenn eine Oberfläche nicht ihre Zeichen trüge, wenn sie nicht in einem sinnlich erfaßbaren Element inkorporiert wäre und – wäre dies auch nur für einige Augenblicke – in einer Erinnerung oder einem Raum eine Spur hinterlassen hätte. Die Materialität der Aussage ist konstitutiv für die Aussage selbst, weil eine Aussage einer Substanz, eines Trägers, eines Orts und eines Datums bedarf.«[68]

Foucault verbindet die Erscheinung und Materialität einer Aussage mit der sprachlich-zeichenhaften Eigenschaft einer solchen. Da nach Foucault die Aussage weder völlig sprachlich noch ganz materiell zu sein scheint, eröffnet er somit gleichzeitig auch die Möglichkeit der performativen Aussage, die durch das Medium Film vermittelt wird. Filmische Bilder wirken als Lichtspiele einerseits affizierend auf den zuschauenden Körper (wie es beispielsweise Shaviro betont) und damit wird die Aussage im Film »sinnlich erfassbar«, andererseits scheint der Film lesbare Bilder als »Oberfläche«, welche die Zeichen der Aussage tragen, zur Verfügung zu stellen. Letztlich ist es somit auch für den Film möglich, dass Aussagen performativ sein können, indem sie schließlich »in einer Erinnerung oder einem Raum eine Spur hinterlassen«. Die Beschreibung Foucaults »eine Spur im Raum« ist für das Medium Film konkret anwendbar, erinnert sie doch beispielsweise an die Wirkung des Mediums – wie auch Sybille Krämer vorschlägt: »Spuren werden nicht gemacht, sondern werden hinterlassen. Das Medium ist zwar nicht die Botschaft, doch die Botschaft ist die Spur des Mediums«[69] – sowie an die einzelne und kollektive Erfahrung Film im Kinoraum. Das Filmbild kann demnach eine (wiederholbare) verkörperte Aussage mit performativer Kraft sein, welche durch ihre Zeichenhaftigkeit lesbar ist und in dieser Verbindung mit ihrer Materialität schließlich für die Zuschauenden gleichzeitig spür- und erfahrbar.

Somit scheinen zwei Aspekte für den weiteren Umgang mit dem Performanzbegriff in diesem Buch wichtig: erstens die Möglichkeit der Wiederholung und zweitens die der Verkörperung. Durch die Möglichkeit des Zitierens und Wiederholens von Zeichen entsteht auch die Möglichkeit des Auftauchens von Zeichen in neuen Kontexten. Damit kann auch das Zeichen selbst eine neue Bedeutung erhalten: »Wo aufgeführt wird, ist die Iterabilität, die immer ein Anderswerden des Iterierten einschließt, bedeutsam.«[70] Durch die Möglichkeit der Wiederholung ist eine inszenierte Aufführung eines Zeichens und damit einer performativen, verkörperten Aussage erst möglich. Der Begriff der Verkörperung scheint diffizil, denn er beinhaltet immer auch eine Form der Materialität, die als vordiskursive Körperlichkeit verstanden werden kann. Daher soll hier eine Bestimmung von Sybille Krämer vorgeschlagen werden, die einfangen soll, dass mit der Idee der Verkörperung eine diffuse, ungreifbare Verstofflichung einhergeht, welche durch die Verkörperung erst ihre Sinnhaftigkeit erlangt:

»Auf das ›wie etwas gemacht wird‹ oder ›wie etwas für uns gemacht wird‹ zielt der Leitbegriff der ›Verkörperung‹. Dies ist nicht als Leibapriori im Sinne einer vorgängigen Körperlichkeit zu verstehen, sondern als Frage nach der Materialität, nach den ›stummen‹, den vorprädikativen Formgebungen von Sinn. ›Verkörperung‹ kennzeichnet die Nahtstelle der Entstehung von Sinn aus nicht-sinnhaften Phänomenen.«[71]

Wenn also beispielsweise Körper im Film präsentiert werden, die diskursiven Prozessen entstammen, so sind sie als verkörperte Aussagen zu verstehen, die auch diffuse und abstrakte Spuren beinhalten können. Damit hat die Verkörperung nicht alleine die Aufgabe der Inkorporation von Ideen und Formen und Zeichen, sondern beinhaltet in ihrer Materialität auch etwas Ungreifbares. Mit dieser Betrachtungsweise kann mediale Performanz als »produktive Kraft«[72] im poststrukturalistischen Sinne genutzt werden. Dieser Ansatz steht in Opposition zu dem von Habermas vertretenen universalpragmatischen Ansatz. Habermas geht in seiner Kommunikationstheorie vom »Ideal einer rationalen Konsens erzielenden Kommunikationsgemeinschaft«[73] aus. Doch gerade die teilweise zerstreuten, nicht gelingenden Sprechakte, jene vielfältigen

Formen von Sprache, welche differieren und abweichen, sich gar widersprechen, treiben Kommunikation und Austausch an und werden mit dem medialen Performanzbegriff einbezogen.

Materialität, Körperlichkeit und Verkörperung

Körperlichkeit im Kino ist auf mehreren Ebenen vorhanden: zunächst als materielle Beschaffenheit des Bildes selbst, sobald das Bild als Verkörperung von Zeichen aufgefasst wird (als Eigenschaft des Bildes), in Bezug auf die Körperlichkeit der Zuschauenden und schließlich als Darstellung von Körpern im (Film-)Bild. Der Begriff der Materialität ist vor allem in Ersterem eng mit dem Terminus der Körperlichkeit verwoben. Gerade die Film- und Bildtheorie hat es sich zur Aufgabe gemacht, den Aspekt der materiellen Substanz, welche die reine Interpretierbarkeit von Bildern unterwandert, festzuhalten und zu benennen. Sybille Krämer beschreibt diese Form der Unterwanderung folgendermaßen:

> »Das, was den ›Austausch‹ zwischen Akteur und Zuschauer, diese Wechselbeziehung von Hervorbringen und Empfangen möglich macht, ist nicht einfach ein ›gemeinsamer Zeichenvorrat‹, sondern ist eine Korporalität, welche die Körperlichkeit von Menschen, Dingen und Zeichen im Spektrum eines Materialitätskontinuums gleichermaßen umfasst.«[74]

So spricht beispielsweise Walter Benjamin von der zerstreuten Wahrnehmung der Zuschauenden während der Rezeption von Filmbildern im Kino; eine Zerstreuung, die der urbanen Wahrnehmung der Moderne und des Zeitalters der industriellen Revolution entspricht und die BetrachterInnen geradezu körperlich herausfordert; Zeichenvorrat und physische Affizierung scheinen hier zu kulminieren.[75] Siegfried Kracauer sieht durch den Film, vor allem in Abgrenzung zu anderen Künsten, die »Errettung der physischen Materialität«, denn der Film vermag es, Dinge in einer solch besonderen Form sichtbar zu machen, sodass die Betrachtenden somatisch affiziert werden. Wie bei Benjamin ist insbesondere das Medium Film somit in der Lage, die moderne Welt und hauptsächlich die schnelllebige Form von subjektiver Wahrnehmung innerhalb dieser adäquat wiederzugeben. Nach Kracauer geschieht dies »von ›unten‹ nach ›oben‹«,[76] das heißt von der materiellen Grundlage aus zu dem jeweiligen idealistischen Überbau: »Das Kino und nur das Kino wird jener materialistischen Interpretation des Universums gerecht, die, ob wir es nun mögen oder nicht, die heutige Zivilisation durchdringt.« Die Bilder ergreifen die Zuschauenden, denn sie verkörpern einen Zeitgeist, es entsteht ein »Materialitätskontinuum« (vgl. Sybille Krämer), in dem der Betrachtende sich in der Zerstreuung verliert. Dieser Begriff verweist auf die Verbindung zweier Körperlichkeiten: der des Bildes und der des betrachtenden Subjektes. Materialität ist somit der Bestandteil einer Verkörperung von etwas.

Der von Roland Barthes geprägte Begriff des *punctums*, welcher eine Eigenschaft des Bildes (einer Fotografie) zu beschreiben versucht, die sich jeglicher offenkundiger Deutbarkeit entzieht, wird ebenfalls mit Körperlichkeit verbunden:

> »Zahlreiche Begriffskonstellationen im Werk von Roland Barthes lassen sich auf den Körper beziehen, dem jeweils die Funktion zukommt, ein Außen der Theorie und der beschreibbaren Ordnungen zu markieren.

Körpergrenzen im Kino

Der Körper fungiert als Chiffre für das, was als signifikant begriffen wird, aber die Grenzen des symbolisch Organisierten, des zeichenhaft Codierten und des Systematisierbaren überschreitet.«[77]

Linda Williams beschreibt mit ihrem Exzessbegriff das somatische Moment beim Rezipieren eines Genrefilms auf der Ebene der Körperrepräsentationen und in Bezug auf die Vereinnahmung des zuschauenden Körpers. Anhand ihrer Bestimmung der sogenannten *body genres* (nach Williams sind das Horrorfilm, Pornofilm und Melodram) beschreibt sie einen Prozess, in dem die Darstellungen der Körper im Film den zuschauenden Körper unmittelbar affizieren und damit die Eigenschaft des Exzessiven und Ekstatischen erlangen:

> »[…] there is the spectacle of a body cought in the grips of intense sensation or emotion. […] Another pertinent feature shared by these body genres is the focus on what could probably best be called a form of ecstasy.«[78]

Die ekstatischen Körperdarstellungen erschließen sich nach Williams den Zuschauenden auf der visuellen und der auditiven Ebene gleichermaßen, überwältigen so die Betrachtenden und schaffen einen absoluten Distanzverlust zum Bild (und zum Filmkörper).[79] Hierbei stehen die drastischen Körperdarstellungen im Vordergrund – im Gegensatz zum Fokus auf den narrativen Verlauf des Films.

Indirekt bezieht sich Julia Kristeva mit ihrer Definition des Semiotischen ebenfalls auf eine Form der Körperlichkeit. Das Semiotische fungiert hierbei als Abgrenzung zum Symbolischen und beschreibt bei Kristeva einen vorsymbolischen, präödipalen und vorsprachlichen Zustand des Subjektes, der eine »von somatisch-triebhaften Erregungen geprägte Schicht«[80] ist. Dieses sprachtheoretische Konzept, welches nicht unmittelbar mit dem Begriff der Körperlichkeit gleichgesetzt werden kann, führt sie in *Powers of Horror*[81] aus zu dem weiter greifenden Terminus des Abjekten. Dieser wird dagegen direkt mit der Körperlichkeit des Subjektes verbunden, wenn Kristeva beispielsweise beschreibt, wie Körperöffnungen und die daraus austretenden Flüssigkeiten mit Ekel belegt werden und damit vom Subjekt zum Abjekten degradiert werden.[82] Bei dem Konzept des Abjekten wird die ungreifbare, aber latent immer präsente, mit dem Trieb behaftete Körperlichkeit von dem Subjekt verdrängt und in einen verfemten Bereich abgeschoben. Barbara Creed erweitert diesen Ansatz Kristevas, analysiert anhand des Abjektbegriffs verschiedene Horrorfilme und macht ihn somit für die psychoanalytische Filmdeutung fruchtbar.[83] Ein ausführlicher historischer Überblick über diese theoretischen Auseinandersetzungen mit den Formen der Materialität und des Körperlichen wird in diesem Buch wegen des großen Umfangs nicht umgesetzt,[84] doch die zahlreichen Studien belegen, dass Bilder es letztlich vermögen, über die reine Bedeutung der Zeichenhaftigkeit hinauszuwirken und sich damit durch die eigene Materialität an die Materialität des Refenzsubjektes zu binden. Dieser Prozess wird, wie oben bereits erläutert, durch Verkörperung ermöglicht. Thomas Morsch fasst diese theoretischen Tendenzen (und andere) zusammen und konstituiert den Film schließlich als ein »verkörpertes Medium«:

> »Im Sinne eines materiellen Substrats, im Sinne einer Verkörperung von Wahrnehmung analog der menschlichen Wahrnehmung und schließlich im Sinne der Darstellung von Performanz von Körpern auf der

Leinwand, an die die filmische Signifikation weitgehend gebunden ist.«[85]

Die im Zitat genannten Beispiele verweisen auf die verschiedenen Formen, das »materielle Substrat« zu fassen und zu untersuchen. Die Ebene der verkörperten Wahrnehmung beinhaltet vor allem den phänomenologischen Analyseansatz, der den menschlichen Körper als Grundlage jeder Wahrnehmung auffasst und darüber hinaus auch nicht intelligibel ist.[86] Schließlich verweist Morsch auf einen Aspekt der Verkörperung, der in dieser Arbeit angewendet und zu einem späteren Zeitpunkt ausführlich erläutert wird: performative Filmkörper (Körper im Film). Auf diese verschiedenen Weisen führt der Begriff der Verkörperung zu der performativen Wirkung des Mediums Film, denn hierbei werden letztlich die unterschiedlichen Wirkungen von Körperlichkeit gefasst: Wirkungen, die sich nicht alleine durch die Interpretation von Repräsentationen begreifen und erklären lassen, Wirkungen, welche belegen, dass sich Filmbilder von der reinen Struktur zur filmischen Handlung, zur Erfahrung oder zum Ereignis wandeln können. Zunächst einmal beinhaltet damit der Verkörperungsbegriff eine Kritik an einer streng hermeneutischen Vorstellung von Repräsentation, nämlich dass jedes Zeichen in seiner Tiefenstruktur erst seine Bedeutung erkennen lässt, dass erst die Interpretation eines tieferen Sinns, welcher sich hinter der sinnlich wahrnehmbaren Erscheinung befindet, die eigentliche Bedeutung offenbart. Dieses Verständnissystem wird etwa als »Zwei-Welten-Ontologie«[87] oder »Zwei-Welten-Theorie«[88] bezeichnet. Ein theoretischer Ansatz, der durch die Hypothese der Verkörperung überwunden werden soll. Zeichenhaftigkeit wird also nicht mehr alleine gedeutet, sondern erhält eine materielle Substanz, welche es diesem ermöglicht, sich zeitlich und räumlich zu situieren:

»Verkörperte Sprache meint zuerst einmal: Es gibt keine Sprache jenseits des raum-zeitlich situierten Vollzugs ihrer stimmlichen, schriftlichen oder gestischen Artikulation. Sobald wir Sprache als ein radikal zeitliches Phänomen erfassen, kommen die unausdrücklichen, die material und technisch gebundenen Bedingungen des Sprachgebrauches unausweichlich ins Spiel.«[89]

Sybille Krämer überträgt dieses Konzept der »verkörperten Sprache« dann auf Medialität, denn die verkörperte Sprache ist immer an ein Medium gebunden, das Medium ist gar die Voraussetzung für »verschiedenartige Sprachpraktiken«[90]: »So wie es keine Sprache ohne Medien gibt, so gibt es auch keine sprachliche Form, die nicht immer Form-in-einem-Medium ist.«[91] Der Begriff der Verkörperung beschreibt »den Charakter des operativen Geschehens«[92], und die Idee des verkörperten Bildes macht es möglich, dieses als »materielle Erscheinung im Raum«[93] zu betrachten, die »dem Zuschauer als verkörperte Entität«[94] gegenübertritt. Gerade an diesem Punkt kann das Medium Film somit seine performative Kraft offenbaren und zu einem Ereignis für das Zuschauersubjekt werden.

Film als performatives Medium

In ihren Untersuchungen zur Performativität[95] stellt die Theaterwissenschaftlerin Erika Fischer-Lichte – die vornehmlich die Ko-Präsenz von schauspielerndem und zuschauendem Körper voraussetzt, welche einen performativen Vorgang erst gewährleistet – fest, dass auch Bilder eine performative Wirkung entfalten können.

Dafür zieht sie den Begriff des Blickaktes hinzu und erklärt, dass ein performativer Prozess, der im ursprünglichen Sinne (und auch nach Fischer-Lichtes eigener Definition) intersubjektiv verläuft, zu einem Akt zwischen dem Subjekt und einem Bild transformiert werden kann. Damit erweitert Fischer-Lichte den Terminus um einen für die Anwendung in der Theorie des Films entscheidenden Aspekt:

> »Mit dem Begriff des Blickaktes wird also ein Ereignis gefasst, das eintritt, wenn ein Subjekt durch seine Imagination ein von ihm angeblicktes Bild verlebendigt und damit eine quasi-intersubjektive sozusagen ko-präsentische Beziehung zwischen sich und dem Bild herstellt. Der Blickakt bringt auf diese Weise eben etwas hervor, worauf der Blickende reagiert.«[96]

Dieser Akt ist von unterschiedlichen Ambivalenzen geprägt, denn das Subjekt oszilliert in einem fortwährenden Prozess zwischen den Zuständen des Sich-des-Bildes-Ermächtigen und des Ermächtigt-Werdens durch das Bild, wodurch dieses erst seine Kraft entfalten kann. Dieser Vorgang macht es somit dem Bild erst möglich, eine Form von machtvoller Faszination auf das Subjekt auszuüben, welches damit selbst die Voraussetzung für diesen Vorgang darstellt. Die Performativität des Bildes offenbart sich im prozessualen Zustand des Subjektes, der sich zwischen Bestimmen und Sich-bestimmen-lassen vollzieht: »Im Blickakt ermächtigt der Blickende das Bild und entmächtigt damit zugleich sich selbst – er gibt sich der Macht anheim, die das so belebte Bild nun über ihn auszuüben vermag.«[97] Gerade der Ambivalenzbegriff der Performativität bei Fischer-Lichte erfasst einen wichtigen Kernaspekt der bisherigen Untersuchungen zur Performativität

und Performanz: die schwingende Oszillation zwischen dem symbolisch Erfassbaren und dem somatisch Diffusen, zwischen Ermächtigung und Entmächtigung, passivem und aktivem ZuschauerInnenblick, zwischen Exzess, dem körperlichem Affekt und der Lesbarkeit von Filmbildern, zwischen sprachlich und materiell. Der zuvor erläuterte Begriff der Körperlichkeit vermag es, diese scheinbar gegensätzlichen Zustände subjekttheoretisch zu vereinen,[98] und das Konzept des verkörperten Mediums ermöglicht es dem Film, diese Aspekte in sich zu verbinden. Sybille Krämer geht noch einen Schritt weiter: »Die Bedeutung von ›Performativität‹ ist in einer zeitgenössisch interessanten und anschließbaren Weise gar nicht ohne einen Bezug auf Medialität zu begreifen«,[99] proklamiert sie und schlägt vor, die beiden Begriffe Performativität und Medialität durch das Konzept der Aisthetisierung miteinander zu verbinden. Die Charakterisierung von Aisthetisierung fasst die bereits erwähnten verschiedenen Ansätze des Performativen zusammen und lenkt den Fokus in der Betrachtung von Performativität des Films auf die folgenden zentralen Aspekte:

> »(1) Bipolarität des Wahrnehmens: Es geht um eine fundamentale Zweipoligkeit im Wahrnehmungsgeschehen, das seine performative Signatur eben dadurch gewinnt, dass dieses Geschehen als ein Wechselverhältnis [...] zwischen Ereignis und Wahrnehmungsakt [...] (2) Korporalität: Das, was diesen Austausch zwischen Akteur und Zuschauer, diese Wechselbeziehung von Hervorbringen und Empfangen möglich macht, ist nicht einfach ein gemeinsamer Zeichenvorrat, sondern ist eine Korporalität, welche die Körperlichkeit von Menschen, Dingen und Zeichen im Spektrum eines Materialitätskontinuums gleichermaßen umfasst.

(3) Ereignischarakter: Obwohl es sich um ein durch einen Akteur hervorgebrachtes Wahrnehmungsgeschehen handelt, in das Elemente sowohl des Reproduktiven wie des Planvollen verwoben sind, ist das In-Szene-Setzen immer das einmalige Ereignis der Gegenwärtigkeit, das sich genau an dieser singulären Raum-Zeit-Stelle vollzieht. (4) Transgressivität: Die Aisthetisierung ist ein Vollzug, in dessen Beschreibung dichotomisch organisierte Begriffsraster an ihre Grenzen stoßen. Bei den Phänomenen, die hier von Belang sind, vermischt sich gerade das, was unsere kategorischen Unterscheidungen gewöhnlich auseinander halten. Diese Phänomene besiedeln also eine Grenze, ein Dazwischen.«[100]

Wie der Aspekt des Ereignischarakters auf eine durch den Film vollzogene *performance* angewendet werden kann, schlägt Robin Curtis mit ihrer Anwendung von Deixis vor.[101] Auch in dem Verlauf des von Fischer-Lichte beschriebenen Blickaktes lässt sich ein ereignishafter Charakter feststellen. Indem das Subjekt selbst die Voraussetzung für die Kraft darstellt, die das Bild im Rezeptionsakt entwickeln kann, wird auch das Empfinden dieser Ausstrahlung zu einem gegenwärtigen Ereignis für die Betrachtenden. Unabhängig von dem Moment der Herstellung des Bildes (bewegt oder unbewegt) wird es für das Subjekt im Augenblick der Rezeption zu dessen Gegenwart. Krämers Ausführungen zur Aisthetisierung verdeutlichen einerseits die Aktualität der Untersuchungen zur medialen Performanz, zudem wird vor allem deutlich, dass der Performanzbegriff für die Filmtheorie äußerst relevant ist, denn dieser Analyseansatz ermöglicht es, die physische wie auch die geistige Filmerfahrung gleichwertig zu berücksichtigen.

Die Filmtheorie, welche lange durch die Semiotik nach Christian Metz und durch die Psychoanalyse bestimmt wurde[102] und heute noch immer stark von diesen beiden Strömungen beeinflusst ist, beschäftigt sich in aktuellen Untersuchungen vermehrt, jedoch immer noch vergleichsweise selten mit dem Begriff der Performanz, der die Faszination und die zuvor erläuterten Ambivalenzen von Körperlichkeit und Materialität im filmischen Rezeptionsprozess mit einbezieht. Ausgerufen wurde der sogenannte *performative turn* in der Filmwissenschaft bereits 1986 während einer Tagung durch den Filmtheoretiker Dana Polan. In seinem Essay *Film Theory Re-Assessed*[103] hält Polan ein Jahr später fest, dass die Theorie des Films nur noch fruchtbar weitergeführt werden könne, wenn das Medium als flexibel und performativ verstanden werde:

»I would say that the deconstrucion of essence and specificity characterizes the most interesting recent work in study. [...] The cinema here is no longer an object that one is after, as in that classic question, ›What is cinema?‹; quite the contrary, cinema is now an adjective, a modification of something else, something that in the case of this anthology is a non-fixity, the apparatus as that instable intersection of ideology, technology, desire, and so on.«[104]

Polan stellt fest, dass es in der Semiotik und der psychoanalytischen Filmtheorie bereits Ansätze des Performativen gegeben hat,[105] diese aber nicht ausreichend genutzt wurden. Er schlägt daher eine grundlegende Veränderung bei der Untersuchung des Mediums Film vor:

»Films perform. Or, to refer to one of the new fields of analysis – speech-act theory – films are ›performative‹. [...] meaning occurs not as a process of natural reference, but as the interaction of text with a whole series of empowering contexts seems inescapable for new film study. Films perform, and each performance requires the presence of a series of supportive institutions.«[106]

Diese »supportive institutions« sollen nach Polan von nun an mit berücksichtigt werden. In der rezenten Filmtheorie folgt beispielsweise Robin Curtis diesem durch Polan konstituierten Wandel und erkennt dessen umwälzende Relevanz:

> »Dies bedeutet mehr, als einfach nur alten Analysemodellen einen neuen Namen zu geben. Indem die Relevanz dieser ›Reihe von unterstützenden Institutionen‹ thematisiert wird, zeigt sich eine grundsätzliche Verschiebung der Perspektive: Nunmehr wird die gesamte Palette der unterstützenden Institutionen berücksichtigt, die die Filmerfahrung überhaupt erst ermöglichen.«[107]

Curtis' Ansatz beruht zunächst auf ihrer Kritik an der neoformalistischen und kognitivistischen Filmtheorie, die ihrer Meinung nach die Rolle des Körpers während der Filmerfahrung nicht hinreichend berücksichtigt hat. Eine Möglichkeit, darauf einzugehen und diese Rolle analytisch zu berücksichtigen, sieht sie in dem aus der Sprechakttheorie stammenden Begriff der Deixis. Das linguistische Konzept der Deixis basiert darauf, dass Sprechakte an den Körper gebunden sind und damit durch das Subjekt lokal und temporal situiert werden. Curtis bezieht sich auf den Psychologen Karl Bühler, der den Terminus entwickelt hat:

> »Indem er zwischen Nennwörtern und deiktischen Wörtern oder Zeigwörtern differenziert, erkennt Bühler die Schlüsselrolle, die Letztere dabei spielen, wie das Ich sich in Raum und Zeit orientiert. […] Bühler betont, und dies ist entscheidend, dass die Funktion von Deixis in der Sprache nicht vom menschlichen Körper getrennt werden kann: Der Zeigefinger ist der Prototyp des Wegweisers, und der im Raum und Zeit lokalisierte Körper ist der Wegweiser der Sprache. So müssen die grundlegenden deiktischen Worte *hier, jetzt, ich* immer in körperlichen Begriffen konzeptualisiert werden und sich auf ein ›Körpertastbild‹ beziehen.«[108]

Durch das Zusammenspiel aus Wahrnehmung und Fantasie können deiktische Situationen auch Imaginationen in den partizipierenden Subjekten evozieren und auf eine Weise abstrahieren, dass sie auch stattfinden können, ohne an einen bestimmten Ort gebunden zu sein. Somit sind diese Imaginationen einerseits körpergebunden, vermögen es andererseits aber auch, Situationen in Zeit und Raum herzustellen, die von lokalen und temporalen Koordinaten unabhängig sind. Dieses Konzept überträgt Curtis auf den Film:

> »Während die Erörterung von Deixis sich bis jetzt damit befasste, wie Sprache in diversen Situationen eingesetzt wird, besteht kein Grund anzunehmen, dass audiovisuelle Medien nicht auf ähnliche Weise Wahrnehmungssituationen evozieren können, die zeitliche und räumliche Wegweiser bereitstellen. Solche Markierungen wollen die Grenzen der Äußerung selbst als eine nur beschreibende Einheit überschreiten und somit in Raum und Zeit des Betrachters eindringen und dort körperliche Spuren hinterlassen.«[109]

Das performative Moment der Deixis ist somit darin verankert, dass das Medium eine »körperliche Spur« im zuschauenden

Subjekt zurücklässt. Die Spur wird dadurch manifestiert, dass zuvor etwas imaginiert wurde, was durch den Film im Subjekt ausgelöst wurde. Es entsteht also eine Form des Zusammenwirkens zwischen Bild und RezipientIn, ausgelöst durch die sinnliche Wahrnehmung eines Bildes, daraufhin mithilfe der Fantasie zu einer Imagination erweitert, die dann schließlich eine Spur im Zuschauersubjekt hinterlässt. Der Moment der Imagination findet in der Gegenwart des Subjektes statt und wurde durch die Filmerfahrung ausgelöst. Der Film als Werk wird dabei nicht als vergangen betrachtet:

> »Obwohl sie immer notwendigerweise in der Vergangenheit aufgenommen wurden, sehen wir Filme nie als Äußerungen, die in der Vergangenheit verankert sind. Unsere Reaktionen auf Filme (und dies trifft besonders zu, wenn es Reaktionen der Angst sind) verweisen auf die Kraft des Films, uns in unserem aktuellen Raum und unserer Zeit zu bewegen und anzurühren.«[110]

Dieser Vorgang erinnert an den Begriff des Blickaktes, den Fischer-Lichte vorschlägt, denn auch dabei kann das Bild im Rezeptionsprozess und durch die Voraussetzung des Wahrgenommenwerdens durch das Subjekt eine Vorstellung inaugurieren, welche dann wiederum auf den Betrachtenden zurückwirkt: »Der Blickakt bringt auf diese Weise eben etwas hervor, worauf der Blickende reagiert.«[111] Bei Curtis bleibt im Rezeptionsprozess der Betrachtende in seiner Leiblichkeit die Grundlage und ist gar die Voraussetzung für die Filmerfahrung: »Der Körper ist der Ort der durch das filmische Ereignis hervorgerufenen Manifestationen, die ›Institution‹, die es ermöglicht, dass dieser Wahrnehmungsakt stattfindet.«[112] Sie bezieht sich dabei vordergründig auf körperliche Affekte, die im performativen Prozess ausgelöst werden:

> »Was auch immer der Status der bestimmten in Frage stehenden Performanz in Hinblick auf das Reale sein mag, der Körper ist der Ort, wo reale Zeichen oder Markierungen zurückgelassen wurden – seien dies Wunden, sexuelle Stimulierung, Tränen oder andere Zeichen des Affekts.«[113]

Hierbei nimmt Curtis eine Form der Wertung vor, indem sie die körperlichen Affekte mit der Bezeichnung des Realen verbindet. Performative Prozesse können sich allerdings gleichzeitig zu den sichtbaren und daher möglicherweise als ›real‹ erscheinenden Phänomenen auch auf komplexere, jedoch deshalb nicht ›un-reale‹ Weise manifestieren, indem sie beispielsweise in die soziale Wirklichkeit der Zuschauenden eingreifen und möglicherweise auch dauerhaft beeinflussen können.[114] Leider gelingt es Curtis nicht, über ihre Kritik an der kognitivistischen und neoformalistischen Filmanalyse hinauszukommen, wenn sie denselben Fehler der Überbewertung eines Aspektes vor dem anderen letztlich selbst vollzieht, indem sie in ihren Ausführungen die körperlichen Affekte als ›real‹ bezeichnet und damit weitergreifende und möglicherweise komplexer vorkommende performative Auswirkungen demgegenüber herabsetzt – denn das Reale ist nicht gleich sichtbar, und umgekehrt, nicht nur das Sichtbare ist real.

Marcus Stiglegger hingegen schlägt vor, dass das Medium Film die Zuschauenden durch »seduktive Strategien« an sich bindet. Mit seiner *Seduktionstheorie* betont Stiglegger die performative Qualität des Mediums Film auf mehreren Ebenen und berücksichtigt damit sichtbare, aber auch weniger unmittelbar erkennbare Aspekte performativer Strategien:

»1. Der Film will den Zuschauer mit allen Mitteln fesseln und bannen, ihn letztlich *zu sich selbst* (dem Film) verführen. 2. Der Film birgt eine Botschaft, die in der und durch die Inszenierung explizit vermittelt werden soll, er will also *zu einer speziellen Aussage* verführen (wie im manipulativen ideologischen Propagandafilm). 3. Der Film entwirft mit all seinen inszenatorischen und dramaturgischen Mitteln ein seduktives Konstrukt, das letztlich *zu einer Aussage auf der nicht auf den ersten Blick erkennbaren Metaebene verführen soll.*«[115]

Mit dieser analytischen Praktik verfolgt Stiglegger den Anspruch, eine »neue ›ganzheitliche‹ Methode bereitzustellen.«[116] Interessant ist, gerade im Vergleich zu Curtis und beispielsweise auch zu Steven Shaviro, dass Stiglegger durchaus die beiden ausschlaggebenden Aspekte der Debatte zulässt und damit gleichzeitig vereint – die Körperaffekte des Zuschauenden *und* eine intellektuelle Einordnung der Filmeindrücke, welche für die performative Filmerfahrung eine ebenbürtige Rolle einnehmen –, indem er mit dem dritten Punkt auf die Verführung »zu einer *Aussage auf der nicht auf den ersten Blick erkennbaren Metaebene*« hinweist. Während Shaviro und Curtis die performative Wirkung der Filmbilder durch die somatische Bindung an die Zuschauenden in ihren Analysen fokussieren, schließt Stiglegger mit der *Seduktionstheorie* auch die performativen Wirkungen der symbolischen Ebene mit ein und gesteht dieser gleichzeitig ebenfalls eine Form von Faszination zu, wenn sie auch nicht auf »den ersten Blick« erfolgt. Stiglegger fasst die genannten drei Ebenen als Seduktion des Films zusammen, trifft jedoch zusätzlich noch drei weitere Unterscheidungen, was die eigentlichen Strategien der Seduktion anbelangt, und bezieht sich hierbei auch konkret auf die Mittel der Performanz:

»Die filmischen Mittel der Seduktion im Film liegen auf der Ebene der Performanz, also in der Inszenierung von Bewegung, Körper und Sinnlichkeit und der Darstellung von Sexualität, Kampf und Choreographie. Die ›Performanz des Films‹ ist jeder Teil der Filmrezeption, die sich als sinnlich erfahrbare Gegenwart erleben lässt. In diesem Bereich ist das Publikum besonders anfällig für emotionale Affektreaktionen, Manipulation und Suggestion. Zudem sind sie im Bereich der ›Narration‹ zu finden, als epische Erzählung oder verdeckte Mythologie. In diesem Bereich wirkt sich die Manipulation nicht immer unmittelbar aus, sondern funktioniert latent. Und schließlich liegen sie auf der ›ethischen Ebene‹, etwa indem der Zuschauer einem Ambivalenz-Erlebnis ausgesetzt wird. Um ein Ambivalenzerlebnis zu ermöglichen, können die beiden Ebenen der Performanz und der Narration instrumentalisiert werden, d.h. Ambivalenz kann sich sowohl sinnlich-suggestiv (›wie‹ wird erzählt?) wie auch narrativ-rational provoziert werden (›was‹ wird erzählt?).«[117]

Stiglegger weist hier darauf hin, dass die Strategien der Seduktion auf verschiedenen Ebenen stattfinden, und unterscheidet zwischen den narrativen und performativen Mitteln. Es lässt sich jedoch feststellen, dass die Theorie der Seduktion *per se* als performative Strategie betrachtet werden kann, in ihrer Gesamtheit und mit ihren unterschiedlichen Wirkungsaspekten. Denn letztlich werden die Zuschauenden durch den Film seduktiv beeinflusst, und dadurch erhält das Medium eine Form des Handlungscharakters, einen »Charakter des operativen Geschehens«,[118] welchen Sybille Krämer als zentral für die Performanz von Medien betrachtet und der damit eine zentrale Eigenschaft von Performanz und Performativität darstellt. Besonders deutlich wird dieser Aspekt in Stigleggers Betrachtung der Ambivalenzerfahrung, womit erneut der zuvor erwähnte Kernpunkt von Performativität (Fischer-Lichte) aufgegriffen wird. Hier tritt das Zusammenwirken zweier Ebenen hervor, welche letztlich in ihrer Verbundenheit performativ auf die Zuschauenden wirken. So vermerkt Stiglegger auch, dass bereits der Begriff der Seduktion auf einen performativen Charakter hinweist, indem er sich hauptsächlich auf Jean Baudrillard bezieht. Des Weiteren überträgt Stiglegger diesen Ansatz auf den Film als technisches Medium:

> »Verführung ist stets ein vom eigentlichen Wege Abbringen – die eigentlichen Überzeugungen aufgeben zugunsten einer anderen, neuen Position, die man möglicherweise zunächst abgelehnt hat, die man für ›abwegig‹ hielt. Insofern ist das performative Spiel, das sich zwischen Lichtspiel und Zuschauer abspielt, *per se* ein Spiel der Verführung, die Entfesselung seduktiver Strategien. [...] Der aus den philosophischen Schriften von Jean Baudrillard abgeleitete Begriff der Seduktion (franz. *séduction*) bezeichnet Verführung in einem grundsätzlichen Sinne als Manipulation oder Suggestion, die in diesem Falle der Filmzuschauer erfährt. Entwickelt hat Baudrillard sein Modell der *séduction* u.a. in *L'Échange symbolique et la mort* (1976) und *De la séduction* (1979), wo er mediale Kommunikationsprozesse als ein seduktives (verführerisches) Spiel beschreibt. Der Film ist in diesem Sinne ein Seduktions-Apparat(us).«[119]

Wie bereits zuvor erläutert, können der gesellschaftlich-kulturelle Wandel und das im Film präsentierte Körperbild des jeweiligen zeitgenössischen Kinos in einem reziproken Prozess miteinander verwoben sein.[120] Diese Ausführungen sprechen auch dafür, dass das Medium Film es vermag, sich performativ auf Kultur auszuwirken, und möglicherweise kulturelle Formationen mitbestimmen kann – und umgekehrt. Gerade für diese Arbeit ist dies ein äußerst relevanter Bezug auf das Phänomen der Performanz und Film, denn die Fragestellung nach der Darstellung weiblicher Körper im französischen Terrorfilm schließt sich unmittelbar daran an, ob dies möglicherweise mit der Verhandlung eines bestimmten Körperbildes von ›Weiblichkeit‹ einhergeht. In diesem Zusammenhang wird noch beleuchtet werden, ob und inwiefern sich diese weiblichen Figurationen mit Ästhetiken und Körpervisionen des durch Irene Berkel[121] eingeläuteten postsexuellen Zeitalters deuten lassen. Doch zunächst soll festgestellt werden, inwiefern der performative Film kulturell formend sein kann. Gertrud Koch plädiert für einen solchen Ansatz und spricht sich dafür aus, dass der Film auf mehreren Ebenen performativ sein kann:

> »Im Sinne einer somatischen Affizierung können wir also von einer performativen Kraft filmischer Bewegungsbilder sprechen, die in der Affizierung unserer Wahrnehmung liegt. In diesem Sinne macht uns ein Film weinen, lachen, zusammenzucken, schreien, etc. Aber von der direkten Innervation abgesehen, entfalten Filme auch eine ›kulturelle‹ Affizierung [...]. Die nachfolgenden Ausführungen versuchen also nach den technischen Kompetenzen den Handlungsraum des kulturellen Feldes zu bestimmen, in dem Film als technisches Medium beschrieben werden könnte, das performative kulturelle Akte hervorbringt.«[122]

Der Anspruch Kochs ist es, die sprechakttheoretische Bedeutung des Performativitätsbegriffs in ihrer Weiterentwicklung zu einem medialen Performanzbegriff stets zu berücksichtigen. Der »Handlungsraum« des Films als technisches und performatives Medium ist nach Koch eng mit dem Begriff der Latenz verbunden. Sie schlüsselt den Terminus facettenreich auf, zentral ist hier jedoch eine Bestimmung durch Talcott Parsons in dessen medientheoretischem »AGIL«-Modell.[123] Parsons' Latenz-Theorie bezieht das kulturelle System als etwas ein, das das Gesellschaftssystem grundlegend erhält, basierend auf einem Prinzip der Dynamik, die aus Stabilität und Neuerung entsteht. Gerade diese Spannung aus Neuerung und Stabilität greift Koch auf, um »einen erweiterten Kulturbegriff«[124] vorzuschlagen, der letztendlich dazu führen soll, den Film selbst in diesem Zusammenhang weiterzudenken. Das Begriffspaar »Stabilität und Neuerung« bezieht sich hierbei auf die zeitlichen Faktoren von Gegenwart und Zukunft. In dem Latenz-Begriff von Parsons liegt damit das Unvorhersehbare, in der Zukunft Liegende, etwas, das in der Gegenwart unter bestimmten systemischen Gegebenheiten kulturell funktioniert und deutbar ist (beispielsweise eine Metapher o.Ä.), in der fortlaufenden Zeitlichkeit aber verloren und missgedeutet werden kann. Diese Aspekte führen zu »Unruhen der Kultur« und zu Irritationen, welche jedoch das eigentliche »Innovationspotential der Gesellschaft«[125] darstellen. Koch verbindet diesen Gesichtspunkt beispielsweise mit den dekonstruktivistischen Ansätzen Derridas, welche bereits erläutert wurden.[126] Daraus geht hervor, dass Koch anhand des Latenz-Begriffes von Parsons verdeutlicht, dass Kultur nicht alleine durch den allgemeinen normativen Konsens erhalten bleibt, sondern vor allem durch Unregelmäßigkeiten, die beispielsweise durch Auflösungen alter Codes, Bedeutungen, Wandlungen und Neudeutungen auftauchen. Damit bringt der Latenz-Begriff bei Parsons »evolutionäre Unruhe mit ungewissen Ausgang ins Spiel«.[127] Erst die Berücksichtigung dieses Aspektes erhält letztlich das kulturelle System, ganz so wie Derrida auf nicht gelingende Sprechakte verweist, welche – im Gegensatz zum universalpragmatischen Ansatz von Habermas – die Sprache lebendig halten. Dies wiederum führt Koch zu folgender These:

»Alle Medien sind insofern Medien der Selbstreflexion, als sie ihre eigenen systemischen Implikationen gegeneinander thematisieren, und sie sind intersubjektiv aufgebaut, das heißt, dass sie Kommunikationsmedien bedürfen, um ihre A(daptation) in Bezug auf die L(atency) des kulturellen System realisieren zu können.«

Film muss sich demnach als Teil der Medien und als Medium auf sich selbst und andere Medien beziehen, um mit eigenen Metaphern, Bildern und Codes zu agieren. Gleichzeitig sollte der Film kommunizieren, um Irritationen durch beispielsweise Fehldeutungen zu erfahren, die es ihm letztlich ermöglichen, lebendig und erhalten zu bleiben.[128] Schließlich bezieht sich Koch wieder auf Derrida und folgert:

»Filme sind also ›performative Interpretationen‹ im Sinne einer Definition, die Jacques Derrida vorgenommen hat: einer Interpretation nämlich, ›die das, was sie interpretiert, verändert‹ und damit ›eine Definition des Performativen, die von der Sprechakttheorie aus betrachtet ›unorthodox ist‹«.[129]

Damit stellt Koch einen interessanten Bezug her, nämlich den des Films im Austausch mit einem Außen; ein Austausch, der der Aneignung durch die Zuschauenden bedarf – und darüber hinaus wirkt gerade dies auf den Film performativ zurück. Dieser Gedanke führt schließlich dazu, zu hinterfragen: »Who is performing film?«[130] Denn es eröffnet sich hierbei folgende Fragestellung: Wenn der Film als Teil von Medien funktioniert, welche einerseits selbstreflexiv agieren müssen, andererseits aber nur erhalten bleiben können, indem sie durch Kommunikation(smedien) eventuell missverstanden, fehldeutet, interpretiert werden, dann steht zur Disposition, wer oder was hierbei eigentlich performativ auf wen oder was wirkt, oder wie es Koch treffend formuliert:

> »Eine performative Theorie des Films könnte mit der Frage, was machen Filme mit der empirischen Welt, und was machen Filme mit uns als ihren Betrachtern, freilich auch weiter gehen zu der pragmatischen Frage: was machen wir mit den Filmen?«[131]

Somit ist es Koch gelungen, ausschlaggebende Aspekte der handlungsorientierten Sprechakttheorie (die Frage nach den Gelingensbedingungen von Sprechakten und Kommunikation nach Habermas und die Kritik durch Derrida; Selbstreflexivität) so weiterzuentwickeln, dass diese sich auf das Medium Film und dessen Interaktion mit den Zuschauenden deuten lassen, um dann kulturell wirksam zu werden.

Körperlichkeit wurde in der Filmtheorie lange nicht ausreichend beachtet. Dies ist erstaunlich, denn gerade das Medium Film bezieht den Körper auf vielseitige Weise mit in den Rezeptionsprozess ein, was die vorausgegangenen Untersuchungen belegen. Nachdem der *performative turn* schließlich auch für die Filmwissenschaft ausgerufen wurde, schien es, als würde dieser neue Impuls manche FilmwissenschaftlerInnen dazu verleiten, den Körper und vor allem dessen somatische Affizierung gar in den Vordergrund zu befördern, was wiederum zu einer Unausgeglichenheit führen könnte. Doch der Begriff der Performanz und der mit ihm eng verwobene Terminus der Verkörperung beinhalten vor allem die Vereinigung der beiden Ansätze, nämlich den Film entweder als Text oder als somatisch erfahrbares Erlebnis zu verstehen. Der Performanzbegriff ermöglicht es, den Dualismus von Körper und Geist zu übersteigen und damit sämtliche zugehörigen Dichotomien zu unterwandern. Erika Fischer-Lichte formuliert die durchaus zutreffende These: »Die Ästhetik des Performativen zielt auf diese Kunst der Grenzüberschreitung.«[132] Die Transgression während des Rezeptionsprozesses kann hierbei auf mehreren Ebenen erfolgen, welche jedoch gemeinsam performativ wirken. Hier kann sich der zuschauende Körper durch die somatische Filmerfahrung und den damit einhergehenden Distanzverlust zum Bild mit demselben in einem transgressiven Akt verbinden – und zudem durch die gemeinsame Verwobenheit in der Kultur und kulturellen Prozessen, wie von Gertrud Koch erläutert. Erst mit der »kulturellen Affizierung« von Koch wird der Performanzbegriff für diese Arbeit fruchtbar, denn es soll über die somatische Affizierung hinaus ein Zusammenhang zwischen dem Zuschauersubjekt und dem Filmkörper hergestellt werden, um letztlich nach den Bedeutungen und den damit zusammenhängenden Wirkungen der filmischen Körper fragen zu können. Es wird somit in dieser Arbeit vornehmlich von kultureller Performanz ausgegangen. Die von Marcus Stiglegger definierten seduktiven Strategien des Films sind beispielsweise letztlich auch dadurch wirksam, dass sie die

Zuschauenden im diskursiven Prozess an sich binden, ob nun in Momenten der körperlichen oder der kulturellen Affizierung des Zuschauers. Stigleggers zweite Ebene der seduktiven Strategien des Films besagt, dass der Zuschauer zu einer Botschaft des Films verführt werden soll, wie beispielsweise beim Propagandafilm.[133] Diese Ebene ist – mit dem kulturellen Performanzbegriff des Films gedacht – ebenfalls eine Form von performativem Kino, denn der Film kann somit letztlich auch die soziale Wirklichkeit der Zuschauenden verändern; auch ohne ihn dafür gezwungenermaßen körperlich affizieren zu müssen, kann der Film demzufolge performativ sein bzw. eine Handlung vollziehen, die sich in der sozialen Wirklichkeit niederschlägt.

Diese Erläuterungen führen dazu, dass Körperlichkeit im Zusammenhang mit der filmischen Performanz in dieser Arbeit folgendermaßen betrachtet wird: Wie Gertrud Koch festgestellt hat, ist die somatische Affizierung als Wirkung des performativen Films lediglich *eine* Möglichkeit,[134] die beiden Begriffe Körperlichkeit und Performanz im Kino zusammenzudenken. Auch für die hier folgenden Untersuchungen gilt, dass der Körper als soziale Körperlichkeit begriffen und die filmische Performanz im Sinne der kulturellen Handlungsfähigkeit von Filmen erörtert wird. Auf diese Weise werden die filmischen Körperfigurationen in ihren Wirkungsweisen nicht nur als somatische Affizierungen untersucht, sondern hauptsächlich als kulturelle Formungen, welche mit den kulturell eingebetteten Körpern der Betrachtenden interagieren. Es wird gar vermutet, dass Letzteres Voraussetzung für die somatische Affizierung sein kann.

Besonders wirksam scheinen – in diesem Sinne – performative Strategien des Films, sobald Körper auf der Leinwand sichtbar sind. Der Betrachtende kann sich gerade mit einem dargestellten Körper in einen transgressiven Akt begeben, da durch die präsentierte Physis zumeist Körperentwürfe verhandelt werden, die eng mit der (vergesellschafteten) Körperlichkeit des Zuschauersubjektes verwoben sind. Soziale Trends, kulturelle und diskursive Bewegungen werden durch filmische Körper konkret. Dargestellte Körperlichkeit kann auf das zuschauende Subjekt in besonderer Weise wirken, denn letztlich ist der Körper der Austragungsort und zugleich der Grenzbereich des Diskursiven, oder wie es Thomas Morsch treffend formuliert: »Er [der Körper, S.K.] bezieht die Stellung einer inneren Grenze des Theoretisierbaren.«[135]

Performative Körperlichkeit im Film

Es wurde bereits untersucht, inwiefern Film als Medium performativ sein kann. Ziel der hier vorliegenden Analyse ist es jedoch, Körperfigurationen auf der Leinwand als performativ zu definieren und aufzuzeigen, inwiefern die dargestellten Körperlichkeiten sich mit dem Zuschauersubjekt in Verbindung setzen können und was es letztlich bedeuten kann, dass diese Verbindung möglich ist und überhaupt erst entsteht. Vorgeschlagen wird hier weiterführend die Annahme, dass der entgrenzende Prozess letztlich auf die Körperlichkeit der zuschauenden Person oder auf die zuschauende soziale Körperlichkeit selbst verweist. Dass dies möglich ist, nämlich die Versetzung oder gar temporäre Transgression von Körpergrenzen im Rezeptionsprozess, kann letztlich darauf hinweisen, dass die materialisierte Körperlichkeit und die Subjektidentitäten[136] flexibel sind, ganz im Sinne des einleitenden Zitats dieses Kapitels:

»Die Körper tendierten nicht nur dazu, eine Welt jenseits ihrer selbst anzudeuten, sondern diese Bewegung über ihre eigenen Grenzen hinaus, eine Bewegung der Grenze selbst, schien von ganz zentraler Bedeutung für das zu sein, was Körper ›sind‹.«[137]

Ziel ist es, den Prozess der Performanz der Filmkörper auf zwei Ebenen anzusiedeln, welche eng miteinander verwoben sind und nicht unabhängig voneinander gedacht werden können: auf der individuellen ZuschauerInnen-Ebene, welche sich durch die somatische Affizierung zwischen den dargestellten Körpern und dem Zuschauersubjekt etabliert, sowie auf einer strukturellen, gesellschaftlichen Ebene im Sinne der »kulturellen Affizierung« von Gertrud Koch. Vor allem der letztere Aspekt soll es möglich machen, eine Verbindung zwischen den filmisch dargestellten Körperfigurationen im französischen Terrorfilm (speziell den weiblichen) und den zuschauenden kulturellen Körperidentitäten herzustellen. Ersteres belegt vor allem die Hypothese der als transgressiv erlebten Körperlichkeit im Wahrnehmungsprozess.

So wie die weiblichen Körper in den hier noch zu untersuchenden Filmen ihre (Körper-)Grenzen sukzessive ablegen und destruieren, können sich zeitweise auch die Grenzen zwischen ZuschauerInnenkörper und filmisch präsentierter Körperlichkeit flexibel aufeinander zu- oder wegbewegen; möglicherweise wirken diese beiden Aspekte gar zusammen. Einerseits, wie oben erwähnt, durch somatische Affizierung, andererseits wird jedoch auch ein Wechselspiel zwischen dem Medium Film und dem ›Außen‹, beispielsweise mit Inhalten, bestehend aus sozialen Strömungen, betont, welche durch das Medium Film aufgegriffen und im Film vornehmlich visuell verhandelt werden, um dann auf den Zuschauenden zu treffen und diesen zu ergreifen. Emotional und körperlich ist der Betrachtende zudem deshalb berührt, weil die filmischen Körperkonstruktionen aus den selbst erfahrenen gesellschaftlichen Bewegungen hervorgegangen sind und damit den reziproken Austausch komplettieren, »denn es gibt eine Parallele zwischen medialen Körperbildern einerseits und lebensweltlichen Erfahrungen andererseits«.[138]

»Die präsentierten Körper in audiovisuellen Medien sind sowohl aus einer Rezeptions- als auch einer Produktionsperspektive heraus betrachtet äußerst vielfältig. Eine Interaktion mit audiovisuell dargestellten Körpern, d.h. ein ›In-Kontakt-treten‹ oder ein ›Sicheinlassen‹, gestattet sowohl ein Selbstsein als auch ein Anderssein; es verweist auf die Potenziale und Grenzen des eigenen und des anderen Körpers [...]; es lässt zudem die soziale und kulturelle Konstruiertheit des Körpers und die an ihn gebundene Geschlechtlichkeit erkennen.«[139]

Der zuschauende Körper ist immer auch Referenzsubjekt und solchen Körperbildern auf der Leinwand ausgeliefert. In den Momenten des »Sich-einlassens« oder »In-Kontakt-tretens«, wie es Hoffmann oben bezeichnet, scheinen die Körperbilder im Film den Zuschauenden temporär vollständig zu vereinnahmen, so wie Shaviro oder Williams es vorschlagen. Jedoch geht mit diesen intensiven Augenblicken eine Deutung der filmischen Körperlichkeiten einher.

»Die Zuschauenden sind sozusagen die Wirte, die die medialen Organismen in sich eindringen lassen, auch wenn ihnen das nicht immer Wohl-, sondern hin und wieder auch Unbehagen bereitet. Ein Einlassen auf die Körperlichkeit der Figuren kann nur entstehen, indem Wirt und Organismus auf einer seelischen und körperlichen Ebene interagieren.«[140]

Meist wird der Subjektkörper sodann auf diffus-komplexe Weise affiziert, seelisch und körperlich. Dieses ambivalente Zusammenwirken von Zuständen bezieht Hoffmann hier auf die im Rezeptionsakt vorkommenden Körperlichkeiten. Dass es sich hierbei um einen performativen Prozess *par excellence* handelt, erklärt sich mit Erika Fischer-Lichte, die gerade diese Ambivalenzen aufgreift, um grundlegende Aspekte von Performativität festzulegen:

»Will man Einblick in die spezifische Dynamik kultureller Prozesse gewinnen, müssen daher die besonderen Ambivalenzen des Performativen in den Blick genommen werden. Im Vordergrund unseres Interesses sollen dabei die beiden hier genannten Ambivalenzen stehen, auf die letztlich auch andere wenn nicht zurückzuführen, so doch zu beziehen sind: (1) die Ambivalenz von aktiv vollzogenen Prozessen und passiv erlittenem Geschehenlassen, von Tun und Nicht-Tun sowie (2) die Ambivalenz von Zerstören und Erschaffen, Destruktion und Kreation.«[141]

Während eines performativen Prozesses schwanken die Zustände des Subjektes somit zwischen »Tun und Nicht-Tun«. Dieser Ansatz, welcher zunächst lediglich die Charakteristika des performativen Aktes an sich beschreibt, kann auf den Blickakt (und damit auf die Filmrezeption) übertragen werden, den Erika Fischer-Lichte ebenfalls als einen Vorgang formuliert, in welchem der Betrachtende zwischen aktiver und passiver Wahrnehmung, zwischen »Tun und Erleiden, zwischen Hervorbringen und Widerfahrnis, zwischen einer aktiven und einer pathischen Dimension dieses Prozesses«[142] oszilliert.[143] Für Fischer-Lichte sind performative Akte stets als kulturelle Prozesse zu verstehen, die es vermögen, soziale Wirklichkeiten zu verändern.[144] Innerhalb dieser Prozesse entstehen Dynamiken, in welchen Unvorhersehbarkeiten aufkommen. Diese können sich der Kontrolle des Subjektes temporär entziehen. Fischer-Lichte betont zudem – und darum soll es hier gehen –, dass der performative Blickakt eine besondere Wirkung beim Betrachtenden hervorbringen kann, sobald das Bild einen Körper oder besser ein Gesicht zeigt, welches auf den Betrachtenden zurückblickt.[145] Damit erteilt Fischer-Lichte den körperlichen Darstellungen eine hervorstechende Relevanz im Zusammenhang mit dem Begriff des Blickaktes. Es wird hierbei somit deutlich, dass die Erfahrung der visuellen transgressiven Verbindung zwischen der filmischen Körperlichkeit und dem Subjekt im performativen Blickakt grundlegend als kultureller Prozess betrachtet werden kann (weil dies der performative Akt an sich ist), welcher dann stets zwischen der somatischen Affizierung (passiv) und der kulturellen Lesbarkeit (aktiv) schwankt und damit sein Potential der visuellen Faszination entfalten kann.

Mit diesen Erörterungen lassen sich schließlich die figuralen Darstellungen auf der Leinwand als performativ bestimmen. Die dargestellten Körper entsprechen so einer Ästhetik, welche performativ auf das Zuschauersubjekt einwirkt, einer »Ästhetik des Performativen«, wie es Fischer-Lichte formuliert. In ihrer Bestimmung dieser Ästhetik, die sich vor allem auf die Wirkung von Körpern in Aufführungen bezieht, stellt sie etwas Entscheidendes fest:

»So gehen beispielsweise alle Wirkungsästhetiken davon aus, daß eine Aufführung

Performanz und Film

nur dann eine nachhaltige Wirkung auf die Verhaltensweisen, Werthaltungen und Einstellungen der Zuschauer ausüben könne, wenn sie zunächst auf seinen Körper einwirkt und bestimmte Empfindungen, ja Leidenschaften erregt. Dieser Aspekt wird für eine Ästhetik des Performativen ganz sicher einen zentralen Punkt darstellen. Aber, merkwürdig genug, diese Wirkungsästhetiken stellen nie die Frage, wieso es überhaupt möglich ist, daß diese Teilnahme an einer Aufführung als Zuschauer eine physische Wirkung auf den Zuschauer haben kann. Sie setzen dies vielmehr als selbstverständlich voraus.«[146]

Fischer-Lichte bezieht sich hierbei auf ein eindringliches *performance*-Stück von Marina Abramović, worin sich die Künstlerin nackt ausstellt und selbst foltert. Zum einen geht Fischer-Lichte auch hier wieder von der Ko-Präsenz der Zuschauenden aus. Mit den vorhergehenden Ausführungen filmtheoretischer Ansätze ist jedoch belegt, dass die Affizierung der ZuschauerInnen auch während der Rezeption von Filmen erfolgen kann. Zum anderen beschreibt Fischer-Lichte diesen performativen Vorgang der somatischen Affizierung ebenfalls in ihren Erörterungen zum Blickakt. Ihre Fragestellung, *wodurch* eigentlich die physischen Wirkungen beim Zuschauersubjekt verursacht werden, lässt sich somit auch für das Medium Film stellen. Mit der Hinterfragung der vermeintlichen Selbstverständlichkeit von körperlichen Affekten wird Körperlichkeit im performativen Akt für diese Arbeit erst relevant, denn an diesem Punkt entfalten sich ausschlaggebende Ansatzpunkte: Was verkörpern die weiblichen Figuren in den französischen Terrorfilmen? Warum evozieren und hinterlassen diese Darstellungen eine solche Wirkung? Was macht dieses Genrekino auch, oder gerade, für weibliche Zuschauer interessant?[147] Und letztlich: Welche Körperkonzepte liegen dieser Ästhetik der performativen Filmkörper zugrunde? Fischer-Lichte versteht die Hinterfragung von Körperkonzepten gar als Voraussetzung, um überhaupt von einer »Ästhetik des Performativen« sprechen zu können:

»Eine Ästhetik des Performativen wird sich daher nur im Zusammenhang mit einer Theorie vom Körper entwickeln lassen, welche die Möglichkeit erklärt, wieso zwischen menschlichen Körpern Kräftefelder entstehen können, die alle, die sie tangieren, auch zu affizieren und in diesem Sinne zu verwandeln vermögen.«[148]

Hierbei fällt auf, dass die »Kräftefelder«, die Fischer-Lichte mehrmals erwähnt,[149] um die performative Rezeptionserfahrung zu erörtern, auch in körperzentrierten Filmtheorien bereits verhandelt wurden. So hat beispielsweise das *Cinematic Body*-Konzept von Steven Shaviro gleich mehrere Bedeutungsebenen, wie Marcus Stiglegger und Marcus S. Kleiner feststellen:

»Filmrezeption konfrontiert also nicht nur mit medialen Abbildern des Körpers, sondern zielt selbst auf den Körper des Rezipienten ab. Daher ist der Titel *The Cinematic Body* von Shaviro in dieser Vieldeutigkeit zu begreifen: als abgebildeter, mediatisierter Körper auf der Leinwand; als Körper und somatische Erfahrung des Zuschauers; und schließlich als zwischen Leinwand und Zuschauer entstehender virtueller *Filmkörper*. Wir gehen hier also von zwei Einheiten aus: dem Filmkörper (Cinematic Body) und dem Rezeptionskörper (des Zuschauers); der Filmkörper entsteht grundsätzlich ohne den Zuschauer, trifft im Moment der Rezeption auf ihn und lässt das entstehen, was zuvor beschrieben wurde: die primär somatische Reaktion.«[150]

Stiglegger und Kleiner führen das Konzept des (performativen)[151] *Cinematic Bodies* von Shaviro fort und erweitern dieses mit dem Begriff des *organlosen Körpers* von Gilles Deleuze und Félix Guattari. Der *Cinematic Body* transformiert sich innerhalb des Rezeptionsprozesses dabei selbst zu einem organlosen Körper, welcher zwischen dem Zuschauersubjekt und dem filmischen Apparat situiert ist und diese beide Körperlichkeiten verbindet – zu einer eigenständigen, neuen Körperlichkeit. Dieser Ansatz geht demzufolge über die bloße Verwobenheit zwischen Zuschauersubjekt und dem Bildmedium hinaus, denn er etabliert die tatsächliche »kontingent-temporäre *Zeugung* des ›Cinematic Body‹ als ›organloser Körper‹, d.h. als beständiger Transformationskörper«.[152] Dieses Konzept ist eine besondere Form der von Fischer-Lichte erwähnten »Spannungs- und Kräftefelder«, und Stiglegger und Kleiner machen damit Fischer-Lichtes theaterwissenschaftliches Konzept zugleich für die Filmwissenschaft fruchtbar. Stiglegger und Kleiner schlagen schließlich einen richtungsweisenden Analyseansatz vor:

> »Film selbst als eigensinnigen Körper zu betrachten und hierbei nicht mehr identitär starr zwischen ästhetischen Körpern und Filmkörpern zu unterscheiden, sondern durch das gemeinsame *Transformations-* und *Immanenzkörper-Werden* von Film und Figuren zu begreifen.«[153]

Der in diesem Buch angewendete Ansatz geht ebenfalls davon aus, dass die im Film präsentierten Körperästhetiken eng mit der Körperlichkeit der Zuschauenden zusammenhängen. Eine strikte Trennung beider Elemente scheint, gerade in Anbetracht performativer Filmkörper, wenig sinnvoll. Gleichzeitig wird durch den Analyseansatz von Stiglegger und Kleiner belegt, dass es prinzipiell möglich ist, auch bei der Filmerfahrung von einer »Ästhetik des Performativen, die auf dieses ›Zwischen‹ zielt«[154] nach Fischer-Lichte zu sprechen. Dies ermöglicht es, auf die oben genannte Fragestellung Fischer-Lichtes weiterführend einzugehen und die Selbstverständlichkeit der somatischen Affizierung zu hinterfragen. Die folgenden Thesen bilden dafür die Grundlage:

> »Meine These ist nun, daß die Formulierung einer Wirkungsästhetik immer schon bestimmte Vorstellungen, Konzepte, Theorien vom Körper voraussetzt, welche für die Möglichkeit einer physischen Einwirkung auf den Zuschauer, der Entgrenzung seines Körpers als Offenheit für Einflüsse und Eingriffe von außerhalb Erklärungsmuster bereithalten. Während die Theoretiker der Zeit, welche eine solche Wirkungsästhetik entworfen haben, die entsprechenden Vorstellungen vom Körper nicht eigens explizit machen mußten, weil sie zum ›universe of discourse‹ ihrer Zeit gehörten, bleiben für uns ihre ästhetischen Theorien unverständlich, wenn sie nicht an jene impliziten Körpertheorien zurückbinden können. Daher lautet meine zweite These, daß die Aufführungen u.a. nur deshalb die gewünschte bzw. postulierte Wirkung hervorrufen konnten, weil es die selbstverständliche, nicht hinterfragbare Voraussetzung der allgemein akzeptierten Vorstellung der Zeit von Körper war, welche das Eintreten einer solchen Wirkung allererst ermöglichte. Denn nur weil der Zuschauer überzeugt war, daß sein Körper unter einer bestimmten Bedingung für eine Art von Einflüssen

und Einwirkungen offen ist, die eine Aufführung auszuüben vermag, konnte die Aufführung in ihm die entsprechenden Empfindungen und Erregungszustände hervorrufen. Es sind also nicht nur die jeweiligen Inhalte, die Probleme, die in einer Aufführung zur Darstellung kommen, sondern auch die jeweils zugrundeliegenden Körperkonzepte.«[155]

Fischer-Lichte geht davon aus, dass die Zuschauenden ein gewisses Wissen der jeweiligen rezenten Körpertheorie in sich tragen. Dieser Zustand macht es zuallererst möglich, somatische Affizierungen zu empfangen. Die Inszenierungen von Körpern können im Allgemeinen nicht alleine als Projektionen von kulturellen Trends verstanden werden, sondern gleichzeitig auch als Auslöser für kulturelle Formungen: »Gerade in Körper-Inszenierungen erscheint der Körper nicht nur als Produkt, sondern immer auch als Akteur. Durch diese Auszeichnung tragen Körper-Inszenierungen aktiv zum kulturellen Wandel bei.«[156] Neben den aufgeführten Thesen ist es zudem von Bedeutung, dass Fischer-Lichte von einer »Entgrenzung« des Körpers ausgeht, sobald dieser wirkungsästhetisch beeinflusst wird. Dies spricht für das transgressive Körperkonzept, von welchem hier ebenfalls ausgegangen wird.

Performative Körperlichkeit im Terror- und Horrorfilm

Entgrenzte Körper auf der Leinwand entgrenzen die Körperlichkeit der Zuschauenden im Prozess der performativen Filmerfahrung. Gerade im Körperkino entfalten sich derartige Möglichkeiten. Linda Williams etablierte den genreübergreifenden Begriff der *body genres* und entwickelte daraus ihren Exzessbegriff, der die Zuschauenden durch die Repräsentation exzessiver filmischer Körperlichkeiten überwältigt:

»Der Körper ist zugleich Topos und Ausstellungsstück des Sensationsgenres, Projektionsfläche für hypertroph inszenierte, extreme Empfindungszustände und zuletzt Quelle und Ort einer genrespezifischen, physisch begründeten Rezeptionsform. Dass er in den Körpergenres eine derartige Wirkungsmacht entfalten kann, setzt allerdings eine besondere Präsentationsform voraus, die von Williams als ein System des Exzesses bezeichnet wird.«[157]

Unter den von Williams aufgezählten Genres taucht der Horrorfilm auf, und es scheint naheliegend, dass gerade diese Filme imstande sind, Körper zu präsentieren, die nicht nur einen symbolträchtigen Charakter besitzen, wenn sie beispielsweise soziale Ängste aufgreifen, sondern sich auch durch Schockwirkungen, das Auslösen von Ekel, Übelkeit etc., somatisch an die Betrachtenden binden können. Performative Körper im Film sind damit besonders im Horror- bzw. Terrorfilm zu finden. Mit dem Einsetzen des modernen Horrorfilms um 1968 herum etablierte sich auch das ›Realitätsprinzip‹ im Horrorgenre: »Terror in Gestalt der Verknüpfung von nicht-ästhetischen und auf Authentizität ausgerichteten Gewalt-, Schock- und Ekelelementen mit modernsten ästhetischen Bild- und Erzählstrategien.«[158] Arno Meteling verbindet hierbei den modernen Horrorfilm mit den Elementen des Terrors, welche sich wiederum mit dem Anspruch verbinden lassen, wirklichkeitsnah wirken zu wollen. Dies lässt sich vornehmlich auch auf die Körperlichkeit im modernen Horrorfilm übertragen. Eine ausführliche Untersuchung von Körperbildern im gesamten Genre des Horrorfilms ist bisher noch nicht unternommen worden und kann und soll hier ebenfalls nicht geleistet werden. Marcus Stiglegger macht jedoch eine zentrale Feststellung in diesem Zusammenhang:

> »Von der frühen Stummfilmzeit an wurden menschliche Urängste in Bilder gebannt, wurden die literarischen Klassiker des Grauens und der schwarzen Romantik in Bild und Ton gebannt, um der literarischen Fiktion eine weitere Dimension beizufügen: die ikonographische Körperlichkeit.«[159]

Horrorfilme vermögen es seit jeher, Figuren zu entwickeln, die durch ihre besondere Physis einen ikonographischen Wiedererkennungswert besitzen. Mit den modernen Entwicklungen hin zu einer real wirkenden Körperlichkeit jedoch scheint der Trend des ikonographischen Körpers etwas abzunehmen.[160] Trotzdem spricht der Aspekt der »ikonographischen Körperlichkeit« für die besondere Relevanz von Körperästhetiken in Horrorfilmen, gerade in Abgrenzung zu anderen Genres. Auch in diesem Buch soll der Fokus darauf liegen, weibliche Körper des französischen Terrorfilms zu untersuchen und hierbei deren performative Verbindung mit den Zuschauenden festzustellen. Diese Körperästhetiken lassen sich zunächst den zuvor erwähnten modernen Tendenzen zuordnen, welche jenes »Realitätsprinzip« berücksichtigen.[161] Solche kommen vornehmlich im postklassischen Horrorfilm seit den späten 1960er Jahren vor:

> »Für den neueren Horrorfilm lässt sich als eines der auffälligsten und zentralsten Merkmale die Radikalität der (Gewalt-)Darstellung festhalten. Dies gilt für Verfolgungs- und Mordsequenzen ebenso wie für die Darstellungen von Metamorphosen und für die Repräsentation von Sterben, Tod, Verwesung, Kannibalismus, wobei hier sofort die markante Position von Körperlichkeit in diesem Genre ins Auge fällt.«[162]

Catherine Shelton stellt zudem in ihrer Bestimmung dieser Epoche fest, dass es ein schwieriges oder gar unmögliches Unterfangen sei, zentrale und übergreifende Aspekte für den modernen Horrorfilm an sich festzuhalten. Zu divers scheinen die unterschiedlichen Strömungen des Genres:

> »Wie sich aus den angedeuteten Schwierigkeiten bereits ablesen lässt, ist also eine rein zeitlich argumentierende Klassifikation des Genres ›neuer/postklassischer Horrorfilm‹ problematisch und defizitär. Darüber hinaus lässt sich der neue Horrorfilm ohnehin kaum als ein homogenes Feld abstecken, sondern weist eine große Diversifikation in Thematik und filmästhetischen Verfahren auf [...]. Es gilt diese Heterogenität innerhalb des Genres stets mitzubedenken, der sicherlich noch kein so differenzierter Definitionsversuch gerecht werden kann – der außerdem Gefahr läuft, normativ zu agieren.«[163]

Trotz dieses Befundes erwähnt Shelton »die zentralen charakteristischen Merkmale [...], die sich in vielen neueren Horrorfilmen finden lassen«[164]:

> »Hier wären zum einen die zunehmend drastischen *Gewaltdarstellungen* zu nennen, die das Genre seit den späten 1960er Jahren kennzeichnen, sowie andererseits das *Moment des Spektakulären* (oder Sensationellen) und das Konzept des *filmischen Exzesses*, das diesem Genre in besonderem Maß eignet und welches letztlich mit einer *Schwächung der filmischen Narrations- und Organisationsformen* einhergeht, wie sie im klassischen Film formuliert werden.«[165]

Auffällig ist hierbei, dass die aufgezählten Aspekte jeweils auf eine Form von Körperlichkeit im Horrorfilm rückschließen lassen. So sind die (Austragungs-)Orte der »Gewaltdarstellungen« die filmischen Körper selbst. An die Körperdarstellungen binden sich zumeist auch die performativen Elemente des Distanzverlustes während der Rezeption des Spektakulären, so wie es Shelton an anderer Stelle selbst aufzeigt:

> »Das Moment der Sensation erscheint also in einer bedeutsamen Duplizität: einmal als jene extremen, physisch begründeten Empfindungen, die die Körpergenres ausstellen, die zum anderen das aufsehenerregende Spektakel eben dieser Filmgattungen, mithin also ihr wirkungsästhetisches Potential ausmachen.«[166]

Der »filmische Exzess« wird durch Linda Williams in ihrer Definition der *body genres* direkt an die Körperästhetiken im Film gebunden. Der letzte Aspekt der Beförderung der Narrationsebene in den Hintergrund des Films ist zunächst die Folgerung aus den aufgezählten performativen Prozessen. Des Weiteren sieht Marcus Stiglegger darin einen Ansatz, welcher im Besonderen im Körperkino vertreten ist: »Wie an anderer Stelle ausgeführt (Stiglegger 2012), besteht der Spielfilm aus narrativen und performativen Anteilen. In dem hier untersuchten Körperkino tritt jedoch der performative Anteil deutlich vor die Narration, das *Wie* vor das *Was*«,[167] wodurch auch der letzte Aspekt mit filmischer Körperlichkeit im Horrorfilm verbunden werden kann.

Damit können diese performativen Elemente, die als Charakteristika des modernen Horrorgenres bestimmt werden, unmittelbar mit den in diesen Filmen präsentierten Körpern zusammengeführt werden. Auf diese Weise erschließt sich das performative Potential filmischer Körperlichkeiten im modernen Horrorgenre. Wie solche Körperfigurationen aussehen, fasst Shelton unter vier Gesichtspunkten zusammen: »Der monströse Körper«, »Der kranke Körper«, »Der tote Körper« und schließlich »Der offene und zerstückelte Körper«. Für diese Arbeit sind vor allem zwei ästhetische Entwürfe von Bedeutung, nämlich der »Der monströse Körper« und »Der offene und zerstückelte Körper«. Da die konkreten Figurationen dieser jeweiligen ästhetischen Konzepte anhand von Filmbeispielen in späteren Kapiteln noch analysiert werden, werden auch dessen nähere Bestimmungen dementsprechend in diesen Zusammenhängen erfolgen. Hierbei wird es vor allem zentral sein, dass ein Körper vornehmlich dann als monströs begriffen wird, sobald er von einer vermeintlichen Vorstellung von der Norm abweicht (und diese damit gleichzeitig vorführt).[168] Interessant für die hier relevante Hypothese des performativen Körpers im Film ist, dass bei einer etymologischen Bestimmung des Monster-Begriffs festzustellen ist, dass dieser auf das Zeigen verweist: »Monstrum lässt sich sowohl auf ›monere‹ (mahnen, warnend verkünden) zurückführen, wie auch von ›monstrare‹ (zeigen) ableiten.«[169] Monströsen Körpern kann damit auch eine handlungsorientierte Komponente zugesprochen werden. Auffällig ist, dass im französischen Terrorfilm insgesamt selten tote oder auch verwesende Körper sichtbar oder maßgeblich präsent sind. Gerade in den Filmen, die hier als Untersuchungsgegenstand dienen, spielen Leichen kaum eine tragende Rolle. Es sind zumeist Körper, die sich im unerbittlichen Todes- oder vielmehr Überlebenskampf befinden und sich dabei sukzessive der Körpergrenzen entledigen. Das Zersetzen dieser Grenzen weist auf die ästhetische Kategorie des Ekelhaften hin:

»Das seit der Neuzeit bis in die Gegenwart hereinreichende Körperbild der westlichen Kultur zeichnet sich gerade durch eine undurchdringliche, glatte Oberfläche aus. Der Körper wird als individuell und unvermischt, als streng begrenzt und nach außen verschlossen, als klar umrissene Entität gedacht. Die spezifischen Erscheinungsformen des Ekelhaften lösen diese Einheit auf, lassen die Grenzen des Körpers zerfallen, so dass er sich mit der ihn umgebenden Welt vermischt, überzieht ihn mit Öffnungen und klebrigen Flüssigkeiten.«[170]

Shelton verbindet in ihrer Begriffsbestimmung des Ekelhaften die Versehrtheit und den Grenzverlust des Körpers daraufhin als »beträchtliche Differenz zur bestehenden Körperkonzeption« und folgert weiterhin:

»Der Verlust von Form und Grenze des Körpers sowie das Austreten von Körperinnerem, wie beispielsweise den Körpersekreten, zeigen in der Tat eine extreme Form der Zerstörung von Körpernormen an und markieren gleichzeitig eine existenzielle Bedrohung. Schließlich lassen sie sich auch als Symptome des Zerfalls begreifen, die eine fortschreitende Instabilität von körperlicher Ordnung und Struktur herbeiführen. [...]. Oder, anders gesagt, als ekelhaft gilt, was die Ordnung des Körpers und seine Grenzen destabilisiert oder ganz auflöst, was eine bestehende Körpernorm radikal evoziert.«[171]

Es fällt, wie bereits zuvor erwähnt, auf, dass diese Kategorie des Ekelhaften und damit die Ästhetik des zerfallenden Körpers, welcher demzufolge einen Grenzverlust erfährt, in den hier vorliegenden Filmen äußerst selten am toten oder verwesenden Körper deutlich gemacht wird. Zumeist sind es noch lebende Körper, die dem Körperhorror – vorwiegend in einem (Überlebens-)Kampf – ausgesetzt sind. Dieser Aspekt spricht für das selbstreflexive Potential der weiblichen Körperfiguren im französischen Terrorfilm, denn so symbolisieren die sich entgrenzenden Körper keinen ›natürlichen‹ und unaufhaltsamen Zerfall, welchem der menschliche Körper post mortem unabwendbar ausgeliefert ist, sondern die Körperlichkeiten visualisieren ein sich auseinandersetzendes, sich selbst bekämpfendes, sich befreiendes, aber letztlich immer ein sich *beinahe* gänzlich auflösendes Körperkonzept. Dieser Prozess wird teilweise schmerzlich bis auf das Äußerste vorangetrieben, bis schließlich körperähnliche Wesen verbleiben, welche sich der normativen Lesbarkeit verweigern. Damit scheinen diese Körperästhetiken ein subversives Potential aufzuweisen, denn sie lehnen sich in einem selbstreflexiven Akt der Gewalt am Körper (am eigenen oder an anderen – zumeist weiblichen – Körpern) gegen ein normativ geprägtes, gesellschaftliches Körperkonzept und damit gegen das Schicksal der dem Körper immerzu auferlegten Lesbarkeit und Zeichenhaftigkeit auf. Gerade an diesem Punkt entwickeln diese Figurationen auf der Leinwand sodann ihr performatives Potential, denn über die reine Schockwirkung durch die Präsentation des Ekelhaften hinaus tangieren sie innerhalb eines kulturellen Bezugs die Körperkonstruktionen der Betrachtenden. Hierbei ist erneut zu bedenken, dass im Sinne der kulturellen Affizierung gar die ›ekelhaften‹ Körper und die damit zusammenhängenden sich zersetzenden Körperkonzepte, welche im Medium Film verhandelt werden, letztlich von den Zuschauenden selbst performt werden können, wie es Gertrud Koch in ihrem erweiterten Medienbegriff vorgeschlagen hat. Es wäre somit möglich, zu hinterfragen, ob nicht alleine der Film als

Teil der Medien und der Kultur durch das Außen besteht, sondern auch einzelne ästhetische Elemente der jeweiligen Filme auf diese Weise – durch den kulturellen Austausch mit den Zuschauenden – in den Filmen selbst auftauchen; so wäre es letztlich auch für die dargestellten Körperästhetiken zu vermuten. Damit stellt sich letztlich die Frage: Wer performt die Körper im Film?

Zusammenfassung

Es wurde zunächst festgestellt, dass rezente Körperdiskurse, die sich mit der Materialität des Körpers auseinandersetzen und diese als ontologische Größe anzweifeln, sich an den Körpern im Film ablesen lassen: Filmische Körperrepräsentationen spiegeln gesellschaftliche Diskurse wider und gehen ebenso aus diesen hervor. Dementsprechend lässt sich vermuten, dass die Körperlichkeit des Zuschauersubjektes im Rezeptionsprozess nicht nur einseitig mit einbezogen wird, durch die somatische Affizierung (von Leinwand zu Zuschauendem), sondern dass sich beide Körperlichkeiten in einem kulturellen, wechselseitigen und temporär transgressiven Austausch verbinden. Der filmtheoretische Ansatz, der eine solche Deutung ermöglicht, ist der der filmischen Performanz, welcher beide Aspekte vereint (somatisch und kulturell / Text und Ereignis). Die filmischen Körperlichkeiten, die das Medium Film präsentiert, werden weiterführend ausgelegt als gezielte performative Elemente, welche die kulturelle und somatische Affizierung gleichzeitig erfüllen: »Das Semiotische und das Performative bilden keinen *Gegensatz*, sondern stehen in einem *Bedingungsverhältnis* zueinander.«[172]

Doch was bedeutet dies für die ästhetische Dimension der im Film dargestellten Körperlichkeiten? Thomas Morsch sieht in der technischen Verfasstheit des Mediums Film bereits den Charakter des Performativen, nämlich den operativen Charakter des Zeigens:

»Das Performative liegt nicht allein außerhalb des Films, in seinen Effekten, sondern beschreibt den handelnden Vollzug des Zeigens als die grundlegende Operation des Films. Zeigen als Akt findet ja nicht allein dort statt, wo dieser Akt selbst für den Zuschauer in den Vordergrund rückt, wie im geschilderten Blick auf den schönen Körper oder auf die Zerstörungen des Körpers im virtuosen Special Effect. Es geht vielmehr um das Hervorbringen von Sichtbarkeit, das den Film als Medium charakterisiert. Wahrnehmung (die Aufnahme mittels der Kamera), die Speicherung des Wahrgenommenen (die Aufzeichnung auf einem materiellen Träger/Körper) und das Zeigen (die Projektion und damit die Wahrnehmung durch den Zuschauer) bilden die Matrix von Handlungsvollzügen, die als in der Technik begründete performative Akte des Films von seinen symbolischen Operationen abzusetzen sind.«[173]

Der Aspekt des »Zeigens« durch den Film und im Rezeptionsprozess mit dem Filmbild ist ebenfalls in dem Begriff der Deixis aus der Sprechakttheorie enthalten, den Robin Curtis bereits für das performative Kino fruchtbar gemacht hat. Doch was *zeigen* performative Filmkörper, was wird durch sie sichtbar, was genau verkörpern sie – und wie sehen sie dabei aus? Sicherlich ist auch dieser Aspekt stark abhängig von der Wahrnehmung und emotionalen Konstitution des individuell (sozial) geprägten Betrachtenden. Es wird hier (davon unabhängig) untersucht, auf welche Weise es die Körperästhetiken vermögen, als performative Filmelemente zu fungieren. Die Filme, welche Gegenstand dieses Buches sind, haben gerade durch eine solche Wirkungsästhetik eine gewisse Popularität bei einem internationalen Publikum erlangt und damit den eingangs erwähnten *New Extremism* im gesamten modernen Horrorgenre ausgelöst, der bis heute andauert.

Die Betrachtung und Analyse der im französischen Genrefilm präsentierten weiblichen Körper ist der zentrale Anspruch dieser Arbeit. Da vor allem die weiblichen Körperästhetiken und Figuren in den französischen Terrorfilmen eine hervorstechende Position einnehmen, lässt sich auch vermuten, dass es gerade auf die neuartige Form der Darstellung von Weiblichkeit zurückzuführen ist, dass diese Filme das Genre dermaßen geprägt haben. Gleichzeitig wurde genau diesen Körperlichkeiten in der Rezeption kaum Aufmerksamkeit geschenkt. Die bisher aufgeführten Aspekte sollen verdeutlichen, dass diese Körperästhetiken als Teil eines kulturellen Prozesses verstanden werden können und damit letztlich die Körperlichkeit der Zuschauenden selbst mit einbeziehen und verhandeln.

Die Filmanalysen sind dementsprechend in drei Schritte eingeteilt: Irritation, Angriff und Erschütterung. Die vorliegenden Ausführungen zu performativen Filmkörpern ermöglichen es, diese drei Schritte unter zwei verschiedenen Aspekten zu betrachten. Zum einen sind sie an den Körperdarstellungen selbst ablesbar und damit als filmisches Stilelement vorhanden, zum anderen ist es möglich, diese drei Termini als (kulturelle) Affizierung der zuschauenden Körperlichkeiten zu betrachten. Es sind Körper sichtbar, die innerhalb des Films irritieren, wie beispielsweise die uneindeutige homosexuelle Protagonistin in HAUTE TENSION, die die heterosexuelle Matrix stört und daher ausgegrenzt wird. Oder der Mutterkörper, der auf dermaßen transgressive Weise angegriffen wird, dass dies ebenfalls als Angriff auf die Konstruktionen des Mutterbildes der Zuschauenden gedeutet werden könnte. Schlussendlich wird das Zuschauersubjekt möglicherweise in seinen Konzepten der körperlichen Lesbarkeit erschüttert, sobald es dem völlig entgrenzten und unlesbaren Körper von Anna in MARTYRS ausgeliefert wird (eine Körperdarstellung, die sich letztlich als performative Körperlichkeit *par excellence* erweisen wird).

In dieser Arbeit geht es demnach um mehr als um die somatischen Affekte des zuschauenden Körpers, nämlich um die gesellschaftliche Relevanz der Körperdarstellungen auf der Leinwand. Die These ist, dass die Körperdarstellungen durchaus eine solche Relevanz besitzen und daher »kulturelle Affekte« auslösen und zugleich aus ebensolchen hervorgehen. Erst dieser Rahmen ermöglicht es, von einem »Materialitätskontinuum« (Fischer-Lichte) während des Rezeptionsprozesses zu sprechen. Letztlich ist es damit auch möglich zu hinterfragen, welche sozialen Strukturen im Film *und* auf dem Kinosessel verhandelt werden. Was machen die filmischen Körperlichkeiten mit den Zuschauenden, und was machen wir mit den Leinwandkörpern? ❑

Anmerkungen

1 Bublitz, S. 56.
2 Ebd.
3 Ebd.
4 Vgl. Max Horkheimer, Theodor W. Adorno: Dialektik der Aufklärung. Philosophische Fragmente. Frankfurt am Main 1988. S. 247 ff.; auch nachzulesen in Kamper, Dietmar; Wulf, Christoph: Die Parabel der Wiederkehr. Zur Einführung. In: Kamper, Dietmar; Wulf, Christoph (Hrsg.): Die Wiederkehr des Körpers. Frankfurt am Main 1982.

Anmerkungen

5 Butler, Körper von Gewicht, S. 56.
6 Shelton, Catherine: Unheimliche Inskriptionen. Eine Studie zu Körperbildern im postklassischen Horrorfilm. Bielefeld 2008, S. 43.
7 Vgl. Shelton, Inskriptionen, S. 51.
8 Butler, Körper von Gewicht, S. 56.
9 Ebd.
10 Ebd.
11 Siehe auch Shelton, Inskriptionen, S. 92.
12 Diesen Ansatz hat vor allem Steven Shaviro mit seiner Veröffentlichung *The Cinematic Body* vorangetrieben: Shaviro, Steven: The Cinematic Body. Minnesota 1993.
13 Curtis, Robin: How Do We Do Things with Films? In: Nessel, Sabine; Pauleit, Winfried; Rüffert, Christine; Schmid, Karl-Heinz; Tews, Alfred (Hrsg.): Wort und Fleisch. Kino zwischen Text und Körper. Berlin 2008, S. 78.
14 Curtis, How Do We Do Things with Films?, S. 77.
15 Ebd.
16 Shaviro, The Cinematic Body, S. 22.
17 Ebd.
18 Ebd., S. 26.
19 Stiglegger, Marcus: Körpertheorie der Medien. Eine Einführung. www.ikonenmagazin.de/artikel/Koerpertheorie_der_Medien_Stiglegger.htm [5.7.2013].
20 Shaviro, Cinematic Body, 24.
21 Ebd., S. 44.
22 Ebd., S. 56.
23 Wiechens, Peter: Bataille zur Einführung. Hamburg 1995, S. 53.
24 Bataille, Georges: Die Erotik. München 1994, S. 63.
25 Stiglegger, Marcus: Ritual und Verführung. Schaulust, Spektakel und Sinnlichkeit im Film. Berlin 2006, S. 81.
26 Ebd.
27 Bergfleth, Gerd: Leidenschaft und Weltinnigkeit. Zu Batailles Erotik der Entgrenzung. In: Bergfleth, Gerd (Hrsg.): Die Erotik. München 1994, S. 341.
28 Shelton, Inskriptionen, S. 92–93.
29 Ebd., S. 95.
30 Hoffmann, Dagmar: Körperästhetiken. Filmische Inszenierungen von Körperlichkeit. Bielefeld 2010, S. 22.
31 Thomas Morsch: Der Körper des Zuschauers. Elemente einer somatischen Theorie des Kinos. In: Medienwissenschaft 3 (1997), S. 271.
32 Shaviro, Cinematic Body, S. 58.
33 Ebd., S. 22.
34 Williams, Linda: Film Bodies: Gender, Genre and Excess. In: Film Quarterly 44 (1991), S. 2-13
35 Morsch, Thomas: Zur Ästhetik des Schocks. Der Körperdiskurs des Films, *Audition* und die ästhetische Moderne. In: Wort und Fleisch, S. 13; siehe auch: Merleau-Ponty, Maurice: Phänomenologie der Wahrnehmung. Berlin 1966.
36 Morsch, Zur Ästhetik des Schocks, S. 13.
37 Vgl.: Sobchack, Vivian: The Address of the Eye: A Phenomenology of Film Experience. Princeton 1992; Sobchack, Vivian: Carnal Thoughts. Embodiement and Moving Image Culture. Berkeley / Los Angeles / London 2004.
38 Morsch, Thomas: Medienästhetik des Films: Verkörperte Wahrnehmung und ästhetische Erfahrung im Kino. München 2011, S. 176.
39 Sobchack, The Address of the Eye, S. 4.
40 Sobchack, Carnal Thoughts, S. 1.
41 Robnik, Drehli: Körper-Erfahrung und Film-Phänomenologie. Filmanalyse: SAVING PRIVATE RYAN. In: Felix, Jürgen (Hrsg.): Moderne Film Theorie, S. 246.
42 Robnik, Körper-Erfahrung, S. 246.
43 Ebd.
44 Voss, Christiane: Zur Konstitution der Phänomenalität cinematografischer Illusion. In: Sonderforschungsbereich 626 (Hrsg.): Ästhetische Erfahrung: Gegenstände, Konzepte, Geschichtlichkeit. Berlin 2006, www.sfb626.de/veroeffentlichungen/online/aesth_erfahrung/aufsaetze/voss1.pdf, S. 8 [11.10.2013]. Vgl. auch: Sobchack, Vivian: What My Fingers Knew. In: Carnal Thoughts. Embodiment and Moving Image Culture. S. 53–85.
45 Hanich, Julian: Cinematic Emotions in Horror Films and Thrillers. The Aesthatetic Paradox of Pleasurable Fear. New York 2010, S. 3.
46 Vgl.: Carroll, Noël: The Philosophy of Horror or Paradoxes of the Heart. New York 1990
47 Hanich, Cinematic Emotions, S. 5.
48 Ebd., S. 13.
49 Felix, Jürgen (Hrsg.): Unter die Haut. Signaturen des Selbst im Kino der Körper. Bd. 3. St. Augustin 1998, S. 9.
50 Corrigan, Timothy: Zwischen Himmel und Hölle. Die denaturalisierte Welt des SINGING DETECTIVE. In: Felix (Hrsg.), Unter die Haut, S. 293–306.
51 Corrigan, Zwischen Himmel und Hölle, S. 296.
52 Hoffmann, Körperästhetiken, S. 15.
53 Vgl. dazu: Bourdieu, Pierre: Die feinen Unterschiede. Kritik der gesellschaftlichen Urteilskraft. Frankfurt am Main 1987.

54 Tischlederer, Bärbel: They Are Called Boobs. Zur Aufwertung des Körpers im aktuellen Hollywoodkino. In: Fröhlich, Margit; Middel, Reinhard (Hrsg.): No Body is perfect. Körperbilder im Kino. Marburg 2002, S. 61.
55 Vgl. Stiglegger, Marcus: Zwischen Konstruktion und Transzendenz. Versuch zur filmischen Anthropologie des Körpers. In: Fröhlich; Middel, No Body is perfect, S. 9–28.
56 Zum Aspekt der authentischen Körpererfahrung vgl. auch Stiglegger, Marcus: Zwischen Konstruktion und Transzendenz. Versuch zur filmischen Anthropologie des Körpers 2002 und Felix (Hrsg.), Unter die Haut.
57 Diese Entwicklung war vor allem durch die Theaterwissenschaftlerin Erika Fischer-Lichte möglich, die den Performanzbegriff auf Inszenierungen und Theatralität anwendete. Sie machte den Performanzbegriff für die Kulturwissenschaften fruchtbar, indem sie die den Fokus der rein sprachphilosophischen Auslegung von Performativität auf den Begriff der *Performance* verlagerte (vgl. Wirth 2002, S. 39). Ausgewählte Definitionen von Fischer-Lichte werden in dieser Arbeit noch relevant sein und dementsprechend dargelegt werden.
58 Wirth, Uwe: Der Performanzbegriff im Spannungsfeld von Illokution und Iteration und Indexikalität. In: Wirth, Uwe (Hrsg.): Performanz. Zwischen Sprachphilosophie und Kulturwissenschaften. Frankfurt am Main 2002, S. 10–11.
59 Austin, John L.: Zur Theorie der Sprechakte, Elfte Vorlesung. In: Wirth (Hrsg.), Performanz, S. 72–82.
60 Wirth, Der Performanzbegriff, S. 12.
61 Austin, John L.: How to Do Things with Words. Cambridge 1962, S. 94.
62 Ebd., S. 100.
63 Wirth, Der Performanzbegriff, S. 11.
64 Ebd., S. 18.
65 Austin, John L.: Zur Theorie der Sprechakte. How to do things with words. Stuttgart 1979, S. 43.
66 Wirth, Der Performanzbegriff, S. 20–21.
67 Foucault, Michel: Die Aussage definieren. In: Wirth (Hrsg.), Performanz, S. 112.
68 Foucault, Michel: Archäologie des Wissens. Frankfurt am Main 1981, hier zitiert nach Wirth (Hrsg.), Performanz, S. 43.
69 Krämer, Sybille: Sprache-Stimme-Schrift: Sieben Gedanken über Performativität als Medialität. In: Wirth (Hrsg.), Performanz, S. 332.
70 Ebd., S. 345.
71 Ebd.
72 Ebd., S. 329.
73 Ebd., S. 328.
74 Krämer, Sybille: Was haben Performativität und Medialität miteinander zu tun? Plädoyer für eine in Aisthetisierung gründende Konzeption des Performativen. In: Krämer, Sybille (Hrsg.): Performativität und Medialität. München 2004, S. 21.
75 Benjamin, Walter: Das Kunstwerk im Zeitalter seiner technischen Reproduzierbarkeit. In: Schöttker, Detlev (Hrsg.): Medienästhetische Schriften. Frankfurt am Main 2002, S. 351-386.
76 Kracauer, Siegfried: Die Errettung der physischen Realität. In: Franz-Josef Albersmeier: Texte zur Theorie des Films. Stuttgart 2001, S. 253.
77 Morsch, Medienästhetik des Films, S. 20.
78 Williams, Linda: Film Bodies: Gender, Genre, and Excess. In: Grant, Barry Keith: Film Genre Reader III. Austin 2007, S. 143–144.
79 Ebd.
80 Morsch, Medienästhetik, S. 35.
81 Kristeva, Julia: Powers of Horror. An Essay on Abjection. New York 1982, S. 2-4.
82 Die Termini des Abjekten und des Semiotischen werden in dieser Arbeit im dritten Kapitel erneut aufgegriffen und weiter ausgeführt.
83 Creed, Barbara: Monstrous-Feminine. Film, Feminism, Psychoanalysis. New York 1993; auch Creeds Ansatz wird im dritten Kapitel ausführlicher behandelt.
84 Einen Überblick über diese unterschiedlichen Ansätze der Filmtheorie bietet beispielsweise Thomas Morsch in *Medienästhetik des Films*.
85 Morsch, Medienästhetik, S. 97.
86 Vgl. Vivian Sobchack.
87 Krämer, Sprache – Stimme – Schrift, S. 324.
88 Fischer-Lichte, Erika: Verkörperung/Embodiment. Zum Wandel einer alten theaterwissenschaftlichen in eine neue kulturwissenschaftliche Kategorie. In: Fischer-Lichte, Erika; Horn, Christian; Warstat, Matthias (Hrsg.): Verkörperung. Tübingen 2001, S. 13. Fischer-Lichte beschreibt die »Zwei-Welten-Theorie«, indem sie auf den Körper einer SchauspielerIn verweist, welche nach dieser Theorie in dessen (Bühnen-)Darstellung völlig entkörperlicht werden sollte, um die Bedeutung ideal ver-

mitteln zu können. Der schauspielende Körper sollte danach also komplett als ein Träger von Zeichen fungieren, alleine als materielle Grundfläche dienen und in keinem Falle damit die Übermittlung von Bedeutung am besten möglich zu machen.
89 Krämer, Sprache-Stimme-Schrift: Sieben Gedanken über Performativität als Medialität. In: Wirth (Hrsg.), Performanz, S. 331.
90 Ebd., S. 331.
91 Ebd., S. 332.
92 Ebd., S. 345.
93 Ebd., S. 96.
94 Morsch, Medienästhetik, S. 96.
95 Vgl. Fischer-Lichte, Erika: Performativität. Eine Einführung. Bielefeld 2012; Fischer-Lichte, Erika: Ästhetik des Performativen. Frankfurt am Main 2004.
96 Fischer-Lichte, Performativität. Eine Einführung, S. 151.
97 Ebd., S. 150.
98 Eine Möglichkeit, Körperlichkeit auf diese Weise subjekttheoretisch zu betrachten, ist eine durch Thomas Morsch formulierte Definition von Materialität: »Die Materialität des Subjekts meint nicht den Körper, sondern die Körperlichkeit der Subjektivität, durch die das Ich Teil der Materie ist.« Daraus erschließt sich eine Form der Körperlichkeit, welche nicht als physische Entität dem Subjekt entgegensteht oder in einem dichotomischen Verhältnis zu dem Subjekt steht, sondern als eng verwobener Teil dessen begriffen wird. Es handelt sich hierbei um einen phänomenologischen Ansatz nach Maurice Merleau-Ponty, welcher unter dem Abschnitt »Körperlichkeit im Film: Der wahrnehmende (Subjekt-)Körper« bereits im Zusammenhang mit Vivian Sobchacks filmtheoretischem Ansatz erläutert wurde.
99 Krämer, Was haben Performativität und Medialität miteinander zu tun?, S. 13.
100 Ebd., S. 21.
101 Die Erläuterungen dazu sind im Verlauf dieses Kapitels zu finden.
102 Vgl. Nessel, Sabine; Pauleit, Winfried: Vorwort in *Wort und Fleisch. Kino zwischen Text und Körper*: »In den 1960er Jahren hat der *linguistic turn* der Geisteswissenschaften auch im Bereich der Beschäftigung mit dem Film erfasst. Vor allem in Frankreich und im angloamerikanischen Raum wurde Film bis in die 1990er hinein fast ausschließlich als eine Form von Textualität begriffen, die es lesend zu entziffern galt. Diese Ansätze entwickelten sich im Umfeld von Semiotik, Strukturalismus und Psychoanalyse. In den 1990er Jahren verstärkte sich das Unbehagen an zu eng gefassten Textbegriffen. Und das Somatische wurde zu einem zentralen Forschungsgegenstand der Film- und Medienwissenschaft. Untersucht wurden die Repräsentationen des Körpers, die Bedingungen der Rezeption, die Verbindung von *body* und *gender*, die spezifische Medialität des Films und vieles mehr.« S. 7. Dazu auch der Text von Sabine Nessel: Kino und Ereignis. Konstruktionen des Kinematografischen vor und nach Christian Metz, ebd., S. 27–37.
103 Polan, Dana: Film Theory Re-Assessed. In: Continuum. The Australian Journal of Media and Culture 1 (1987), wwwmcc.murdoch.edu.au/ReadingRoom/1.2/Polan.html [15.6.2013].
104 Ebd.
105 Er verweist auf die *Grande Syntagmatique* in der Semiotik, *Suture* in der psychoanalytischen Filmtheorie und schließlich *Enonciation* in der kognitivistischen Filmsemiotik. Vgl. hierzu ebenfalls Curtis, Robin: Deixis, Imagination und Perzeption. Bestandteile einer performativen Theorie des Films. In: Wenzel, Horst; Jäger, Ludwig (Hrsg.): Deixis und Evidenz. Freiburg 2008, S. 242.
106 Polan, Film Theory Re-Assessed.
107 Curtis, How Do We Do Things with Films?, S. 75.
108 Ebd., S. 79.
109 Ebd., S. 80.
110 Ebd., S. 82.
111 Fischer-Lichte, Performativität. Eine Einführung, S. 151.
112 Curtis, How Do We Do Things with Films?, S. 77.
113 Ebd.
114 Dieser wichtige Aspekt der Performanz wird zu einem späteren Zeitpunkt noch ausführlich behandelt und stellt einen wichtigen analytischen Aspekt für diese Arbeit dar.
115 Stiglegger, Ritual und Verführung, S. 9.
116 Stiglegger, Marcus: Die Seduktionstheorie des Films. Verführungsstrategien filmischer Inszenierung am Beispiel von Philippe Grandrieux' *Sombre* (1999). In: Kleiner, Marcus S.; Rappe, Michael (Hrsg.): Methoden der Populärkulturfoschung. Interdisziplinäre Perspektiven auf Film, Fernsehen, Musik, Internet und Computerspiele. Berlin 2012, S. 85.

117 Stiglegger, Die Seduktionstheorie des Films. Verführungsstrategien filmischer Inszenierung am Beispiel von Philippe Grandrieux' Sombre, S. 88.
118 Krämer, Sprache-Stimme-Schrift, S. 345.
119 Stiglegger, Marcus; Kleiner, Marcus S.: Vom organlosen Körper zum Cinematic Body und zurück. Deleuze und die Körpertheorie des Films. In: Sanders, Olaf; Winter, Rainer (Hrsg.): Bewegungsbilder nach Deleuze. Klagenfurter Beiträge Band 4. Köln 2014, S. 2.
120 Vgl. den Abschnitt *Gesellschaft und das sich wandelnde Körperbild im Film* in diesem Kapitel.
121 Vgl. Berkel, Irene: Postsexualität. Zur Transformation des Begehrens. Gießen 2009.
122 Koch, Latenz und Bewegung im Feld der Kultur, S. 167.
123 AGIL steht in Parsons' Schema für *Adaptation* (Anpassung), *Goal Attainment* (Zielverfolgung), *Integration* (Eingliederung), *Latency oder Latent Pattern Maintenance* (Aufrechterhaltung).
124 Koch, Latenz und Bewegung im Feld der Kultur, S. 170.
125 Ebd.
126 Vgl. den Abschnitt *Performativität* in diesem Kapitel.
127 Koch, Latenz und Bewegung im Feld der Kultur, S. 171.
128 Ebd.
129 Koch, Latenz und Bewegung im Feld der Kultur, S. 186; Koch zitiert hier: Derrida, Jaques: Marx' Gespenster. Frankfurt am Main. 1995, S. 88.
130 Koch, Latenz und Bewegung im Feld der Kultur, S. 187.
131 Ebd., S. 186.
132 Transgression bedeutet hierbei die Überschreitung immerzu getrennt begriffener Bereiche in der Kunst und im Leben: »Sie [die Ästhetik des Performativen, S.K.] arbeitet unablässig daran, Grenzen, die, historisch gesehen, im ausgehenden 18. Jahrhundert errichtet wurden und seitdem als ebenso unverrückbar wie unüberwindbar und in diesem Sinne als quasi natürliche, das heißt von der Natur gesetzte Grenze galten – wie die Grenzen zwischen Kunst und Leben, zwischen Hochkultur und populärer Kultur und derjenigen anderer Kulturen, denen das Konzept der Autonomie von Kunst fremd ist –, zu überschreiten und so den Begriff der Grenze zu redefinieren. Während bisher das Trennende, die Abschottung, die prinzipielle Differenz als die ihn bestimmenden Aspekte im Vordergrund standen, macht eine Ästhetik des Performativen den Aspekt der Überschreitung und des Übergangs stark. Die Grenze wird zur Schwelle, die nicht voneinander trennt, sondern miteinander verbindet.« In: Fischer-Lichte, Ästhetik des Performativen, S. 356.
133 Stiglegger, Ritual und Verführung, S. 9.
134 Koch, Latenz und Bewegung im Feld der Kultur, S. 167.
135 Morsch, Medienästhetik des Films, S. 129.
136 Zu diesem Konzept der Performanz bei Judith Butler gibt es noch eine ausführliche Besprechung im nächsten Kapitel.
137 Butler, Körper von Gewicht, S. 13.
138 Tischlederer, No Body is perfect, S. 59.
139 Hoffmann, Körperästhetiken, S. 19
140 Ebd., S. 27
141 Fischer-Lichte, Performativität. Eine Einführung, S. 87–88.
142 Ebd., S. 147.
143 Die Erläuterungen zum Blickakt bei Fischer-Lichte sind auf S. 41ff. zu finden.
144 Fischer-Lichte, Performativität. Eine Einführung, S. 87, 89.
145 Ebd., S. 150.
146 Fischer-Lichte, Erika: Entgrenzungen des Körpers. Über das Verhältnis von Wirkungsästhetik und Körpertheorie. In: Fischer-Lichte, Erika; Fleig, Anne (Hrsg.): Körper-Inszenierungen. Präsenz und kultureller Wandel. Tübingen 2000, S. 20.
147 So stellt es auch Marcus Stiglegger in seinem Buch *Terrorkino* fest: »Wir beobachten, dass es nicht mehr hauptsächlich Frauen sind, die hier zum Opfer werden, das Verhältnis zwischen Männern und Frauen egalisiert sich langsam. In Terrorfilmen wie HAUTE TENSION (High Tension; 2003; R: Alexandre Aja) treten Frauen gleichermaßen als Täter und Opfer auf, zugleich bieten diese Filme erheblich mehr Identifikationspotenzial für ein junges weibliches Publikum, eine Zielgruppe für das Terrorkino, wie es vom Branchenblatt *Variety* bestätigt wurde.«, S. 69.
148 Fischer-Lichte, Körper-Inszenierungen, S. 34.
149 So beispielsweise auch ausführlicher auf S. 20 in: Fischer-Lichte, Erika, Körper-Inszenierungen: »Eine solche Ästhetik fragt weniger nach den Bedeutungen, welche Darsteller und Publikum durch oder während

einer Aufführung hervorbringen mögen; sie fokussiert vielmehr die performativen Prozesse des Herstellens, Verhandelns und Austauschens, die Darsteller und Zuschauer im Laufe der Aufführung vollziehen. Im Mittelpunkt des Interesses stehen also die Spannungs- und Kräftefelder, die zwischen Darstellern und Zuschauern entstehen und sie – wenn auch auf jeweils unterschiedliche Weise und in unterschiedlichem Maße – affizieren.«

150 Stiglegger; Kleiner, Vom organlosen Körper zum Cinematic Body und zurück, S. 3.
151 Stiglegger und Kleiner definieren den *Cinematic Body* als ein performatives Konzept auf S. 4.
152 Ebd.
153 Stiglegger, Kleiner, Vom organlosen Körper zum Cinematic Body und zurück, S. 18.
154 Fischer-Lichte, Körper-Inszenierungen, S. 20.
155 Ebd., S. 20–21.
156 Fleig, Anne: Körper-Inszenierungen: Begriff, Geschichte, kulturelle Praxis. In: Fischer-Lichte, Erika; Fleig, Anne (Hrsg.): Körper-Inszenierungen. Präsenz und kultureller Wandel. Tübingen 2000, S. 12.
157 Shelton, Inskriptionen, S. 99.
158 Meteling, Arno: Monster. Zur Körperlichkeit und Medialität im modernen Horrorfilm. Bielefeld 2006, S. 10.
159 Stiglegger, Marcus: Julian Hanich: Cinematic Emotion in Horror Films and Thrillers. In: Zeitschrift für Fantastikforschung 4 (2012), S. 137.
160 Obwohl auch Figuren des modernen Terrorfilms ikonographischen Status erlangt haben, wie beispielsweise ›Leatherface‹ aus THE TEXAS CHAIN SAW MASSACRE (Blutgericht in Texas) oder der in einer weißen Maske auftretende Michael Myers in den Halloween-Filmreihe. Eine Untersuchung des ikonographischen Potentials von Horrorfilmfiguren wäre sicherlich ein interessanter Ansatz für eine Untersuchung von Körperlichkeiten mit Blick auf das gesamte Horrorfilmgenre vom Beginn an bis heute.
161 Wobei bestimmte weibliche Körperfigurationen im französischen Terrorfilm trotz der authentischen Darstellung es durchaus vermögen, als ikonographische Körperlichkeit zu fungieren, wie beispielsweise die Figur der gehäuteten Anna, die am Ende von MARTYRS in einem beleuchteten Tank liegt, oder auch Marie, die in HAUTE TENSION eine blutverschmierte Kreissäge trägt.
162 Shelton, Inskriptionen, S. 151.
163 Ebd., S. 122.
164 Ebd., S. 123.
165 Ebd. (Hervorhebungen durch die Autorin).
166 Ebd., S. 98.
167 Stiglegger; Kleiner, Vom organlosen Körper zum Cinematic Body und zurück, S. 4
168 Vgl. dazu auch Shelton, Inskriptionen, S. 165.
169 Ebd.
170 Shelton, Inskriptionen, S. 30.
171 Ebd.
172 Morsch, Medienästhetik, S. 112 (Hervorhebung durch den Autor).
173 Ebd., S. 126.

Irritation: Gender-Transgression

»Die Normen, die eine idealisierte menschliche Anatomie regieren, produzieren einen selektiven Sinn dafür, wer menschlich ist und wer nicht, welches Leben lebenswert ist und welches nicht.«

Judith Butler

Im ersten Kapitel wurde dargelegt, dass filmische Körperlichkeiten performativ wirken können. Dies ermöglicht es, die Filmkörper unter ebendiesen Voraussetzungen weiterführend zu untersuchen. Im vorliegenden Text konzentriert sich die Analyse auf Körper, welche mit der Performanz von Geschlechtsidentitäten und Identitäten spielen. Die herkömmliche Verknüpfung zwischen der vermeintlich biologischen Körperlichkeit und (Geschlechts-)Identität wird hierbei besonders fokussiert. Zum einen werden diese Körper als Irritation innerhalb der filmischen Welt dargestellt, zum anderen liegt in der Irritation auch das Moment des performativen Übergriffs in den Zuschauerraum: Es werden tradierte Körperkonzepte aufgebrochen und hinterfragt, gestört und irritiert. Um dies zu erörtern, werden zunächst ebensolche (gesellschaftlich-normativen) Konnotationen zwischen Körper und Bedeutung von Identität und Geschlecht dargelegt.

Es soll dabei der Aspekt der Irritation und Verunsicherung als Beginn des dekonstruktivistischen Prozesses betrachtet werden, ausgelöst durch das Verwirrspiel mit (Geschlechts-)Identitäten. Dieser Ansatz wird anhand von ausgewählten Sequenzanalysen verschiedener Filme veranschaulicht, mit einem besonderen Schwerpunkt auf dem Filmbeispiel HAUTE TENSION (High Tension; 2003; R: Alexandre Aja).

Performative Geschlechtskörper und der Zwang der Geschlechtsidentitäten

Der Körper als »Bedeutungsproduzent«[1]

Es scheint bisweilen schwerzufallen, postmodernes und poststrukturelles Denken dauerhaft aufrechtzuerhalten und nicht abzustreiten, da dies auch die Hinterfragung von scheinbar festen Voraussetzungen und Zusammenhängen bedeuten könnte, denn Objekte und Subjekte werden von vermeintlich (natur-)gegebenen Bedeutungszusammenhängen getrennt und als reine Konstruktionen entlarvt. In diesem Denken werden scheinbar feststehende Termini kritisch hinterfragt und damit für neue Deutungen eröffnet. An diesem Punkt sieht Judith Butler beispielsweise einen postmodernen Gedanken:

> »Ich nehme an, dass dies mich auf der Scheidelinie zwischen Moderne und Postmoderne ansiedelt, wo solche Begriffe zwar im Spiel bleiben, aber nicht mehr als Fundament dienen.«[2]

Die »Scheidelinie« erklärt sich dadurch, dass Voraussetzungen und Begriffe hinterfragt und damit möglicherweise entrückt werden, jedoch nicht vollständig abgestritten oder gar abgeschafft werden sollen. Der in der Postmoderne ausgerufene »Tod des Subjektes«[3] trifft auf Butlers Denken somit nicht unbedingt zu. Dennoch scheint immerzu die Gefahr der Auflösung des Subjektes und seiner Identität zu drohen, sobald dieses humanistische Konzept kritisch hinterfragt wird. Der Begriff der Postmoderne ist vieldeutig und beschreibt Unterschiedliches: philosophische und gesellschaftspolitische Richtungen, einen bestimmten Zeitgeist,[4] aber auch – womöglich zuallererst – eine »ästhetische Praxis«.[5] Infolgedessen werden die genannten Aspekte des Postmodernismus (und die oft damit verbundenen Ängste)[6] ebenfalls filmisch verhandelt.

Die Abtrennung und Auflösung von scheinbar zusammenhängenden Bedeutungszuweisungen werden hierbei in vielerlei Hinsicht vollzogen; beispielsweise verlieren Filmcharaktere ihren inhaltlichen und substantiellen Gehalt, der für eine Identifizierung des Rezipienten mit dem jeweiligen Filmcharakter notwendig sein könnte, indem die Figuren als reines Reservoir aus Zitaten präsentiert werden. So hat es David Lynch in WILD AT HEART (Wild at Heart – die Geschichte von Sailor und Lula; 1990) exemplarisch vorgeführt. Da die Hauptfiguren nur noch aus offenkundigen Versatzstücken popkultureller Bezüge zu bestehen scheinen, verlieren sie zum einen jeglichen authentischen Bezugspunkt für das Zuschauersubjekt, und zum anderen scheinen die Charaktere sich selbst darin zu verlieren und damit am Verlust des Selbst zu leiden.[7] Sie sind dann bemüht, die fehlende Authentizität künstlich durch das Zusammentragen und -fügen von Zitaten wiederherzustellen. Doch damit bringen sie die Strukturen der Künstlichkeit des eigenen Ichs gerade hervor und bestätigen diese nur noch.

Das *body genre* Horrorfilm koppelt die Dekonstruktion von Bedeutungszusammenhängen vornehmlich an die Auflösung des Körpers. Dies steht dann zumeist sinnbildlich für die Zerrüttung des Subjektes selbst. Die in dieser Arbeit relevanten Filme gehen über diesen Aspekt hinaus und ergänzen ihn zum einen mit der Verhandlung und Dekonstruktion von Geschlechtsidentitäten (beispielsweise in LA MEUTE [Die Meute; 2010; R: Franck Richard], HAUTE TENSION). So wird der Rahmen der im Film verhandelten subjekttheoretischen Fragen um eine gesellschaftspolitische, gendertheoretische Ebene erweitert. Des Weiteren wird visuell offengelegt, was nach der Auflösung bleibt (beispielsweise Sarah in À L'INTÉRIEUR [Inside; 2007; R: Alexandre Bustillo, Julien Maury], die sich von der gängigen Vorstellung des Mutterbildes gelöst hat). Der wichtigste und zugleich subversivste filmische Akt ist hierbei jedoch, dass die physische Auflösung als Zustand bestehen bleibt und nicht wieder zu einer Identität zurückgeführt wird (wie es die

Gender-Verwirrungen in HAUTE TENSION (2003)

Irritation: Gender-Transgression

Schlussfigurationen in THE DIVIDE und MARTYRS präsentieren). Dies markiert den jeweiligen Endpunkt der Dekonstruktionen, die in den Filmen vorgenommen werden.

Der Beginn von dekonstruktivistischen Prozessen wird hauptsächlich in der vorliegenden Analyse von HAUTE TENSION in der Loslösung von zwei vermeintlich zusammenhängenden Aspekten betrachtet: die Auflösung des normativ angelegten Bedeutungszusammenhangs von Körper als Indikator des biologischen Geschlechts und der jeweilig performten Geschlechtsidentität sowie die körperliche Erscheinung und die damit verbundene Identität. Letztlich wird durch diese Form der Irritation hinterfragt, ob Körperlichkeit oder die Erscheinung des (biologischen) Körpers als Voraussetzung für unterschiedliche Subjektkonstruktionen, vor allem aber Geschlechts-Konstruktionen, gedacht werden kann oder sollte.

Judith Butler ist eine der Philosophinnen, die in ihrem Denken gerade an diesem kritischen Punkt ansetzen. Es ist wichtig zu betonen, dass Butler (und wie es an späterer Stelle in diesem Buch dargelegt wird, auch die filmische Auseinandersetzung mit dekonstruktivistischen Prozessen) mit der Hinterfragung des humanistischen[8] und substantiellen Subjektbegriffs nicht die Existenz des Subjektes per se abstreitet oder ablehnt, vielmehr »stellt sich die Frage danach, wie der Konstruktionsprozeß des Subjektes aussieht«.[9] Dieses ausschlaggebende Moment gilt auch für den Begriff des Körpers und der Materialität. Die Annahme, dass der Körper dem Sprachlichen vorausgeht und damit eine ›natürliche‹ Gegebenheit darstellt, verknüpft den Körper mit Bedeutungen, die zum Teil als unwiderlegbares Wissen über den Körper ausgelegt werden, wie beispielsweise die Bedeutung des ›biologischen Geschlechts‹ und das damit gekoppelte vermeintliche Wissen darüber. Durch das »Wissen als eine Verknüpfung von Körpern und Bedeutungen«[10] entstehen dann Annahmen über ›Weiblichkeit‹ und ›Männlichkeit‹, die zum sozialen Antrieb werden und zur Identität einer Person selbst führen können, welche sich in der Folge als Geschlechtskörper verkörpert, also ein Geschlecht performt: »Er [der Körper, S.K.] selbst wird zum Bedeutungsproduzenten«[11], denn durch diesen Prozess erfolgt wiederum eine Wissensproduktion über Körper. Im Folgenden sollen diese komplexen Zusammenhänge erläutert werden, jedoch besonders in Bezug auf die Konstruktion und Dekonstruktion des sogenannten ›biologischen Geschlechts‹ sowie auf die Bedeutungszusammenhänge von Körper, Gender und Identität.

Materialisierung und Performanz bei Judith Butler

Worte besitzen laut Judith Butler die Wirkung von Wahrheit und konstruieren letztlich unsere Wirklichkeitswelt.[12] Die ist der Ausgangspunkt, der das Denken Butlers über Materie darstellt, und diese Annahme ermöglicht erst die Hinterfragung der Konstruktion von Materie, wodurch sich eine kritische Haltung entwickeln lässt. Körper, die aus Materie bestehen, sind laut Judith Butler einem ständigen Prozess unterworfen, denn sie befinden sich fortwährend im Status der Materialisierung. Angelehnt an den Leibbegriff Maurice Merlau-Pontys formuliert Butler ihr Konzept von der Materialität des Körpers:

»Der Körper ist keine selbstidentische oder bloß faktische Materialität; er ist eine Materialität, die zumindest Bedeutung trägt und die diese Bedeutung auf grundlegend dramatische Weise trägt. Mit dramatisch meine ich nur, daß der Körper nicht bloß

Materie ist, sondern ein fortgesetztes und unaufhörliches Materialisieren von Möglichkeiten.«[13]

Die körperliche Materie ist dabei, wie bereits erwähnt, keineswegs ursprünglich oder ›natürlich‹ und damit Kultur und Sprache vorausgehend und von diesen unabhängig. Vielmehr ist diese ein Effekt, der aus Diskursen heraus entstanden ist, die von Machtstrukturen durchwachsen sind. Der Körper ist somit ein Produkt, entstanden aus gesellschaftlich normativen Ansprüchen, die wiederum von Macht durchdrungen sind und damit regulierend wirken:

> »[...] in der performativen Praxis einer ständigen Wiederholung normativer Setzungen werden Bedeutungen erzeugt – der Körper und das Geschlecht sind Produkte dieser regulierenden Mechanismen.«[14]

Somit erklärt Butler, dass auch der Entwurf eines ›natürlichen‹ (Geschlecht-)Körpers als ein Effekt aus sozialen Strukturen entstand und demnach lediglich eine Konstruktion ist.

> »Was ich [...] vorschlagen möchte, ist eine Rückkehr zum Begriff der Materie, jedoch nicht als Ort oder Oberfläche vorgestellt, sondern als ein Prozeß der Materialisierung, der im Laufe der Zeit stabil wird, so daß sich die Wirkung von Begrenzung, Festigkeit und Oberfläche herstellt, den wir Materie nennen.«[15]

Wenn also der Körper Materie ist, die diskursiv hervorgebracht sowie immer neu fixiert wird und sich somit immerwährend im Prozess der Materialisierung befindet, dann stellt sich die Frage nach der Art und Weise und nach den Bedingungen dieser Materialisierung. Für diesen Prozess sind kulturelle Normen ausschlaggebend, denn sie bringen Körper hervor und lassen ihn erst als natürliches Fundament erscheinen:

> »Der biologische Körper ist von Anfang an ein Sozialkörper. Als biologisches Urgestein ist er nicht zu haben. Er erschließt sich nicht einer Unmittelbarkeit. Als kulturell hergestellter Körper wird er nur durch die in ihn eingeschlossenen und abgelagerten Diskursschichten hindurch greifbar. Der Körper *ist* die Norm, die sich durch Zitieren eines normativen, symbolischen Gesetzes materialisiert.«[16]

In Anlehnung an Michel Foucault erklärt Butler die Norm als ein Machtsystem, das erst dann erfolgreich ist, sobald es Materialität als Effekt hervorgebracht hat, die als grundlegende und feststehende Entität betrachtet und wahrgenommen wird, die außerhalb des Diskurses existiert:

> »Solange Macht erfolgreich verfährt, indem sie einen Objektbereich, ein Feld der Intelligibilität als eine für selbstverständlich gehaltene Ontologie errichtet, werden ihre materiellen Effekte als Datenmaterial oder als primäre Gegebenheiten aufgefaßt. Diese materiellen Positivitäten treten außerhalb von Diskurs und Macht in Erscheinung, und zwar als ihre unstrittigen Referenten, als ihre transzendentalen Signifikate. Aber im Moment des Erscheinens ist das Macht/Diskurs-Regime am vollständigsten unkenntlich und überaus heimtückisch wirksam.«[17]

Körper sind demnach die materialisierte Norm und als solche nicht erkennbar, da die Norm zumeist als unhinterfragbar und ontologisch gegeben angesehen wird. Letztlich nimmt der Körper durch die regulative Kraft der Norm deren Form (der Norm selbst) an. In Anlehnung an den *schema*-Begriff[18] von Aristoteles, den Butler mit

Irritation: Gender-Transgression

Foucaults Ansatz in *Sexualität und Wahrheit* erweitert und aktualisiert, macht sie auf die »Dimension der Macht«[19] aufmerksam, »die produktiv und formativ ist«.[20]

In dem obigen Zitat wird deutlich, was Butler vorschlägt, um zu erklären, *wie* Körper materialisiert werden, nämlich »durch Zitieren eines normativen, symbolischen Gesetzes.«[21] Angelehnt an die Sprechakttheorie Austins spricht Butler von Performativität. Damit erklärt sie, wie Worte eine produktive Kraft entwickeln können, wie sie zur Handlung werden und auf welche Weise dementsprechend vom Subjekt ausgeführte performative Akte letztlich Körper konstruieren und konstituieren können. Butler entwickelt ihre Auslegung des Performanzbegriffes zwar ausgehend von der Sprechakttheorie, erweitert ihn jedoch um den kultur- und medientheoretischen Rahmen. So verbindet sie zwei wichtige Aspekte für ihren Ansatz: den Handlungscharakter, den Worte annehmen können, einerseits (Performativität) sowie andererseits die Dimension der »Verkörperung von Botschaften«[22] (Performanz) und die Möglichkeit der Wiederholung, in der Medientheorie beschrieben durch den Akt der Reproduktion. Erst die Wiederholung und die Zitatförmigkeit ermöglichen es, dass diskursive Machtstrukturen – welche Materie benennen und dadurch gleichzeitig hervorbringen (wie es der Performanzbegriff beschreibt) – gesellschaftliche, vermeintlich unhinterfragbare Gegebenheiten schaffen: »Diskurse sind, ebenso wie performative Sprechakte, wirkmächtig, d.h., sie schaffen soziale Wirklichkeiten.«[23] Gleichzeitig umfasst die Wiederholbarkeit der verkörperten, performativen Akte immer auch die Möglichkeit der Verwandlung und Wandelbarkeit. Abweichungen sind demnach immer in alle Wiederholungen einzuschließen, wodurch Transformationen erst stattfinden können.[24] Letztlich wird damit die Materialisierung als Prozess möglich.

Der Aspekt der Wandelbarkeit und die performativen Akte als Konstitution der gesellschaftlichen Wirklichkeit sind für Butler ausschlaggebend, denn es geht ihr um das, was wahrgenommen wird, was erscheint, und damit letztlich um das, was intelligibel ist: Welche Körper sehen wir? Welche Körper werden performt, damit sichtbar und konstituieren letztendlich die soziale Wirklichkeit? Der Performanzbegriff bei Butler, der einen sprachphilosophischen Grundansatz hat, wird hierbei zu einem Terminus von phänomenologischer und schließlich – hier in einem nächsten Schritt – feministischer Relevanz.[25]

Die Erläuterungen des Performanzbegriffs von Butler sollen an diesem Punkt die bereits im ersten Kapitel aufgeführten performativen Körperlichkeiten um den Aspekt des Körpers als Geschlechtskörper, also als Körper, der eine Geschlechtsidentität performt, erweitert und ergänzt werden. Die Körperlichkeit des Zuschauersubjektes wird dabei im Kino insofern mit einbezogen, als dessen Körper als ›PerformerIn‹ einer Geschlechtsidentität – und einer Identität überhaupt – angesprochen wird. Die dekonstruktivistischen Prozesse, ausgelöst durch die abweichenden Darstellungen der Leinwandkörper- und Identitäten, können hierbei letztlich das Fundament der Geschlechtsidentität der Zuschauenden selbst hinterfragen, eventuell erschüttern, gewiss jedoch irritieren.

Die Bedingungen von Performanz: Die Matrix der Zwangsheterosexualität

Nachdem erläutert wurde, wie Körper sich materialisieren, soll nun darauf eingegangen werden, unter welchen Bedingungen

Performative Geschlechtskörper

die performativen Akte auftreten. Grundlegend geht Butler nicht von der »Figur eines wählenden Subjekts«[26] aus und lehnt damit den humanistisch geprägten Subjektbegriff ab:

> »Zunächst einmal darf Performativität nicht als ein vereinzelter oder absichtsvoller Akt verstanden werden, sondern als die ständig wiederholende und zitierende Praxis, durch die der Diskurs die Wirkung erzeugt, die er benennt.«[27]

Doch wenn das Subjekt nicht frei wählt, wie es performt, muss es andere Bedingungen geben, nach denen es sich modelliert und welche es, nach Butler, gleichzeitig selbst hervorruft. Ein Beispiel, das sie als ausschlaggebend betrachtet, um die Modalitäten der Materialisierung nicht nur zu beschreiben, sondern auch kritisch zu formulieren, ist die »Matrix der Zwangsheterosexualität«[28] und die darin entstandene, streng binär angelegte Geschlechterkonstitution. Butler fragt zunächst nach dem Zusammenhang von »Konstruiertheit und Zwang«.[29] Der Begriff der Konstruktion könnte den Eindruck erwecken, dass das Subjekt sich nach eigenem Ermessen selbst konstruiert.[30] Vielmehr lässt sich die Konstruktion nach Butler jedoch so erklären, dass das Subjekt durch den ständig wiederholten performativen Akt zwanghaft agiert, um sich damit letztlich das »kulturelle Überleben«[31] zu sichern. Dabei ruft das Subjekt die Bedingungen für diese Form der Performanz hervor und konstruiert diese gleichzeitig selbst. Damit fasst der Begriff der Performanz gerade diese Dimension des Zwangs zur wiederholten und zitatförmigen Konstruktion mit ein, und der performative Akt kann letztlich ohne den Zwang nicht mehr gedacht werden. Zudem ermöglicht erst die Komponente des zwanghaften Handelns, dass das Subjekt in seiner Zeitlichkeit gefasst werden und damit als sich im ständigen Prozess befindend begriffen werden kann:

> »Die performative Dimension der Konstruktion ist genau die erzwungene unentwegte Wiederholung der Normen. In diesem Sinne existieren nicht bloß Zwänge für die Performativität; vielmehr muß der Zwang als die eigentliche Bedingung für Performativität neu gedacht werden. Performativität ist weder freie Entfaltung noch theatralische Selbstdarstellung, und sie kann auch nicht einfach mit darstellerischer Realisierung [*performance*] gleichgesetzt werden. Darüber hinaus ist Zwang nicht notwendig das, was der Performativität eine Grenze setzt; Zwang verleiht der Performativität den Antrieb und hält sie aufrecht. [...] [D]iese Wiederholung wird nicht von einem Subjekt performativ ausgeführt; diese Wiederholung ist das, was ein Subjekt ermöglicht und was die zeitliche Bedingtheit für das Subjekt konstituiert.«[32]

Die zwanghafte Entwicklung, Aufrechterhaltung und Aufführung einer Geschlechtsidentität innerhalb des normativen heterosexuellen Systems muss daher als »Strategie« verstanden werden, nicht etwa als freiwillig angelegter »Entwurf«[33]:

> »Als Überlebensstrategie in Zwangssystemen ist die Geschlechtsidentität eine Performanz, die eindeutig mit Strafmaßnahmen verbunden ist. [...] Da es weder ein Wesen gibt, das die Geschlechtsidentität zum Ausdruck bringt oder externalisiert, noch ein objektives Ideal, das sie anstrebt, und die Geschlechtsidentität überdies kein Faktum ist, bringen die verschiedenen Akte der Geschlechtsidentität überhaupt erst die Idee der Geschlechtsidentität hervor: Ohne diese Akte gäbe es keine Geschlechtsidentität.«[34]

Irritation: Gender-Transgression

Mit dem performativen Akt bestätigt das Subjekt sich ständig selbst, schafft sich eine Identität und einen Definitionsrahmen, in dem es sich bewegen kann. Dieser Rahmen ermöglicht wiederum erst das Subjekt und erzeugt es. Die Matrix, die dem Subjekt eine Identität verleiht, solange es sich danach materialisiert und sich darin eine Geschlechtsidentität aneignet, ist das heteronormative System, welches sich nach der strikt zweigeschlechtlichen Norm richtet. Die Identifizierung mit einem Geschlecht innerhalb des zwangsheterosexuellen Systems verleiht dem Subjekt einen kulturellen Status und ermöglicht das ›Ich‹:

> »Dem sozialen Geschlecht unterworfen, durch das soziale Geschlecht aber auch zum Subjekt gemacht, geht das Ich diesem Prozeß der Entstehung von Geschlechtsidentität weder voraus, noch folgt es ihm nach, sondern entsteht nur innerhalb der Matrix geschlechtsspezifischer Beziehungen und als diese Matrix selbst.«[35]

Gerade in den apokalyptischen Welten der Terrorfilme LA HORDE (Die Horde; 2009; R: Yannick Dahan, Benjamin Rocher) und MUTANTS (Mutants – Du wirst sie töten müssen!; 2009; R: David Morlet) wird eine solche Überlebensstrategie des Subjektes vorgeführt. Die beiden Protagonistinnen werten beispielsweise ihre weiblichen Identitäten auf, indem sie ihre Schwangerschaft betonen. In beiden Filmen sind die Frauen gezwungen, sich mit den patriarchalen Strukturen ihrer jeweiligen Gruppe auseinanderzusetzen und sich darin ihr Überleben zu sichern, um schließlich als letzte Überlebende daraus hervorzugehen.

Butler nennt den Vorgang, eine Geschlechtsidentität anzunehmen, um eine soziale Stellung zu erhalten, die »phantasmatische Identifizierung«:

> »Wenn eine sexuierte Position anzunehmen bedeutet, sich mit einer im symbolischen Bereich vorgesehenen Position zu identifizieren, und wenn das Identifizieren auch beinhaltet zu phantasieren, daß dieser Ort erreicht werden kann, dann operiert der heterosexistische Zwang, der die Annahme des Geschlechts erzwingt, mit der Regulierung der phantasmatischen Identifizierung.«[36]

Der Terminus der »phantasmatischen Identifizierung« beinhaltet hierbei zudem, dass mit dem wiederholten performativen Akt, der ausgeführt wird, um eine (Geschlechts-)Identität zu erlangen und zu bestätigen, immer auch eine Form von Regulierung, Ausschluss und Abgrenzung verbunden ist.

Dieser Aspekt ist für den Ansatz der in diesem Kapitel folgenden Analyse des Films HAUTE TENSION entscheidend, denn das Prinzip des Ausschlusses erzwingt von der lesbischen Protagonistin einerseits eine eindeutige und damit sichtbare Identität; sie verschafft sich auf diese Weise eine Körperrepräsentation (sie ist schizophren) »von Gewicht«, indem sie sich selbst als brutalen Killer imaginiert. Und andererseits begründet sie damit die (Genre-)Bedingungen, in denen sie überhaupt erst agieren kann: Erst die von ihr selbst erfundene und im Film performte Figur des frauenfeindlichen Mörders verleiht dem Film die Struktur, die dem Horror-Genre entspricht, und demnach eine im Film geltende Wirklichkeit, Struktur und Umgebung, die es ihrer eigentlichen originalen Figur (dem tatsächlichen *Ich*) ermöglicht, zu handeln und gewalttätig zu sein. Auf diese Weise verschafft sich die Protagonistin eine der ›Genrematrix‹ entsprechende – *und damit erzwungene* – somatische Erscheinung, die des Killers, und erzeugt damit die Bedingungen, in denen dieser Charakter auftreten kann.

Performative Geschlechtskörper

Durch diese Verkörperung entstehen demnach die Strukturen, in denen sie letztlich überhaupt eine Repräsentation findet. Erst der *lesbische Phallus*[37] ermöglicht ihr dann später im Film (jedoch in vergleichsweise wenigen, kurzen Einstellungen) eine eigenständige Repräsentation. Anders verhält es sich in den weiteren Filmbeispielen: in MUTANTS und LA HORDE verschaffen sich die Frauenfiguren einen »Körper von Gewicht« und widersetzen sich so dem Ausschluss aus dem heteronormativen System, indem sie ihre Weiblichkeit eindeutiger darstellen. In LA MEUTE verzichtet die Protagonistin auf eine Anpassung im System und wird schließlich von diesem dafür bestraft. Auch das Konzept des *lesbischen Phallus* bei Butler wird noch weiter ausgeführt werden. Um diese genannten Aspekte zu einem späteren Zeitpunkt zu vertiefen, soll jedoch hier zunächst das Konzept des Ausschlusses erläutert werden. Dieser Ausschlussmechanismus wird sich in der Hauptanalyse von HAUTE TENSION als eines der visuellen Hauptmotive herausstellen.

> »Die Bildung eines Subjekts verlangt eine Identifizierung mit dem normativen Phantasma des Geschlechts [*sex*], und diese Identifizierung findet durch eine Zurückweisung statt, die einen Bereich des Verwerflichen schafft, eine Zurückweisung, ohne die das Subjekt nicht entstehen kann. Es handelt sich dabei um eine Zurückweisung, die die Valenz der Verworfenheit schafft und die deren Status für das Subjekt als bedrohliches Gespenst erstehen lässt.«[38]

Butler bezeichnet die beschriebene heterosexuelle und normative Matrix, in welcher und nach welcher sich das Subjekt positioniert und materialisiert, als »Matrix mit Ausschlusscharakter«.[39] Das Verworfene liegt dabei dem Subjekt (und dem System selbst) immer schon inne, denn erst die Differenzierung definiert es selbst; erst die Identifizierung mit einem bestimmten Geschlecht und die darin liegende Ausgrenzung vermeintlich uneindeutiger Geschlechter macht die eigene Identität eindeutig:

> »Das Verworfene [*the abject*] bezeichnet hier genau jene nicht lebbaren und unbewohnbaren Zonen des sozialen Lebens, die dennoch dicht bevölkert sind von denjenigen, die nicht den Status des Subjektes genießen, deren Leben im Zeichen des Nicht-Lebbaren jedoch benötigt wird, um den Bereich des Subjekts einzugrenzen. [...] In diesem Sinne ist also das Subjekt durch die Kraft des Ausschlusses und Verwerflichmachens konstituiert, durch etwas, was dem Subjekt ein konstitutives Außen verschafft, ein verwerfliches Außen, das im Grunde genommen innerhalb des Subjektes liegt, als dessen eigene fundierte Zurückweisung.«[40]

Diese oben beschriebenen subjekttheoretischen Mechanismen des Ausschlusses lassen sich auf die Praxis der normativen Matrix übertragen: Das System schafft ein Außen, einen Bereich, der die geschlechterdifferenzierte Norm bestätigt. Da dieser verfemte Bereich jedoch vom System selbst produziert wird, ist dessen Existenz niemals als völlig unabhängig von ihm zu betrachten, im Gegenteil, denn: »Dieses Außen taucht im System als Inkohärenz auf, als Störung, als Gefährdung seiner Systematik.«[41] Dies ist die Form der Irritation, die unter anderem, aber vor allem, in HAUTE TENSION auftaucht und in dieser Arbeit den ersten Schritt der Dekonstruktion definiert. Wie genau sie im Film sichtbar wird und wie die eigentliche Irritation beschaffen ist, wird Gegenstand der Hauptanalyse dieses Kapitels sein. Doch um die vorliegenden Dekonstruktionsmechanismen zu thematisieren, werden zunächst weiterhin die Formen der Konstruktion erläutert, welche dann wiederum filmisch hinterfragt werden.

Nur eine Illusion von Identität: Körper – Gender – Identität

Der Körper und dessen Verknüpfung mit Identität und Gender ist ein Gesichtspunkt, der gerade für die Analyse der performten Körperlichkeiten in HAUTE TENSION ausschlaggebend ist, da die Protagonistin Marie (Cécile de France) schizophren ist und zwei Identitäten des jeweils unterschiedlichen Geschlechts im Film vertritt und aufführt.

Marie-Luise Angerer definiert die drei Begriffe Körper, Gender und Identität folgendermaßen: »Der Körper als semiotisch-materielles Bedeutungsbündel, gender als performativer Akt, und Identität als sich ständig herzustellende und nachträgliche sich einstellende Fixierung.«[42] Die ersten beiden Aspekte wurden bereits erläutert. Das, was diese miteinander zu verbinden scheint, ist die Identität des Subjektes. Denn nach Judith Butler materialisiert sich die Subjektidentität zwanghaft, um dem physischen Anspruch der heterosexuellen Matrix zu entsprechen, dafür performt es zudem ein Geschlecht, welches innerhalb dieses binären Systems angelegt ist. Letztlich verschafft sich das Subjekt auf diese Weise eine Identität und damit gesellschaftliche Anerkennung. Die performativen Akte schaffen dabei selbst die Strukturen, in welchen die Identität ihre Daseins-Möglichkeit findet. Demnach ist laut Butler auch die Identität nicht dem Subjekt immanent oder gilt als Voraussetzung für die Konstitution des Subjektes; es performt und materialisiert sich nicht nach einer ihm bereits zugrunde liegenden Identität, sondern die Identität wird erst durch den performativen Akt ermöglicht, indem diese ihm auferlegt wird, sobald es soziale Anerkennung (oder Ablehnung) erfährt:

»Die soziale Wirklichkeit, die Butler vor allem interessiert, stellt die Identität dar, die Personen zugesprochen wird, insbesondere die Geschlechsidentität. [...] Jene feste, stabile Identität, die sie ausdrücken könnten, gibt es nicht. Expressivität stellt in diesem Sinne den diametralen Gegensatz zu Performativität dar. Die körperlichen Handlungen, die als performativ bezeichnet werden, bringen keine vorgängig gegebene Identität zum Ausdruck, sondern sie bringen Identität als ihre Bedeutung allererst hervor. Jenseits der Akte gibt es keine Identität.«[43]

Wie auch der Prozess der Materialisierung ist auch der performative Akt, welcher das Geschlecht und damit auch die Identität selbst hervorbringt, »in ständiger Verwandlung inbegriffen«[44]. Erika Fischer-Lichte betont, dass Butlers Grundansatz der »Umkehrung«[45] – dass Identität erst durch die körperlichen performativen Akte hervorgebracht wird – fundamental für »jegliche Theorie des Performativen«[46] ist, denn gerade Performativität beschreibt den Vorgang, bei dem etwas im Augenblick des Vollzugs einer Bezeichnung (wie beispielsweise des performativen Sprechakts, des Verkörperungsakts, oder auch bei der performativen Wirkung von Bildern durch die Ausführung des Blickakts) gleichzeitig auch hervorgebracht wird. Der performative Akt entspricht in dem Sinne der Umkehrung, als es keine Voraussetzung dafür geben muss, was er im Moment der Durchführung selbst hervorruft.

Damit wird (gerade im Zusammenhang mit dem ersten Kapitel) deutlich, dass die Butler'sche Auslegung des Performanzbegriffs als grundlegend für diese Arbeit betrachtet werden sollte. Zudem wird mit Fischer-Lichtes Erläuterungen zum Performanzbegriff Butlers besonders hervorgehoben, dass die Verkörperungsakte einen Aufführungscharakter besitzen, wodurch sie wiederum auch dem Medium Film nahegebracht werden können. Die im Film präsentierten Körperlichkeiten stehen in einem diskursiven Zusammenhang mit dem Zuschauersubjekt. Mit den Ausführungen zu Judith Butler wird dieser Analyseansatz untermauert, denn sie spricht von Materialität und Körperlichkeit, welche sich immerzu in einem gesellschaftlich eingebundenen Kontext befinden und sich darin materialisieren – das Medium Film ist Teil des soziokulturellen Gefüges: »Medien, die immer auch Körpervorstellungen produzieren, sind damit Teil diskursiver Praktiken.«[47] Die Zitathaftigkeit und die Reproduktionsmöglichkeiten des Mediums sind zudem ebenfalls entscheidend für den Performanzbegriff Butlers, besonders in Bezug auf die Performanz von Geschlechtsidentitäten:

> »In welchem Sinne ist die Geschlechtsidentität ein Akt? Ähnlich wie andere rituelle gesellschaftliche Inszenierungen erfordert auch das Drama der Geschlechtsidentität eine wiederholte Darbietung. Diese Wiederholung ist eine Re-Inszenierung und ein Wieder-Erleben eines bereits gesellschaftlich etablierten Bedeutungskomplexes – und zugleich die mundane, ritualisierte Form seiner Legitimation.«[48]

Eine Geschlechtsidentität ist nach Butler, wie Identität überhaupt, eine Konstruktion; ein Konzept, welches ohne eine vorgebende materielle Substanz und ohne einen durch den freien Willen bestimmten »Handlungsträger«[49] verkörpert wird.

> »Während theatralische oder phänomenologische Modelle das geschlechtlich bestimmte Selbst als seinen Akten vorhergehend betrachten, werde ich Konstitutionsakte nicht nur so verstehen, daß sie die Identität des Akteurs konstituieren, sondern so, daß sie diese Identität als zwingende Illusion konstituieren, als einen Gegenstand des *Glaubens*.«[50]

Das sogenannte biologische Geschlecht, welches der jeweiligen Geschlechtsidentität – nach Butler fälschlicherweise – zugrunde gelegt und vorangestellt wird, ist der Theorie der Performanz des Geschlechts zufolge nur ein Effekt, der aus dem verkörperten Akt hervorgeht:

> »Daß der geschlechtlich bestimmte Körper performativ ist, weist darauf hin, daß er keinen ontologischen Status über die verschiedenen Akte, die seine Realität bilden, hinaus besitzt. Dies bedeutet, auch: Wenn diese Realität als inneres Wesen fabriziert/ erfunden (*fabricated*) ist, erweist sich gerade die Innerlichkeit als Effekt und Funktion eines entschieden öffentlichen, gesellschaftlichen Diskurses bzw. der öffentlichen Regulierung der Phantasie durch die Oberflächenpolitik des Körpers oder der Grenzkontrolle der Geschlechtsidentität, die das Innen vom Außen differenziert und so die Integrität des Subjektes stiftet.«[51]

Damit offenbart Butler die Innerlichkeit des Subjektes als nur vermeintlich vorhandene und lediglich als real erscheinende Konstruktion. Außerdem ist die Performanz einer Geschlechtsidentität innerhalb des zwangsheterosexuellen Systems als »Überlebensstrategie«[52] zu verstehen, da sie mit gesellschaftlichen Zwangsmaßnahmen verbunden ist, sobald die Geschlechtsidentität nicht den normativen Regulierungen entspricht. Letztlich entpuppt sich die Identität des Subjektes selbst als Scheinwahrheit, als Versuch, sich einem zwanghaften System entsprechend zu verkörpern.

Die Offenlegung der Norm als Konstruktion eröffnet auch die Möglichkeit der subversiven Verkörperung, durch die von der Norm abweichenden performativen Verkörperungsakte. Dies ist allerdings mit dem »Preis gesellschaftlicher Sanktionen«[53] verbunden. Erst nachdem aufgedeckt wurde, dass Körper und Identität konstruiert sind, und nachdem einige Konstruktionsbedingungen durch Butler dargelegt wurden, wird deutlich, dass es letztlich darum gehen kann, inwiefern das humanistisch gedachte Subjekt und die naturgegebene Körperlichkeit das »Thema von Freiheit«[54] sind. Herta Nagl-Docekal macht diese bedeutende Verknüpfung.[55] Denn je mehr Bedeutung und Wissen mit einem naturgegebenen und unhinterfragbaren Körper (und Leib) in Verbindung gebracht werden, desto eingeschränkter sind schlussendlich die Möglichkeiten der Verkörperung. Jedoch alleine die Feststellung, dass eine naturgebene Norm überhaupt existieren könnte, bedeutet, dass es sich um eine Konstruktion handeln muss und demnach auch mit einem Handlungsvollzug zusammenhängt:

> »Daß eine Norm formuliert wird, setzt bereits die Einsicht voraus, daß das Geschlechtsleben der Menschen eben nicht von Natur aus determiniert ist, sondern der handelnden Gestaltung bedarf. [...] Die menschlichen Sexualbeziehungen sind generell als contra naturam zu bezeichnen, da sie stets – welche Form auch immer sie haben mögen – darauf beruhen, daß Naturgegebenheiten Thema des Handelns geworden sind.«[56]

Die geschlechtsspezifische Handlung muss demnach nicht mit der Körperlichkeit in Verbindung stehen. Somit sollte es auch hinterfragbar sein, dass von einer performten Geschlechtsidentität auf das jeweilige biologische Geschlecht rückgeschlossen wird. Darin liegt letztendlich die Freiheit, denn der Körper muss nicht mehr als die Handlung festlegende Materie betrachtet werden. Die Konnotation zwischen Körper und Geschlechtsidentität löst sich nach diesem Ansatz auf.

Claudia Preschl stellt in ihrem Aufsatz *Geschlechterverhältnisse im Blickfeld von Liebe und Begehren. Ein Beitrag zum Kino*[57] fest, dass in der Auseinandersetzung mit Identität in der feministischen Filmtheorie eine lange Zeit Blickkonstellationen fokussiert wurden. So wurde zumeist nach der Identifizierung (der Zuschauenden) und nach dem Kamerablick gefragt. In ihrer eigenen Filmanalyse von *crossdressing*-Filmen legt sie den Fokus auf die performten Geschlechtsidentitäten, welche nicht mit der jeweiligen geschlechtlichen Erscheinung des schauspielernden Körpers zusammenhängen müssen. Preschl sieht in der fehlenden Übereinstimmung von Körper und Gender eine Irritation. Für die in diesem Kapitel noch folgenden Betrachtungen der Filme ist ebenfalls das Moment der Irritation an diese drei Begriffe oder vielmehr an die *Auflösung ihrer gegenseitigen Bedingtheit* gekoppelt: Körper, Gender, Identität.

Wie zuvor erläutert, werden diese Termini weitestgehend zusammenhängend gedacht. Das irritierende Moment wird in den vorliegenden Filmen dadurch hervorgerufen, dass diese vermeintlichen Zusammenhänge aufgelöst werden: die Austauschbarkeit von Körper, Gender und Identität soll verunsichern. Es wird demnach durch die Filme verdeutlicht, dass diese Dispositionen nicht miteinander verbunden sein müssen; sie werden voneinander getrennt gedacht, voneinander losgelöst präsentiert, vertauscht, und es wird mit den normativ geprägten Erwartungen und Verknüpfungen der Zuschauenden gespielt.

Damit wird zu diesem Zeitpunkt der Analyse (noch) nicht der Begriff des Körpers selbst dekonstruiert, jedoch die Identität, welche sich über das (biologische) Geschlecht stiftet: Der Körper erscheint als unzuverlässige Konstruktion, als unbeständiges Zeichen für Identität und Geschlecht. Gerade dieser Ansatz bestimmt in dem Zusammenhang das Genre des Terrorfilms als *body horror*, denn Körperlichkeit ist einerseits der herrschende Fokus, andererseits entpuppt sie sich jedoch zugleich als die unzuverlässigste Variable innerhalb der filmischen Welt.

Gender-Transgression und der lesbische Phallus

Gender ist die Geschlechtsidentität, welche durch performative Akte hervorgerufen und konstituiert wird. Grundlegend ist der Akt selbst (und damit die Geschlechtsidentität) von vermeintlich biologischen Vorgaben des Körpers unabhängig. Die Überschreitung derjenigen Grenzen, welche eine Geschlechtsidentität hervorrufen und bestimmen, nimmt dem jeweilig gelesenen Geschlecht die Eindeutigkeit. Damit ist die Gender-Transgression ein Gegenstand der *Queer Theory*, einer Richtung, die sich gegen die Fixierung und Regulierung von Identität richtet, einschließlich geschlechtsspezifischer Zuordnungen:

> »Queerness dislodges gender from its normative essence and turns it into something more fluid, more performative, more the result of the position in which one finds (or puts) oneself. It celebrates aberrations, relishing the spectral power of the sexually non-normative.«[58]

In der Ablehnung heteronormativ angelegter Identitäts- und Gesellschaftsstrukturen liegt auch subversives Potential:

> »Gegenstand der Queer Theory ist die Analyse und Subversion heteronormativer gesellschaftlicher Diskurse. Im Widerstand gegen normative Identitätsmodelle werden prozessual-unabgeschlossene, performative Entwürfe von Identität favorisiert, welche die Integrität des Körpers hinterfragen und neue Denkmodelle zur Disposition stellen, die die Fragmentierung und Dezentrierung des Körpers reflektieren.«[59]

Sue-Ellen Case geht in ihrer Untersuchung der Figur des lesbischen Vampirs als queerer Gestalt zwischen Leben und Tod noch weiter als die obige Definition und deutet *queer* als fundamental transgressives Element zwischen gleich mehreren grundlegenden Ebenen:

> »In contrast to the gender-based construction of the lesbian in representation, queer theory, as I will construct here, works not at the site of gender, but at the site of ontology, to shift the ground of being itself, thus challenging the Platonic parameters of Being – the borders of life and death. Queer desire is constituted as a transgression of these boundaries and of the organicism which defines the living as the good. […] Life/death becomes the binary of the natural limits of being: the organic is the natural. In contrast, the queer has been historically constituted as unnatural. Queer desire, as unnatural, breaks with life/death binary of Being through same-sex desire. […] queer revels constitute a kind of activism that attacks the dominant notion of the natural. The queer is the taboo-breaker, the monstrous, the uncanny.«[60]

Irritation: Gender-Transgression

Case macht hier darauf aufmerksam, dass das gender-übergreifende Element von *queerness*, wie es beispielsweise Ken Gelder im obigen Zitat erwähnt, nicht ausschließlich Geschlechtsidentitäten unterwandert, sondern durch diesen Vorgang im Grunde das thematisiert und irritiert, was als ontologisch gegeben betrachtet wird. Gerade mit dieser Hypothese trifft Case einen tragenden Gedanken Butlers. Denn wie bereits erläutert, gelten vermeintliche Voraussetzungen für Körper, Geschlechtsidentität und Identität, welche durch normative Formationen zumeist als natürlich gegeben und unhinterfragbar betrachtet werden, in Butlers Philosophie hingegen als hinterfragbare und erschütterbare Konstruktionen. Dadurch, dass laut Case in der *Queer Theory* die Idee des Natürlichen aufgelöst wird, werden grundfest geglaubte Gegebenheiten dermaßen attackiert, dass letztlich zudem die abstrakten Grenzen zwischen Leben und Tod überschritten werden. *Queerness* und queeres Begehren erscheinen demnach als verstörend und furchterregend.

Mit Case lässt sich schließlich der Butler'sche Ansatz mit dem Genre des Terror- und Horrorfilms verbinden. Die Gender-Transgression als ein Element von *Queerness*, welches hier als irritierendes Motiv gelten soll, entwickelt auf diese Weise gar das Potential, dermaßen zu verstören, dass es als ein Element des Horrors fungieren kann: »Striking at its very core, queer desire punctures the life/death and generative/destructive bipolarities that enclose the heterosexist notion of being.«[61] Zudem sind die beiden Elemente der Gender-Transgression und der Transgression zwischen Leben und Tod beispielsweise in HAUTE TENSION unmittelbar miteinander verknüpft, denn die lesbische Protagonistin entwickelt einen imaginären männlichen Charakter, der äußerst gewalttätig und tödlich für die restlichen Filmfiguren ist. Die Gender-Transgression ist das filmische Element, das irritiert, da es die normativen Regelwerke des heterosexuellen Systems aufbricht und damit letztlich die Illusion des ›Natürlichen‹ erschüttert, so wie es Sue-Ellen Case beschreibt.

Für die Transgression von Gender muss es möglich sein, dass die filmischen Körper entweder Gender-Elemente austauschen und verschieben (nach heteronormativen Maßstäben angelegte weiblich oder männlich konnotierte Versatzstücke) oder aber auch ganzheitliche Geschlechtsidentitäten ablösbar werden und unabhängig vom Körper (vom vermeintlichen biologischen Geschlecht des Körpers) auftreten. Die Schizophrenie der Hauptfigur von HAUTE TENSION ist ein Beispiel für Letzteres. Zu einem späteren Zeitpunkt im Film verwendet die Figur der Marie eine Kreissäge (und im Laufe des Films zudem andere Motive dieser Art, welche in der Filmanalyse noch zusätzliche Erwähnung finden). Dieser Gegenstand ist dagegen ein Beispiel für ein vereinzeltes Element der Gender-Transgression, da es männlich konnotiert ist, jedoch losgelöst von einem männlichen Körper wirkungsvoll verwendet wird. Marie setzt es in bezeichnender Weise ein,[62] wodurch sich der weibliche Körper der Darstellerin gewissermaßen das symbolhafte Objekt aneignet.

Die Kreissäge wird hierbei als *lesbischer Phallus* eingesetzt, ebenfalls ein Konzept der *Queer Theory* nach Judith Butler. Butlers Anliegen ist es, das Symbol des Phallus von dem Geschlechtsteil Penis zu dezentrieren und den Phallus als Versatzstück aufzudecken, welches gerade nicht an den Penis und damit an den männlichen Körper gebunden sein muss. Damit bezeichnet Butler die Möglichkeit, den symbolischen Gehalt von dem Körper (oder von einem bestimmten Körperteil) zu trennen und damit die ursprüngliche symbolische Verbindung zu hinterfragen und aufzubrechen. Somit wird eine flexible Verlagerung auf andere körperlich performative Anwendungen ermöglicht. Butler überlegt zunächst, wie sich Materie zu einem Körper gestaltet. Sie schließt sich dabei erst einmal, jedoch nur grundsätzlich, Jaques Lacans Konzept der Morphologie des Körpers an:

> »Die Materialität des Körpers darf nicht für selbstverständlich gehalten werden, denn in gewisser Hinsicht ist sie durch die Entwicklung der Morphologie erworben, konstituiert. Und in der Lacanschen Sicht ist die Sprache, verstanden als Regeln der Differenzierung, die auf idealisierten Verwandtschaftsbeziehungen beruhen, wesentlich für die Entwicklung der Morphologie.«[63]

Lacan beschreibt die »Körperproduktion«[64] mit dem Spiegelstadium; einem Konzept innerhalb seiner übergeordneten Spiegeltheorie: Das ›Ich‹ entwirft durch das Erlebnis der Projektion in einem Spiegel ein ganzheitliches und idealisiertes Konzept des eigenen Körpers, indem es die eigenen Körperteile erstmals zusammenfügt und zu einem Ganzen, dem imaginären Ich, organisiert.[65] Danach hängt der Prozess der Körpergestaltung auch immer zusammen mit der »Einteilung des Selbst und Entfremdung des Selbst.«[66] Um die imaginär erlangte körperliche Stellung aufrechtzuerhalten, muss nach Lacan[67] eine sprachliche (d.h. symbolische) Strukturierung erfolgen, welche zudem von nun an auch grundlegend für alle folgenden Morphologisierungen von Objekten ist.[68] An diesem Punkt setzt nun Butlers Kritik an:

> »Im zweiten Seminar erfahren wir aber, daß dieses *percipi* oder diese visuelle Produktion, der Körper, in seiner phantasmatischen Integrität nur aufrechterhalten werden kann, indem es der Sprache und seinen Markierungen durch sexuelle Differenz unterzogen wird. [...] Körper werden nur zu einem Ganzen, das heißt zu Totalitäten, durch das idealisierende und totalisierende spekuläre Bild, das von dem sexuell markierten Namen über die Zeit hinweg aufrechterhalten wird. Einen Namen zu haben bedeutet, im Symbolischen einen Platz zu haben, platziert zu sein in dem idealisierten Bereich der Verwandtschaft, einer Reihe mittels Sanktionen und Tabu strukturierter Beziehungen, ein Bereich, der vom Gesetz des Vaters und dem Inzestverbot regiert wird. Für Lacan *erhalten* Namen, die dieses väterliche Gesetz versinnbildlichen und instituieren, die Integrität des Körpers. [...] In diesem Sinne erzeugt das väterliche Gesetz Versionen körperlicher Integrität; der Name, der soziales Geschlecht und Verwandtschaft festschreibt, wirkt wie eine politisch besetzte und besetzende performative Äußerung. Benannt zu werden bedeutet deshalb, jenes Gesetz eingeschärft zu bekommen und in Übereinstimmung mit diesem Gesetz körperlich formiert zu werden.«[69]

Dementsprechend organisiert sich der Körper grundlegend der symbolischen Ordnung des »väterlichen Gesetzes« entsprechend und ist fundamental »maskulin markiert«,[70] wie auch die daraus entstehende allumfassende Beziehung zur Welt. Butler kritisiert, dass Lacan den Phallus bei diesem Formationsprozess als privilegierten Signifikanten herausstellt: »Sie [Butler, S.K.] richtet sich damit zuallererst gegen Lacans Diktum, dass der Phallus weder ein Organ noch ein imaginärer Effekt sei, sondern ein privilegierter Si-

Irritation: Gender-Transgression

gnifikant.«[71] Da der Formationsprozess im Spiegelstadium nach Lacan, der sich auf Sigmund Freud bezieht, ein idealisierender und damit narzisstischer Akt ist, entsteht erstens die Idealisierung des Körpers als »Kontrollzentrum«[72] und zweitens die »Idealisierung eines Körperteils«[73], des Phallus. Um die symbolische Verbindung des Phallus mit dem Organ Penis zu hinterfragen und damit den Phallus zu einem flexibel einsetzbaren Symbol zu etablieren, fragt Butler (unter anderem) nach der Symbolkraft des Phallus. Wenn der Phallus tatsächlich alleine und in direkter Abhängigkeit zum Penis denselben symbolisieren würde, wäre der Phallus ein schwaches Symbol, denn je größer die symbolische Kraft, desto größer ist laut Butler auch die ontologische Differenz zu dem Symbolisierten. Oder, wie Paula-Irene Villa es leicht provokant formuliert: »ein echter Penis würde die phallische Symbolisierung nur stören. [...] Kein Penis kann die phallische Symbolisierung erreichen.«[74] Dass der Phallus also ein starkes Symbol ist, beweist, wie groß die ontologische Differenz zu dem ist, was er angeblich bezeichnet:

> »In dem Maß, wie der Phallus den Penis symbolisiert, ist er nicht das, was er symbolisiert. Je mehr Symbolisierung statthat, desto geringer ist die ontologische Verbindung zwischen dem Symbol und dem Symbolisierten. Die Symbolisierung setzt zwischen dem, was symbolisiert – oder signifiziert, und dem, was symbolisiert wird – oder signifiziert wird, die ontologische Differenz voraus und produziert sie.«[75]

Nachdem die ontologische Verbindung zwischen dem anatomischen Penis und dem Symbol des Phallus hinterfragt wurde, ist es nach Butler nun möglich, dass auch andere Körperteile (und Objekte) die phallische Symbolkraft einnehmen. Hier greift Butler nun mit dem Konzept des lesbischen Phallus ein:

> »Der lesbische Phallus, so ließe sich sagen, mischt sich als eine unerwartete Konsequenz des Lacanschen Schemas ein, als ein offenkundig widersprüchlicher Signifikant, der mittels einer kritischen Mimesis, die angeblich ursächliche und kontrollierende Macht des Lacanschen Phallus, ja, sogar seine Einsetzung als privilegierter Signifikant der Symbolischen Ordnung in Frage stellt.«[76]

Gerade die heutige mächtige Symbolkraft des Phallus innerhalb der westlichen (Sexual-)Kultur zeigt, wie oft er signifiziert und re-signifiziert wird[77] und damit gleichzeitig immer mehr an Verbindung zum Penis verliert. Der Phallus erlangt seine signifizierende Macht durch die ständige Wiederholung, welche jedoch auch immer in Wandelbarkeit inbegriffen ist und daher subversiv wiederholt werden kann. Der lesbische Phallus soll gerade diesen Aspekt betonen und subversiv unterwandern:

> »Das Angebot eines lesbischen Phallus macht deutlich, daß der Signifikant über seine strukturell verordnete Position hinaus exzessiv signifizieren kann; der Signifikant kann tatsächlich in Kontexten und Beziehungen wiederholt werden, die erreichen, daß der privilegierte Status dieses Signifikanten verschoben wird. Die Struktur, mit der der Phallus den Penis als seinen privilegierten Anlaß signifiziert, existiert nur, wie sie instituiert wird und laufend wiederholt wird, und aufgrund dieser Temporalisierung ist sie ungefestigt und offen für subversive Wiederholung.«[78]

Wie es noch dargelegt werden wird, setzt auch die junge homosexuelle Protagonistin in HAUTE TENSION den lesbischen Phallus zum subversiven Zweck ein. Letztlich gelingt es ihr jedoch nicht, sich diesen konsequent anzueignen und damit den Phallus tatsächlich zu dezentrieren. Vielmehr imaginiert sie eine ganze phallische Identität, wodurch das Konzept der Geschlechtsidentität in Zusammenhang mit dem Körper gestört wird.

HAUTE TENSION: Marie als Gespenst der eigenen Unmöglichkeit

Diese theoretischen (Sozial-)Modelle sollen als Grundlage für die folgenden Analysen dienen. Wie es sich bereits angedeutet hat, wird über die Untersuchung der körperlichen Repräsentationen hinaus teilweise auch die narrative Struktur thematisiert (wie es bei HAUTE TENSION der Fall sein wird).

Butler vergleicht die performativen Akte der Körper mit körperlichen Akten, die in »theatralischen Kontexten« auftauchen. Dies ist ein weiterer Bezugspunkt zum Medium Film und setzt die filmischen Körper in den Gesamtkontext diskursiver Abläufe, in die sich das Zuschauersubjekt durch das Anschauen eines Films begibt. Der Körper im Film offenbart all jene Möglichkeiten, Körper und Identitäten losgelöst voneinander zu präsentieren, damit zu spielen, auszutauschen und damit alle Körperlichkeiten und Geschlechtsidentitäten, die sich mit den filmischen innerhalb sozialer Strukturen im Austausch befinden, zu irritieren. Nach Butler gibt es einen konkreten Zusammenhang zwischen der Konstruktion und der Intelligibilität von Körpern. Werden die Körper, welche nicht nach normativen Schemata konstruiert sind, überhaupt gesehen, sind diese Körper denkbar?

»Ist es nach diesem Verständnis von Konstruktion als konstitutivem Zwang noch möglich, die kritische Frage zu stellen, wie derartige Zwänge nicht bloß den Bereich intelligibler Körper erzeugen, sondern auch einen Bereich der undenkbaren, verworfenen, nicht-lebbaren Körper herstellen? [...] [L]etzterer ist der ausgeschlossene und nicht entzifferbare Bereich, der den ersten Bereich als das Gespenst seiner Unmöglichkeit heimsucht, ist die eigentliche Grenze zur Intelligibilität, deren konstitutives Außen.«[79]

Im Zusammenhang mit den oben aufgeführten Theorien wird hierbei deutlich, dass die in diesem Kapitel (und auch im Gesamtkontext des Buches) dargelegten Terrorfilme diesen Aspekt offenlegen: Konzepte von Körperlichkeiten und Identitäten beinhalten gleichzeitig ein Prinzip des Ausschlusses, sobald die Körperkonzepte eine gewisse Form von Eindeutigkeit erfordern. Entweder verschaffen sich die betreffenden weiblichen Filmfiguren daher die geschlechtliche Eindeutigkeit, um zu überleben, so wie es die Filmbeispiele MUTANTS und LA HORDE aufzeigen werden, und grenzen sich auf diese Weise von der Gefahr durch Uneindeutigkeit ab, oder die Uneindeutigkeit wird beibehalten, dafür wird jedoch die weibliche Hauptfigur in LA MEUTE mit dem Tode bestraft. Die darauffolgende Filmanalyse von HAUTE TENSION

Irritation: Gender-Transgression

ist von der kritischen These getragen, dass ein Bereich vorgeführt wird, der von ›dem Gespenst‹ seiner eigenen ›Unmöglichkeit‹ heimgesucht wird. HAUTE TENSION greift, im Gegensatz zu den anderen aufgeführten Beispielen, auf komplexe Weise gleich mehrere der hier dargelegten Konzepte auf, welche letztendlich performativ auf das Zuschauersubjekt wirken, indem sie fest geglaubte Erwartungen von Geschlechtsidentitäten dekonstruieren und weiterführend irritieren. Die Irritation durch Gender-Transgression ist hierbei das grundlegende Prinzip. Damit geht gerade HAUTE TENSION weiter als viele Terrorfilme und soll daher als Hauptfilm dieses Kapitels dienen. In LA HORDE und MUTANTS sind die Frauenfiguren in dem Sinne gender-transgressiv, als es sich zunächst um körperlich uneindeutige Frauen handelt, die in einer apokalyptischen Umwelt und in einer patriarchalen Gruppierung ihre Weiblichkeit als Überlebensstrategie einsetzen müssen. LA MEUTE präsentiert eine junge Protagonistin, die sich der Eindeutigkeit innerhalb des heteronormativen Systems entzieht und stattdessen versucht, gerade das gender-transgressive Element als Überlebensstrategie zu nutzen. Dafür wird sie allerdings nicht nur mit dem Tode bestraft, sondern mit einer Form der symbolischen Kastration.

Zunächst werden exemplarisch ausgewählte Sequenzen aus LA HORDE, MUTANTS und LA MEUTE analysiert, um die oben aufgeführten Aspekte aufzugreifen und vereinzelte, hier dargelegte Theorien zu veranschaulichen. Mit LA MEUTE nähert sich die Thematik der Gender-Transgression dem Konzept von HAUTE TENSION, da hierbei das irritierende und subversive Potential der uneindeutigen Geschlechtsidentität angedeutet wird. Dieser Hauptaspekt wird in der darauffolgenden Filmanalyse von HAUTE TENSION gänzlich offenbar und ausführlich dargelegt.

Überlebensstrategien in apokalyptischen Welten: LA HORDE, MUTANTS und LA MEUTE

In jedem der drei Filmbeispiele werden zerfallende, düstere Umgebungen gezeigt, die von Tod und Zerstörung geprägt sind. Auch existieren destruktive menschenähnliche Wesen, die eine große Gefahr für die jeweiligen Protagonistinnen darstellen. Zudem wird der Zuschauende am jeweiligen Filmende mit dem Bild einer Überlebenden hinterlassen. Dieser interessante Aspekt trifft allerdings auf alle in diesem Buch relevanten Filme zu und wird vor allem im letzten Hauptkapitel fokussiert. Zwar deuten die abschließenden Sequenzen (der in diesem Absatz vorliegenden Filme) teilweise eine todesbedrohliche Gefahr an, wie beispielsweise die Tonebene in LA HORDE, auf der das Geräusch herannahender Zombies hörbar wird, oder der Ausblick auf die weitere Geschichte der schwer verletzten Hauptfigur ist äußerst pessimistisch, wie in LA MEUTE. Doch es bleibt schlussendlich das Bild einer Frau, der es bis zu diesem Zeitpunkt gelungen ist, als Einzige zu überleben. Zwischen diesen Filmwelten unterscheiden sich jedoch die Überlebensstrategien der Frauenfiguren. Diese sind gekoppelt an die jeweilige Ausdeutung und Aufrechterhaltung gender-transgressiver Elemente, wie beispielsweise die körperliche Performanz einer uneindeutigen Geschlechtsidentität durch Kleidungsstücke, welche den Körper verdecken, oder durch die Aneignung phallischer Symbolik, wie etwa durch die Benutzung von (auffällig großen) Waffen. Es wird deutlich, dass gerade die Ablehnung von Uneindeutigkeit und die Betonung von Weiblichkeit, entweder durch das Enthüllen des femininen Körpers (LA

Überlebensstrategien in apokalyptischen Welten

LA HORDE (2009): Aurore als Außenseiterin

HORDE) oder durch die wiederholte Benennung einer Schwangerschaft (MUTANTS) als erfolgreiche Überlebenskonzepte dienen, während dagegen die aufrechterhaltene Gender-Transgression (LA MEUTE) mit Vergewaltigung und Kastration bestraft wird. Die filmische Umwelt wird darin als patriarchales, heteronormativ geprägtes Gefüge offengelegt, welches die durch Gender-Transgression bedrohten Machtstrukturen wieder herstellen muss. Letztendlich werden somit einerseits Frauenfiguren dargestellt, welche außergewöhnlich stark aufzutreten scheinen, andererseits wird jedoch suggeriert, dass eine Frau sich – trotzdem – in der Darstellung ihrer Körperlichkeit der heterosexuellen Matrix fügen sollte, um ihr kulturelles Überleben als Subjekt zu sichern.

Eine korrupte Polizeibande will sich in dem Film LA HORDE für die Ermordung eines ihrer Mitglieder rächen und reist dafür zu einem heruntergekommenen und fast unbewohnten Hochhaus in einem Vorort von Paris. Unter den männlichen Polizisten der Gruppe, Jimenez (Aurélien Recoing), Ouessem (Jean-Pierre Martins) und Tony (Antoine Oppenheim), ist auch die Frau Aurore (Claude Perron), die von dem ermordeten ehemaligen Anführer der Truppe schwanger ist. In dem Hochhaus wollen die Polizisten die feindliche Gang aufspüren und alle deren Mitglieder töten. Doch vor Ort eskaliert die Situation auf ungeahnte Weise. Die gegnerische Gang um Adewale (Eriq Ebouney) überrascht und überwältigt die Polizisten, wobei Jimenez von Adewale getötet wird. Ein zuvor von den Gangstern hingerichteter Gefangener erwacht plötzlich wieder als Zombie und beginnt weitere Männer zu beißen. Immer mehr Leichen werden auf diese Weise als lebende Tote wiedergeboren. Als sich die Übriggebliebenen auf das Dach retten können, erblicken sie das Ausmaß der Seuche: Ganz Paris steht in Flammen, und Tausende Zombies bewegen sich auf das Hochhaus zu. Unter diesen Umständen müssen sich auch die übrig gebliebenen feindlichen Gangmitglieder verbünden, um die Chancen auf ihr Überleben zu erhöhen. Sie beschließen, gemeinsam den Weg nach unten zu wagen, um aus dem Hochhaus zu flüchten. Am Ende treten jedoch lediglich Aurore und Adewale aus dem Hochhaus ans Tageslicht. Aurore, die immer noch auf Rache für ihren getöteten Geliebten sinnt,

Irritation: Gender-Transgression

erschießt schließlich Adewale und bleibt als einzige Überlebende zurück.

Der Horrorfilm LA HORDE fokussiert trotz der Zombie-Thematik die gruppendynamischen Prozesse und die menschlichen Beziehungen unter den Protagonisten. Aurore wird dabei von Beginn an als Außenseiterin und Störfaktor innerhalb der Polizistengruppe präsentiert. Dies wird einerseits durch die Handlung erklärt, denn Aurore hatte eine Affäre mit dem ermordeten Mathias und ist außerdem von diesem geschwängert worden. Die restlichen Männer der Truppe halten die Affäre für falsch, da Mathias' Witwe als eine Art Mutterfigur fungiert und ein entsprechend vertrautes und enges Verhältnis zwischen ihr und den männlichen Polizisten herrscht. Später gibt Ouessem, der nach Jimenez' Tod zum Anführer der Truppe aufgestiegen ist, Aurore die Schuld für die missliche Lage. Auch bildlich wird die Außenseiterinnenposition Aurores aufgegriffen.

Aurore wird des Öfteren von den Männern nicht ernst genommen (so fragt Ade Ouessem beispielsweise: »Kann deine Freundin hier eine Waffe bedienen?«), für die unglückliche Gesamtsituation verantwortlich gemacht und außerdem sexuell belästigt. Aurores Körper ist zunächst mit einer kugelsicheren Weste und einer schwarzen Lederjacke bekleidet. Sie wirkt distanziert und zurückhaltend, immer wieder versucht sie sich innerhalb der neu formierten Gruppe, die mittlerweile aus den Gangstern und den Polizisten besteht, zu behaupten, ist aber lediglich dazu bestimmt, ihren verletzten Kollegen Tony hinter der Männergruppe herzutragen. Durch einen Zwischenfall mit einem Zombie werden Aurore und Tony von der restlichen Truppe abgetrennt, und sie muss sich von nun an alleine durchschlagen. Es beginnt nun eine Entwicklung, die vor allem in einer Sequenz an Aurores Körperdarstellung abzulesen ist: Sie wird sich körperlich transformieren, um eine eindeutige (Geschlechts-)Identität innerhalb der patriarchalen Strukturen einnehmen zu können.

Nach einem Kampf erwacht Aurore langsam aus einer Ohnmacht. Sie hat eine schwere Gesichtsverletzung und rauft sich vom Boden auf. Die Kameraführung ist leicht verwackelt und sehr nahe an ihrem Körper. Laut ertönt ihr Atem, zusätzlich getragen von ruhigen Klängen auf der Tonebene. Auf diese Weise wird ein beinahe intimes Verhältnis zu der weiblichen Figur etabliert, die innerhalb dieser Sequenz zudem zur Hauptfigur des Films avanciert. Langsam zieht sie die schwere Lederjacke aus, entfernt die schwarze, kugelsichere Weste und öffnet ihre Haare. Ein langer und intensiver Blick in den Spiegel beendet diese kurze, aber ausschlaggebende Sequenz, die als eine Transformation der körperlichen Performanz von Aurore gedeutet werden kann. Es scheint ganz wie in Lacans Spiegelstadium: Der Blick in den Spiegel ermöglicht Aurore die Morphologisierung des eigenen Körpers. Hier fungiert der Blick wie eine Rückbesinnung auf ihre eigene (Geschlechts-)Identität und Verkörperung als Frau. Gerade die Verletzung in ihrem Gesicht betont ihre angekratzte Körperlichkeit, die es wieder herzustellen gilt: Ihre physische Grenze droht überschritten zu werden, und das Körperschema muss daher stabilisiert und aufrechterhalten werden. Durch diesen Prozess der körperlichen Definition bestätigt sie sich innerhalb der symbolischen Ordnung selbst und verschafft sich eine eigenständige Repräsentation. Die symbolische Ordnung richtet sich bei Lacan nach dem väterlichen Gesetz und ist damit, laut Judith Butler, männlich markiert. In LA HORDE muss sich Aurore innerhalb eines reinen Patriarchats behaupten und ihren Körper immer wieder positionieren und neu formieren, um auf diese Weise ihre Identität zu fixieren. Auch in HAUTE TENSION taucht eine vergleichbare Spiegelsequenz auf, jedoch gelingt es der Protagonistin gerade nicht, sich auf ihren ›weiblichen‹ Körper zu besinnen. Vielmehr etabliert die Hauptfigur Marie eine völlig neue, phallisch bestimmte Figur als Idealisierung des anderen Ich, um aus der Uneindeutigkeit herauszutreten. Aurore hingegen betont ihren Körper als besonders feminin. Gestärkt durch die Performanz einer eindeutig weiblichen Geschlechtsidentität, kehrt sie wieder zu der Männergruppe zurück.

Zusätzlich stärkt Aurore ihre Eindeutigkeit innerhalb der patriarchalen heterosexuellen Matrix, indem sie ihre Schwangerschaft erwähnt. Den Schwerpunkt legt ihre Figur jedoch auf die Performanz einer eindeutig weiblichen Geschlechtsidentität.

Ganz im Gegensatz zu Aurores Überlebensstrategie in LA HORDE bildet gerade die Schwangerschaft den Fokus des strategischen Vorgehens der Protagonistin Sonia (Hélène de Fougerolles) in dem Zombiefilm MUTANTS. Die Geschichte der Ärztin Sonia und deren Partner Marco (Francis Renaud) beginnt bereits mitten innerhalb einer apokalyptischen Umgebung, in der schon vor längerer Zeit eine Infektionskrankheit ausgebrochen ist und die Welt in anarchische Umstände katapultiert hat. Sie sind in den menschenleeren verschneiten Bergen Frankreichs unterwegs, wo jederzeit mit Überfällen durch infizierte Wesen zu rechnen ist. Sonia, Marco und eine Soldatin versuchen sich mit der letzten Tankfüllung in einem Krankenwagen zu der Militärbasis ›Noe‹ zu gelangen, doch unterwegs muss Sonia die Soldatin aus Notwehr töten, und Marco wird von einem Mutanten mit dem tödlichen Virus infiziert. Gerade noch können sich die beiden in ein verlassenes und heruntergekomme-

LA HORDE: Aurore kehrt zur Gruppe zurück

nes Krankenhaus retten. Langsam beginnt der körperliche Verfall Marcos, und Sonia muss machtlos die stetig voranschreitende Verwandlung ihres Geliebten mit ansehen. Sie hat jedoch noch Hoffnung auf eine Heilung, denn sie selbst wurde bereits vor zwei Wochen gebissen, scheint aber immun zu sein. Naheliegend ist die Möglichkeit, dass Sonias Immunität auf ihre Schwangerschaft zurückzuführen ist. Außerdem schwebt im Hintergrund die immer wieder aufflackernde Hoffnung auf Rettung durch Noe-SoldatInnen, denn es fliegen regelmäßig Hubschrauber der Militärbasis über das Gebäude hinweg, jedoch ohne die Überlebenden zu bemerken. Kurz vor Marcos Transformation zu einem Mutanten sperrt Sonia ihn in ein Kellerverlies. Zudem taucht eine Gruppe Überlebender auf; ihr Anführer ist der äußerst brutale, sexistische und gesetzlose Franck (Nicolas Briançon). Sonia schlägt sich mit Virgile (Dida Diafat), einem Mitglied der Truppe, zu einem nahe gelegenen Tunnel durch, um dort über eine Funkstation die Militärbasis zu erreichen und um eine Evakuierung

Irritation: Gender-Transgression

MUTANTS (2009): Sonia performt eine zurückhaltende Weiblichkeit, Marco eine bedrohliche Maskulinität

Sonia performt ihre weibliche Geschlechtsidentität eher zurückhaltend, ganz im Gegensatz zu Marco, der aufgrund seiner fortschreitenden Krankheit zumeist fast nackt präsentiert wird, um seine körperliche Versehrtheit zu betonen. Vor allem als Mutant nimmt er eine maskuline physische Erscheinung an, die allerdings zunehmend animalisch konnotiert wird. Viel mehr als die körperliche Performanz eines Geschlechts betont Sonia ihre Schwangerschaft als Merkmal der eindeutigen Geschlechterzugehörigkeit, und diese wird im Laufe des Films als tatsächliche Überlebensstrategie durch die Tatsache etabliert, dass Sonia als einzige Figur im Film immun gegen den gefährlichen Virus ist. In der Schlusssequenz wird dieser Ansatz visuell auf mehreren Ebenen aufgegriffen und zu einem Höhepunkt geführt.

zu bitten. Ihr Begleiter wird während dieser Aktion getötet, wie auch, nach Sonias Rückkehr in das Krankenhaus, alle anderen Verbliebenen. Sonia gelingt es, sich nach draußen zu retten, wo es zu einem letzten Treffen zwischen ihr und dem mittlerweile vollständig mutierten Marco kommt, kurz bevor sie von einem Noe-Hubschrauber in die langersehnte Sicherheit gebracht wird.

Durch einen dunklen, engen Schacht gelingt es Sonia, aus dem Krankenhaus zu flüchten, in dem kurz zuvor alle anderen Verbliebenen ums Leben kamen. Sie gerät in einen durch einen hohen Maschendrahtzaun abgegrenzten Bereich, der zum Schauplatz des finalen Kampfes zwischen Sonia und ihrem mutierten Freund Marco wird. Dieser folgt ihr kurz danach ebenfalls durch den Schacht, angelockt durch den Geruch seiner ehemaligen Geliebten. Beide kommen durch den düsteren, tunnelartigen Weg an das Tageslicht, die Kameraperspektive wechselt dabei immer wieder in die subjektive Sicht, die das leuchtende Tageslicht als Ziel des Weges in Aussicht stellt. Diese Bildspra-

Schauplatz des finalen Kampfes in MUTANTS

Überlebensstrategien in apokalyptischen Welten

MUTANTS: Das Phallussymbol bei Sonias Tötungsakt

che weist in Sonias Fall stark auf einen Geburtsvorgang hin, Marcos Situation dagegen kann in diesem Zusammenhang vielmehr mit einer Todessymbolik verbunden werden. Diese beiden gegensätzlichen Ansätze finden im Verlauf der Sequenz ihre jeweilige Bestätigung. Die Welt, in die sie eintreten, muss neu bevölkert werden, daher können die Geburtssymbolik und der darauffolgende Kampf als Neuformulierung der Schöpfungsgeschichte gedeutet werden – eine Schöpfung, die für abseitige Wesen, wie Marco es geworden ist, den Tod bedeutet. Marco tritt als unbrauchbar gewordenes, dunkles Wesen auf, während Sonia die Hoffnung dieser neuen Welt darstellt und als besonders schützenswert gilt. Am Anfang jeder Schöpfung stehen, innerhalb des heterosexuellen Systems, Mann und Frau. Der abgegrenzte Bereich, in dem sich die beiden nun befinden, verdeutlicht das bühnenartige Alleinstellungsmerkmal des Geschehens. Marco ist als Zombie im Grunde eine Gefahr für Sonia, doch treten seine Vaterinstinkte noch vor dem Tötungsinstinkt in den Vordergrund, und anstatt über die schwangere Frau herzufallen, kniet er vor ihr nieder, um ihren Bauch zu berühren: Innerhalb dieser Matrix herrscht alleine das Gesetz der Fortpflanzung. Doch da der abnormale Mann trotzdem eine ständige Bedrohung darstellt, muss Sonia ihn töten. Ihr vorheriger Plan, Marco durch die Erforschung ihrer Immunität und die darauffolgende Entwicklung eines Impfstoffes zu retten, zählt nun nicht mehr für sie. Sie greift zu einem riesigen Rohr und rammt es in Marcos Hals. Marco scheint ihr kurz zuvor beinahe zuzunicken und ihr damit sein Einverständnis zu geben: Der transgressive Mann ist unbrauchbar geworden. Sonia dezentriert den Phallus von ihm, indem sie ihn mit diesem überdeutlichen Phallussymbol tötet. Für eine kurze Zeit scheint sie selbst damit den männlichen Part einzunehmen; eine Aufgabe, die Marco nicht mehr erfüllen kann. Der Hubschrauber, auf dem in großen Lettern der bezeichnende Name Noe geschrieben steht, erscheint schließlich wie ein gottesähnliches Wesen am Himmel.

Irritation: Gender-Transgression

Der Käfig, in dem Sonia sich noch befindet, ist mittlerweile zu einem rettenden Raum geworden, da die abseitigen Mutanten nicht zu ihr durchdringen und von den Soldaten der Militärbasis erschossen werden können. Diese bezeichnende Kulisse erinnert an die schützenswerte heterosexuelle Matrix, welche die Fortpflanzung sichert und sich selbst definieren und bestätigen muss, indem das System sich als Norm durch das Ausschlussverfahren selbst bestätigen muss. Abseitige, nicht der Norm entsprechende Wesen haben keine Identität und finden keine Anerkennung als menschliche Wesen. Die Körper innerhalb des Zauns agieren eine Normativität aus, die zudem religiös konnotiert ist. Diese Strukturen schöpfen und bewahren das Leben und erhalten damit die Legitimierung, als menschlich betrachtet zu werden: »Die Normen, die eine idealisierte menschliche Anatomie regieren, produzieren einen selektiven Sinn dafür, wer menschlich ist und wer nicht, welches Leben lebenswert ist und welches nicht.«[80] Die Mutanten, unter ihnen auch Marco, sind als ebensolche nicht menschlichen Wesen zu verstehen, deren Leben nicht mehr als lebenswert erachtet wird. Ihre Körper sind transgressiv, sie haben eine versehrte Haut, schwarze Augen, ihr Verhalten reduziert sich auf ihren Tötungstrieb; ihnen wird daher kein Wert und keine Identität innerhalb einer heteronormativ geprägten Umwelt zugestanden. Dagegen fungieren sie lediglich als Masse abtrünniger Wesen, vor denen es sich abzugrenzen gilt, wie es die deutliche Symbolik des Zauns vermittelt.

Obwohl Marco als Mutant gar gefühlsbetonte und damit ›menschliche‹ Züge erkennen lässt, muss er getötet werden, um das System zu schützen; ein System, welches in diesem Falle durch Mutter und Kind symbolisiert wird. Nachdem Sonia jedoch in den Rettungshubschrauber zu einem Soldaten steigt, der sogleich die beschützende Position einnimmt, wird zugleich wieder die klassisch heteronormative Konstellation, bestehend aus Mann und Frau, eingenommen, welche scheinbar letztlich auch erforderlich ist, um sogar eine schwangere Frau zu komplettieren. MUTANTS veranschaulicht anhand dieser religiösen Symbolik (der Hubschrauber namens Noe im Himmel und die umgedeutete Schöpfungsgeschichte) eindeutig das zwangsheterosexuelle System als einzig funktionierende und erhaltungswürdige gesellschaftliche Struktur. Sonia wird dabei nicht etwa als Wesen dargestellt, das *trotz* seiner geringfügig eindeutig performten Geschlechtsidentität einen gesellschaftlichen Status erlangt, sondern alleine durch seine biologischen Voraussetzungen als schwangere Frau einen schützenswerten Standpunkt erhält. Erst als der Soldat ihren Namen erfragt und ihr (und ihrem Ungeborenen) daraufhin Schutz versichert, scheint Sonia letztendlich tatsächlich ge-

Symbolik der Abgrenzung in MUTANTS

rettet: Als Mutter, gemeinsam mit einer männlichen Vaterfigur, wird ihr wieder eine Identität zugeführt. Dies scheint ein äußerst problematischer Ansatz zu sein, da streng heteronormative Strukturen (in Kombination mit religiöser Symbolik) mit Ausschlusscharakter propagiert zu werden scheinen. Zudem wird alleinig die biologische Beschaffenheit des weiblichen Körpers als Überlebensstrategie verherrlicht. Ein solch biologistischer Ansatz droht jedoch abweichende körperliche Performanzen auszugrenzen. Trotzdem erscheint gerade an diesem Ansatz eine Kritik durchzuscheinen, wenn beispielsweise die Liste mit der Überschrift *CIVILS PRIORITAIRES POUR EVACUATION* erscheint, die der Noe-Soldat in seinen Händen hält. Sonias etliche Rettungsversuche blieben völlig unbemerkt, bis sie letztendlich in einem Funkspruch in dem Tunnel, etwas früher im Film, offenbart, dass sie schwanger ist. Außerdem betont auch die Gruppe Überlebender, die später im Krankenhaus eintreffen, dass sie für das Militär keine Rolle spielen und daher niemals eine Chance auf Evakuierung hätten. Dieser kritische Subtext ist jedoch subtil angelegt, während die religiös-heteronormative Bildsprache dagegen dominant erscheint. Im Gegensatz dazu wird in dem folgenden Filmbeispiel zwar ebenfalls die heterosexuelle Matrix thematisiert, jedoch wird in LA MEUTE durch die auffallende Körperpräsentation der Protagonistin zumindest der Versuch unternommen, diese subversiv zu unterlaufen.

LA MEUTE präsentiert eine weibliche Hauptfigur, die sich von Beginn an weigert, eine klassisch feminine, passiv-brave Geschlechtsidentität zu performen. Die junge Charlotte (Émilie Dequenne) ist mit ihrem Auto auf einer ziellosen Reise, als sie den Anhalter Max (Benjamin Biolay) mitnimmt. Bald wollen die beiden Rast machen und halten dafür an dem heruntergekommenen und abgelegenen Gasthaus *La Spack*. Dort treffen sie auf eine Bande Biker, die Max und Charlotte sogleich belästigen. Als Max auf der Toilette verschwindet und nicht mehr auftaucht, begibt sich Charlotte auf die Suche nach ihm, wobei sie jedoch von der Gastwirtin La Spack (Yolande Moreau) niedergeschlagen wird. Sie wacht in einem dreckigen Käfig auf und wird von nun an gemästet. Mit ihr wird ein Junge in einem anderen Pferch gefangen gehalten. Max taucht wieder auf, und es stellt sich heraus, dass er der Sohn der Gastwirtin ist und mit ihr zusammenarbeitet. Charlotte findet sich bald darauf nachts an einem Pfahl herabhängend wieder, ihr Blut tropft langsam auf den Boden, und es graben sich düstere Gestalten ohne Augen und mit einem riesigen, bedrohlichen Gebiss aus der Erde heraus, ihre Erscheinung erinnert an menschenfressende Ghule. Sie verschonen Charlotte, fressen sich jedoch an ihrem Mitgefangenen satt. Ein kauziger Mann aus der Gegend, Chinasky (Phillipe Nahon), dem Charlotte bei der Ankunft am Gasthaus begegnet ist, forscht mittlerweile nach dem Verbleib der jungen Frau. Mit seiner Hilfe gelingt es Charlotte schließlich, sich zu befreien. Doch anstatt zu fliehen, sinnt sie auf Rache. Sie schließt sich mit Max zusammen, der sich gegen seine Mutter wendet, und beide begeben sich zu einer Hütte, in der die Biker sich eingenistet haben. Dort verschanzen sich Charlotte und Max, um die Bestien von dort aus zu bekämpfen. Max' Mutter, die mittlerweile Chinasky getötet hat, taucht kurze Zeit später auf, wird jedoch von den Gestalten getötet, so wie auch zwei der Biker. Im Kampf mit den Mutanten wird die Hütte in Brand gesteckt; Max und der letzte Mann aus der Biker-Gang sterben in den Flammen. Charlotte wird schließlich von

Irritation: Gender-Transgression

den Mutanten überwältigt und zum weiteren Verzehr aufgehängt.

Charlotte ist eine selbstsichere und rebellische junge Frau, die sich nichts gefallen lässt. Gleich zu Anfang wird deutlich, dass sie nicht dem Klischee des weiblichen Opfers eines *Backwood*-Horrorfilms entspricht. Sie fährt alleine in ihrem Auto durch die ländliche Gegend Frankreichs und schreckt nicht davor zurück, einen männlichen Anhalter mitzunehmen, den sie sogleich in die Schranken weist: »Aber ich warne dich. Wenn du deinen Schwanz rausholst, gibt's was auf die Schnauze.« Sie und Max werden beispielsweise etwas später von der Bikerbande belästigt. Als Charlotte sich jedoch als widerspenstig herausstellt und sich erfolgreich gegen deren Belästigungen zur Wehr setzt, beginnen die Männer schließlich Max sexuell zu bedrängen. Charlotte hält trotz aller Widrigkeiten und negativen Erlebnisse im Film an ihrer rüden, direkten und unerschrockenen Art fest. Auch scheut sie nicht davor zurück, sich mit einer großen Waffe gegen die Mutanten zur Wehr zu setzen. Sie stattet sich mit einem Gewehr aus, das einen großen Lauf besitzt, und eignet sich damit, dem Konzept des lesbischen Phallus nach Judith Butler entsprechend, ein phallisches Symbol an. Damit dezentriert sie den Phallus vom männlichen Körper und verwendet ein visuell starkes gender-transgressives Element. Im Zusammenhang mit den bereits erläuterten Sequenzen aus LA HORDE und MUTANTS ist gerade die Schlusssequenz aus LA MEUTE interessant, denn hierbei werden zwei Modelle gegenübergestellt, die für diese Gesamtanalyse relevant sind: die Anpassung in das heterosexuelle System als Überlebensstrategie und die Rebellion gegen diese Strukturen durch Gender-Transgression.

Durch einen beherzten Sprung aus dem Fenster gelingt es Charlotte, aus der brennenden Hütte zu fliehen. Verletzt versucht sie sich in ein nahe gelegenes Feld zu retten. Die Kamera verfolgt sie dabei, und somit wird suggeriert, dass eine gefährliche Bedrohung dicht hinter ihr ist und sie möglicherweise bald einholen könnte. Die lauten, animalischen Schreie der Mutanten ertönen immer wieder gefahrvoll, und oftmals huschen undefinierbare Schatten durch das Bild. Schließlich verfängt Charlotte sich in einem Draht auf dem Boden, und es gelingt ihr nicht, sich zu befreien. Sogleich wechselt die spannungsgeladene, laute Musik der Verfolgungssequenz zu einem regelmäßigen bedrückenden Pochen, das sich mit den Lauten der Mutanten vermischt. Die Schattenfiguren aus dem Feld werden immer deutlicher und versammeln sich langsam um die am Boden liegende hilflose Charlotte. Während die anderen Mutanten geduldig warten, beugt sich eine der düsteren Gestalten zu der jungen Frau herunter, öffnet ihre Jacke, riecht an ihrem Körper und beginnt schließlich an ihr zu nagen, was jedoch vornehmlich auf der Tonebene aufgegriffen wird. Auf der Bildebene wechseln die Einstellungen zwischen den Großaufnahmen des leiden-

LA MEUTE: Charlotte als untypische weibliche Erscheinung

Überlebensstrategien in apokalyptischen Welten

den Gesichtes von Charlotte, einer Totalen, welche die im Kreis und auf das Geschehen herabblickenden versammelten dunklen Figuren einfängt, wobei sich der über Charlotte gebeugte Körper auf und ab bewegt, und schließlich einer nahen Einstellung des Mutantenkopfes, der sich an Charlottes Körper labt.

Diese Inszenierung ist eine deutliche visuelle Anspielung auf das Szenario einer Gruppenvergewaltigung, zumal es für animalische, fleischgierige, menschenfressende Wesen ein äußerst untypisches Verhalten zu sein scheint, geduldig darauf zu warten, bis ein Mitglied der Gruppe sein Mahl beendet hat. Schließlich taucht die Handlung in Charlottes Innensubjektive ein: Eine Großaufnahme ihres Gesichtes wird zu einer Aufnahme des Mondes überblendet, und schließlich leitet eine Weißblende aus der verstörenden Vergewaltigungssequenz in einen Traum Charlottes ein. Ein helles, sonniges Licht kontrastiert die kühlen Blautöne der vorhergehenden Bilder. Eine Totale präsentiert das Gasthaus *La Spack*, ein Truck nähert sich, biegt auf das Gelände ein und hält schließlich vor dem Haus. Ein Mann und eine Frau steigen aus und gehen auf die Gaststätte zu. Innen gibt eine langsame Kamerafahrt, die von unten einen Körper nach oben abfährt, preis, dass die hochschwangere Charlotte hinter der Theke steht und bereits auf die beiden Gäste zu warten scheint. Max und eine unbekannte junge Frau treten ein. Das Szenario ist ein Verweis auf den Beginn des Films, denn auf diese Weise wurde auch Charlotte von Max in die Fänge seiner Mutter gelockt; zudem erzählt Max der jungen Frau gerade denselben Witz, den Charlotte erzählte, als die beiden selbst in der Gaststätte ankamen. Max begibt sich zur Toilette und wird dabei von der eingeweihten Charlotte beobachtet, denn nach diesem Plan wurde auch sie selbst niedergestreckt und schließlich in den Käfig gesperrt. Max öffnet die Tür zu der Toilette, die Kamera fährt in die Dunkelheit des Raumes und beendet damit die

LA MEUTE: Andeutung der Gruppenvergewaltigung

Traumsequenz. Die Großaufnahme einer Mutantenfratze reißt Charlotte wieder in die Realität zurück. Dieser Traum wirkt zu dem Zeitpunkt wie ein alternatives Ende, das sich Charlotte hier herbeisehnt. Hätte sie sich angepasst und mit Max zusammengetan, würde sie wahrscheinlich noch leben. Damit erträumt sich Charlotte eine Überlebensstrategie, die durch Anpassung in das heteronormative System funktioniert hätte, nämlich Max als Partner zu nehmen und sich von ihm schwängern zu lassen, im Gegensatz zu der von ihr performten todbringenden Gender-Transgression. Charlottes Phantasie zeigt nicht etwa sie selbst, die sich alleine in ihrem Auto in die Freiheit begibt, und es ist auch nicht der Wunsch, Max niemals getroffen zu haben. Sie stellt sich hingegen vor, von ihm geschwängert worden zu sein und mit ihm zusammenzuarbeiten. Alleine die vollkommene Anpassung in vorgegebene Strukturen hätte sie gerettet und scheinbar glücklich gemacht. Ein lauter Mutantenschrei reißt Charlotte aus ihren Träumen, und ein harter Schnitt offenbart ihre wahre unglückliche Lage: Kopfüber und mit nur noch einem Bein hängt sie an einem großen Holzbalken. Ihr Blut tropft auf die Erde, ein Zeichen, dass die fleischfressenden Wesen bald davon angelockt werden. Der folgende subjektive Blick der Kamera zeigt eine auf den Kopf gestellte Welt, über die sich langsam ein blutroter Schatten ausbreitet.

Diese Schlusssequenz offenbart, dass Charlottes Widerstand gegen bestehende, traditionelle Familienstrukturen, die sich La Spack und ihr Sohn Max aufgebaut haben, bestraft wird. Die einzige Alternative wäre es gewesen, sich anzupassen, indem sie sich diesen Strukturen fügt, sich schwängern zu lassen, damit ihre gender-transgressive Widerspenstigkeit aufzugeben und weiter für Frauenopfer zu sorgen, um die Mutanten zufriedenzustellen. Diese subversive Aufrechterhaltung von Gender-Transgression durch Charlotte wird jedoch bestraft, indem die männlich konnotierten Guhl-Wesen sie in einem Feld zunächst umkreisen, ihr Bein fressen und sie einbeinig aufhängen. Die Symbolik dieser Bilder erinnert an Vergewaltigung und Kastration: Das Patriarchat versucht so seine phallische Übermacht zu demonstrieren und die durch Charlotte gestörten patriarchalen Strukturen zurückzugewinnen.

Diese drei Beispiele zeigen filmische Möglichkeiten auf, wie geschlechtlich performte Körper die heterosexuelle Matrix bestätigen oder ablehnen können und inwiefern mit diesen Elementen gespielt werden kann. In allen drei Beispielen wird deutlich aufgezeigt, dass eine Bestätigung heteronormativer Geschlechtsperformanzen das Überleben sichert. Die weiblichen Körper werden hierbei auf unterschiedliche Weise präsentiert. Aurores Stärkung der eigenen Geschlechtsidentität durch die eindeutige körperliche Performanz von Weiblichkeit hängt zusammen mit einer Form der Behauptung innerhalb des Patriarchats. Sonia verlegt den Fokus von der äußerlichen Erscheinung auf die biologischen Eigenschaften eines Körpers, grenzt sich damit von uneindeutigen Körperentwürfen ab und überlebt daher in einer hoffnungslos erscheinenden Welt. Die Eindeutigkeit der geschlechtlichen Performanz wird in LA HORDE als förderlich dargestellt, während MUTANTS einen Schritt weiter geht und gar auf den Körper als natürliches Fundament und demnach auf dieses als einzig erfolgreiche Überlebensstrategie verweist. Hierbei sind keine expliziten subversiven Vorstöße gegen heteronormativ geprägte Geschlechtsidentitäten zu erkennen, da nicht etwa mit performativen Geschlechtsidentitäten gespielt oder verwirrt wird, sondern vielmehr eine Form der Rückbesinnung auf deren eindeutige Performanz entsteht. Charlotte bleibt rebellisch, auch in ihrer gender-transgressiven Körperlichkeit, denn sie nimmt nur im Traum den Körper einer schwangeren Frau an, um somit eine eindeutig weibliche Verkörperung anzunehmen und zu überleben. Sie gibt sich lediglich dem Phantasma heteronormativer Identifizierung hin, lebt dieses allerdings nicht aus. Stattdessen eignet sie sich maskuline Elemente in ihrer performten Geschlechtsidentität an und wird für dieses Vorgehen radikal bestraft. Die abtrünnigen Wesen holen sich ihre enteignete männliche Identität mit der symbolischen Kastration und Vergewaltigung wieder zurück.

Die folgende Filmanalyse von HAUTE TENSION deckt ebenfalls Überlebensstrategien der Protagonistin auf. Diese werden jedoch auf komplexe Weise dekonstruiert, so wie das heteronormative System, aus welchem diese Strategien zwanghaft hervorgehen. Die heteronormative Matrix erzeugt demnach selbst das abtrünnige Wesen, das auf sie zurückschlägt. HAUTE TENSION gelingt es, den Ausschlusscharakter der zwangsheterosexuellen Matrix mit dem Konzept von Identität und Realität zu verknüpfen: Welche Identitäten sind innerhalb des Systems anerkannt; welche Identitäten werden durch diese Form der Akzeptanz sichtbar beziehungsweise unsichtbar und formieren somit die Wirklichkeit?

Identität im Schatten:
HAUTE TENSION

»Wenn die innere Wahrheit der Geschlechtsidentität eine Fabrikation/Einbildung ist und die wahre Geschlechtsidentität sich als Oberfläche der Körper instituierte und eingeschriebene Phantasie erweist, können die Geschlechtsidentitäten scheinbar weder wahr noch falsch sein.«

Judith Butler

Der Terrorfilm HAUTE TENSION aus dem Jahr 2003 kennzeichnet die Anfangszeit der zunehmenden Wahrnehmung des französischen Terrorkinos. Der noch sehr junge Regisseur Alexandre Aja (damals 26 Jahre alt) avancierte mit diesem Frühwerk zu einem international erfolgreichen Regisseur, der kurz nach HAUTE TENSION die Regie gleich mehrerer größerer US-amerikanischer Produktionen übernahm (THE HILLS HAVE EYES, MIRRORS, PIRANHA 3D).[81] HAUTE TENSION ist nicht alleine durch die drastische Gewaltdarstellung auffällig, sondern präsentiert für einen Genrefilm eine außergewöhnliche Frauenfigur als Protagonistin: die lesbische Marie.

»Ich lasse nie wieder zu, dass jemand zwischen uns steht.« Dies ist der Satz, den eine junge Frau mit verletztem Körper auf einem Krankenhausbett sitzend immer wieder leise wiederholt. Es wird schnell klar, dass sie kurz zuvor in einem Wald auf der Flucht vor etwas Unbekanntem war. Dieser Prolog leitet die eigentliche Geschichte von HAUTE TENSION ein: Die beiden besten und langjährigen Freundinnen Marie (Cécile de France) und Alexia (Maïwenn) wollen in Ruhe für ihr Studium lernen und fahren dafür zu Alexias Familie, die weit außerhalb in einem Farmhaus auf dem Land lebt. Marie und Alexia kommen nach einiger Fahrzeit nachts in dem Elternhaus Alexias an, in dem noch ihr sehr junger Bruder (Marco Claudiu Pascu) wohnt. Kurze Zeit später nähert sich mitten in der Nacht ein fremdes Fahrzeug. Schließlich tritt eine düstere männliche Gestalt an die Haustüre und klingelt lange und aufdringlich. Alexias Vater (Andrei Finti) wird das erste Opfer des äußerst brutalen Killers, der nach und nach die Zimmer des Hauses nach weiteren Opfern absucht. Marie gelingt es, durch das Verstecken ihrer Reiseutensilien und geschicktes Ausweichen, sich vor dem Killer unsichtbar zu machen. Marie muss von ihren Verstecken aus mit ansehen, wie Alexias komplette Familie getötet wird. Alexia wird dagegen von dem Unbekannten in dessen Kleinlaster verschleppt. Marie kann heimlich in den Kofferraum schleichen und wird so, weiterhin unbemerkt, zur Mitfahrerin des Killers. Während eines Zwischenstopps an einer Tankstelle gelingt es Marie, aus dem Kofferraum auszubrechen und den Tankwart (Franck Khalfoun) zu warnen. Jedoch ahnt der Killer etwas, tötet den jungen Mann mit einer Axt und beginnt das Tankstellengebäude abzusuchen; alleine durch den Verdacht bestimmt, dass noch jemand da sein könnte. Auch hier gelingt es Marie, unbemerkt zu bleiben, und der Killer fährt schließlich weiter. Nach einem verzweifelten und er-

Irritation: Gender-Transgression

gebnislosen Anruf bei der Polizei nimmt sich Marie die Pistole und das Auto des getöteten Tankstellenwärters und verfolgt den Kleinlaster des Killers, um ihre Freundin Alexia zu retten, die sich immer noch in dessen Kofferraum befindet. Auf einem abgelegenen Feldweg mitten im Wald wird Marie schließlich von dem Killer entdeckt, der sie nun mit seinem Laster von der Straße abdrängt, wodurch sich Maries Wagen überschlägt. Marie kann sich aus dem Autowrack befreien und in den Wald fliehen, wo es zum entscheidenden Kampf zwischen ihr und dem Killer kommt, bei dem Marie ihn letztendlich tötet. In der Zwischenzeit macht die Polizei bei der Überprüfung des Überwachungsvideos an der Tankstelle eine unglaubliche Entdeckung: Marie selbst hat den Tankwart getötet. An diesem Punkt im Film wird aufgedeckt, dass Marie schizophren ist und sie die Figur des Serienkillers imaginiert hat. Damit wird klar, dass Marie von Anfang an die brutale Mörderin war und damit auch die komplette Familie von Alexia getötet hat. Nachdem sich Marie innerlich durch den Kampf von der Figur des männlichen Killers gelöst hat und glaubt, Alexia vor diesem gerettet zu haben, begibt sie sich zum Kleinlaster und befreit das völlig verstörte Opfer. Dieses sticht Marie nieder und rettet sich durch den Wald, gefolgt von Marie, die nach der Zurückweisung durch Alexia wieder die Figur des Killers eingenommen hat und nun mit einer Kreissäge bewaffnet ist, auf eine nahegelegene Landstraße. Dort hält sie ein Auto an, doch auch der Fahrer wird bald darauf zum Opfer Maries. Mit der Kreissäge bedroht Marie nun auch die schwer verletzte, auf dem Boden kriechende Alexia, die sich im letzten Moment noch retten kann, indem sie Marie ihre Liebe gesteht, um ihr dann, während eines Kusses, beherzt einen Eisenstab durch die Schulter zu stoßen. Das Ende des Films führt wieder zurück zum Prolog: Marie sitzt auf dem Krankenhausbett, den Satz »Ich lasse nie wieder zu, dass jemand zwischen uns steht« wiederholend, welcher nun eine völlig neue Bedeutung erlangt hat. Traurig betrachtet Alexia die ehemalige beste Freundin durch das Fenster und erblickt eine zerrüttete Frau, besessen und ewig getrieben von der Liebe zu ihr, aber vor allem zerstört davon, dass diese immer unerwidert blieb. Das erste Mal blicken die Zuschauenden mit Alexia auf die Realität, die zuvor verborgen blieb und in der Marie nach der Offenbarung wie ein unwirkliches Gespenst erscheint.

In HAUTE TENSION werden Darstellungen von Körpern verwendet, um das heteronormative Konzept von Identität und Geschlechtsidentität zu irritieren. Schließlich führt diese Störung normativ angelegter Strukturen gar zu der Hinterfragung, welche Körper und Identitäten die soziale Wirklichkeit bestimmen. Welche Körper werden innerhalb der Gesellschaft gesehen und welche nicht? Welche Körper sind intelligibel? Dieser letzte Schritt der Hinterfragung der Wirklichkeit wird in HAUTE TENSION vor allem dadurch vermittelt, dass im Film nicht nur mit austauschbaren (Geschlechts-)Identitäten gespielt wird, sondern, damit verknüpft, ebenfalls mit unterschiedlichen Realitätsebenen.

In HAUTE TENSION lassen sich drei ausschlaggebende Hauptaspekte erkennen: erstens der Ausschlusscharakter der heterosexuellen Matrix, wodurch uneindeutige Geschlechtskörper in abseitige Bereiche verbannt werden, zum Zweiten die Herbeiführung einer normativen Struktur, die es dem im ersten Schritt verbannten Subjekt (welches strenggenommen nun den Objektstatus erlangt hat) ermöglicht, wieder eine Rolle einzunehmen und das System heimzusuchen. In einem dritten

Schritt lösen sich durch diesen destruktiven Prozess letztendlich die Verbindungen zwischen Körper und Geschlechtsidentität, und die Irritation der Realität selbst wird ausgelöst. Die ›Wirklichkeit‹ wird schließlich, vergleichbar mit der Dekonstruktion des Geschlechtskörpers, ebenfalls als reine Konstruktion entlarvt.

»Kannst du nicht wie jeder andere was Normales träumen?« – Die verbannte Identität

Butlers Konzept der heterosexuellen Matrix, die mit dem Mechanismus des Ausschlusses uneindeutiger Körper verbunden ist, ist eines der Leitmotive in HAUTE TENSION. Marie, die lesbische Protagonistin des Films, macht zunächst immer wieder diese Ausgrenzungserfahrung, bevor sie schließlich völlig im Bereich des Außen abtaucht und eine Figur imaginiert, die ihr Handlungsmöglichkeit verschafft. Die heterosexuelle Matrix bestätigt und definiert sich durch den Ausschlusscharakter selbst. Die Motive zur Darstellung der heterosexuellen Matrix sind die Figur der Alexia, die heterosexuelle Freundin von Marie, in die sie zudem verliebt ist, sowie die Bildkomposition innerhalb des Familienhauses. Filmisch wird die Ausgrenzungserfahrung auf narrativer, visueller und auditiver Ebene deutlich. Zunächst wird durch Sequenzanalysen die Ausgrenzung Maries durch Alexia verdeutlicht, und in einem zweiten Schritt wird über die Analyse der Bildkomposition ausgewählter Einstellungen die durch Alexia etablierte Außenposition Maries dargelegt.

Im Auto, nach einem verstörenden Traum aufgewacht, erzählt Marie Alexia davon, dass sie sich im Traum verfolgt fühlte. Alexia vermutet sogleich das scheinbar Naheliegende: »Hat dich ein Typ verfolgt?«, was Marie verneint und zugibt, sich von sich selbst verfolgt gefühlt zu haben. »Kannst du nicht wie jeder andere was Normales träumen?«, fragt Alexia. Diese beiden Aussagen verdeutlichen das normativ geprägte Denken der heterosexuellen Alexia; eine Welt, in die sich Marie nicht einfügen will und mit einem schlichten »Nein« antwortet, nach einer kurzen Pause gefolgt von: »Wie alle anderen zu sein kotzt mich an.« Begleitet wird dieser Satz von ihrem melancholischen Blick auf die vorbeiziehenden Felder aus dem offenen Autofenster. In dieser Sequenz, gleich zu Beginn des Films, fahren Alexia und Marie in das Farmhaus von Alexias Eltern. Erstmals ist hierbei die unterschiedliche Körperlichkeit der beiden Frauenfiguren sichtbar: die feminin wirkende, langhaarige Alexia und die athletische Marie, die eine Kurzhaarfrisur trägt und an die körperliche Erscheinung einer sogenannten ›butch-Lesbe‹ erinnert und damit an eine Figur aus queeren Kontexten, die sich eindeutigen geschlechtlichen Identitätszuschreibungen entzieht. Unter heteronormativen Aspekten betrachtet, ist Marie demnach als biologische Frau mit maskulinen Zügen in der Performanz ihrer Geschlechtsidentität uneindeutig und zwischen den binären Geschlechtsentwürfen angelegt. Die gender-transgressive Körperdarstellung Maries versetzt sie damit in einen abseitigen Bereich, außerhalb heteronormativer Dichotomien.

Trotz der angedeuteten unterschiedlichen Auffassungen und Körperdarstellungen sind die Bilder in angenehme, sommerliche Gelb- und Orange-Töne getaucht und vermitteln eine grundlegende harmonische Stimmung zwischen den Freundinnen. Doch noch während der Fahrt wird von Alexia der Versuch gestartet, Marie für deren Uneindeutigkeit und ablehnende Haltung gegenüber der Norm zu bestrafen und da-

Irritation: Gender-Transgression

HAUTE TENSION: Maries gender-transgressive Körperdarstellung ...

mit ihre eigene Position als heterosexuelle Frau zu definieren. Dass die Tonebene eine ausschlaggebende Rolle für Maries (wahres) sexuelles Begehren spielt, wird erstmals deutlich, als aus dem Autoradio ein Song mit der Liedzeile: »Someday I'll be with you, I know« tönt, während die fahrende Marie verliebt auf die auf dem Beifahrersitz schlafende Alexia blickt.

Mittlerweile ist es Nacht geworden, und das Auto biegt in einen schmalen, ungepflasterten Weg zwischen zwei hoch bewachsenen Maisfeldern ein. Wieder einmal dreht sich das Gespräch der Freundinnen um das Thema Männer, und Alexia beschwert sich über Maries abwehrendes Verhalten ihnen gegenüber. Der liebevolle Blick zuvor ist Alexia nicht entgangen, und als wollte sie Marie dafür bestrafen, spielt sie ihr nun einen Streich, bei dem sie Marie in das dunkle Feld lockt, indem sie behauptet, dort jemanden gesehen zu haben, um dann mit dem Wagen davonzufahren und Marie verängstigt zurückzulassen.

Eingeleitet wird diese Sequenz durch einen beobachtenden Kamerablick aus dem Feld heraus auf das langsam fahrende Auto. Eine düstere Gefahr blickt bedrohlich aus unbekannter Quelle auf die beiden Frauen. Die Kamera fährt langsam, nachdem das Auto angehalten hat, gerade auf dieses zu und endet direkt am Fenster des Wagens, in dem mittlerweile nur noch Marie sitzt. Um Alexia zu suchen, steigt Marie nun ebenfalls aus und taucht in das Dickicht des Feldes ein. Verwackelte, subjektive Kameraperspektiven wechseln mit den Marie umkreisenden Einstellungen. Dies greift bildlich die innere, emotionale Situation Maries auf; sichtlich verunsichert und verängstigt, ruft sie nach Alexia, fühlt sich in dem unbekannten, dunklen Feld unwohl. Plötzlich hört sie das startende Auto und rennt zum Weg zurück. Nachdem sie kurz das Auto verfolgen musste, wird sie wieder von Alexia mitgenommen. Nachdem Alexia zuvor eine ziemlich eindeutige Anspielung von Maries Zuneigung erfahren hat, spielt sie Marie diesen Streich, der für diese die negative Erfahrung des Unbehagens in einem unbekannten Bereich bedeutet. Die beschriebene Inszenierung Maries innerhalb dieses Außenbereichs suggeriert, dass sie sich an einem »Ort des Unheimlichen«[82] befindet. Nach Sigmund Freuds Definition bedeutet das Unheimliche die »Wiederkehr des verdrängten Vertrauten«[83]:

Identität im Schatten: HAUTE TENSION

… dagegen Alexias Körperdarstellung, die viel mehr gendernormativen Vorstellungen entspricht

»Dies Unheimliche ist wirklich nichts Neues oder Fremdes, sondern etwas dem Seelenleben von alters her Vertrautes, das ihm nur durch den Prozess der Verdrängung entfremdet worden ist.«[84]

Die harmonische Stimmung im Auto zuvor symbolisierte das durchaus *vertraute* Verhältnis zwischen den langjährigen Freundinnen. Doch die beschriebenen Anspielungen und Abgrenzungen Maries fungierten als Störfaktor in Alexias Wahrnehmung, und der Prozess der Entfremdung beginnt. Alexia befördert Marie sogleich an einen Ort des Unheimlichen; sie verdrängt mit dieser Geste Marie, deren lesbisches Begehren und uneindeutig performte Körperlichkeit. Demnach setzt Alexia Marie mit dem Verdrängten selbst gleich. Die Dunkelheit der Nacht, die verwackelte Kamera und vor allem die hochgewachsenen Pflanzen, die Marie zu verschlucken scheinen, tragen zu einem unheimlichen Gefühl bei. Somit wird die Emotion des Unheimlichen als ästhetische Kategorie aufgegriffen,[85] die in einem ersten Schritt Maries angsterfülltes Innenleben (das Ausgeliefertsein in der Fremde) widerspiegelt und sie des Weiteren (durch Alexias Handeln) mit dem Unheimlichen, dem Verdrängten selbst gleichsetzt.

Durch das Wegfahren Alexias widerfährt Marie zudem eine starke Abweisungserfahrung. Damit wird bereits zu diesem frühen Zeitpunkt im Film deutlich, dass die teilweise harmonische Atmosphäre im Auto zuvor trügerisch war. Denn darunter verborgen war stets die Differenz zwischen den beiden subtil spürbar: Alexias heteronormatives Denken und Maries davon abweichendes homosexuelles Begehren und ihre bewusste Abkehr von Normativität. In dieser Streich- bzw. Bestrafungs-Sequenz kulminieren die erwähnten Andeutungen der Ausgrenzung Maries in einen verfemten Bereich. Damit setzt Alexia ein Statement, um die normativen Strukturen zu definieren und Marie für ihr abweichendes Verhalten zu strafen. Diese Sequenz symbolisiert damit eine Episode der Ausgrenzung aus dem heteronormativen System. Doch statt die Strukturen wiederherzustellen, löst Alexia damit in Marie gerade das aus, was später mit geballter Gewalt wieder auf sie zurückprallen und damit ihre heteronormative Welt, unter anderem repräsentiert durch ihre eigene Familie, erschüttern wird: Der Akt der Ausgrenzung

Irritation: Gender-Transgression

löst die unumgängliche »Wiederkehr des Verdrängten«[86] aus.

Die bildkompositorische Gestaltung der Innenräume des Elternhauses von Alexia ist das zweite Motiv, welches die heterosexuelle Matrix und deren Ausgrenzungsmechanismus symbolisiert, Marie immer wieder im Bereich des Unheimlichen verortet und sie damit als ›das Verdrängte‹ darstellt. Nach der Autofahrt im Haus angekommen, wird Alexia liebevoll von ihrem Vater und ihrem Bruder begrüßt, und die heteronormativen Familienstrukturen werden zunächst in einem Dialog deutlich: Die Mutter, die bereits schlafen gegangen ist, hat sich Sorgen um die zwei Freundinnen gemacht (Alexia sagt dazu: »Ach, das ist doch bei ihr'n Dauerzustand«) und Essen für die beiden warmgehalten. Während Alexia dieses bezeichnende Familiengespräch mit ihrem Vater führt, tritt Marie in den Vordergrund des Bildes und begutachtet neugierig das Zimmer. Es scheint, als lasse sie die Atmosphäre auf sich wirken. Hier wird innerhalb des Hauses erstmals deutlich, dass die Bildaufteilung und die Farbgebung mehrere Ebenen etablieren und Marie zwischen oder stark abgesetzt von diesen klar erkennbaren Bereichen positionieren. Damit wird ihre Figur immerzu als Fremdkörper dargestellt. Die Bildkomposition in dieser Sequenz präsentiert mehrere Ebenen: Im etwas unscharfen Hintergrund ist Alexia mit ihrem Bruder auf dem Arm und ihrem Vater zu sehen, während deutlich Marie im Vordergrund des Bildes zentral zwischen den beiden Figuren positioniert ist. Die Figurenkonstellation im Hintergrund ist an die klassische heteronormative Familienstruktur angelehnt: eine Frau, ein Mann und ein Kind. Es wird deutlich, dass Marie außerhalb dieser Struktur steht und, etwas befremdlich wirkend, genau zwischen Frau (Alexia) und Mann (Vater von Alexia) angelegt ist. Der forsche Blick in die Umgebung suggeriert, dass ihr diese Welt unbekannt ist, und die beiden beschriebenen, sich voneinander abhebenden Bildebenen bestätigen diesen Eindruck.

Alexias Vater zieht sich in sein Heimbüro zurück, und seine Tochter führt Marie durch das Haus. Die Lichtgestaltung und die jeweilige Positionierung Maries im Bild greifen immer wieder das Element der unterschiedlichen Ebenen zwischen Marie und der Familie auf. Oftmals erscheint Marie in einem abgedunkelten Zwischenraum. Die Farbgebung der Zimmer offenbart zwei eindeutige Bereiche: vorne im Bild ein warmes gelbliches Licht, im Fokus liegt das kühle Blau des Kinderzimmers, während Marie sich, abweichend vom Bildfokus, im beinahe unbeleuchteten Zwischenbereich des Flures befindet. Ihre Figur scheint sich nicht in diese durch die Farbgebung vorgegebene und dadurch visualisierte Matrix einzufügen. Von diesem abgegrenzten verborgenen Bereich aus beobachtet sie etwas sehnsüchtig Alexia, die ihren kleinen Bruder Tom zu Bett bringt. Das Haus und die Familie darin symbolisieren das Motiv der heterosexuellen Matrix. Marie scheint sich, wie beschrieben, seit

Marie im dunklen Zwischenbereich

Identität im Schatten: HAUTE TENSION

Marie als Fremdkörper im Haus

der Ankunft nicht darin wohl zu fühlen, die Lichtgestaltung und Bildkomposition suggerieren immer wieder eine vom Rest abgesetzte Position Maries: Ihre Figur befindet sich beinahe ausschließlich in dem schattigen Teil des Bildes, in den dunklen Ecken des Hauses. Dies führt dazu, dass Marie sich nun gänzlich aus diesem Gefüge zurückzieht. Sie verlässt das Haus und geht frustriert nach draußen, um eine Zigarette zu rauchen. Marie befindet sich hierbei im Außen und erscheint innerhalb dieses Bereiches als dunkle, verfemte Gestalt, die begehrlich auf das blickt, was für sie unerreichbar bleibt. Wieder signalisiert die sich stark voneinander absetzende Farbgebung die Unterschiedlichkeit zwischen Alex, die sich innerhalb der heterosexuellen Matrix befindet (im Haus), und Marie, welche sich im unwirtlichen und kühl-dunkelblauen Außen aufhält. Während Marie im Haus noch zumeist zwischen zwei Farbebenen platziert wurde, existieren nun lediglich zwei entgegengesetzte Ebenen: außerhalb und innerhalb der Matrix. Alexia ist zudem nackt und entblößt damit ihre volle Weiblichkeit vor Marie, die verhüllt und geschlechtlich unlesbar, mit einer Kapuze über den Kopf gezogen, im Außenbereich verweilt. Alexia fungiert als Subjekt, welches ein Außen schafft, um sich selbst zu definieren:

»Es handelt sich dabei um eine Zurückweisung, die die Valenz der Verworfenheit schafft und die deren Status für das Subjekt als bedrohliches Gespenst erstehen lässt.«[87]

Das rauschhafte Pulsieren auf der Tonebene ist zudem auffällig und verweist auf die Innenperspektive Maries, die durch den Anblick von Alexia einerseits erregt scheint, zugleich jedoch beunruhigend bedrohlich wirkt. Marie erscheint wie ein abjektes und bedrohliches ›Gespenst‹ – erschaffen durch die Matrix selbst.

Die gender-transgressive Körperdarstellung Maries etabliert, gerade im Gegensatz zu der sehr femininen Alexia, eine uneindeutige Geschlechtsidentität, welche sich nicht in die heteronormative Matrix einfügt und damit störend auf diese einwirkt. Butler beschreibt die heteronormative, binär angelegte Geschlechterdifferenz als System mit Ausschlusscharakter, welches sich durch Ausgrenzung selbst bestätigt. Die Bildsprache in den untersuchten Sequenzen scheint anschaulich diesen Aspekt

Irritation: Gender-Transgression

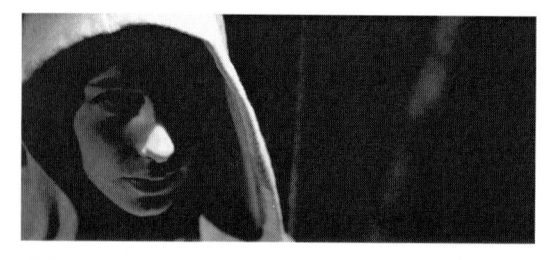

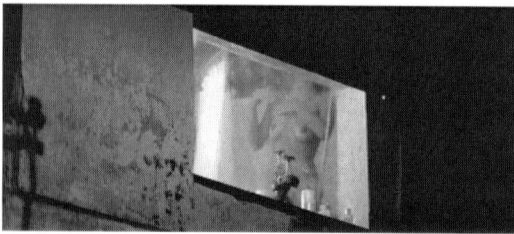

Marie als dunkle Gestalt im Außen-, Alexia als begehrenswerte Lichtgestalt im Innenbereich

aufzugreifen. Marie wird immer wieder in eine abseitige, schattige Position verwiesen. Es gibt mehrere Anzeichen, die einerseits Maries Ausgrenzung suggerieren, beispielsweise durch die Dialoge, aus denen immer wieder hervorgeht, dass Alexia Maries Homosexualität weder erkennen noch akzeptieren möchte. Des Weiteren fungiert die Tonebene als Indikator für Maries wahres Begehren, wie es beispielsweise das Lied im Autoradio verdeutlicht hat. Dieser Aspekt wird auch im Laufe des Films immer wieder aufgegriffen, denn die Tonebene wird als Erkennungszeichen eingesetzt, um Maries Begehren darzustellen, welches allerdings, gerade in der Figur des Killers, zutiefst pervertiert ist.

»Ich ist ein anderer«[88] – Die Heraufbeschwörung phallischer Gewalt

Nach Butler ist die Performanz heteronormativer Geschlechtsidentitäten immerzu mit dem Zwang verbunden, eine eindeutige Identität hervorzubringen, um innerhalb des Systems überhaupt die Berechtigung einer Identität zu erlangen und Anerkennung zu gewinnen. Durch diesen Prozess bringt das Subjekt, welches eine Identität performt, die binären Strukturen selbst hervor. Wie die Analyse bisher aufgezeigt hat, wurde die uneindeutige Geschlechtsidentität Maries aus dem System ausgegrenzt und in ein Außen verbannt. Von diesem Zeitpunkt an beginnt Marie nun eine (über-)eindeutige Figur zu entwickeln, welche ihr eine Identität und Handlungsmöglichkeit verleiht. Sie performt damit eine Geschlechtsidentität, die gleichzeitig die Strukturen schafft, welche sie ausgrenzen. Gleichzeitig ist es jedoch die Figur des Killers, die es ihr ermöglicht, das System heimzusuchen und schlussendlich zu zerschlagen.

Eine Schlüsselsequenz leitet die Imagination der Figur des Killers ein. Marie sieht sich das erste Mal nach der Ankunft in ihrem Gästezimmer um. Im anliegenden Badezimmer öffnet sie den kleinen Spiegelschrank über dem Waschbecken. Beim Schließen der Tür des unteren Schrankteils erscheint plötzlich Alexias Gesicht in diesem Spiegelfragment.

Die beiden Gesichter sind im Bild versetzt nebeneinander angelegt, und wieder werden die unterschiedlichen Welten und die Grenze zwischen diesen beiden bildlich aufgegriffen. Dieses Szenario erinnert an das Lacan'sche Spiegelstadium. Lacans übergeordnete Spiegeltheorie wird von einem Leitgedanken getragen: »Ich ist ein anderer«.[89] Lacan geht, wie zuvor erläutert, davon aus, dass Subjekte ihren Körper das erste Mal als Ganzheit erfas-

Identität im Schatten: HAUTE TENSION

Die Grenzen des Spiegels verdeutlichen die Grenzen zwischen den Welten

sen, wenn sie sich selbst im Spiegel erblicken. Was sie imaginieren, ist jedoch ein idealisiertes Ich. Daher geht der Prozess der Morphologie des Körpers immer auch mit einer Form der Selbstentfremdung einher. Das beschriebene Filmbild suggeriert eine misslungene Form dieses Prozesses und die schrecklichen Folgen daraus. Marie erblickt im Spiegel ein fragmentiertes Ich. Sie selbst ist darin nur unscharf zu erkennen. In dem zweiten Fragment erkennt sie zudem das Gesicht, welches, wie zuvor erläutert, ihre eigene Unmöglichkeit symbolisiert: Alexia. Es gelingt Marie nicht, ihren Körper zu einem abgeschlossenen Ganzen zusammenzufügen und ein stabiles Ich zu etablieren. Dieser extreme Entfremdungsprozess hat schließlich zur Folge, dass sie den überaus maskulinen Killer imaginiert: ein vollkommen ›anderes Ich‹, welches den Auslöser der eigenen Unmöglichkeit bekämpft und sich an diesem rächt. Butlers Kritik an dem Konzept des Spiegelstadiums ist, dass der Prozess der Morphologisierung phallisch bestimmt und damit von Grund auf männlich markiert ist. Darauf basierend organisiert sich dementsprechend auch die gesamte symbolische Struktur und Wahrnehmung. Interessant ist diese Kritik im Zusammenhang mit dieser Spiegelsequenz in HAUTE TENSION, denn Marie beginnt ebenfalls eine überaus phallisch bestimmte Figur zu imaginieren, welche sozusagen als Reaktion auf das fragmentierte Spiegelbild wenig später im Film erscheinen wird. Dabei vollzieht sich die »Idealisierung eines Körperteils«,[90] nämlich des Phallus, welcher zudem die gesamte filmische Struktur bestimmen wird. Diese phallisch organisierte Figur wird die Wahrnehmung von Wirklichkeit im Film anlegen, denn lange Zeit im Film ist nicht bekannt, dass der Killer eine imaginierte Figur ist und gar nicht existiert. Trotzdem definiert der Killer den Ablauf des Films, stets gefolgt von der ausschließlich im Schatten agierenden Marie: Die filmische Realitätsebene folgt gewissermaßen der phallisch bestimmten symbolischen Ordnung.

Wie Lacan erläutert, etabliert sich das Ich durch den Blick in den Spiegel, indem es die Körperfragmente zu einem Ganzen zusammenfügt. Das fragmentierte und zudem unscharfe Spiegelbild scheint zu suggerieren, dass Marie gerade dies nicht gelingt. Als Folge imaginiert sie ein völlig anderes Ich. Ein überdeutlich phallisch

Irritation: Gender-Transgression

bestimmtes, idealisiertes Ich, welches ihre Wut darüber ausagiert, angesichts des heterosexuellen Systems nicht ›ganz‹ sein zu können. Erst diese phallische Imagination verhilft Marie zu einem Ich, verleiht ihr Subjektstatus und Handlungsmöglichkeit – sie wird durch die Imagination des Killers erst möglich:

> »Das Bild [im Spiegel, S.K.] ist also nicht Repräsentation oder *Reproduktion* von etwas vorhandenem, sondern durch das Bild wird das ›Reale‹, die Identität des Subjektes selbst – als Ich – erst ermöglicht.«[91]

Schließlich kommt es zu der Sequenz, in welcher der brutale Serienkiller von Marie endgültig ›herbeigerufen‹ wird. Alle Familienmitglieder haben sich auf ihre Zimmer zurückgezogen, so auch Marie. Sie liegt in ihrem Bett, das Haus knarrt, von draußen weht Luft hinein, die abgeblätterte Tapete wackelt im Luftzug. Erste beunruhigende Störungen der Familienidylle kündigen sich an. Marie setzt sich Kopfhörer auf, anhand der Tonebene wird der Zuschauende in ihre Innenperspektive versetzt, denn gleichzeitig mit dem Aufziehen der Kopfhörer erklingt ein Lied mit auffallendem Text: »Just another girl, that's what you are« – Marie beginnt zu masturbieren. Ihr sexueller Akt scheint den Killer währenddessen hervorzurufen. Damit wird deutlich, dass die Frustration über das unerwiderte Begehren und die damit verbundene ›Rache‹ am heterosexuellen System mit dem Auftauchen des von ihr imaginierten, übermaskulinen Mörders zusammenhängt, denn Marie beginnt, ausgelöst durch eine sexuelle Handlung, diejenigen Strukturen herbeizuführen, welche gewalttätig auf das System zurückschlagen. Und so wird das Auftauchen des Killers auch mit einem Schnitt auf das Maisfeld eröffnet, in welches Marie (wie zuvor beschrieben) von Alexia in der Streichsequenz ›verdrängt‹ wurde. Von diesem Ort des Unheimlichen kehrt das Verdrängte nun zurück.

Erst die überphallische, abtrünnige Figur des Killers ermöglicht Marie eine (gewalttätige) Handlung. Die Einstellungen wechseln zwischen den nichtsahnenden, schlafenden Familienmitgliedern, der masturbierenden Marie und dem aus der dunklen Ferne herannahenden Truck des Killers, der wie aus dem Nichts auftaucht. Da die Erzählung des Films von Marie ausgeht und die Tonebene die Innenperspektive Maries suggeriert, erscheinen die beschriebenen Bilder offensichtlich in Maries Gedanken. Es scheint demnach gerade die bedrohliche, nahende Gefahr, die in Kürze auf das heterosexuelle System (die Familie in ihrem Haus) treffen und es destruieren wird, die Marie sexuell zu erregen scheint: Der sexuelle Akt Maries ist mit der herannahenden, bedrohlichen phallischen Gewalt konnotiert. Das Ankommen des Killers ist gar wie ein Geschlechtsakt selbst inszeniert, die phallische Gewalt *dringt* geradezu in den heteronormativen Bereich *ein*: das große Auto, das durch das Licht der Scheinwerfer die nächtliche Dunkelheit penetriert, teilweise versetzt mit Großaufnahmen des überdimensionierten und spitz zulaufenden Kühlergrills, der sich in bedrohlicher Schnelligkeit dem Haus nähert, das Durchgreifen des Armes des Killers durch das Fenster in der Haustüre und die schweren Schritte, die auditiv und visuell das Eindringen des brutalen Mannes in das Hausinnere aufgreifen. In der folgenden Untersuchung wird besonders deutlich, wie auditiv und bildsprachlich Begehren und virile Gewalt miteinander verknüpft werden. Das subtil-latente lesbische Begehren wird auf diese Weise um-

Identität im Schatten: HAUTE TENSION

gekehrt und in die äußerst sichtbare und dominante Handlungsmacht phallischer Gewalt potenziert.

Die Handlungsmacht einer destruktiven Identität

Marie hat damit Strukturen heraufbeschworen (dabei ist stets zu bedenken, dass dieser Prozess durch die Ausgrenzung aus dem heteronormativen System ausgelöst wurde), welche einer destruktiven Identität die vollkommene Handlungsmacht verleihen. Die Destruktivität zeichnet sich durch zwei Aspekte aus: Tod und Begehren. Sue-Ellen Case verknüpft queeres Begehren mit einem transgressiven Prozess, welcher gar die Grenzen zwischen Leben und Tod aufhebt, da die heterosexuelle Idee von *Sein* irritiert wird:

> »Striking at its very core, queer desire punctures the life/death and generative/destructive bipolarities that enclose the heterosexist notion of being.«[92]

Queerness stört Fundamente, die als gegeben betrachtet werden, wie beispielsweise die Annahme des ›Natürlichen‹. Wegen der bereits erläuterten Ausgrenzung des queeren Begehrens hat Marie eine phallische, brutale Gestalt heraufbeschworen, welche ebendiese Verknüpfung von Begehren und Tod vollzieht. Das Zusammenspiel der Bild- und Tonebene verdeutlicht in der zu untersuchenden Sequenz das Zusammenspiel dieser beiden Dispositionen.

Eine ausschlaggebende Sequenz, welche diese aufgeführten Aspekte exemplarisch vorführt, ist die Mordsequenz, in welcher der Killer die Familie tötet und Alexia verschleppt. Marie beobachtet vom Dachboden aus, wie der Täter an der Türschwelle der Haustür auf Alexias Vater einsticht.

Der Kopf des Killers erscheint stets angeschnitten und begrenzt, der Körper in isolierten Fragmenten wie hier der Hand

In der nächsten Einstellung fährt die Kamera in einer stark beschleunigten Rückwärtsbewegung, ausgehend von Maries entsetztem Gesicht, in das Untergeschoss, wo der Killer nur hinter der gläsernen Tür zu erkennen ist. Seine Figur ist von hinten stark beleuchtet, erscheint dunkel und nur schemenhaft. Diese Kamerafahrt ist ein beinahe surreales Element innerhalb des sonst visuell zumeist gradlinig gehaltenen Films. Surreal sind ebenfalls die ersten Einstellungen, die fragmentiert die Killerfigur etablieren. Dieser erscheint beinahe wie eine überzeichnete, überaus klischeehafte Figur eines gesichtslosen, unbarmherzigen Täters. Dabei bleibt es eindeutig, dass er ein starker, unerbittlicher Mann ist, sein Rasiermesser auf mittlerer Körperhöhe ist als bedrohlicher Phallus immerzu parat. Dass er nicht personalisiert wird, verdeutlicht die Symbolhaftigkeit seiner Figur als alleinige Funktion: die pure, maskuline, aggressive und unterdrückende Gewalt. Als Alexias Mutter den Mörder das erste Mal erblickt, erscheint dieser wie eine Illusion. Die Verbindung zwischen dem Killer und

Irritation: Gender-Transgression

Der Killer als schemenhafte Illusion

Marie ist durch die Kamerafahrt eindeutig. Noch gehen die Zuschauenden davon aus, dass damit die beiden Kontrahenten etabliert werden, tatsächlich jedoch deutet die beschriebene Kamerabewegung an, dass es sich um dieselbe Person handelt.

Während Marie noch geschockt auf dem Dachboden verweilt, enthauptet der Killer den Vater, indem er dessen Kopf zwischen die Stangen des Treppengeländers klemmt und eine Kommode hart dagegen rammt. Eine Aufsicht der Kamera entblößt das aus dem Körper spritzende Blut. Diese überaus brutale Tötung erfordert sehr viel körperliche Kraft, der Killer konnte seine phallische Übermacht mit diesem Tötungsakt, welcher zudem final in einer Samenerguss-Analogie kulminiert, überdeutlich demonstrieren. Bezeichnend ist auch ein Zwischenschnitt auf die schlafende Alexia, während das Blut aus dem Körper ihres Vaters spritzt. Die sexuelle Konnotation wird damit nochmals verdeutlicht, ist es doch eigentlich Marie, die den Vater tötet, dabei sexuelle Erregung verspürt und an Alexia denkt: das Subjekt ihres Begehrens ist zugleich der Auslöser ihrer Tötungswut.

Eine sehr ähnliche Verbindung von Tod und Begehren zeigt sich nochmals während des Mordes an Alexias Mutter, diesmal zusätzlich unterstützt durch die Tonebene. Bereits während der Mörder das Haus nach weiteren Opfern durchsucht, ist dessen Stöhnen beinahe durchgängig in Kombination mit unangenehm hohen, elektrischen Sounds zu hören. Dazu erklingen noch die lauten, herannahenden Schritte der schweren Lederstiefel. Besonders verstörend wird allerdings das erregte Stöhnen des Killers eingesetzt, nachdem dieser Alexias Mutter die Kehle aufgeschlitzt hat und ihr daraufhin den Arm abschneidet. Dies geschieht vor einer Schranktüre im Schlafzimmer, hinter der sich Marie versteckt hält. Nachdem sie den brutalen Mord mit ansehen musste und das Opfer direkt vor dem Schrank hinabsinkt, spritzt eine Blutfontäne gegen die Tür. Mit dieser weiteren visuellen Anspielung auf einen Samenerguss wird der Tötungsakt mit einem sexuellen Akt vergleichbar. Verdeutlicht wird diese Assoziation durch die Tonebene, indem gleichzeitig das Stöhnen des Killers ertönt.

Während das Opfer mit einem klaren, beinahe anklagenden Blick in Maries Versteck vordringt, bleibt der Killer immer schemenhaft in der Unschärfe des Bildhintergrunds. Das Zusammenspiel dieser filmischen Elemente lässt vermuten, dass es das sexuelle Begehren Maries ist, welches als Auslöser und Motor für diese schrecklichen Mordtaten fungiert. Damit schließt sich der Kreis zu dem Ansatz von Sue-Ellen Case, die queeres Begehren als das deutet, was die Grenze zwischen Leben und Tod überschreiten kann. Das Motiv der Gender-Transgression als queeres Element lässt sich auf diese Weise als das deuten, was letztlich die grundlegende heteronormativ geprägte Vorstellung vom ›Sein‹ erschüttern und irritieren kann.

Maries Körper bewegt sich während der gesamten Sequenz beinahe ausschließlich

Identität im Schatten: HAUTE TENSION

Die Mutter bricht vor dem Schrank zusammen, die Augen klar und anklagend ...

im Schatten. Während die Tonebene immer wieder den Sound der schweren, ledernen Stiefel aufgreift, bewegt sich Marie barfuß, leichtfüßig geschickt und unhörbar durch das Haus. Auch auf die Handlungsebene nimmt Maries Charakter keinen Einfluss, und ihre Figur ist damit zwischen den Genrestrukturen angelegt. Das normative Gefüge der heterosexuellen Matrix, welches die soziale Wirklichkeit bestimmt, ist innerhalb des filmischen Universums von HAUTE TENSION durch Strukturen ersetzt, die das Genre des Films bestimmen. Erst die Killerfigur beschwört diese herauf, denn der Film könnte alleine durch das Auftauchen dieses Charakters einen klassischen Genrefilm (*slasherfilm*) darstellen: Mit der Killerfigur entsteht erst die Genrestruktur. In Verbindung mit Butlers Konzept der heterosexuellen Matrix ist dieser Aspekt interessant, denn Marie ruft die Figur des Killers hervor und performt damit eine eindeutige Geschlechtsidentität, welche innerhalb der Genrewelt Gewicht hat. Die Darstellung der Killerfigur, die, wie zuvor beschrieben, Fragmente symbolträchtiger Attribute eines virilen und brutalen Mörders aufgreift und damit den Täter als gesichtslose Gestalt ohne Persönlichkeit erscheinen lässt, spricht für die Performanz einer dem Genre entsprechenden männlichen Geschlechtsidentität. Es sind demnach einzelne, zitathafte, performative Akte, die eine ganze Identität entstehen lassen, welche die Struktur des Films vorgibt. Man könnte demzufolge davon sprechen, dass Maries Figur dem Zwang normativer Genrevorgaben folgt und sie sich mit der Performanz einer Geschlechtsidentität einen Rahmen schafft, in dem sie sich innerhalb genrekonventioneller Gefüge bewegen kann: Marie zitiert zwanghaft eine dem Genre entsprechende Figur. Gleichzeitig

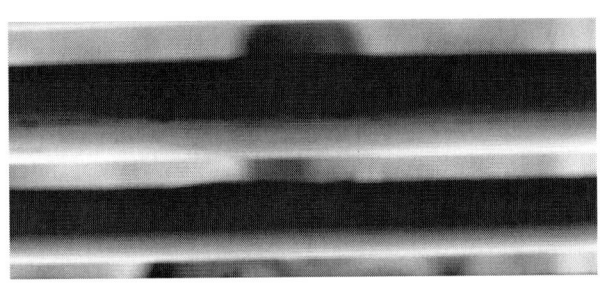

... Der Killer dagegen verbleibt in vollkommener Unschärfe

Irritation: Gender-Transgression

schafft sie – oder vielmehr ihre performte Geschlechtsidentität – damit gerade die (Genre-)Strukturen selbst, ganz so wie das Subjekt die heteronormativen Bedingungen zur Performanz von Geschlechtsidentität eigens hervorruft. Im Film wird Marie dadurch in einen verfemten Bereich verbannt, welcher ebenfalls auf der narrativen Ebene keine ausschlaggebende Rolle – für einen *Genrefilm* – spielt, in dem Sinne, dass sie nicht in den Verlauf der Geschichte eingreift und diesen beeinflusst. Einerseits ist sie Identifikationsfigur, die den Blick der Kamera bestimmt, andererseits beeinflusst ihre Identität als queere Figur im ›Dazwischen‹ keineswegs die Geschichte zwischen dem Mörder, Alexia und deren Familie – bis schlussendlich aufgedeckt wird, dass sie selbst die Täterin ist. Durch die Anpassung Maries an normative Genrestrukturen und Geschlechterdifferenzen erzeugt sie mit dem Auftauchen des Killers selbst eine Matrix mit Ausschlusscharakter, und ihr *originales Ich* muss im Schatten agieren. Prinzipiell könnte demnach die Figur der Marie in diesem Mittelteil des Films vollkommen ausgelassen werden, es bliebe trotzdem das Gerüst eines vollständigen Genrefilms: ein attraktives, heterosexuelles Frauenopfer, ein misogyner, äußerst brutaler Killer, der in das Haus der Frau eindringt, ihre Familie tötet, um die Frau daraufhin zu verschleppen und schließlich zu foltern. Doch es kommt anders.

Versetzte (Geschlechts-)Identitäten als Irritation von Wirklichkeit

Nachdem dargelegt wurde, dass Maries Figur in einem ersten Schritt von der heterosexuellen Matrix ausgegrenzt wurde und daraufhin ein destruktives, überphallisches Ich entworfen hat, um sich an den Ausgrenzungsstrukturen zu rächen, wird in dem dritten und letzten Schritt deutlich, dass die Ablösung der Geschlechtsidentität von dem zugedachten Körper dazu führen kann, dass die filmische Realität selbst aufgelöst wird. Somit offenbart sich der Faktor, der zuvor das System gestört hat, als Irritation von sozialer Wirklichkeit selbst. Die Versetzung und das Spiel mit Realitäts- und Identitätsebenen werden bereits im Prolog des Films angedeutet.

Großaufnahmen von Körperfragmenten eröffnen den Film: nervös spielende Füße, im Schoß gefaltete Hände, und eine langsame Kamerafahrt führt nahe über einen stark verwundeten Rücken. Im Nacken einer Frau mit Kurzhaarfrisur angekommen, wird gegenüber von ihrem Gesicht eine Kameralinse unscharf sichtbar. Der sich ständig wiederholende Satz, gesprochen von einer weiblichen Stimme: »Ich lasse nie wieder zu, dass jemand zwischen uns steht«, wechselt in ein klar verständliches: »Okay, nimmt es auf?« Mit dieser Frage wird deutlich, dass die folgende Geschichte eine subjektive Erzählung der verletzten jungen Frau aus dem Krankenhaus sein muss. Auch visuell wird dieser Ausgangspunkt durch eine lange, überstrahlte Weißblende, die in die folgende Sequenz führt, bestätigt. Aus der subjektiven Kameraperspektive wird eine Frau mit ebenfalls kurzen Haaren, die sich verletzt durch einen Wald schleppt, verfolgt. Bedrohliche Musik und schmerzverzehrtes Stöhnen auf der Tonebene suggerieren, dass ein schreckliches Unglück geschehen sein muss. Bezeichnend ist, dass hier offensichtlich die Heldin des Films etabliert wird, diese jedoch innerhalb der gesamten Titelsequenz ausschließlich von hinten sichtbar ist. Die Identität ihres Verfolgers deckt sich mit der subjektiven Kameraführung und bleibt somit ebenfalls ungeklärt. Die Kamera baut gerade *keine* Identifikationsfläche zu der Heldin auf, sondern verbleibt in geheimnisvoller Distanz zu dem vermeintlichen Opfer. Die Zuschauenden werden so in eine beobachtende, voyeuristische und vor allem täterbezogene Perspektive gerückt. Daraufhin wechselt die Kamera in eine weitere subjektive Einstellung: in die Opferperspektive der jungen Frau. Mit einem laut einbrechenden, verstörenden Rauschen auf der Tonebene wird der Titel des Films eingeblendet. Die restliche Montage wechselt zwischen einem heranfahrenden Auto (auch hier aufgespalten in Außenaufnahmen des Autos und subjektive Straßenaufnahmen), der Großaufnahme einer stark blutenden Verletzung am Bauch der Frau und der Sicht eines Verfolgers. Schließlich kommt die Frau auf der Straße an, das zuvor gezeigte herannahende Auto kommt von der Straße ab, und als die Frau Hilfe rufend an die Scheibe des Wagens klopft, wird erstmals ihr Gesicht erkennbar: Es ist Marie. Damit wird sie endgültig als Opfer identifizierbar. Ein harter Schnitt in eine Nahaufnahme des Gesichtes einer hübschen jungen Frau, getaucht in warme Farben, kontrastiert die vorherige in kühlem Blau gehaltene Sequenz. Marie wacht auf dem Rücksitz eines Wagens auf und erzählt Alexia, dass sie gerade einen verwirrenden Traum hatte, in dem sie verletzt durch einen Wald lief und von sich selbst verfolgt wurde. Die einleitende Anspielung auf

Marie verfolgt Alexia im Wald

eine Traumsequenz durch die überstrahlte Weißblende hat sich somit bestätigt.

Gleich in dieser Titelsequenz werden auf visueller Ebene klare Identitätszuweisungen vermieden, denn die unterschiedlichen Perspektiven wechseln beständig zwischen Innen und Außen, subjektiv und objektiv und dies zudem auf mehreren Ebenen: nicht nur personenbezogen, sondern auch die deutlichen Täter- und Opferperspektiven werden aufgebrochen und entziehen sich damit eindeutigen Rollenzuweisungen. Gleichzeitig wird auf narrativer Ebene deutlich, dass die Geschehnisse des Films ausschließlich in Maries Kopf stattfinden, durch die Erzählung in die Kamera im Krankenhaus einerseits und andererseits durch die Aussage Maries, dass sie soeben einen Traum hatte. Damit wird zu dem Aspekt der irritierenden Identitätszuschreibungen angedeu-

Der Killer während der Verfolgungsjagd: Die Identitäts- und Realitätsebenen werden in HAUTE TENSION irritiert

107

Irritation: Gender-Transgression

tet, dass auch die Wirklichkeitsebenen des Films unsichere Wegweiser zu sein scheinen. Dieses Element der entrückten Identitäts- und Realitätsebenen wird erst wieder gegen Ende in dieser Deutlichkeit aufgegriffen und aufgeschlüsselt, gleichzeitig wird es das verdeckte Hauptmotiv des Films sein.

Ein erbitterter Kampf zwischen Marie und ihrem imaginären Kontrahenten fungiert als überleitende Sequenz zu der Entblößung Maries als Killerin. Marie hat anhand des lesbischen Phallus den Mörder und damit ihre eigene männliche Geschlechtsidentität besiegt. Es gelang ihr demnach, die symbolische Kraft des Phallus vom männlichen Körper auf sich selbst zu übertragen. Doch dieser Zustand hält nicht allzu lange an, denn nach einer weiteren harschen Zurückweisung durch Alexia nimmt Marie wieder die Killer-Identität an. Doch dieses Mal potenziert sie ihre phallische Symbolkraft, indem sie in der Gestalt des Killers zu einer Kreissäge greift und Alexia verfolgt. Hier findet eine Analogie zu der eingangs erwähnten Prologsequenz statt. Der Unterschied ist jedoch, dass hierbei Alexia das Opfer ist und Marie die Verfolgerin: Die zuvor unklaren und verschachtelten Identitätsebenen fügen sich mit den entsprechenden Realitätsebenen zusammen. Marie wechselt hierbei mehrmals ihre Geschlechtsidentitäten, wodurch der Ansatz der rein performativ hervorgebrachten Erscheinung der Geschlechtsidentität betont wird. Interessant ist, dass auch die objektive Sicht anderer Figuren, wie beispielsweise die des Autofahrers, die imaginierte Figur des Mörders erblicken und nicht etwa die ›reale‹ körperliche Erscheinung von Marie.[93] Dies spricht für die zusätzliche Verschiebung der Realitätsebenen: Die performativen Körperakte konstituieren die Geschlechtsidentität, wodurch die soziale Wirklichkeit etabliert wird, ganz so wie es Judith Butler beschreibt. Wird jedoch mit den Geschlechtsidentitäten gespielt, indem sie vom biologischen Körper gelöst werden, wird demzufolge die Wahrnehmung der Wirklichkeit irritiert, und das Fundament des biologischen Körpers als zuverlässiger Indikator des Geschlechts wird entzogen. Wenn Geschlechtsidentitäten imaginiert werden können, wie in HAUTE TENSION vorgeführt, dann »können die Geschlechtsidentitäten scheinbar weder wahr noch falsch sein«.[94] Mit diesem Motiv wird weiterhin gespielt, als Marie im Körper des Killers die am Boden kriechende Alexia verfolgt. Die Kreissäge hält der Mörder immer nahe an ihrem Gesicht, er droht beständig mit seiner phallischen Übermacht an, Alexia zu überwältigen. Erst als diese ihre Liebe gesteht, wechselt die Geschlechtsidentität zur physchen Erscheinung Maries zurück. Damit wird abermals verdeutlicht, dass die jeweilige Geschlechtsidentität an

Der Killer droht mit seiner phallischen Übermacht Alexia zu überwältigen

Maries wechselnden Zuständen der Wut durch Zurückweisung und der Hoffnung auf Liebe gekoppelt ist – an ihr Begehren. Ein Kuss zwischen den beiden Frauen rettet Alexia schließlich. Sie sticht Marie einen bleiernen Stab durch die Schulter und kann sich so befreien. Der nächste Schnitt führt wieder zur Eingangssequenz. Marie sitzt in dem Krankenhaus, dieses Mal jedoch entblößt als gestörte Persönlichkeit – als Gespenst ihrer eigenen Unmöglichkeit.

Zusammenfassung

HAUTE TENSION ist von allen modernen französischen Terrorfilmen das einträglichste Beispiel für die Irritation durch Gender-Transgression, da der Film grundlegend von dieser Thematik getragen wird. Wie in der Analyse des Films erörtert wurde, ist die Darstellung von Gender-Transgression auf zwei Ebenen angelegt: Einerseits durch den Einsatz des lesbischen Phallus, wodurch sich Marie die phallische Symbolik aneignet, andererseits durch die Performanz einer gänzlich anderen Geschlechtsidentität, welche losgelöst von der körperlichen Materialität auftaucht.

Das Moment der Irritation in den Filmen lässt sich insbesondere in Zusammenhang mit den dargelegten Theorien Judith Butlers erkennen. Denn Butler formuliert Konstrukte, welche die gesellschaftliche Wirklichkeit bestimmen, um diese dann in einem nächsten Schritt zu dekonstruieren. Die performativen Konstruktionen der Identität, Geschlechtsidentität und Körperlichkeit fixieren sich innerhalb der heteronormativen Matrix. Wird ebendiese formgebende Strukturierung angegriffen oder gestört, entstehen verstörend irritierende Augenblicke, die gar die Konstitution der sozialen Wirklichkeit hinterfragbar erscheinen lassen. In HAUTE TENSION wird gerade diese Form der Dekonstruktion durchgeführt, sodass letztlich körperliche Schemen, geschlechtlich bestimmbare Erscheinungen und die Identität einer Person selbst keine verlässlichen Indikatoren mehr für die Realität sein können. Beispielsweise wird durch die zweite Identität Maries entlarvt, dass eine Geschlechtsidentität performativ ist und unabhängig vom ›biologischen‹ Körper auftreten kann. Die Zuschauenden verfolgen die brutale Spur des Killers, ohne zu ahnen, dass Marie als Frau diese Identität selbst ›performt‹ – vor allem deshalb nicht, da es sich um eine männliche Geschlechtsidentität handelt. Dieses Spiel mit Geschlechtererscheinungen, gerade auch der Austausch einer kompletten Geschlechtsidentität, ist für einen Genrefilm außergewöhnlich. Die ausgewählten Filmbeispiele LA HORDE, MUTANTS und LA MEUTE präsentieren dagegen lediglich Ansätze, die ein patriarchalisch-heteronormatives System als ein zwanghaftes entlarven, da der Zwang der eindeutigen Geschlechtsidentität immer in einem Zusammenhang mit der jeweiligen Überlebensstrategie innerhalb der Matrix verknüpft wird. Alleine in LA MEUTE widersetzt sich die Protagonistin diesem Verbot von Uneindeutigkeit und wird daher zu einem absoluten weiblichen Opfer degradiert, dem jegliche maskuline Signifikanz geraubt wurde. Der bedeutsame Unterschied dieser Modelle zu HAUTE TENSION ist, dass die präsentierten Geschlechtsidentitäten, ob deviant oder eindeutig, nicht mit den filmischen Realitätsebenen verknüpft werden. Dieser Schritt ist, wie oben erläutert, für HAUTE TENSION ausschlaggebend, denn damit eröffnet der Film eine völlig neue Ebene, indem die Frage aufgeworfen wird, inwiefern körperliche Performanzen die soziale Wirklichkeit konstruieren. Zudem ist es HAUTE TENSION in vielerlei Hinsicht gelungen, das System streng differenzierter, heterosexueller Geschlechtsidentitäten subversiv zu unterwandern, denn letztendlich wird offengelegt, was das normative System erschaudern lässt: die Rückkehr der ausgegrenzten Identitäten.

Die Körperlichkeiten, welche in diesem Kapitel analysiert wurden, können eine performative Wirkung auf das Zuschauersubjekt ausüben, indem sie das westlich geprägte heteronormative gesellschaftliche System und damit die eigene soziale Wirklichkeit zu irritieren scheinen.[95] Entweder wird es als zwanghaftes System offenbart, welches Körperlichkeiten Eindeutigkeit abverlangt, damit sie in ihm überleben können, oder aber die Loslösung der sonst zusammen gedachten Attribute Körper, Identität und Geschlechtsidentität erscheint gar als Störungen der Wirklichkeit.

Es ist weiterführend wichtig zu erwähnen, dass der Film auf den ersten Blick reaktionäre Ansätze aufweist, erscheint doch das homosexuelle Begehren als Quelle des Bösen. Mit der vorliegenden Deutung jedoch scheint letztendlich das heteronormative System selbst als Quelle des Bösen entlarvt zu werden, führt doch dessen Ausgrenzungsmechanismus zum eigentlichen Terror. Es wird damit subtil vorgeführt, wie die heteronormative Matrix diese Quelle selbst herbeigeführt hat, indem sie die homosexuelle Figur als konstitutives Außen degradiert hat. Dieses schlägt dann als (brutaler) Störfaktor wieder auf das System zurück. Demzufolge ist es nicht das homosexuelle Begehren, sondern die heteronormativen Strukturen – die Norm –, die das Böse erschaffen haben. Gerade diese vielschichtige Struktur aus Realitäts- und Körperebenen, die miteinander derartig verwoben werden, dass die Quelle des Bösen letztendlich auf die heteronor-

mativ geprägte soziale Welt der Zuschauenden selbst zurückschlägt, beschwört die verstörende Irritation in Form der kulturellen Affizierung herauf. ❑

Anmerkungen

1 Käufer, Birgit; Karentzos, Alexandra; Sykora, Katharina (Hrsg.): Körperproduktionen. Zur Artifizialität der Geschlechter. Marburg 2002, S. 8.
2 Butler, Judith: Die Macht der Geschlechternormen und die Grenzen des Menschlichen. Frankfurt am Main 2012, S. 288.
3 Vgl. Foucault, Michel: Schriften in vier Bänden. Dits et Ecrits, Band 1, 1954–1969. Frankfurt am Main 2001.
4 Vgl. Höltgen, Stefan; Baum, Patrick: Lexikon der Postmoderne. Von Abjekt bis Žižek. Bochum/Freiburg 2010, S. 147–151.
5 Butler, Judith: Kontingente Grundlagen: Der Feminismus und die Frage der Postmoderne. In: Benhabib, Seyla; Butler, Judith; Cornell, Drucilla; Fraser, Nancy (Hrsg.): Der Streit um die Differenz. Feminismus und Postmoderne in der Gegenwart. Frankfurt an Main 1993, S. 31.
6 Vgl. Butler: »Der Begriff postmodern tritt also scheinbar in Form eines Konditionals der Angst [...] auf [...].« In: Kontingente Grundlagen, S. 31.
7 Wie es das verzerrte Spiegelbild von Sailor in der Barsequenz in WILD AT HEART exemplarisch verdeutlicht.
8 Das wählende Subjekt ist das humanistische Subjekt. Vgl. Butler, Körper von Gewicht, S. 14.
9 Butler, Kontingente Grundlagen, S. 32.
10 Käufer, Körperproduktionen, S. 8.
11 Ebd.
12 Bublitz, Judith Butler zur Einführung, S. 8; S. 21.
13 Butler, Judith: Performative Akte und Geschlechtskonstitution. Phänomenologie und feministische Theorie. In: Wirth, Uwe (Hrsg.): Performanz. Zwischen Sprachphilosophie und Kulturwissenschaften. Frankfurt am Main 2002, S. 304.
14 Käufer, Körperproduktionen, S. 7.
15 Butler, Körper von Gewicht, S. 32.
16 Bublitz, Judith Butler zur Einführung, S. 39.
17 Vgl. Butler, Körper von Gewicht, S. 62.

Anmerkungen

18 Butler beschreibt den aristotelischen Begriff folgendermaßen: »*Schema* bedeutet Form, Gestalt, Figur, äußere Erscheinung, Kleid, Gestik, die Figur eines Syllogismus und die grammatische Form. Wenn Materie nie ohne ihr *schema* auftritt, bedeutet das, daß sie nur unter einer bestimmten grammatischen Form in Erscheinung tritt und daß das Prinzip ihrer Erkennbarkeit, ihre charakteristische Geste oder ihr übliches Gewand, von dem, was ihre Materie konstituiert, nicht ablösbar ist.« Allerdings scheint es wichtig zu erwähnen, dass Butler den *schema*-Begriff in der von Aristoteles beschriebenen Form nicht kritiklos übernimmt, denn dieser ist gerade aus feministischer Sicht äußerst fragwürdig, wurde er doch verwendet, um die soziale Funktion der Frau auf ihre reproduktiven Fähigkeiten zu beschränken. Daher plädiert Butler für eine Weiterentwicklung des Begriffs durch Foucaults Ansatz in *Sexualität und Wahrheit*. Vgl.: Butler, Körper von Gewicht, S. 59–63.
19 Ebd.
20 Ebd.
21 Ebd.
22 Bublitz, Butler zur Einführung, S. 22.
23 Vgl. ebd., S. 26.
24 Vgl. Fischer-Lichte, Performativität. Eine Einführung, S. 41–42.
25 Vgl. ebd., S. 41 sowie Butler, Performative Akte und Geschlechtskonstitution, S. 301–320.
26 Butler, Körper von Gewicht, S. 14.
27 Ebd., S. 22.
28 Vgl. Butler, Judith: Das Unbehagen der Geschlechter. Frankfurt am Main 1991; Butler Judith: Phantasmatische Identifizierung und die Annahme des Geschlechts. In: Institut für Sozialforschung Frankfurt (Hrsg.): Geschlechterverhältnisse und Politik. Frankfurt am Main 1994, S. 101–139; Butler, Körper von Gewicht, S. 135–171.
29 Butler, Körper von Gewicht, S. 137.
30 Vgl. ebd., S. 139.
31 Butler, Das Unbehagen der Geschlechter, S. 205ff.
32 Butler, Körper von Gewicht, S. 139.
33 Vgl. Butler, Judith: Das Unbehagen der Geschlechter. In: Bergmann, Franziska; Schößler, Franziska; Schreck, Bettina (Hrsg.): Gender Studies. Bielefeld 2012, S. 151.
34 Butler, Das Unbehagen der Geschlechter, S. 205.
35 Butler, Körper von Gewicht, S. 29.
36 Ebd., S. 141.
37 Vgl. Begriff bei Judith Butler in Körper von Gewicht, S. 89 ff.
38 Butler, Körper von Gewicht, S. 23.
39 Ebd.
40 Ebd.
41 Butler, Körper von Gewicht, S. 67: Butler schließt sich hier Derrida und Irigaray an: »Für Derrida wie auch für Irigaray scheint zu gelten, daß dasjenige, was aus dieser binären Einheit ausgeschlossen wird, auch von dieser binären Einheit im Modus des Ausschlusses produziert wird und keine davon zu trennende oder vollständig unabhängige Existenz als ein absolutes Außen besitzt.«
42 Angerer, Marie-Luise: Vorwort. In: Angerer, Marie-Luise (Hrsg.): The Body of Gender. Körper. Geschlechter. Identitäten. Wien 1995, S. 11.
43 Fischer-Lichte, Performativität. Eine Einführung, S. 41.
44 Ebd., S. 42.
45 Ebd.
46 Ebd.
47 Käufer, Körperproduktionen, S. 8 (Die Autorinnen beziehen sich hierbei auf den Medienbegriff im Sinne Niklas Luhmanns).
48 Butler, Das Unbehagen der Geschlechter, S. 206.
49 Ebd., S. 25.
50 Butler, Performative Akte und Geschlechterkonstitution, S. 302.
51 Butler, Das Unbehagen der Geschlechter, S. 200.
52 Vgl. Butler, Das Unbehagen der Geschlechter.
53 Fischer-Lichte, Performativität. Eine Einführung, S. 43.
54 Nagl-Docekal, Herta: Feministische Philosophie. Ergebnisse, Probleme, Perspektiven. Frankfurt am Main 1999, S. 11.
55 Genauer gesagt macht Nagl-Docekal die Verknüpfung jedoch zwischen Leiblichkeit und Freiheit. Doch dies lässt sich in diesem Falle auch auf das Nachdenken über Körperlichkeit anwenden.
56 Nagl-Docekal, Feministische Philosophie, S. 37.
57 Preschl, Claudia: Geschlechterverhältnisse im Blickfeld von Liebe und Begehren. Ein Beitrag zum Kino. In: Angerer, Marie-Luise (Hrsg.): The Body of Gender, S. 131–149.
58 Gelder, Ken: The Horror Reader, S. 187–188.
59 Babka, Anna; Bidwell-Steiner, Marlen: Gender, Lesbian Phallus und Fantasy Echoes. In: Bidwell-Steiner, Marlen; Babka, Anna (Hrsg.): Obskure Differenzen. Psychoanalyse und Gender Studies. Gießen 2013, S. 256.

Irritation: Gender-Transgression

60 Case, Sue-Ellen: Tracking the Vampire (Extract). In: Gelder, Ken (Hrsg.): The Horror-Reader, S. 200.
61 Case, Tracking the Vampire, S. 201.
62 Auch dieser Aspekt wird in der Filmanalyse von HAUTE TENSION noch ausführlich dargelegt werden.
63 Butler, Körper von Gewicht, S. 105–106.
64 Vgl.: Frei Gerlach, Franziska: Schrift und Geschlecht: Feministische Entwürfe und Lektüren von Marlen Haushofer, Ingeborg Bachmann und Anne Duden. Berlin 1998, S. 137.
65 Etwas ausführlicher erklärt Gerda Pagel den Prozess folgendermaßen: »Schon im frühen Kindesalter (6.–18. Monat) entwirft das in den Spiegel schauende Kind ein imaginäres Bild von der Gestalt seines Körpers. Es antizipiert eine somatische Einheit und identifiziert sich mit dieser, obgleich seine körperliche Kompetenz in diesem Stadium noch sehr mangelhaft und auf weitgehende Hilfe von außen angewiesen ist. Der Blick – und damit dieser Motorik weit überlegene visuelle Wahrnehmung – perzipiert die Einheit eines Bildes, die realiter noch fehlt und setzt sie in Beziehung zum eigenen Körper. [...] Dieses kindliche Szenarium ist weit mehr als die Wahrnehmung eines ähnlichen Gegenübers, ist mehr als das Überwältigtwerden von der Form her, das zu einem Erkennen der Gestalt führt: Es ist die triumphale Setzung eines Ideal-Ich, vermittelt durch die Spiegel-Imago, die dem Kind als Garant jener Einheit und Dauerhaftigkeit, jener Präsenz und Omnipotenz dient, die seine körperliche Existenz ihm noch nicht verleihen kann.« Pagel, Gerda: Lacan zur Einführung. Hamburg 1989, S. 25.
66 Butler, Körper von Gewicht, S. 108.
67 In der Filmtheorie wurde das Spiegelstadium vornehmlich als Konzept erforscht, welches den Identifikationsprozess zwischen Zuschauersubjekt und Film beziehungsweise Filmfigur bestimmt, wie beispielsweise von Christian Metz und Laura Mulvey. Vgl. Brauerhoch, Annette: Die gute und die böse Mutter. Kino zwischen Melodrama und Horror. Marburg 1996, S. 188–189; Metz, Christian: Psychoanalysis and Cinema. The Imaginary Signifier, London 1983; Mulvey, Visuelle Lust und narratives Kino. In dieser Arbeit wird das Konzept jedoch als visuelles Stilelement im Film untersucht.
68 Vgl. Butler, Körper von Gewicht, S. 110.
69 Ebd., S. 109.
70 Ebd., S. 111.
71 Babka, Gender, Lesbian Phallus und Fantasy Echoes, S. 253.
72 Butler, Körper von Gewicht, S. 111.
73 Ebd.
74 Villa, Paula-Irene: Sexy Bodies. Eine soziologische Reise durch den Geschlechtskörper. Wiesbaden 2011, S. 237.
75 Butler, Körper von Gewicht, S. 123.
76 Ebd., S. 111.
77 Vgl. ebd., S. 130.
78 Ebd., S. 131.
79 Ebd., S. 16.
80 Butler, Die Macht der Geschlechternormen, S. 14.
81 THE HILLS HAVE EYES (The Hills Have Eyes – Hügel der blutigen Augen; 2006; R: Alexandre Aja), MIRRORS (2008; R: Alexandre Aja), PIRANHA 3D (2010; R: Alexandre Aja).
82 Vgl.: Herding, Klaus; Gehring, Gerlinde (Hrsg.): Orte des Unheimlichen. Die Faszination verborgenen Grauens in Literatur und bildender Kunst. Göttingen 2006.
83 Herding, Klaus, Orte des Unheimlichen, S. 7.
84 Freud, Sigmund: Das Unheimliche. Bremen 2012, S. 46.
85 Für Freud bedeutet das Unheimliche ein Gefühl, und zugleich definiert er es als Gegenstand der Ästhetik. Vgl.: Freud, Orte des Unheimlichen, S. 7. Dazu auch folgender Aufsatz: Howe, Jan Niklas: Wiedererkennen und Angst. Das Unheimliche als ästhetische Emotion. In: Doll, Martin; Gaderer, Rupert; Camilletti, Fabio; Howe, Jan Niklas (Hrsg.): Phantasmata. Techniken des Unheimlichen. Wien/Berlin 2011, S. 47–62.
86 Herding, Klaus, Orte des Unheimlichen, S. 7.
87 Butler, Körper von Gewicht, S. 23.
88 Pagel, Lacan zur Einführung, S. 23 ff.
89 Ebd., S. 23 ff.
90 Butler, Körper von Gewicht, S. 111.
91 Lummerding, Susanne: ›Weibliche‹ Ästhetik?: Möglichkeiten und Grenzen einer Subversion von Codes. Wien 1994, S. 24.
92 Case, Tracking the Vampire, S. 201.
93 Interessanterweise erfolgt dies über einen Spiegel, was auf die beschriebene Badezimmer-Sequenz hinweist, in welcher Marie ebenfalls in einer Spiegelsequenz ihr zweites, männliches Ich etabliert.
94 Butler, Das Unbehagen der Geschlechter, S. 201.
95 Insofern das Zuschauersubjekt in ebendieser sozialen Wirklichkeit verankert ist.

Angriff: Die Destruktion von Körperkonzepten des Mütterlichen

»Wenn Subversion möglich ist, dann nur als eine, die von den Bedingungen des Gesetzes ausgeht [...]. Dann wird der kulturell konstruierte Körper befreit sein, allerdings weder für seine natürliche Vergangenheit noch für seine ursprünglichen Lüste, sondern für eine offene Zukunft kultureller Möglichkeiten.«
Judith Butler

Die im vorherigen Kapitel beschriebenen Körperlichkeiten irritieren, weil sie das Verhältnis von Körper und Geschlecht hinterfragen, zudem wird die heteronormativ geprägte soziale Wirklichkeit gestört. In diesem Kapitel wird die Wirkung der Irritation nun erweitert durch einen Angriff auf Körpergrenzen; genauer, auf das Verhältnis zwischen dem Körperinneren und dem Außen des Körpers durch das Motiv der Körpertransgression. Die Drastik dieser Motivik wird dadurch ungemein verstärkt, dass die Auseinandersetzung zwischen dem Innen und dem Außen des Körpers an die Konstruktionen von Mütterlichkeit gekoppelt ist. Die verstärkte Wirksamkeit entsteht dadurch, dass zum einen gesellschaftliche Konstruktionen von Mutterschaft hinterfragt werden und zum anderen die Körperlichkeit des Zuschauersubjektes selbst angegriffen wird, steht doch die Konstruktion des mütterlichen Körpers für eine Vorstellung der universalen Einheit mit dem Mutterkörper, also dem Körperinneren. Gerade diese Assoziation des Mutterkörpers mit dem schützenden, kontinuierlichen Innenraum wird angegriffen und gestört. Ausschlaggebend ist hierbei, dass der Angriff durch ein handelndes Muttersubjekt ausgeführt wird. Damit werden zwei Konzepte des Mütterlichen etabliert: der transgressive, diffuse, fluide und aufnehmende Mutterkörper sowie demgegenüber die Mutter als selbstreflexives Subjekt mit Handlungsmacht.

Die Transgressionssymbolik erfährt eine Verschiebung, weg vom mütterlichen Körper hin zur Hinterfragung der Körpergrenzen und den auferlegten Mutter-Konstrukten. In À L'INTÉRIEUR (Inside; 2007; R: Alexandre Bustillo, Julien Maury) bleiben beispielsweise die Zuschauenden schließlich mit einer Art Mutter-Monster zurück, das letztlich die personifizierte Visualisierung eines Abtreibungswunsches ist, hervorgerufen durch eine zweifelnde Mutter.

Die folgende Analyse bezieht die sozialen Konstruktionen von Mütterlichkeit und dem Mutterkörper mit ein, diese werden den theoretischen Rahmen bilden. Damit wird es weiterführend möglich sein, die komplexe Tiefenstruktur der Filme und die weiblichen Körperdarstellungen zu ergründen, die letztlich zu der kulturellen Affizierung des Zuschauersubjektes führen: Der daraus folgende Angriff auf Körpergrenzen wird dabei von den Mutterfiguren selbst vollzogen.

Die Versehrtheit des Körpers wird im Terrorfilm durch den sukzessiven Verlust

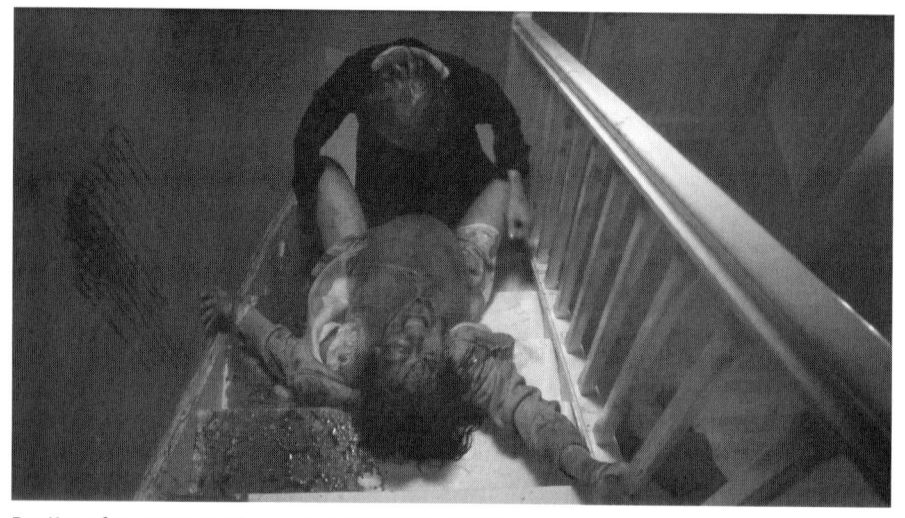

Angriff: Die Destruktion von Körperkonzepten des Mütterlichen

Der Kampf zweier Mutterfiguren in À L'INTÉRIEUR (2007)

und die zumeist partielle Transgression physischer Grenzen verdeutlicht. Diese drastische Form der visualisierten Transgression steht in einem engen Verhältnis zu Theorien, die sich damit beschäftigen, inwiefern Überschreitungen innerhalb der sprachlich strukturierten, der symbolischen Welt möglich sind. Zumeist nähern sich die sich daraus ergebenden Theoriekonzepte einer gewissen Materialität und dem Somatischen und damit etwas, das sich dem rein Sprachlichen entzieht. In diesem Zusammenhang scheint die Verbindung zu den erwähnten drastisch-intensiven Körperdarstellungen im französischen Terrorfilm naheliegend, gerade auch deshalb, weil hierbei insbesondere weiblich assoziierte Körperästhetiken als transgressiv präsentiert werden. Das vorherrschende Konstrukt des präödipalen Mutter-Imagos ist für diesen Ansatz ein Schlüsselmotiv, filmisch wie auch theoretisch. Zunächst werden die Denkmodelle Julia Kristevas vorgestellt, die das Mütterliche in Verbindung mit einer Form der aufnehmenden, grenzenlosen Kontinuität betrachtet. Zudem wird beleuchtet, inwiefern eine solche Verknüpfung problematisch sein kann und ob dieses Konzept des Mütterlichen tatsächlich als Subversion gegen die Hegemonie des väterlichen Gesetzes Bestand hat. Dieser Schritt soll vor allem dazu dienen, zu hinterfragen, ob auch die mütterlichen Körperdarstellungen in den hier analysierten Filmen über das Mutterkonstrukt der präödipalen Ur-Mutter hinausgehen und vermögen, es zu dekonstruieren.

Der transgressive Mutterkörper

Der Ort des Semiotischen

Innerhalb der gesellschaftlich strukturierten Welt gibt es Möglichkeiten und Formen der Überschreitung ebensolcher sinnstiftenden Strukturen, so die Theoretikerin Julia Kristeva. Für Kristeva ist Sprache ein »Prozeß der Sinnbildung«[1], also ein bedeutungsstiftender Vorgang, dem zugleich die Bildung von Differenzen und Diskontinuitäten inne liegt:

> »Kristeva zufolge ist im Sprechen selbst eine Trennung enthalten und aufgehoben. Die Fähigkeit zu sprechen entsteht als eine Art Ur-teilung, als eine Differenzierung, die nicht bloß intellektuell stattfindet, sondern die in ein Beziehungsgeschehen eingebunden ist.«[2]

Die Psychoanalytikerin und Philosophin Kristeva entwickelte ein sprach- und subjekttheoretisches Konzept, bestehend aus dem Begriffspaar des Semiotischen und des Symbolischen; diese »sind bei Kristeva die zwei Modalitäten des Prozesses der Sinngebung«.[3] Gegen Lacans Konzeption des Symbolischen, welche die »Gleichsetzung des Symbolischen mit jeder sprachlichen Bedeutung«[4] besagt, geht Kristeva davon aus, dass es (triebhafte) Spuren innerhalb des Symbolischen geben kann, die sich der symbolischen Ordnung entziehen – erst die Dialektik beider Modalitäten macht Sprache aus. Die Welt der Objekte und der Diskontinuitäten, die aus einem thetischen Prozess entsteht, ist laut Kristeva unterwandert und durchwachsen von dem Semiotischen. Das Thetische bezeichnet eine fließende Grenze, welche grundlegend den »Einschnitt, der die Setzungen der Bedeutung einleitet« definiert.[5] Das Subjekt begibt sich aus dem Bereich der »Unsagbarkeit«[6] in den der Identifizierung des Selbst und der Objekte (bei Lacan ist dies beispielsweise das Spiegelstadium).

> »Wir unterscheiden das Semiotische (die Triebe und ihre Artikulation) von der Bedeutung und deren Bereich, der immer auch einer des Satzes und des Urteils ist, anders ausgedrückt: der ein Bereich von Setzungen ist.«[7]

Das Semiotische ist viel mehr an das Somatische und an Materialität gebunden als an sprachliche Bedeutungen: »Im Semiotischen spricht der Körper selbst und zwar unübersetzt [...].«[8] Kristeva betrachtet das Semiotische – in Anlehnung an Freud – als eine Form triebbehafteter energetischer Ströme, welche sich im Somatischen verdichten:

> »Es handelt sich einerseits um das, was die Freudsche Psychoanalyse als *Bahnung* und strukturierende *Disposition* der Triebe postuliert, andererseits geht es um die sogenannten *Primärvorgänge*, bei welchen sich Energie sowie deren Einschreibung verschieben und verdichten: diskrete Energiemengen durchlaufen den Körper des späteren Subjekts und setzen sich im Laufe der Subjektwerdung nach Maßgabe von Zwängen ab, die auf den immer schon semiotisierenden Körper durch Familien- und Gesellschaftsstrukturen ausgeübt werden.«[9]

Das Semiotische ist zwar als solches innerhalb der Sprache vorhanden, kann aber von dieser nur begrenzt erfasst werden:

> »Ähnlich wie das Unbewusste nach Lacan, ist das Semiotische für Kristeva zwar selbst nicht sprachlich, jedoch nur als Sprache erfassbar und somit über die Sprache rekonstruierbar. Damit sind zugleich auch die Grenzen einer Erforschung des Semiotischen markiert.«[10]

Dem Aspekt des sprachlichen Grenzbereichs, welchem das Semiotische unterliegt, folgt die Möglichkeit der Transgression. Sprachliche Strukturen werden demnach durch semiotische, an den Körper gebundene Energien nicht nur unterwandert, sie scheinen zeitweise geradezu durch die Oberfläche des Symbolischen zu brechen.

Angriff: Die Destruktion von Körperkonzepten des Mütterlichen

Daraus ließe sich etwa auf das transgressiv-subversive Potential des Semiotischen schließen; dies vermag nach Kristeva beispielsweise die poetische Sprache: »In der poetischen Sprache gelangen semiotische Prozesse an die Oberfläche, zerrütten die symbolischen Strukturen und zeigen so die Durchlässigkeit der Grenze zwischen beiden Modalitäten.«[11] Den Prozess der Spracherlangung und das daraus hervorgehende Symbolische sowie den Bereich des Vor- bzw. Außersprachlichen fokussiert Kristeva in ihren Untersuchungen, wobei sie stets deren gegenseitige Bedingtheit betont:

»Da das Subjekt immer semiotisch und symbolisch ist, kann kein Zeichensystem, das von ihm erzeugt wird, ausschließlich semiotisch oder symbolisch sein, sondern verdankt sich sowohl dem einen wie dem anderen.«[12]

Gerade die Dialektik der beiden Begriffe ermöglicht den transgressiven Akt:

»Denn das Semiotische tritt nie getrennt vom Symbolischen auf. Semiotisches und Symbolisches verlaufen in der Praxis synchron, die Artikulation des Anderen ist nur als Übertretung des Einen zu fassen.«[13]

Ein ausschlaggebender Aspekt bei Kristeva ist es, dass die Entwicklung des Subjektes aus dem Nicht-Sprachlichen in das Sprachliche (und in die damit eintretenden Differenzierungen) immer auch an Beziehungsgeflechte gekoppelt ist: »Der Fähigkeit, Subjekt und Objekt voneinander zu unterscheiden, entspricht ein Ablösungsgeschehen von den primären Bezugspersonen«[14] – diese ursprüngliche Bezugsperson ist die Mutter oder vielmehr der Mutterkörper. Nach Kristeva ist Sprache verbunden mit dem Wunsch, wieder in den mütterlichen Körper zurückzukehren; die Materialität der Sprache leitet sich aus der Materialität der frühkindlichen Körperbeziehung mit der Mutter ab. Sprache ist demnach sozusagen wiederholte Materialität, die immer mit dem Wunsch oder dem Phantasma behaftet ist, dieses verlorene Kontinuum mit dem mütterlichen Körper wiederherzustellen:

»Kristeva behauptet, die Materialität des gesprochenen Signifikanten, die Vokalisierung des Tons, sei bereits ein psychischer Versuch, einen verlorenen mütterlichen Körper wiederherzustellen und wiederzuerlangen. [...] Hier wird die Materialität körperlicher Beziehungen, die jeglicher Individuation in einem gesonderten Körper vorhergeht oder, genauer gesagt, mit ihr einhergeht, auf die Materialität linguistischer Beziehungen verschoben. [...] Die Materialität des Signifikanten ist demzufolge die verschobene Wiederholung der Materialität des verlorenen mütterlichen Körpers.«[15]

Die Assoziation zum Mütterlichen zieht Kristeva nicht alleine aus dem Zustand der allumfassenden Verbundenheit des Kindes mit dem Mutterkörper in dem präödipalen Stadium, sondern zudem aus Platons Begriff[16] der *chora*.[17] Nach Kristeva ist die semiotische *chora* die unbestimmbare Artikulation des Semiotischen, welche aus der Mutter-Kind-Verbindung hervorgeht: »eine ausdruckslose Totalität, die durch die Triebe und deren Stasen in einer ebenso flüssigen wie geordneten Beweglichkeit geschaffen wird.«[18] Das Subjekt ist bei Kristeva immerzu in einem Prozess, so entwickelte sich auch die semiotische *chora* aus der kontinuierlichen Einheit mit dem Körper der Mutter heraus. In diesem Stadium existieren für das Kind keinerlei Setzungen oder Abgrenzungen, welche das körperliche Selbst markieren könnten:

> »In Kristevas Interpretation ist die semiotische chora der Ort, an dem die Körperlichkeiten von Mutter und Kind quasi diffundieren und einen gemeinsamen Raum darstellen, in dem das Semiotische die vorsymbolischen, noch unregulierten chaotischen Impulse und Äußerungsformen des Kindes umfaßt.«[19]

Die semiotische *chora* ist dem Symbolischen zwar untergeordnet, indem sie verworfen wird, gleichzeitig scheint sie jedoch latent unterhalb symbolischer Strukturen spürbar vorhanden zu sein:

> »Da durch die Entstehung des Symbolischen die semiotische chora nicht aufgehoben, sondern nur unterdrückt, verdrängt wird, ist letztere ständig in der signifikanten Ordnung des Symbolischen präsent.«[20]

Das Hervortreten der semiotischen *chora* innerhalb der symbolischen Ordnung ermöglicht erst die Sprache und Textpraxis, indem sie deren Entwicklung und Wandelbarkeit ermöglicht und gewissermaßen als deren Antrieb funktioniert:

> »Keine signifikante Praxis ist denkbar ohne das Symbolische [...]. Seine Unabdingbarkeit teilt es allerdings mit dem Semiotischen, das ihm vorausgeht und ständig gegen es angeht. Solche Überschreitungen liegen dem zugrunde, was man im allgemeinen als Schöpfung bezeichnet: jeder Transformation in der signifikanten Praxis.«[21]

Das Eintreten des Subjektes in die symbolische Ordnung durch die Spracherlangung bedeutet gleichzeitig einen Verlust der Mutter oder, genauer, den Verlust der Einheit mit der Mutter. In der Sprache kommt dieser Mangel als semiotische *chora* auf das Subjekt zurück und findet darin seinen Ausdruck. Das Subjekt scheint sich demzufolge nach der thetischen Phase in einer Art ständigem Zwiespalt zu befinden:

> »Die Loslösung des Körpers von der Mutter, das Fort-da-Spiel, Analität und Oralität wirken als fortwährende Negativität, die die imago und das isolierte Objekt zu vernichten trachtet und zugleich die Artikulation des semiotischen Netzes fördert, das in der Folge für das Sprachsystem unentbehrlich wird.«[22]

Die Mutter wird zum »Gegenstand der Suche«,[23] während die semiotische *chora* dessen Ausdruck innerhalb des Sprachlichen darstellt. So erhält die Mutter letztlich einen ausgegrenzten Status: »Die Mutter, auf die sich alles Verlangen richtet, nimmt den Platz dieser Andersheit (altérité) ein.«[24]

Der Aspekt der verdrängten Mutter trägt zu dem transgressiven und ambivalenten Grundprinzip von Kristevas Theorien bei, aus welchem weitere Begrifflichkeiten entstehen. Der Terminus des Abjekten ist von einem solchen reziproken Prinzip um eine Grenze herum getragen und daher vereinbar mit dem Transgressionsbegriff von Georges Bataille. Diese beiden Ansätze sind für die folgenden Analysen ausschlaggebend, denn sie stellen ein visuelles Grundelement der Filme dar. Zum einen sind sie tragende Elemente, vor allem in dem Film À L'INTÉRIEUR, zum anderen wird die Analyse aufzeigen, dass gerade diese Grundprinzipien filmisch angelegt werden, um letztlich überschritten (angegriffen) zu werden.

Angriff: Die Destruktion von Körperkonzepten des Mütterlichen

Das Abjekte und der Transgressionsbegriff

In ihrer Konzeption des Abjekten (lat. *abiectum*: das Verworfene)[25] geht Kristeva genauer auf das Erlebnis des Subjektes ein, welches die Mutter verwirft und gleichzeitig die semiotische *chora* konstituiert: die Ablösung des Kindes vom mütterlichen Körper.

> »Abjection preserves what existed in the archaism of pre-objectal relationship, in the immemorial violence with which a body becomes separated from another body in order to be – maintaining that night in which the outline of the signified thing vanishes and where only the imponderable affect is carried out.«[26]

Wie zuvor erläutert, geht das Subjekt in dieser thetischen Phase durch Abgrenzung und Spracherlangung in die symbolische Ordnung über. Um sich darin zu positionieren, muss es die Mutter verneinen und verwerfen, zugleich findet die semiotische *chora* in der Sprache wiederum ihren Ausdruck. Das Abjekte selbst geht aus dem Ablösungsprozess hervor; es ist unbestimmt, weder Subjekt noch Objekt: »Es ist kein Objekt und kann demnach das Subjekt nicht seiner Konstitution vergewissern«.[27] Das Subjekt, welches sich aus dem Bereich der Kontinuität abtrennt und damit eigene Grenzen konstituiert, wird von nun an mit dem Abjekten konfrontiert:

> »The abject confronts us, [...] with our earliest attempts to release the hold of maternal entity even before existing outside of her [...]. It is a violent, clumsy breaking away, with the constant risk of falling back under the sway of a power as securing as it is stifling.«[28]

Daraus ergibt sich eine gewisse Sehnsucht des Subjektes, zu diesem entgrenzten, vorgeburtlichen Zustand in der Einheit mit dem Mutterkörper zurückzukehren, sich aber auch gleichzeitig davon entfernen zu wollen. Auf das Gefühl der Zerbrechlichkeit der Grenzen beziehen wir fortan das Abjekte, und es wird daraufhin in einen abgelegenen Bereich verdammt. Mit diesem Abstoßungsakt konstituiert das Subjekt eine Grenze um sich und die symbolische Welt, und das Abjekte agiert fortan als latente Bedrohung dieser Demarkationslinie. Ein Beispiel für eine physische Grenze ist die Haut:

> »The body's Inside, in that case, shows up in order to compensate for the collapse of the border between Inside and outside. It is as if the skin, a fragile container, no longer guaranteed the integrity of one's ›own and clean self‹ but, scraped or transparent, invisible or taut, gave way before the dejection of its contents. Urine, blood, sperm, excrement then show up in order to reassure a subject that is lacking its own and clean self.«[29]

Das Abjekte widersetzt sich jeglicher physischen Formgebung: »Im Gegensatz zum Objekt besitzt das Abjekt keine bestimmte, festumrissene Grenze; es stört die Klarheit jeder Grenze.«[30] Körperflüssigkeiten, Abfälle und auch Essen, welche dem Körper zugeführt, jedoch auch wieder aus ihm austreten, lassen das Subjekt vor allem Ekel empfinden, denn es fühlt die Durchlässigkeit und Verletzlichkeit eigener identifizierender Setzungen:

> »Loathing an item of food, a piece of filth, waste, or dung. The spasms and vomiting that protect me. The repugnance, the retching that thrusts me to the side and turns me away from defilement, sewage, and muck.«[31]

Die Grenzen zwischen dem Inneren und dem Äußeren des Körpers drohen zu zerbröckeln, das Subjekt scheint den unversehrten körperlichen Zustand zu verlieren und verwirft das, was es mit der fragilen Abtrennung zum Außen verbindet. Die Mutter steht für den Verlust aller Grenzen, sie markiert den Zustand der universellen Kontinuität – und das Subjekt setzt schließlich die Mutter selbst mit dem Abjekten gleich.[32]

Doch nicht alleine bedrohliche individuelle Zerfallsprozesse des Körpers werden als abjekt verfemt und mit der Mutterfigur gleichgesetzt, auch auf der gesellschaftlichen Ebene siedelt Kristeva eine kollektive Ur-Angst an, welche in der bedrohlichen Figur der fruchtbaren Mutter (*fecund mother*) kulminiert. Besonders die Filmwissenschaftlerin Barbara Creed beschäftigt sich mit dieser Form einer »Monstrous-Feminine«[33] im (Horror-)Film, bezeichnet diese, wie auch Kristeva, als archaische Mutter (*archaic mother*); die Mutter als fruchtbare Lebensquelle und zugleich als todesbringender Abgrund, in welchen schließlich alles Leben zurückgeht: »it is the abyss, the cannibalizing black hole from which all the life comes and to which all life returns«.[34]

Das Abjekte widersetzt sich jeglicher sinn- und identitätsstiftenden Motivationen des Subjektes. Das bedeutet, dass es einerseits als »source of deepest terror«[35] fungieren kann, andererseits jedoch auch eine Form der Sehnsucht auf sich zieht, denn es scheint dem Subjekt eine Form von Verantwortung für das Selbst zu entziehen und es aufzunehmen in den unbestimmten, beruhigenden Kosmos der unendlichen Grenzenlosigkeit. Gerade diese Ambivalenz gegenüber der Grenze ist bezeichnend für Kristevas Theoriekonzept des Abjekten und ebenfalls ein Element des Horrors:

»the concept of a border is central to the construction of the monstrous in the horror film; that which crosses or threatens to cross the border is abject.«[36]

Das erwähnte ambivalente Gefühlsleben des Subjektes bestimmt ebenfalls das grundlegende Prinzip des Denkens von Georges Bataille.[37] Für den Begriff der Transgression, der für die Filmanalyse, vor allem von À L'INTÉRIEUR, von Bedeutung ist, ist die Todesmystik von Bataille ausschlaggebend. Das reziproke Konzept, bestehend aus dem Begriffspaar Kontinuität und Diskontinuität, ist die Grundlage, auf welcher Batailles Überlegungen zum Tod und zu den unterschiedlichen Möglichkeiten der Erfahrungen des Todes aufbauen. Der Mensch ist laut Bataille ein diskontinuierliches, individuelles, von anderen abgetrenntes Wesen, denn zwischen den Menschen ist der Abgrund der Diskontinuität: »Nur er selbst wird geboren. Nur er selbst stirbt.«[38] Die Entfernung, die sich zwischen den Einzelnen befindet, könnte jedoch auch herausfordernd für das Subjekt sein: »In einem gewissen Sinne ist dieser Abgrund der Tod, und der Tod ist schwindelerregend, er ist faszinierend«[39] und somit ein Phänomen, vor dem das Individuum nicht unbedingt zurückschrecken muss. Hier entblößt sich eine bestimmte Sehnsucht, die den Menschen immerwährend und latent zu begleiten scheint: die Sehnsucht nach der Verbindung mit der Einheit. Diese Einheit des Seins nennt Bataille die Kontinuität und erklärt damit die vom Tode – dem Abgrund – ausgehende Anziehungskraft. Diese Mixtur aus Faszination und gleichzeitiger Abweisung ist vergleichbar mit dem Mutter-Imago bei Kristeva, welches gerade dieses kontinuierliche Moment vertritt.

Die Sehnsucht des Menschen richtet sich demnach auf ein grundlegendes Gefühl

Angriff: Die Destruktion von Körperkonzepten des Mütterlichen

der Ganzheit, der totalen, ultimativen und kosmischen Verbindung mit der Welt und der Natur. Das menschliche Wesen zeichnet sich laut Bataille durch das Verlangen aus, grenzenlose Freiheit zu erhalten, indem es sich mit der Kontinuität des Seins vereint. Dazu müsste es allerdings seine Grenzen aufgeben, die es als diskontinuierliches und individuelles Wesen definieren. Der Tod ist demzufolge die endgültige Destruktion des Menschen als eines abgeschlossenen Wesens, die gewaltsame Zerschlagung der individuellen Grenzen und somit letztlich die Vernichtung des diskontinuierlichen Wesens selbst.

»Grundlegend sind die Übergänge vom Kontinuierlichen zum Diskontinuierlichen oder vom Diskontinuierlichen zum Kontinuierlichen. Wir sind diskontinuierliche Wesen, Individuen, die getrennt voneinander in einem unbegreiflichen Abenteuer sterben, aber wir haben Sehnsucht nach der verlorenen Kontinuität. Wir ertragen die Situation nur schwer, die uns an die Zufalls-Individualität fesselt, an die vergängliche Individualität, die wir sind. In der gleichen Zeit, in der wir das geängstigte Verlangen nach der Dauer dieses Vergänglichen hegen, sind wir von der Vorstellung einer ursprünglichen Kontinuität besessen, die uns ganz allgemein mit dem Sein verbindet.«[40]

Bataille sieht in der Zerschlagung der individuellen Abgeschlossenheit, der Zerstörung der Grenzen des diskontinuierlichen Wesens einen gewaltsamen Akt. Der Tod ist der äußerste Akt der Gewaltsamkeit, und das Miterleben und Teilhaben an der Todeserfahrung kann das diskontinuierliche Wesen an die Kontinuität des Seins heranführen und diese zu einer Erfahrung werden lassen, die jedoch niemals die Totalität der Kontinuität erreichen kann.

»Ich betone die Tatsache, daß der Tod die Kontinuität des Seins, da sie den Ursprung der Wesen bildet, nicht erreicht; die Kontinuität des Seins ist von ihm unabhängig; *der Tod bringt sie, im Gegenteil, sogar an den Tag.*«[41]

Der Tod und die ›innere Erfahrung‹ des Todes bedeuten Entgrenzung, die totale Aufgabe der Individualität und der eigenen Abgeschlossenheit gegenüber der Welt. Mit dem Tod geht die absolute Hingabe und Verschmelzung mit dem kosmischen Ganzen einher. Der Tod fordert einen Akt der Selbstaufgabe, der ambivalent erscheint, denn dieser Schritt kann einerseits von den individuellen Lasten und der Tragik der Endlichkeit befreien, und andererseits besteht die Angst, die eigenen Grenzen völlig aufzulösen und zu entbehren. Die Sehnsucht, sich dem Tod zu nähern und sich der von ihm ausgehenden Faszination hinzugeben, äußert sich auf unterschiedliche Weise. Dabei soll nicht der Tod selbst das endgültige Ziel sein, sondern eine Annäherung an das Gefühl der Erfahrung des Todes und somit an die verschmelzende Entgrenzung:

»Ein Suchen nach der Kontinuität tritt auf, aber grundsätzlich nur so weit, wie die Kontinuität, die allein der Tod der diskontinuierlichen Wesen endgültig herstellen könnte, nicht den Sieg davonträgt. Es handelt sich darum, ins Innere einer auf die Diskontinuität gegründeten Welt so viel Kontinuität einzulassen, wie diese Welt ertragen kann.«[42]

Das Konstrukt, bestehend aus Diskontinuität und Kontinuität, entspricht dem Verhältnis von Leben und Tod, abgeschlossener Individualität und völliger Verschmelzung mit dem Sein. Damit etabliert Bataille zwei Parallelwelten, die nebeneinander bestehen und durch den gewaltsamen Akt in eine wechselseitige Beziehung treten können. Die Welt der Lebenden, der diskontinuierlichen Wesen, steht dabei der dunklen, faszinierenden geheimnisvollen Welt gegenüber, die immer – bis möglicherweise zum tatsächlichen Tod – im Verborgenen bleibt. Das Streben des Menschen nach der Kontinuität des Seins zwingt ihn zu Handlungen der Gewaltsamkeit, die ein Gefühl der Kontinuität ermöglichen:

> »Die Menschen, als diskontinuierliche Wesen, bemühen sich, in der Diskontinuität zu verharren. Aber der Tod, oder wenigstens die Betrachtung des Todes, führt sie zur Erfahrung der Kontinuität.«[43]

> »Es gibt ein furchtbares Übermaß in der Erregung, die uns beherrscht: das Übermaß erhellt den Sinn der Erregung. Aber für uns ist das nur ein schreckliches Zeichen, das unaufhörlich daran erinnert, daß der Tod, der Bruch mit jener individuellen Diskontinuität, an die uns die Angst fesselt, uns eine höhere Wahrheit dünkt als das Leben.«[44]

Diese erläuterten Konzepte Batailles sind deshalb partiell mit Kristevas Theorien vergleichbar, da das Grundprinzip der Wechselseitigkeit vorhanden ist: Auch das Semiotische bricht immer wieder in die symbolische Ordnung ein, welche ebenfalls, vergleichbar mit dem Diskontinuitätsbegriff von Bataille, von Differenzierungen geprägt ist. Das Symbolische steht dem Semiotischen als Bereich der Abgrenzungen und Diskontinuitäten gegenüber, wohingegen das Semiotische einem Bereich des Kontinuierlichen entspringt und als semiotische *chora* seine Artikulation im Symbolischen findet. Die Kontinuität wird bei Bataille nicht mit dem Mütterlichen konnotiert, sondern mit der Natur, dem Transzendenten, vor allem aber mit einer mystischen Idee vom Tod als Vereinigung mit dem kosmischen Ganzen. Kristeva jedoch assoziiert die semiotische *chora* mit dem aufnehmenden Mütterlichen (nach Platon) – und auch mit dem Tod, wie etwa bei der abjekten Figur der archaischen Mutter als todesbringender Abgrund. Zudem ist vor allem die latente Ambivalenz des Subjektes bei Bataille und Kristeva erkennbar: zum einen die Angst vor dem Verlust individueller physischer und abstrakter (wie etwa identitätsstiftender) Grenzen des Selbst, zum anderen die Sehnsucht nach Entgrenzung im (bei Kristeva mütterlichen) Kontinuum. So beschreibt Kristeva das Gefühl des Ekels vor dem Abjekten und zugleich die Faszination davon. Die Grenzen zwischen Angst/Sehnsucht und Ekel/Faszination sind für sie von entscheidender Bedeutung: »How can I be without border?«[45]

Diese beiden auf Ambivalenz und Transgression aufbauenden Denkmodelle sind für die Betrachtung des Films À L'INTÉRIEUR äußerst fruchtbar. Demnach wird die noch folgende Hauptanalyse aufzeigen, dass diese im Film ablesbar sind, denn das filmische Konzept begründet ein visuelles wie auch narratives Konstrukt, das auf einer Heimsuchung von Grenzen aufbaut. Entscheidend ist jedoch, dass dieses Prinzip schlussendlich gestört oder gar dekonstruiert wird. Um dies letztendlich als kulturelle Affizierung des Zuschauersubjektes zu erörtern, ist es erforderlich, auch die Kritik am Kristeva'schen Begriffssystem zu beleuchten. Die Kritik an Kristeva etabliert gleichzeitig das Mutter-Konzept, das dem übergeordneten Konzept aus Abjekt und Transgression gegenübersteht.

Angriff: Die Destruktion von Körperkonzepten des Mütterlichen

Die Macht der präödipalen Mutter im Kino

Das Konzept der archaischen und präödipalen Mutter hat in der Filmtheorie auf unterschiedliche Weise Einzug gefunden. Erwähnt wurden in diesem Zusammenhang bereits Barbara Creed und ihre Konzeption der archaischen Mutter als *monstrous feminine* im Horrorfilm. Zwei weitere Beispiele sollen zusätzlich dargelegt werden, auch um aufzuzeigen, welche Problematiken durch die Betrachtung der Mütterlichkeit als universelles Prinzip entstehen können.

Nachdem filmtheoretische Untersuchungen zur Schaulust zunächst stark von der psychoanalytischen Betrachtung nach Lacan und Freud geprägt waren (auch in der feministischen Filmtheorie) und damit zumeist das lustvolle Schauen sowie filmische Ästhetik und Blicktheorien auf das männliche Publikum hin untersucht wurden,[46] wurde Mitte der 1970er Jahre die Lust am Kino erstmals mit Weiblichkeit, vor allem Mütterlichkeit, verbunden.[47] Jean-Louis Baudry verbindet beispielsweise das verführerische Potential des Kinos mit einem bestimmten Wahrnehmungszustand des Subjektes: dem des präödipalen Subjektes im Mutterleib, »in which the separation between one's own body and the exterior world is not well defined.«[48] Baudry konzipiert seine *Apparatustheorie* über rein inhaltliche oder formalästhetische Bezüge des Kinos hinaus und bezieht sich vielmehr auf das Filmerlebnis im Kino als Gesamtapparatur, inklusive des Kinoraums und der Projektion auf die Leinwand: »Das gesamte optische System ist darauf aus, den Zuschauer illusionär als ein machtvolles, wissendes, ›transzendentales‹ Subjekt zu konstituieren.«[49] Baudry sieht das Kino als eine Art Wunschmaschine, die den Zuschauenden in einen traumartigen, beinahe hilflos-ausgelieferten Zustand der Regression versetzt.

»[...] the darkness of the movie theater, the relative passivity of the situation, the forced immobility of the cine-subject, and the effects which result from the projection of images, moving images, the cinematographic apparatus brings about a state of artificial regression.«[50]

Das Kino wurde nach Baudry entwickelt, um dem Grundbedürfnis des Menschen nachzugehen, sich innerhalb dieses Raums in einen regressiven Zustand zu begeben:

»It is the desire, unrecognized as such by the subject, to return to this phase, an early state of development with its own forms of satisfaction which may play a determining role in his desire for cinema and the pleasure he finds in it.«[51]

Der Raum, der für diesen präödipalen, unbeweglichen, regressiven Subjektzustand steht, wird stark mit dem Mutterleib assoziiert. Baudry bezieht sich in seinen Beschreibungen des Ortes auf das Höhlengleichnis von Platon und verbindet diesen höhlenartigen Bereich zugleich mit dem Mutterkörper:

»Cave, grotto, ›sort of cavernous chamber underground‹, people have not failed to see in it a representation of the maternal womb, of the matrix into which we are supposed to return.«[52]

Annette Brauerhoch vermutet, dass sich in Baudrys Apparatustheorie der »Wunsch nach Erfüllung masochistischer Schaulust lesen lässt.«[53] Mit diesem Schritt möchte Brauerhoch den Fokus von Baudrys reiner

Feststellung und Beschreibung des Subjektzustands im Kinoraum (Mutterraum) auf den aktiven Zuschauenden verlagern – »vom Mutterraum weg auf den Zuschauer hin und von der reinen Regression hin zum aktiven Verfolgen einer Perversion«.[54] Damit scheint Brauerhoch den Anspruch zu formulieren, dass auch die gängige Mutterfiguration des passiven, allumfassenden Prinzips gedacht werden sollte als aktiver und absichtsvoller Akt des Subjektes, sich mit ebendiesem Konstrukt in einen lustvollen Austausch zu begeben. Somit erhält auch die Mutterfiguration selbst eine Handlungsmöglichkeit und nicht lediglich eine völlig passive, von außen auferlegte Funktion.

So schlägt es beispielsweise Gaylyn Studlar in ihrem Buch *In the Realm of Pleasure*[55] vor. Studlar orientiert sich streng an dem Masochismus-Begriff von Deleuze »als einer Perversion, die die Mutter zum Gesetz und Realitätsprinzip erklärt«.[56] Entgegen der Vater-orientierten psychoanalytischen Deutung Freuds rückt Deleuze die Mutterfigur ins Zentrum:

> »Deleuze' Theorie läßt sich mit den Ergebnissen jüngerer psychoanalytischer Forschung auf dem Gebiet der präödipalen Entwicklung in Einklang bringen, die nahelegen, daß *Verleugnung* und *Fetischismus* nicht in der Kastrationsangst ihren einzigen Beweggrund haben, sondern, wie der *Masochismus*, ein verlängertes Bedürfnis nach *primärer Identifikation* mit der *machtvollen präödipalen Mutter* darstellen.«[57]

Mit dem Deleuze'schen Masochismus-Begriff soll das väterliche Gesetz schließlich subvertiert werden, und Studlar entwickelt dementsprechend eine Theorie, welche sich den geschlechterdifferenzierten, psychoanalytisch-semiotischen Blicktheorien entgegenstellt, und setzt hingegen den Fokus auf die lustvolle, intersubjektive, masochistische Hingabe vor den Figurationen der machtvollen präödipalen Mutter im Kino. Die Lust an der Unterwerfung erfolgt unter anderem aus einer Umwertung des Fetischismus-Begriffs, wie ihn beispielsweise Laura Mulvey definiert.[58] Hierbei erblickt das (männliche) Subjekt die Frau im Kino als Kastrationsdrohung, daraufhin folgt entweder die Abwertung der Frau oder die Fetischisierung. In der Masochismustheorie, der sich Studlar anschließt, ist dagegen die Fetischisierung der Frau nicht eine Folge der Kastrationsdrohung, sondern die erweiterte Sehnsucht nach der ehemaligen Verbundenheit mit der Mutter in der präödipalen Phase. Auf diese Weise deutet Studlar das psychoanalytische Konzept, welches bei der Betrachtung der Frau grundlegend von einem *Mangel* ausgeht, der darauffolgend kompensiert wird, als eine Faszination von der mütterlichen *Vollkommenheit*. Diese ist einerseits visuell und narrativ im filmischen Werk auffindbar sowie andererseits in der Beschaffenheit des Kinoapparates selbst; das zuschauende Subjekt kann sich dieser Schaulust unterwerfen.

Die vielfältige Darstellung der präödipalen, archaischen Mutter scheint (bei Kristeva) eine von Ambivalenz geprägte Quelle des Horrors[59] zu sein, da sie das Zuschauersubjekt im Kino in zwiespältige Gefühlswelten zu stürzen vermag: zwischen der Faszination/Sehnsucht des Versinkens im universellen Ganzen und der gleichzeitigen Angst vor der daraus folgenden absoluten Bedeutungslosigkeit des Subjektes. Die archaische Mutter erscheint bei Kristeva und in den anderen dargelegten Darstellungen als übergeordnetes, allumfassend angelegtes Prinzip, das sich jeder Sinnstiftung entzieht; deshalb soll es das Potential besitzen, als Gegenkonzept des

Angriff: Die Destruktion von Körperkonzepten des Mütterlichen

väterlichen Gesetzes der symbolischen Ordnung zu fungieren. Doch ist dieses gerade deshalb kein Konzept, welches der Mutter eine Form der Selbstreflexivität zugesteht, denn es gibt keine Möglichkeiten des Zweifelns; die Mutterfiguration sowie das Prinzip der archaischen Mütterlichkeit bei Kristeva werden immerzu dargestellt als fruchtbar sein wollend, und in ihnen wird fortwährend das Leben verschwinden. Dieser Kreislauf scheint demnach kein Gegenstand des Willens zu sein. Gleichzeitig findet eine solch starke Assoziation der Frau als einer so beschriebenen archaischen Mutter statt, dass der Eindruck entstehen könnte, dass Mütter diesem Prinzip unterliegen müssten und sie dementsprechend ihre Mutterschaft performativ gestalten sollten: immer fruchtbar sein und sein wollend sowie immerzu in tiefer Verbindung mit dem Kind stehend; ein Konzept des vermeintlich von der Natur vorgesehenen universellen, unumstößlichen Kreislaufs, in dem Mutter und Kind für immer vereint sein werden – der naturgegebene Mutterwille.

Das Konzept der präödipalen Mutter, welche die Kontinuität im Mutterleib versinnbildlicht, beinhaltet die Gefahr der Verschiebung der übergreifenden Struktur des Mutter-Imagos auf die ›reale‹ Frau, wie es ebenso Susanne Lummerding in ihrer Untersuchung von Gaylyn Studlars Masochismus-Theorie feststellt:

> »Aus solch missverständlicher Begrifflichkeit resultieren meines Erachtens auch Phänomene wie die Mythologisierung von Mutterschaft – wobei die oben angesprochene präödipale/phantasmatische Instanz mit der realen/biologischen Mutter verwechselt wird –, welche, als ausschließliches Rollenangebot verstanden, einen Rückfall in die traditionelle Ghettoisierung bedeutet.«[60]

Einerseits findet also diese starke Konnotation des Mütterlichen mit dem präödipalen Zustand statt, andererseits wird einer solchen Konstruktion des Mütterlichen niemals die Möglichkeit gegeben, ein zweifelndes Subjekt hervorzubringen: Die von Kristeva entworfene Mütterlichkeit entsubjektiviert die Frau als Mutter. Und ebenso scheinen auch die Theorien von Studlar und Baudry diese Problematik aufzuweisen. Bei Baudry führt der Wunsch nach völliger Passivität und Regression zum einen dazu, der Mutter lediglich Funktionen zuzuordnen, die dieser Bedürfnisbefriedigung dienen, und zum anderen den verbundenen Aspekt der masochistischen Lust beinahe zu tabuisieren.[61] Damit wird eine aktive Auseinandersetzung mit dem mütterlichen Konstrukt unmöglich gemacht. So wird Baudry zu Recht von Teilen der feministischen Filmtheorie vorgeworfen, die Mutter über diese funktionale Bedürfnisbefriedigung zu definieren, sie somit zu entsubjektivieren und zu fetischisieren.[62]

Studlar dagegen neigt dazu, dem Gesetz des Vaters lediglich ein weiteres Prinzip entgegenzustellen. Sie verändert möglicherweise den Fokus vom Patriarchat auf das Matriarchat, verhärtet allerdings gleichzeitig einseitige Assoziationen mit Mütterlichkeit, wie es Lummerding bereits festgestellt hat.

Die Mutterfiguren in den hier zu untersuchenden Terrorfilmen setzen diesem erörterten universellen mütterlichen Prinzip eine weibliche, an ihrer Mutterrolle zweifelnde Figur entgegen. Es wird die Möglichkeit der Selbstreflexivität und damit ein neues Feld des Terrors eröffnet: das der Mutter, die keine sein will und sich damit diesem naturalistischen Grundprinzip der fruchtbaren Ur-Mutter entzieht.

Mütterliche Kontinuität als Gegenentwurf zum väterlichen Gesetz

Wie bereits im vorherigen Kapitel beschrieben, scheint sich nach Lacan »jede sprachliche Bezeichnung«[63] der symbolischen Ordnung dem väterlichen Gesetz entsprechend zu strukturieren:

> »Das in Freuds Ausführungen noch konkretisch anmutende Verbot der Mutter im Ödipuskomplex und die archaische väterliche Kastrationsdrohung als Verstümmelung des Genitals werden in Lacans Relektüre als sprachliche Struktur gelesen.«[64]

Die Mutter wird laut Judith Butlers Deutung des Lacan'schen Prinzips völlig aus dem Sprachlichen ausgeschlossen:

> »Dieses Gesetz schafft die Möglichkeit sinnvoller Sprache und damit sinnvoller Erfahrung, indem es die primären libidinösen Triebe, einschließlich der radikalen Abhängigkeit des Kindes vom Körper der Mutter, verdrängt. Das Symbolische wird also möglich, indem es die erste Beziehung zum Körper der Mutter verwirft.«[65]

Kristeva scheint sich mit der Definition des Semiotischen gegen die symbolische Ordnung nach Lacan zu richten und dieser das Mütterliche der semiotischen *chora* entgegenzusetzen, denn Kristeva betont stets, dass beide Modalitäten sich gegenseitig bedingen und das Symbolische nicht ohne das Semiotische denkbar sein kann:

> »Kristeva widerspricht hingegen der Lacanschen Narration und ihrer Voraussetzung, daß die kulturelle Bedeutung die Verdrängung der ersten Beziehung zum Körper der Mutter verlangt. Sie setzt dagegen, daß das Semiotische eine Dimension der Sprache ist, die gerade durch diesen primären Körper der Mutter hervorgerufen wird. Dabei widerlegt der mütterliche Körper nicht nur Lacans erste Grundprämisse, sondern dient zudem als fortwährende Quelle der Subversion innerhalb des Symbolischen.«[66]

Kristeva setzt damit dem väterlichen Gesetz die These entgegen, dass das Semiotische, welches sie als eine Art Katalysator der Sprache betrachtet,[67] aus dem Verhältnis des Kindes zum Körper der Mutter hervorgeht. Kristeva integriert damit das Mütterliche in die symbolische Ordnung, wenn auch als deren Subversion. Gerade dieses subversive Potential bezweifelt Judith Butler, indem sie auf die von Kristeva bestimmten hierarchischen Strukturen zwischen dem Symbolischen und dem Semiotischen aufmerksam macht. Denn laut Kristeva ist das Semiotische der symbolischen Ordnung untergeordnet. An diesem Punkt stellt sich demnach die Frage nach dem tatsächlichen Subversionspotential des Semiotischen, denn Kristevas »Theorie scheint gerade von der Stabilität und Reproduktion des Gesetzes abzuhängen, das sie zu verschieben sucht«.[68] Wenn das Semiotische immerzu lediglich als temporär begrenzte Subversion erscheint, kann nach Butler die Hegemonie des Gesetzes des Vaters nie wirklich gebrochen oder dauerhaft gestört werden. Dem Mütterlich-Semiotischen wird somit immer ein Ausnahmestatus zugesprochen, und die symbolischen Strukturen scheinen regelrecht unanfechtbar, denn in Kristevas Beschreibungen gehen die Bedeutungen, die sich aus der Einheit mit dem Mutterkörper entwickeln, der Kultur voraus, und das nach dem väterlichen Gesetz strukturierte Symbolische bleibt unangetastet bestehen:

Angriff: Die Destruktion von Körperkonzepten des Mütterlichen

»Indem Kristeva die Quelle der Subversion an einen Schauplatz außerhalb der Kultur selbst verbannt, verstellt sie die Möglichkeit der Subversion als wirksame oder realisierbare kulturelle Praxis.«[69]

Es handelt sich demnach vielmehr um eine Abgrenzung zweier bestehender und unveränderlicher Bereiche, die bisweilen aufeinandertreffen und dadurch kurze Störungen entfachen, als um flexible, im Wandel begriffene, vielfältige, unterschiedliche und ineinandergreifende Konstruktionen, aus denen völlig andersartige und neue kulturelle Formungen hervorgehen können:

»Ihre [Kristevas, S.K.] naturalistische Beschreibung des mütterlichen Körpers führt letztlich dazu, die Mutterschaft zu verdinglichen und eine Analyse ihrer kulturellen Konstruktion und Veränderbarkeit auszuschließen.«[70]

Kristeva verfestigt das Konstrukt der Mutter dadurch, dass sie es mit Kontinuität verbindet und als vor-diskursiv betrachtet, somit verhindert Kristeva letztlich die Möglichkeiten kultureller Vielfalt und Vieldeutigkeit des Mutterkonstrukts. Infolgedessen widerspricht Butler Kristevas naturalistischer Vorstellung der vorsprachlichen Mutter und plädiert dafür, dass diese »eher ein *Effekt* der Kultur als ihr Geheimnis und ihre erste Ursache ist«.[71] Diese Schlussfolgerung scheint nachvollziehbar, gerade da Kristeva das triebhafte Semiotische als ein ausschließlich in der Sprache auftauchendes Phänomen beschreibt. Die Kontinuität der Mutter-Kind-Verbindung geht in der vermeintlich subversiven Überschreitung des Sprachlichen temporär auf und wird daher durch das Sprachliche erst konstituiert:

»Wenn sich die Triebe nur in der Sprache oder in den bereits durch das Symbolische bestimmten kulturellen Formen manifestieren, wie können wir dann ihren vorsymbolischen ontologischen Status verifizieren?«[72]

Da die mit dem Mütterlichen konnotierten Triebe alleine in der Sprache ausfindig gemacht werden können, beispielsweise in der poetischen Sprache, scheint Kristevas These durchaus anzuzweifelbar, dass sie vor der Sprache und vor jeglicher Bedeutung angesiedelt sind:

»[W]ir kennen diese Triebe als Ursachen nur in und durch ihre Effekte, wobei es keinen Grund gibt, sie nicht mit ihren Effekten gleichzusetzen.«[73]

Ein besonders wichtiger Aspekt, den die Kritik Butlers an Kristeva hervorbringt, führt auch zu Erkenntnissen für die spätere Filmanalyse des Terrorfilms À L'INTÉRIEUR. Hierbei wird deutlich, dass das Konzept des vorsprachlich Mütterlichen in Form des Abjekten gewiss aufgegriffen wird und seine Metaphorik den Film strukturiert, jedoch scheint letztlich gerade mit dieser vermeintlichen Gegenüberstellung zweier Bereiche – von Subjekt und Abjekt, dem Lebensspendenden und dem Todbringenden, der guten und der bösen Mutter – gebrochen zu werden. Butler kritisiert an Kristevas Theorien, dass die Mutter, der mütterliche Trieb und die Mutterinstinkte dadurch als naturalistisch und biologistisch angelegt werden, dass Kristeva erstens *alle* von der symbolischen Ordnung abweichenden Strömungen diesem mütterlich konnotierten Prinzip unterordnet und zweitens das mütterliche Konstrukt als ontologisch vor der Sprache angelegter Bereich verbleibt, jenseits jeglicher »kulturelle[n]

Der transgressive Mutterkörper

Veränderlichkeit«.[74] Butler geht sogar einen Schritt weiter und beschreibt den weiblichen Körper bei Kristeva als Resultat des väterlichen Gesetzes: »Der weibliche Körper, den Kristeva darstellen möchte, ist selbst ein Konstrukt jenes Gesetzes, das er angeblich unterminieren soll.«[75] Es ist demnach fraglich, was an Kristevas Formulierungen des mütterlich Weiblichen tatsächlich subversiv ist:

> »Kristeva versteht den Wunsch zu gebären als Gattungsbegehren (*species desire*) bzw. als Teil eines kollektiven, archaischen, weiblichen, libidinösen Triebs, der eine stets wiederkehrende metaphysische Realität darstellt. Kristeva verdinglicht also die Mutterschaft und wirbt zugleich für diese Verdinglichung als Störpotential des Semiotischen. Das Gesetz des Vaters, als Grund der eindeutigen Bezeichnung verstanden, wird durch einen ebenso eindeutigen Signifikanten abgelöst, nämlich durch das Prinzip des mütterlichen Körpers, das ungeachtet seiner vielfältigen Erscheinungsformen sich in seiner Teleologie gleich bleibt.«[76]

Der im Zitat beschriebene kollektive, ursprüngliche Trieb der Mutter, gebären zu wollen und fruchtbar zu sein, wird mit der Figur der *fecund* beziehungsweise der *archaic mother* durch Kristeva aufgegriffen. Interessant für À L'INTÉRIEUR ist hierbei beispielsweise, dass gerade mit dieser Idee des weiblichen Drangs nach Reproduktionsfähigkeit gebrochen wird. Hier wird nicht nur der Horror der Mutter als Lebensquelle und gleichzeitig als todbringender Abgrund gezeigt, sondern zudem der Horror, dass eine Mutter gerade nicht diesen teleologisch angelegten Kreisläufen entsprechen will: Die schwangere Protagonistin will keine Mutter sein, sie ist *in sich* ambivalent. Butler plädiert dementsprechend dafür, dass die Gegebenheiten des Symbolischen akzeptiert und als solche anerkannt werden sollten, erst dann scheint es möglich, ein tatsächlich subversives Konzept auf dieser Grundlage entstehen zu lassen, und damit beginnend scheint Veränderbarkeit erst denkbar:

> »Wenn Subversion möglich ist, dann nur als eine, die von den Bedingungen des Gesetzes ausgeht, d.h. von den Möglichkeiten, die zutage treten, sobald sich das Gesetz gegen sich selbst wendet und unerwartet Permutationen seiner selbst erzeugt. Dann wird der kulturell konstruierte Körper befreit sein, allerdings weder für seine natürliche Vergangenheit noch für seine ursprünglichen Lüste, sondern für eine offene Zukunft kultureller Möglichkeiten.«[77]

Dieser Gedanke zur kulturellen Subversion führt zum Leitgedanken des Films À L'INTÉRIEUR, denn das mütterliche Konstrukt Kristevas wird vordergründig durchaus eingehalten. So wird die Analyse aufzeigen, dass die zwei weiblichen, sich bekämpfenden Mutterfiguren die Metaphorik des transgressiven Abjekten, Verstoßenen erfüllen, welches wieder zu seinem Ursprung zurückkehren will und dabei sukzessive Grenzen destruiert, von Haus- bis zu Körpergrenzen: Die beiden ausschlaggebenden Komponenten der *archaic mother* stehen sich gegenüber und vervollständigen sich gewissermaßen gegenseitig zu dem Konstrukt der Lebensquelle und des Abgrunds. Schließlich werden sich die Bereiche Innen und Außen gänzlich auflösen. Zunächst wird demnach Kristevas Theorie in Verbindung mit dem Bataille'schen Transgressionsbegriff fruchtbar für die Analyse. Jedoch eröffnet ein genauer Blick eine weitere, komplexe Ebene des Films, nämlich gerade die der Dekonstruktion

127

der zuvor erwähnten Strukturen der archaischen Mutter. Diese werden wiederum mit Butlers Kritik an Kristeva anschaulich, denn das Fundament und die Bedingungen des Kristeva'schen Konzepts werden in À L'INTÉRIEUR eingehalten, um gleichzeitig subvertiert zu werden. Die genaue Beschaffenheit dieser Lesart des Films als Subversion des naturalistischen Mutterkonstruktes wird in der Analyse erörtert. Vor der Hauptanalyse von À L'INTÉRIEUR bereitet eine weitere Filmbetrachtung diesen entscheidenden Schritt vor, denn in FRONTIÈRE(S) (Frontier(s) – Kennst du deine Schmerzgrenze?; 2007; R: Xavier Gens) ist zu erkennen, wie auf ein neues Bild der Frau als Mutter verwiesen und ein anderes dafür als obsolet erklärt wird. Außerdem werden die hier vorgestellten Konzepte des Mütterlichen direkt gegeneinander ausgespielt. Letztlich wird zudem vorgeführt, wie eine junge Mutter versucht, aus den patriarchalen Strukturen der symbolischen Ordnung zu entfliehen, was ihr jedoch verweigert wird.

Die zweifelnde Mutter als neue Quelle des Horrors? – FRONTIÈRE(S)

Das Motiv der Schwangerschaft wird mehrfach im französischen Terrorfilm eingesetzt, wie bereits zuvor erörtert. In MUTANTS (Mutants – Du wirst sie töten müssen!; 2009; R: David Morlet), LA HORDE (Die Horde; 2009; R: Yannick Dahan, Benjamin Rocher) und LA MEUTE (Die Meute; 2010; R: Franck Richard) bedeutet Schwangerschaft, jeweils verschieden stark gewichtet und ausgedeutet, immer das jeweilige Überleben der Protagonistinnen. Dieser Aspekt trifft jedoch lediglich zum Teil auf die Filme zu, welche im vorliegenden Kapitel relevant sind. Während in den vorher genannten Beispielen eine einzige weibliche Figur schwanger ist, werden nun Mutterfiguren präsentiert, welche in Konkurrenz zu weiteren weiblichen Charakteren stehen, die das Bild einer Mutter repräsentieren. Es scheint demnach möglicherweise auf die Ablösung von einem Muttermodell verwiesen zu werden; eines, welches in veralteten Strukturen zurückzubleiben scheint und für obsolet erklärt wird. Dem wird ein Mutterkonzept entgegengestellt, welches sich aus den Strukturen befreit.

Dieser Aspekt lässt vermuten, dass in den vorliegenden Filmbeispielen, FRONTIÈRE(S) und À L'INTÉRIEUR, Frauen als Mütter und die unterschiedlichen Auslegungen dieses (Rollen-)Bildes verhandelt werden. Außerdem sollte hierbei unterschieden werden von den weiblichen Figuren in MUTANTS, LA HORDE und LA MEUTE, die zwar als schwangere Figuren etabliert werden, sich jedoch nicht explizit zu dieser Tatsache verhalten. Die Schwangerschaft erscheint vielmehr als ein körperlicher Zustand, der, wie in den erwähnten Analysen erörtert, zur Positionierung innerhalb des heteronormativen Systems nützlich erscheint, indem dies die Performanz einer eindeutigen Geschlechtsidentität als Überlebensstrategie innerhalb dieser Matrix unterstützt. Die folgenden ausgewählten Filmbeispiele präsentieren dagegen zumeist weibliche Figuren, die sich zum eigenen geborenen oder noch ungeborenen Kind verhalten oder sich zu dem Zustand der Schwangerschaft äußern. Doch scheint die Darstellung einer selbstreflexiven Mutter, die bisweilen gegen den eigenen Körper und das Kind darin ankämpft, eine außergewöhnliche zu sein.

Die Verabschiedung alter, patriarchaler Strukturen, die noch an einem alten Mutterkonstrukt der entsubjektivierten Mutter festhalten, findet sich in FRONTIÈRE(S). Vor allem die Untersuchung unterschiedlicher Körperdarstellungen verweist auf den Akt der Befreiung aus festgelegten Symbolstrukturen des Mütterlich-Weiblichen und auf einen Wandel hin zum Verlangen nach körperlicher Uneindeutigkeit. Dies ist eine Tendenz, welche sich in diesem Kapitel lediglich subtil andeutet und in dem noch folgenden, abschließenden Kapitel ihre Ausdeutung findet.

Die Protagonistin des Terrorfilms FRONTIÈRE(S) ist eine zweifelnde Mutter. Yasmine (Karina Testa) ist eine junge Frau, die im dritten Monat schwanger ist und in einem Pariser Vorort lebt, in welchem nach politischen Wahlen starke Ausschreitungen an der Tagesordnung stehen. Yasmine, ihr Bruder Sami (Adel Bencherif) und deren Freunde Alex (Aurélien Wiik), Tom (David Saracino) und Farid (Chems Dahmani) nutzen das Chaos auf den Straßen, um mit kriminellen Mitteln an Geld zu gelangen. Sie stehlen eine große Summe, bei dem Coup wird jedoch Sami angeschossen und erliegt schließlich seinen schweren Verletzungen. Tom und Farid flüchten mit einem zweiten Wagen aus der Stadt, um später Yasmine und Alex auf dem Land wiederzutreffen. Die beiden Freunde gelangen nachts an ein Motel nahe der Landesgrenze und mitten im Nirgendwo. Geleitet wird die unwirtliche Unterkunft von einer absonderlich anmutenden Familie, von deren Mitgliedern sie schnell angegriffen werden. Etwas später treffen auch Yasmine und Alex am vereinbarten Ort ein. Nach und nach zeigt sich, dass es sich bei der Familie um Kannibalen handelt, die unter dem strengen Regime des Vaters Von Geisler (Jean-Pierre Jorris) leben, eines Altnazis und Überlebenden des Zweiten Weltkrieges, der versucht, sich ein eigenes kleines, faschistisches Reich mit seiner sektenartigen Familienbande im Grenzland aufzubauen. Tom wird das erste Opfer von Hans (Joël Lefrançois), einem dicklichen Schweinebauern, gefolgt von Farid. Alex und Yasmine werden derweil im Schweinestall festgekettet, und da die Familie frisches Blut im Stammbaum benötigt, wird Yasmine bald zur Frau von Karl (Patrick Ligardes), einem der Söhne des Patriarchen, ernannt.[78] Nachdem Alex vor ihren Augen von dem Familienoberhaupt Von Geisler hingerichtet wird, wird sie von den Frauen der Familie, Gilberte (Estelle Lefébure), Klaudia (Amélie Daure) und Eva (Maud Forget), als Braut zurechtgemacht und in ein Zimmer gesperrt. Eva ist hochschwanger und hat bereits viele behinderte und entstellte Kinder zur Welt gebracht hat, die in den unterirdischen Räumen einer alten und verlassenen Mine vor sich hin vegetieren. Eva spürt schnell und instinktiv, dass Yasmine ebenfalls ein Kind in sich trägt. Bei einem feierlichen Abendessen soll die Ehe von Karl und Yasmine besiegelt werden, doch diese setzt sich zur Wehr, und die Situation eskaliert. Dabei kommen zunächst Hans und Von Geisler ums Leben, Yasmine flüchtet in das labyrinthartige Tunnelsystem der Mine, gefolgt von den übrig gebliebenen Männern der Familie, die Yasmine mithilfe von Eva tötet. Der finale Kampf findet zwischen Yasmine, Klaudia und Gilberte statt, aus dem Yasmine als Siegerin hervorgeht. Nur sie selbst und Eva sind die letzten Überlebenden. Yasmine möchte den Unglücksort so schnell wie möglich verlassen und versucht, Eva zu überzeugen, mit ihr zu fliehen, doch die entscheidet sich zu bleiben – sie will ihre Kinder nicht verlassen.

FRONTIÈRE(S) konfrontiert die Zuschauenden mit gleich mehreren Welten des Terrors: denen der Kriege, politischen Unruhen und der erbarmungslosen sozialen Un-

Angriff: Die Destruktion von Körperkonzepten des Mütterlichen

gerechtigkeit einerseits und andererseits mit der völlig unwirklich anmutenden, hermetisch abgeriegelten, kleinen Welt der diktatorisch-faschistischen, inzestuösen Familie, die weit draußen im abgelegenen Grenzland lebt. Egal in welche der beiden Welten die Protagonistin Yasmine gelangt, sie scheint den gleichbleibenden Elementen des willkürlichen und unbarmherzigen Todes, des Hasses und des Chaos ausgeliefert zu sein – letztlich scheint es, als würden die beiden beschriebenen Gesellschaften sich nur vermeintlich unterscheiden. Eine Gemeinsamkeit stellt sich gegen Ende des Films als besonders deutlich heraus: die patriarchalen Strukturen.

FRONTIÈRE(S) ist ein äußerst kulturpessimistischer Film, der im Zentrum eine junge Frau präsentiert, die damit umgehen muss, dass ihre Umwelt in Zerfall und Verlust begriffen ist. Der Höhepunkt des Kulturpessimismus als absoluter Absage an bestehende gesellschaftliche Strukturen wird zugleich an den Beginn des Films gesetzt. Mit dieser Sequenz wird eine bedrückende Botschaft verdeutlicht: die nüchterne Feststellung, dass das Leben in den bestehenden gesellschaftlichen Strukturen nicht mehr lebenswert ist. Gleichzeitig wird das Element der Ausweglosigkeit als schicksalhafter Ausblick auf das Filmende gewährt. Das Motiv der Befreiung ist stark an die Körperdarstellungen geknüpft: Welche unterschiedlichen Konstruktionen von Frauenkörpern werden präsentiert und einander gegenübergestellt?

Die kurze, aber sehr intensive Körperdarstellung der Eingangssequenz in FRONTIÈRE(S) konfrontiert zwei völlig unterschiedlich gedachte Mutterkonstrukte miteinander und entfaltet damit ihr verstörendes Potential. Die Schlusssequenz greift die eingangs etablierten, gegenläufigen Tendenzen ebensolcher mütterlicher Figurationen wieder auf.

Tief schwappende, dunkle, verzerrte Töne, die sich mit unklaren Sounds vermischen, welche entfernt an Atemgeräusche erinnern; nach kurzer Zeit erscheinen unbestimmbare, flimmernde grau-schwarze Bilder. Erst nach und nach verdichten sich die aufflackernden Farben und erwecken stetig mehr den Eindruck, dass es sich möglicherweise um Ultraschallbilder handeln könnte. Dazu formiert sich ein pulsierender, immer regelmäßiger aufkommender Herzton, weiterhin unterlaufen von einer düster knackenden Tonebene. Skelettartige, zuckende Gebilde werden langsam erkennbar, dazwischen scheint ein winziges Herz schnell zu schlagen. Ein schallendes, gleichmäßiges Geräusch kommt hinzu, eine kleine Hand streckt sich aus. Plötzlich ertönt die deutlich vernehmbare Stimme einer Frau:

»Ich heiße Yasmine. Ich bin im dritten Monat schwanger. Es hat einmal jemand gesagt, dass alle Menschen in Freiheit und Gleichheit geboren werden. In der Welt, in der ich lebe, gilt genau das Gegenteil.«

Auf der Bildebene wird unterdessen das Profil eines Gesichtes im dunklen Körperinneren langsam erkennbar, und die Kamera bleibt auch während der folgenden Sätze weiterhin auf dem Gesicht des Embryos; kurz unterhalb des Kopfes schlägt das Herz im Rhythmus der pulsierenden Tonebene. Die Körperumrisse des Ungeborenen werden dabei immer deutlicher, während die Mutter, Yasmine, weiterspricht: »Wer möchte geboren werden, um im Chaos und Hass zu leben? Ich habe mich entschieden, ihm das Schlimmste zu ersparen.« Kurz nach dem Ende der *voice over* brechen blitzartige, helle Bildfragmente, getragen von sehr hohen Störgeräuschen, in die vorherige, düster-nachdenkliche Atmosphäre ein.

Die zweifelnde Mutter als neue Quelle des Horrors? – FRONTIÈRE(S)

Kurz flackert deutlich eine Nahaufnahme des Gesichtes einer jungen Frau auf. Die Einstellung springt plötzlich in eine noch nähere Einstellung, dieses Mal ist es das blutverschmierte Gesicht derselben Frau, die mit einem intensiven Blick direkt in die Kamera schaut; daraufhin springt das Bild wieder etwas weiter weg, und aufblitzende weiße *frames* beenden diese Sequenz. Die Montage wirkt beinahe wie ein subliminaler Schnitt, und die Ästhetik erinnert auf diese Weise an eine unkontrollierbare Bild- und Tonstörung. Die unbeständig springenden und bedrohlich wirkenden Porträts der jungen Mutter funktionieren tatsächlich als Störung. Sie brechen herein in die zuvor etablierte Atmosphäre der beruhigenden Verbundenheit im mütterlichen Kontinuum. Der bildfüllende Blick in das Körperinnere, auf den noch unidentifizierbaren Embryo, getragen durch die rauschende, pulsierende Soundatmosphäre, erinnert stark an Beschreibungen von Julia Kristeva:

> »The glance by which I identify an object, a face, my own, another's, delivers my identity which reassures me: for it delivers me from frayages, nameless dread, noises preceding the name, the image – pulsations, somatic waves, color frequencies, rhythms, tones.«[79]

Für Kristeva existieren zwei Ebenen des Sichtbaren: die der identifizierbaren Gegenstände, welche die eigene Identität versichert, und darunter die Dimension, welche sich jeglicher Identifikation und Benennung entzieht. Gerade (Kino-)Bilder vermögen es laut Kristeva, Elemente einzufangen und wiederzugeben, die sich der symbolischen Ordnung entziehen. Sie tragen daher per se eine Ambivalenz in sich, welche eine reizvolle Wirkung auf die Betrachtenden ausüben kann:

> »Everything specular is fascinating because it bears the trace, in the visible, of this aggressivity, this unsymbolized drive: unverbalized and hence unrepresented.«[80]

Diese unbestimmbaren Spuren sind vor dem thetischen Prozess anzusiedeln und stehen demnach in Verbindung mit dem Mutterkörper:

> »Sie schließen damit an eine Form des Sehens an, die noch nicht den Gesetzen des Vaters unterlag, sondern im frühen Verhältnis zur Mutter herrschte.«[81]

Diese Blickebene ist vergleichbar mit dem Semiotischen der Sprache und mit der präödipalen, transgressiven Einheit mit dem Mutterkörper. Dieser Aspekt wird in der beschriebenen Sequenz voll ausgedeutet und greift damit die Blicktheorie des Apparatus von Baudry nicht nur auf, sondern erweitert und verstärkt diese um eine zusätzliche Ebene, denn die Zuschauenden scheinen in den ersten Sekunden des Films beinahe zurückversetzt, einerseits durch den Apparatus selbst, wie Baudry es beschreibt: die Passivität im dunklen Zuschauerraum, im Kinosessel, konfrontiert mit Projektionen auf der Leinwand. Andererseits beinhalten die Bilder selbst Projektionen direkt aus dem Mutterleib, und damit geben sie direkt den Zustand des Embryos im Mutterleib wieder. Die Zuschauersituation wird demnach stark intensiviert. Eine weitere Verstärkung dieses Effektes wird dadurch erlangt, dass zunächst die Bilder und Töne völlig unbestimmbar bleiben und sich erst nach und nach als Ultraschallbilder eines Babys entlarven lassen. Auf diese Weise wird der Kristeva'sche Aspekt aufgegriffen, der die Faszination der unidentifizierbaren Bildspuren beschreibt. Es wird ein Körper präsentiert, welcher dem Konstrukt der

Angriff: Die Destruktion von Körperkonzepten des Mütterlichen

präödipalen Mutter bei Kristeva entspricht sowie das Bedürfnis nach Regression bei Baudry aufgreift und dazu einlädt, sich der masochistischen Schaulust, welche das Gesetz des Vaters ausschließt, wie es Studlar beschreibt, hinzugeben: Noch gibt es keine Bedeutungen, keine Namen, keine Abgrenzungen, es herrscht alleine die allumfassende Einheit mit dem Mutterkörper. Diese Darstellung etabliert demnach ein übergeordnetes, völlig entsubjektiviertes, mütterliches Prinzip.

Gerade der erste Satz der weiblichen *voice over* setzt an der denkbar höchsten Stufe der Kontrastierung dieses beschriebenen transgressiven Mutterkonstruktes an: »Ich heiße Yasmine.« Die Stimme ertönt klar, vergleichsweise laut und setzt sich von dem bisherigen düster-diffusen Tonteppich des Körperinneren deutlich ab. Auch inhaltlich ist die Tonebene kontrapunktisch zur noch undeutlich schemenhaften Bildebene gesetzt, denn die Stimme spricht sogleich ihren Namen aus. Sie macht sich umgehend zu einem Subjekt, welches sich selbst identifiziert, markiert und bestimmt. Die Tonebene legt die symbolische Ordnung der Außenwelt über das Bild, welches dagegen Elemente des Semiotischen darstellt. Ausschlaggebend ist zudem, dass kein Schnitt auf das Gesicht einer Frau erfolgt, die ihren Namen nennt und von ihrer Schwangerschaft spricht. Stattdessen blickt der Zuschauende, während er die Stimme der Mutter vernimmt, weiterhin auf deren Körperinneres. Gesteigert wird das verstörende Potential dieses Moments im weiteren Verlauf der kurzen Sequenz, denn die Schemen des ungeborenen Kindes verschärfen sich stetig, und dieser Kamerablick wird weiterhin gehalten, während die Mutter ihre überzeugt formulierte Entscheidung (»Ich habe mich entschieden, ihm das Schlimmste zu ersparen«) äußert, das Kind nicht auf die Welt bringen zu wollen.

Dieser Teil der Sequenz stellt die zweifelnde Mutter dem universell angelegten mütterlichen Prinzip der immer fruchtbaren und gebärenden Mutter entgegen. Dazu ist Yasmine noch politisch und äußert ihre Meinung über die verheerenden Umstände in der Welt, sie kritisiert die gesellschaftliche Wirklichkeit und widersetzt sich, in ihrer und durch ihre Funktion als Mutter, diesen Strukturen. Nach diesem Sequenzabschnitt wird Yasmines Gesicht enthüllt, und damit wird die junge Mutterfigur vollständig als Subjekt etabliert. Doch gerade diese Offenbarung bricht wie eine unangenehme Störung in die laufende Sequenz ein; weiße, blitzartige Bilder, getragen von unangenehm hohen Geräuschen, klammern die wechselnden, aufblitzenden Porträtaufnahmen der schwangeren Protagonistin ein, die düster in das Kameraauge blickt. Yasmine erscheint als beunruhigende Figur, gerade auch, weil sie zuvor als Bedrohung für das sich noch in Geborgenheit befindende, ungeborene Kind vorgestellt wurde. Die zweifelnde Mutter als handelndes Subjekt mit einer eigenen Haltung fungiert in dieser Sequenz als Quelle des Horrors.

Der Wandel von der fetischisierten, etwas ungreifbaren Mutterkonstruktion bei Baudry zur Mutter als Person mit Handlungsmacht zeigt eine Tendenz auf, die konkrete und real greifbare Frauen- und Mutterfiguren hervorbringt. Dies zeichnet FRONTIÈRE(S) als Terrorfilm aus, der sich, dem Genre entsprechend, auf den Horror in der realen Welt bezieht. Dementsprechend wirkt nicht alleine der Zweifel der Mutter selbst verstörend, zusätzlich beunruhigend scheint der *Grund* der Verneinung der Geburt des Kindes zu sein: die ungerechte Welt, in der die junge Mutter leben muss.

Mit diesem kurzen, aber sehr aussagekräftigen Prolog wird der tatsächliche Terror angeprangert, welcher in der wirklichen, nicht der fiktiven Welt anzusiedeln ist. Die folgenden realen Archivbilder der Titelsequenz zeigen die chaotischen Zustände auf, auf die sich die Protagonistin zuvor noch bezogen hat: bewaffnete Polizisten, die mit Gewalt und Wasserwerfern gegen Demonstranten vorgehen, Ausschreitungen in den Pariser Vororten, der Fall der Berliner Mauer und weltweite Demonstrationen. Der Film selbst ist ebenfalls in den Rahmen realer Ereignisse gepackt, denn er bezieht sich auf Unruhen in den Pariser Banlieues, nachdem bei Wahlen eine stark konservative, rechtspopulistische Partei Frankreichs gewonnen hat, die noch härter gegen Zuwanderung und Demonstrationen in den Vororten von Paris vorgeht. Die echten Archivbilder gehen beinahe nahtlos in die fiktiven Straßenkämpfe des Films über, in die Yasmine und ihre Freunde verwickelt sind. Die Grenzen, die in diesem Film verhandelt werden, sind demnach auch von sozialpolitischer Relevanz und beinhalten eine starke Gesellschaftskritik. Martine Beugnet stellt fest, dass der Rechtsruck in Frankreich dazu führte, dass die Pariser Vororte zu abgelegenen Grenzbereichen degradiert wurden, die vom touristischen Kern der Hauptstadt abgegrenzt wurden:

> »In the late 1980s and early 1990s, the poverty and general feeling of hopelessness spurred a series of riots. In turn, as illustrated by the growing popularity of the extreme Right, the unrest and exploitation of the insecurity issue as a political weapon contributed to crystallizing the social anxieties of part of the nation around the problem of immigration and of the banlieus. Thus, while increasingly large areas of the center were turned into a showcase of urban consumption and tourism, the périph' (short for périphérique, or ring road) became synonymous with a frontier, the physical and symbolic boundary with what was cast as a surrounding wasteland.«[82]

Grundlegend werden in FRONTIÈRE(S) Ab- und Ausgrenzungen verhandelt, die sich in der Gesellschaft widerspiegeln und hier filmisch auch durch die Körperdarstellung der Protagonistin veranschaulicht werden.

Dieser bedrückend pessimistische Einstieg in den Film wird in der Schlusssequenz aufgegriffen und weitergeführt. Visuell (Körperdarstellungen) und narrativ (die jeweiligen Entscheidungen, welche die übrig gebliebenen Frauen treffen) werden unterschiedliche Mutterkonstruktionen präsentiert. Beide sind jedoch letztlich dem Patriarchat ausgeliefert und erhalten nicht die Möglichkeit, sich aus den Strukturen ihrer jeweiligen Umwelt zu befreien.

Nachdem eine große Explosion den Schuppen zerstört hat, in dem Yasmine sich noch kurz zuvor vor einem Kugelhagel von Gilberte und Klaudia verstecken und schützen konnte, läuft die völlig verstörte Yasmine an der sterbenden, auf dem Boden liegenden Klaudia vorbei, in den Hof der verlassenen Mine. Draußen regnet es in Strömen. Eva, die sich unerwartet auf Yasmines Seite geschlagen hat und ihr half, die übrig gebliebenen Männer der brutalen Familie zu töten, ist ebenfalls auf dem Hof und hofft, dass der Alptraum nun ein Ende hat. Doch Gilberte hat die Explosion überlebt und tritt ebenfalls aus dem Schuppen heraus, auf Yasmine zu, um diese endgültig zu töten. Sie zwingt Yasmine, vor ihr niederzuknien, doch die nimmt all ihre übrigen Kraftreserven zusammen und überwältigt Gilberte. In einem letzten rauschhaften Gewaltausbruch tötet

Angriff: Die Destruktion von Körperkonzepten des Mütterlichen

sie Gilberte, indem sie ihr zuerst den Kopf auf dem Boden aufschlägt und dann die Halsschlagader mit einem Biss aufreißt. Ein lauter, befreiender Schrei holt sie aus der Schockstarre heraus und wieder ins Bewusstsein zurück. Sie will nun so schnell wie möglich von dem Ort des Schreckens verschwinden, nimmt die Autoschlüssel an sich und bietet Eva an, mit ihr zu kommen. Doch die will nicht mit ihr fliehen, da ihre Kinder sich noch in den unterirdischen Räumen der verlassenen Mine befinden, sie möchte sich weiter um sie kümmern und sie nicht unbeaufsichtigt zurücklassen. Yasmine fährt durch das große Tor nach draußen, vorbei an einem großen Holzkreuz am Straßenrand, und hofft auf die Freiheit. Aus dem Autoradio ertönen die Nachrichten aus der Stadt: Nach dem zweiten Wahlgang der Präsidentschaftswahlen gibt es weitere Unruhen auf den Straßen, ein Attentat wurde vereitelt, die Kämpfe in Yasmines alter Heimat gehen weiter. Yasmine lässt zwei erneute markerschütternde Schreie heraus und weint bitterlich. Schließlich wird sie von einer Straßenkontrolle angehalten; die junge, blutüberströmte und unter Schock stehende Frau steigt weinend aus dem Wagen – mit erhobenen Händen.

In dem Prolog des Films werden, wie bereits dargelegt, zwei Konzepte des Mütterlichen gegeneinandergesetzt. Daraus geht Yasmine, eine junge und entschlossene Frau, als Protagonistin des Films hervor. In der Sequenz, die den Film beendet, bleibt sie mit einer weiteren jungen Mutter zurück: Eva. Sie wurde als Kind entführt und in die Familienbande Von Geislers gebracht, wo sie aufgewachsen ist und mit dem Schweinebauern Hans viele schwerbehinderte Kinder zur Welt brachte. Auch als Yasmine eintrifft, ist Eva wieder einmal hochschwanger, und sie fühlt sich stark mit Yasmine verbunden, seit sie instinktiv deren Schwangerschaft gespürt hat. Es gibt demnach zwei Muttermodelle in dieser Schlusssequenz, die überleben: die zweifelnde Frau, die sich gegen das eigene Kind entscheidet, und die Mutter, die sich trotz der Hölle, in der sie aufgewachsen ist, niemals von ihren Kindern trennen würde. Eva ist emotional tief verstrickt in die Regularien und Strukturen ihrer bisherigen Umgebung. So leidet sie sehr unter dem Verlust ihres Ehemannes Hans, schließlich entscheidet sie sich gar gegen eine Flucht aus der Mine, die fast ihr ganzes Leben ihr Gefängnis war. Es gelingt ihr nicht, sich zu befreien, obwohl sie den Willen aufbringen konnte, Karl zu töten und Yasmine damit aus dessen Fängen zu retten: Sie bleibt letztlich in den alten Gefügen und ihrer vermeintlichen Pflicht als Mutter verhaftet. Sie entstammt dem Patriarchat Von Geislers, ihre körperliche Erscheinung gestaltet sich dementsprechend. Sie ist altmodisch, unschuldig-kindlich gekleidet, trägt zwei seitliche Zöpfe mit Schleifen im Haar, wirkt äußerst verschüchtert und ist hochschwanger. Sie fühlt sich ihren Kindern gegenüber streng verpflichtet, obwohl diese eindeutig aus grausamen Missbrauchs-

Evas körperliche Erscheinung in FRONTIÈR(S) (2007)

strukturen hervorgegangen sind. Yasmine dagegen wurden im Laufe des Films die langen Haare abgeschnitten, sie geht völlig blutüberströmt aus den zahlreichen Kämpfen heraus, ihr ebenfalls sehr altmodisches Kleid, welches ihr angezogen wurde, um sie als Braut anzupassen, hängt nur noch in roten Fetzen an ihr herunter. Ihre weiblichmütterliche Erscheinung ist demnach weniger eindeutig als die von Eva. Die brave Eva bleibt schließlich zurück und scheint an der Mutterliebe zugrunde zu gehen. Sie versinnbildlicht die gesellschaftliche Wirklichkeit, aus der Yasmine entfliehen will. Yasmines Akt der Zurücklassung und Niederschlagung (vermeintlich) obsoleter Strukturen – symbolisiert durch die Mutterfigur Eva und deren Familie – wird von den kathartischen Elementen des Kampfes, des Feuers (im Schuppen) und des reinwaschenden Regens begleitet. Sie ist eine Mutter, die sich gegen ihr Kind entschlossen hat, sich befreit hat und nun auf eine neue Zukunft hofft. Nachdem sie der Mine entflohen ist, befindet sie sich auf der Landstraße im Auto zwischen den zwei Welten: Hinter ihr liegt die Hölle Von Geislers, vor ihr erhofft sie sich die neu erlangte Freiheit. In diesem kurzen Moment der Hoffnung legt sie ihre Hand liebevoll auf ihren Bauch. Doch der folgende Schnitt in die Nahaufnahme des Autoradios suggeriert bereits, dass auch die Welt, in die sie sich begibt, von Terror und Chaos geprägt ist. Die Tonebene greift die Nachrichten aus dem Radio auf: Die Unruhen in der Stadt gehen nach einem zweiten Wahldurchgang weiter. Scheinbar gibt es keinen Ausweg. Als Yasmine dies klar wird, schreit sie verzweifelt. Die schreckliche Ausweglosigkeit ihrer Situation findet in der Symbolik der nächsten Einstellungen ihren Ausdruck: Sie wird von mehreren Männern der Polizei auf offener Straße angehalten; einer der Polizisten hebt seinen Arm, um ihr Auto zu stoppen. Mit erhobenen Armen ergibt sie sich. Hier scheint sich der Grund für ihren zu Anfang geäußerten Abtreibungswunsch zu bestätigen: Gewalt und patriarchale Strukturen, welche weiterhin unverändert auf die junge Frau warten, verhindern den Weg in die Freiheit – Yasmine erfährt die absolute Ausgrenzungserfahrung. Sie wird zurückgewiesen und für ihre Abseitigkeit, die ihre Körperdarstellung repräsentiert, bestraft.

Yasmine wird von der Polizei gestoppt: Sie trifft wieder auf patriarchale Strukturen

Yasmine tritt den Polizisten mit erhobenen Armen entgegen

Angriff: Die Destruktion von Körperkonzepten des Mütterlichen

Der Prolog des Films konfrontiert zwei Muttermodelle miteinander: Der transgressive Mutterkörper prallt auf die Stimme einer Mutter, die sich unmittelbar namentlich als Subjekt markiert; kurz darauf ist ihr Gesicht in einer Nahaufnahme zu sehen. Diese Form der Inszenierung erhöht die Wucht des zweifelnden Muttersubjektes und zusätzlich den beunruhigenden Inhalt ihrer Aussage, die somit als Quelle des Terrors gestärkt wird. Damit scheint FRONTIÈRE(S) das psychoanalytische Modell der Mutter, die sich dem Gesetz des Vaters entgegenstellt, für obsolet zu erklären und neue Möglichkeiten der Mutterfigurationen zu offenbaren. Wichtig erscheint zudem die Betrachtung der Schlusssequenz, die darlegt, dass eine verzweifelte, in ihrer körperlichen Erscheinung uneindeutige Mutter aus dem Kampf gegen den Horror des Patriarchats hervorgeht. An dieser Figur hängen nur noch die Fetzen aus der vergangenen Zeit, aus der sie sich letztendlich zu befreien versucht. Der äußerst pessimistische Ausblick zeigt jedoch auf, dass Yasmine von einer Hölle in die nächste gerät, zudem wird sie für ihr von der Norm abweichendes Aussehen bestraft und ausgegrenzt. Ihr Zweifel als Mutter wird bestehen bleiben; mehr noch, ihr Versuch der Befreiung ist misslungen, und sie wird weiterhin den Repressionen bestehender Strukturen unterliegen.

Diese Ausführungen legen dar, dass der französische Terrorfilm Mutterkonstruktionen präsentiert, die im Genrekino selten vorkommen. Während zumeist psychoanalytisch angelegte Mutterfigurationen als Quelle des Horrors dienen, die in dem Film als subtiles, übergeordnetes Prinzip fungieren – als mütterliches Konstrukt, das Tod und Leben bedeutet, oder als Kampf zwischen guter und böser Mutter, die damit wiederum den Kreislauf gegenseitig komplettieren – wird in FRONTIÈRE(S) eine zweifelnde Mutter als handlungsmächtiges Subjekt präsentiert. Ihre Handlungsmacht scheint dabei zunächst die Quelle des Horrors zu sein, denn sie hat die Macht, das heranwachsende Leben in ihrem Körper zu beenden. Bei näherer Betrachtung offenbart sich jedoch eine Quelle des Terrors, die noch bedrückender scheint: die Grausamkeit der realen Welt, die die Mutter dazu treibt, am Wert des Lebens zu zweifeln. Somit scheint nicht die Entscheidung der Mutter – und damit die Mutter selbst – grausam, sondern der Grund ihrer Entscheidung.

Die folgende Hauptanalyse des Films À L'INTÉRIEUR soll aufdecken, dass das Element der Transgression eingesetzt wird, um einen Akt der Befreiung zu visualisieren. Während Yasmines Körper im Prolog von FRONTIÈRE(S) noch als transgressiver Mutterkörper präsentiert wurde, um dieses Konstrukt mit Yasmine als Subjekt zu konfrontieren, wird der Protagonistin selbst letztlich die drastische Grenzüberschreitung verweigert. Nur verbal konnte sie ihren Willen zur Abtreibung deutlich machen, um sich gegen die Gegebenheiten ihrer Umwelt aufzulehnen. Das Schlussbild zeigt letztendlich ihre Kapitulation angesichts der Grenze, die ihr durch die gesellschaftlichen Strukturen aufgezeigt wird. Der Filmtitel scheint nicht alleine die Schmerzgrenzen zu benennen, die einer Person zugefügt werden können (wie es der Untertitel WHAT ARE YOUR BOUNDARIES bezeichnet), FRONTIÈRE(S) verweist mit der dargelegten Deutung auch auf die Grenzen, die jedem Individuum gesetzt werden, das aus diesen restriktiven Formationen ausbrechen möchte.

Die Zerschlagung mütterlicher Symbolsysteme durch Körper-Transgression: Die ambivalente Mutter in À L'INTÉRIEUR

»How can I be without border? That elsewhere that I imagine beyond the present, or that I hallucinate so that I might, in a present time, speak to you, conceive of you – it is now here, jetted, abjected, into ›my‹ world«

Julia Kristeva

»Was wird vom Körper ausgeschlossen, um die Körpergrenze zu bilden? Und wie sucht dieser Ausschluss als eine Art innerer Geist, die Einverleibung des Verlusts als Melancholie, jene Grenze heim?«

Judith Butler

»INSIDE ist einer der großartigsten Terrorfilme der europäischen Filmgeschichte«, so der Filmwissenschaftler Marcus Stigleger. Der *home invasion*-Thriller wurde im Jahr 2007 von dem Regie-Duo Alexandre Bustillo und Julien Maury produziert. Gemeinsam mit HAUTE TENSION (High Tension; 2003; R: Alexandre Aja) trug insbesondere dieser Film, der ebenfalls eine äußerst drastische Gewaltdarstellung aufweist, zu der (Erfolgs-)Welle der französischen Terrorfilme bei. Bustillo und Maury bleiben dem Horrorgenre auch weiterhin treu, so produzierten sie im Jahre 2011 LIVIDE (Livid – Das Blut der Ballerinas) und 2014 AUX YEUX DES VIVANTS (Among the Living – Das Böse ist hier). Auch die erfolgreiche Zusammenarbeit mit der Schauspielerin Béatrice Dalle blieb bestehen. Der Kameramann Larent Barés hat bereits (unter anderem) in den Filmen THE DIVIDE, FRONTIÈRE(S), LA MEUTE und LIVIDE für kunstvolle und intensive Bildgestaltung gesorgt, den bestechend atmosphärischen Soundtrack liefert François-Eudes Chanfrault, der auch für den Sound von HAUTE TENSION zuständig war. À L'INTÉRIEUR (Inside; 2007; R: Alexandre Bustillo, Julien Maury) wurde beinahe ausschließlich als äußerst brutaler Kampf zwischen Gut und Böse wahrgenommen; wieder blieben Überlegungen zu oder Deutungen der auffälligen Frauen- beziehungsweise Mutterfiguren weitestgehend aus. Die genauere Betrachtung offenbart, dass die zwar offenbar visuell vorhandene, jedoch leichtfertig von der Kritik übernommene Konstellation von Gut gegen Böse nicht ausreicht, dem Potential der Frauenfiguren in diesem Film gerecht zu werden.

Sarah (Alysson Paradis) ist eine junge, hochschwangere Frau. Durch einen verheerenden Autounfall verliert sie ihren Ehemann, der auch der Vater des Ungeborenen ist. Dieses traumatische Ereignis lässt es ihr schwerfallen, von nun an das Baby in ihrem Bauch zu akzeptieren. Sie hat keinen Namen für das Kind und lehnt jegliche Hilfe von ihrem Arbeitgeber und Freund der Familie Jean-Pierre (François-Régis Marchasson) und von der eigenen Mutter Louise (Nathalie Roussel) ab. Von nun an funktioniert Sarah lediglich und absolviert frustriert, traurig und abwesend die anfallenden vorgeburtlichen Untersuchungen. Es scheint, sie wolle nach dem schrecklichen Verlust mit dem ›Mutter-Sein‹ nichts mehr zu tun haben. Am Weihnachtsabend bleibt Sarah lieber alleine zu Hause. Nach einem verstörenden Traum aufgeschreckt, hört sie plötzlich jemanden energisch an die Türe klopfen. Eine fremde Frau verlangt Einlass, den Sarah ihr nicht gewährt. Die düstere Gestalt der Unbekannten wirkt äußerst bedroh-

Angriff: Die Destruktion von Körperkonzepten des Mütterlichen

lich, kennt Sarahs Namen und weiß von dem Tod ihres Ehemannes. Sarah ruft die Polizei, die jedoch weitestgehend untätig bleibt, auch weil für die PolizistInnen in dieser Nacht viel zu tun ist, denn in Paris herrschen bittere Straßenkämpfe. Schnell kehrt die Unbekannte zurück und dringt sukzessive mit drastischer Gewaltsamkeit, beängstigender Konsequenz und beinahe übermenschlicher Stärke in die schützenden Räume des Hauses vor. Dabei müssen alle sterben, die Sarah zur Hilfe kommen. Schließlich verschafft sich die fremde Frau auch den Zugang zu dem letzten und heiligsten aller Schutzräume: Sarahs Gebärmutter. Im finalen Kampf der beiden Frauen stellt sich heraus, dass die düstere Fremde selbst schwanger im anderen Auto während des Unfalls gesessen hat und daraufhin ihr Baby verlor. Nun offenbar nicht mehr selbst imstande, Kinder zu gebären, kehrt sie in tiefster Trauer und voller Rachegedanken zurück, um sich das zu nehmen, was ihrer Meinung nach ihr gehört: Sarahs ungeborenes Baby.

Die folgende Analyse soll aufzeigen, dass der Terrorfilm À L'INTÉRIEUR das Motiv der Transgression auf mehreren Ebenen aufweist: Es werden sukzessive räumliche und physische Grenzen überschritten, ferner greift die Bildkomposition dieses Motiv auf. Das Element der Körper-Transgression in Verbindung mit dem Abjekten, welches diese Grenzen heimsucht, scheint sich bei genauerer Betrachtung komplex zu gestalten, etabliert doch die Farbgestaltung und Bildsprache eine Metaebene, welche suggeriert, dass sich die Narration seit dem Moment, in dem die Protagonistin ihr Haus betritt, alleine in deren Inneren abspielt. Die Bedeutung des Filmtitels kann dann verschoben und das Konstrukt der archaischen Mutter resignifiziert werden. Bezog sich der Titel zuvor noch auf den schützenswerten, zerbrechlichen Raum, der von außen bedroht wird, verweist À L'INTÉRIEUR mit der vorgeschlagenen Betrachtungsweise auf die Innenwelt einer Mutterfigur, in welcher sich ambivalente Gemütszustände bis hin zum Tod des eigenen Kindes ausdrücken können.

Das Motiv der Transgression verweist demnach nicht auf eine Heimsuchung von Grenzen zwischen Außen und Innen, sondern auf die Ambivalenz der Mutterfigur. Der verdrängte (abjekte) Wunsch, das eigene Kind zu verlieren, dringt innerhalb ihrer Welt immer weiter in das Bewusstsein vor (Transgression). Der vermeintliche Kampf zwischen Gut und Böse ist demzufolge alleine in der Innenwelt einer Mutter anzusiedeln und veranschaulicht im Grunde deren Zweifel/Ambivalenz dem Kind gegenüber. Das Element der destruktiven Körper-Transgression als Grenzüberschreitung der Haut-Grenze ist dann als ein Akt der Befreiung lesbar, der sich auf Sarahs Rolle als Mutter bezieht. Die dunkle Gegenspielerin, die Sarah das Kind entnimmt, entstammt folglich nicht etwa der Rahmenhandlung des Films, sondern die unterschiedlichen Elemente der Filminszenierung suggerieren vielmehr, dass die düstere und brutale Figur der personifizierte Abtreibungswunsch der Hauptfigur Sarah ist.

Auf diese Weise wird ein weiteres Mal, wie auch bei FRONTIÈRE(S), die Frau als Mutter und als Subjekt mit Handlungsmacht als Quelle des Terrors präsentiert und nicht etwa das übergeordnet angelegte psychoanalytische Konstrukt des archaisch mütterlichen Kreislaufs, bestehend aus Leben und Tod. Es werden Motive naturalistischer Mutterkonstruktionen (das Spiel mit dem Abjekten und zwischen Gut und Böse) verwendet, um eine Resignifizierung ebendieses Mutterbildes zu erlangen, welches so dauerhaft gestört werden soll. Schlussendlich werden die Zuschauenden auf diese Weise mit einer Verschiebung des Mutterkonstruktes ins Monströse konfrontiert: eine deformierte Gestalt, die den Todeswunsch einer Mutter verkörpert.

Der Haus-Körper als Mutterkörper

Ein deutlicher Unterschied in der Farbgestaltung zwischen der äußeren Umgebung, in der sich Sarah zu Beginn des Films bewegt, und der Bildkomposition und *Mise-en-scène* des Hausinneren unterstützt die Annahme, dass das Setting des Inneren des Hauses auch gleichzeitig die Innenwelt Sarahs nicht nur widerspiegelt, sondern körperhaft darstellt. Die Aufnahmen, die sich außerhalb des Hauses abspielen, sind in einen äußerst kühlen, bläulichen Ton getaucht. Dies bezieht sich nicht alleine auf Außenaufnahmen der Außenwelt; selbst die Innenräume des Krankenhauses vermitteln auf diese Weise eine unwirtlich beklemmende Atmosphäre. Nicht alle Räume spiegeln demnach auch die Psyche und das Körperinnere der Hauptfigur wider, alleine die Räume von Sarahs Haus vermitteln diesen Eindruck. Eine Nahaufnahme der sich schließenden Türe, mit direktem Blick auf die Leiste des Hauseingangs, etabliert den folgenden Stimmungswechsel, der durch das Eintreten in Sarahs Haus erfolgt. Auch der bedrückend schwermütige Sound auf der Tonebene wird nun mit dem Übergang in die nächste Sequenz beendet. Gleich die ersten Einstellungen des Hausinneren signalisieren den Wechsel der kühlen Außenaufnahmen in die somatische Wärme des Inneren. Die Kamera kommt aus einer dunklen Ecke hervor und nähert sich langsam Sarah, die auf dem Sofa Platz genommen hat. Die leicht verwackelte Kameraführung und die Unschärfe zu Beginn der Einstellung unterscheiden sich stark von den ruhigen, klaren und gradlinigen Aufnahmen der Außenwelt und verweisen so auf die lebendige, teilweise unbeständig diffuse Stimmung einer Gefühlswelt. Die Lichtgestaltung der Räume weist partiell sehr dunkle, beinahe schwarze Ebenen auf, die durch die warme Beleuchtung vereinzelter Lichtquellen unterbrochen werden. Insgesamt sind nun erdige Farbtöne von sehr dunklem Braun bis zu einem hellen Beige vorherrschend, und oftmals erhellen die wenigen Lichtpegel die neblig-milchige Luft im Haus, sodass die Luft nahezu greifbar erscheint und damit vielmehr Assoziationen mit Körperflüssigkeiten herstellt als mit ungetrübter Raumluft. Die Kamera weist bereits zu diesem Zeitpunkt eine starke Nähe zu Sarah auf, indem sie lebendig gehalten ist und oftmals aus der ebenbürtigen Schulterperspektive filmt; gleichzeitig kommt sie jedoch aus einer dunklen Ecke des Hauses hervor, was eine gewisse beobachtende, versteckte Haltung suggeriert. Dies ist ein Element, welches

À L'INTÉRIEUR: Neblig-milchige Luft im Hausinneren

Angriff: Die Destruktion von Körperkonzepten des Mütterlichen

anfangs subtil immer wieder aufgegriffen und lediglich angedeutet wird, sich jedoch im weiteren Verlauf zu einem unheildrohenden, vereinzelt eingesetzten, aber umso effektiveren Stilelement entwickelt, welches andeutet, dass das Böse, das in Kürze versucht, in Sarahs Haus einzudringen, möglicherweise schon längst in den dunklen Abgründen ihrer eigenen verdrängten Wünsche vorhanden war und ist: Das Verdrängte existiert bereits in den unheimlichen Ecken ihres Heims. Ganz so wie bereits Marie in HAUTE TENSION in ein unheimliches Außen verbannt wird und als Verdrängtes wiederkehrt, wird auch der von Sarah verfemte Teil zurückkehren. Damit ist wiederum der Freud'sche Begriff des Unheimlichen relevant, der dieses Mal jedoch darauf verweist, wie eng das Verdrängte mit dem Vertrauten verbunden ist:

»Freud kommt in seinem Aufsatz von 1919 nach einem Blick in die Wörterbücher (u.a. in den Grimm) zu dem Schluss, dass das Heimelige und das Heimliche in der Vorstellungswelt der Deutschen nicht nur eng verwandte Begriffe, sondern vor allem eng verwandte Phänomene seien. Heim(e)lig sei das ›zum Hause Gehörige‹, das Vertraute, Zahme, Trauliche, Anheimelnde wie das ›Versteckte, verborgen Gehaltene‹.«[83]

Miriam Schaub stellt bei Freud fest, dass das Heimelige und das Heimliche »eng verwandte Phänomene« sind. Der Wortstamm *Heim* verbindet beide scheinbar gegensätzlichen Bedeutungen des Vertrauten (Heimeligen) einerseits und des Versteckten, Geheimen (Heimlichen) andererseits. Beide Aspekte verbinden sich durch eine unumgängliche Nähe, die nun eine räumliche Komponente erhält: das »zum Hause Gehörige«.[84] Diese für den vorliegenden Film ausschlaggebende Bedeutung wurde auch für die internationale Forschung relevant; so entstand das englische Äquivalent *unhomely* als Alternative zu dem gebräuchlichen Terminus *uncanny*.[85] *Unhomely* wurde vor allem in der »dekonstruktivistischen Architektur und in der postkolonialen Theorie« verwendet:

»Indem sie den semantischen Kern Heim (home) in den Vordergrund rückt, ermöglicht die Übersetzung unhomely nämlich die Subversion der räumlichen und politischen Gegenüberstellung von Fremdem und Eigenem, von innen und außen, nicht nur auf einer thematischen Ebene, sondern auch auf der Ebene des Diskurses.«

Politisch wird dieser Aspekt in À L'INTÉRIEUR durch die Unruhen auf den Straßen der Banlieues aufgegriffen, im Gegensatz zum Schauplatz des Hausinneren. Innerhalb des Hauses jedoch werden die körperlichen Grenzen zwischen Innen und Außen verhandelt sowie die Verdrängung des vermeintlich Fremden/Bösen, welches jedoch trotz der Verfemung im eigenen vertrauten Bereich weilt. Letzteres spiegelt sich in der oben beschriebenen Raum- und Kamerainszenierung von Sarahs Haus wider.

Eine Außenaufnahme von Sarahs Heim offenbart, in welchem Raum sich die Protagonistin befindet, denn im obersten Zimmer geht das Licht an. Hier bewahrt Sarah ihre Fotografien auf: Ihre verbildlichten Erinnerungen werden in diesem Zimmer, gewissermaßen im Kopf des Haus-Körpers, gelagert. Hier begibt sie sich auch in alte Erinnerungen an ihren Ehemann und halluziniert seine Gegenwart. Seine Figur wird auch für die Zuschauenden in dieser emotionalen, von sensibler Klaviermusik getragenen Sequenz sichtbar. Dies ist ein weiterer Verweis – neben der räumlichen Anordnung dieses Erinnerungszentrums als oberstes Zimmer im Haus – auf die sub-

Die ambivalente Mutter in À L'INTÉRIEUR

jektive Darstellung der Räumlichkeit als psychisches Inneres, in der sich Sarahs Sehnsüchte, Ängste und auch verdrängte, düstere Wünsche widerspiegeln.

Wie in der Prologsequenz von FRONTIÈRE(S) erscheint in À L'INTÉRIEUR ein übergeordnetes Konstrukt, welches das universelle, präödipale Körperinnere einer Mutter symbolisiert. Die Kameraführung, Sarahs Phantasien und Halluzinationen, welche für die Zuschauenden sichtbar sind, sowie die beschriebene warme Licht- und Farbgestaltung tragen dazu bei, dass die Innenräume von Sarahs Haus eine somatische Wirkung entfalten und damit darauf verweisen, dass die filmische Wirklichkeit tatsächlich ihre subjektive körperliche und psychische Innenwelt darstellt. In den in halbklarem Licht getränkten Gängen des Haus-Körpers scheinen die Spuren der semiotischen *chora* angelegt zu ein. Die Räume des Hauses werden im weiteren Verlauf durch die dunkle Gestalt, dargestellt von Béatrice Dalle, massiv bedroht; jedoch lassen die Bildkomposition und bestimmte auffallende Kameraperspektiven darauf schließen, dass sich die Bedrohung nicht unbedingt von außerhalb sukzessive ihren Weg in die Innenräume bohrt, sondern tatsächlich aus dem eigenen Inneren, Verdrängten Sarahs hervorgeht und sich ihren Weg aus dem verfemten Bereich ins tiefere Bewusstsein der Hausbesitzerin verschafft. Schließlich erfüllt die dunkle Doppelgängerin den zutiefst verdrängten Wunsch der ambivalenten Mutter, sie entnimmt ihr das Kind. Es werden wieder zwei unterschiedliche Ebenen des Mutterkonst-

ruktes miteinander konfrontiert: einerseits das allumfassende, atmosphärisch angelegte Mutterkonstrukt, welches sich besonders in der Raumgestaltung wiederfindet, und andererseits Sarah, eine ambivalente junge Mutter als agierendes, handelndes

Erleuchtetes Fenster als ›Kopf‹ des Haus-Körpers

Subjekt. Die Ambivalenz der Mutter ihrem Kind gegenüber wird auch ästhetisch aufgegriffen, wie es noch dargelegt werden wird. Der stetig fortschreitende Prozess der destruktiven Körper-Transgression veranschaulicht die Konsequenz der ambivalenten Mutter, ihr eigenes Kind abzustoßen, und schließlich eine Befreiung von den ständig auferlegten, übergeordneten (kulturellen) Grenzen des Mutterkonstruktes (Grenzen im Haus).

Die Abjektion des eigenen Kindes als Auslöser des Bösen

Eine Traumsequenz greift den oben genannten Aspekt auf, dass den Zuschauenden mit den Räumlichkeiten des Hauses direkt Einblick in Sarahs Innenwelt gewährt wird, denn sie werden auch unmittelbare ZeugInnen von Sarahs Traum-Phantasien. Visuell ist diese Sequenz nicht durch eine andere Farbgebung oder etwa das gängi-

141

Angriff: Die Destruktion von Körperkonzepten des Mütterlichen

ge Montage-Element der Weißblende gekennzeichnet, sodass sich die Traumwelt ästhetisch nicht von dem vermeintlichen Wachzustand Sarahs unterscheidet. Ein Grund dafür könnte sein, dass diese Bildrealitäten nicht voneinander zu trennen sind. Zudem veranschaulicht diese Sequenz den tatsächlichen Wunsch Sarahs, ihr eigenes ungeborenes Baby abzustoßen. Mit diesem Akt, der den Abtreibungswunsch darstellt, ruft Sarah das herbei, was ihr dieses verfemte Verlangen verwirklichen soll. Da der Gedanke an die Abtreibung des Kindes verdrängt wird, erscheint auch die düstere Gestalt (Dalle), die diesen Gedanken gewissermaßen verkörpert und stetig weiter in das Bewusstsein von Sarah eindringt, als abjekt. Das Kristeva'sche Konzept des Abjekten beschreibt, wie bereits erläutert, etwas Undefinierbares, welches das Subjekt ins Außen verbannt und mit Ekel besetzt; fortan wird jedoch das Abjekte immer wieder die Körpergrenzen heimsuchen und das Subjekt mit der eigenen Verletzlichkeit konfrontieren.

Die Traumsequenz von Sarah ist ein Schlüsselmoment für die Betrachtung des Abjekten und erfolgt kurze Zeit, nachdem sich die Protagonistin in ihr Haus begeben hat. Sie sitzt abends in ihrem Schaukelstuhl. Eine Überblendung suggeriert die langsam vergehende Zeit und Sarahs gelangweilte Stimmung. Schließlich beginnt sie lustlos zu stricken. Im Bildhintergrund sind bereits zu diesem Zeitpunkt weibliche Schattenfiguren innerhalb des Hauses zu erkennen. Die *Mise-en-scène* vermittelt, dass Sarah demnächst mit Gestalten konfrontiert wird, welche sich in den hintergründig verdrängten Bereichen ihrer Gemütswelt längst befinden. Sarahs beinahe mütterlich anmutender Strickversuch bleibt erfolglos; betrübt blickt sie durch ein großes Loch ihres unvollkommenen Werkes. »Blödsinn«, kommentiert Sarah, die damit jegliche Annäherung an das häuslich Mütterliche zu verwerfen scheint. Sie schläft ein, das Strickzeug fällt aus ihrer Hand, und die Kamera fährt langsam auf sie zu. Plötzlich beginnt sie zu schnaufen und zu husten, bis sie sich nach vorne beugen muss, eine Hand auf ihrem Bauch. Verstörend düstere Töne erklingen, Sarah ist mittlerweile vornübergebeugt auf dem Boden und beginnt eine milchige Flüssigkeit zu erbrechen. Sie dreht sich auf den Rücken und scheint starke Schmerzen zu erleiden. Der düstere Sound wird immer lauter, eine Großaufnahme der fauchenden Katze leitet den folgenden, surrealen und ›unnatürlichen‹ Prozess ein: Blut und milchige Körperflüssigkeiten sprudeln aus Sarahs Mund hervor, gefolgt von dem Embryo, der ebenfalls im Inneren ihres Mundes aufsteigt. Mit einem lauten, kurzen Stöhnen und dem direkt darauffolgenden Klingeln an der Haustüre wird Sarah aus dieser alptraumhaften Szene entlassen. Der folgende Schnitt zeigt eine Großaufnahme ihrer weit aufgerissenen Augen nach dem Erwachen.

Auffällig ist, dass Sarah größtenteils eine milchige Flüssigkeit abgestoßen hat, bevor das Kind, begleitet von viel Blut, aus ihrem Körper hervorkam. Dies deutet darauf hin, dass sie solche Assoziationen zwischen Körperflüssigkeit und Mutterschaft, das heißt die Muttermilch, abstößt: Sarah verdammt demnach die Mutterschaft an sich, denn sie erbricht alles, was sie mit ihrem eigenen Körper und Mutterschaft verbindet. Der Brechvorgang Sarahs kann nach Kristeva als eine Erscheinung des Abjekten selbst bezeichnet werden. Denn das, was die physische Grenze, die Haut, überschreitet, verweist das Subjekt auf die Fragilität des sich markierenden Selbst: Die körperlichen Umrisse werden diffus und

Die ambivalente Mutter in À L'INTÉRIEUR

Im Hintergrund, links neben Sarahs Kopf, deutet eine Schattenfigur mit weiblicher Silhouette auf verdrängte Bereiche hin und verweist auf die dunkle Doppelgängerin der Protagonistin

unbeständig. Das Austretende wird demnach umgehend mit einem Gefühl des Ekels und des Unsauberen besetzt.

»The body's Inside, in that case, shows up in order to compensate for the collapse of the border between Inside and outside. It is as if the skin, a fragile container, no longer guaranteed the integrity of one's ›own and clean self‹ but, scraped or transparent, invisible or taut, gave way before the dejection of its contents. Urine, blood, sperm, excrement then show up in order to reassure a subject that is lacking its ›own and clean self‹.«[86]

Körperflüssigkeiten jeglicher Art lassen das Subjekt die Versehrtheit des Körpers empfinden. Die Grenzen zwischen dem Inneren und dem Äußeren des Körpers drohen zu zerbröckeln; wir verlieren unseren unversehrten Zustand, und damit verwerfen wir alles, was wir mit dieser fragilen Abtrennung verbinden. So bedeutet nicht nur die austretende Körperflüssigkeit Ekel und Ablehnung, auch das aus dem Mund hervorkommende Kind wird demnach von Sarah verbannt. Des Weiteren scheint es, als seien nicht alleine das Baby oder die austretenden Körperflüssigkeiten dem Abjekten zuzuordnen, sondern vor allem der abgründige Wille Sarahs, das eigene Kind abzustoßen, der sich durch diese Traumsequenz offenbart. Bezeichnend ist dementsprechend zudem, dass die Gestalt, die diesen Prozess für Sarah erfüllt, direkt nach dem Erwachen mit einem lauten Klopfen und Klingeln an der Haustüre (des Haus-Körpers) erscheint. Die ›böse Mutter‹ tritt fortan wie die dunkle Doppelgängerin von Sarah auf. Damit geht die Protagonistin eine makabere, weil ambivalente Verbindung mit dem Abjekten ein, denn dieses erhält erst durch die konsequente Verbannung letztlich seine Existenzberechtigung – es ist »the logic of *exclusion* that causes the abject to exist.«[87]

Die Sequenz legt damit nahe, dass Sarah das Böse selbst hervorgerufen hat und demnach in sich eine ambivalente Mutter

Angriff: Die Destruktion von Körperkonzepten des Mütterlichen

ist, die von nun an gegen die eigenen verdrängten Sehnsüchte ankämpft. Das Abjekte ist nun ›geboren‹, und von nun an beginnt das Spiel zweier Welten um eine Grenze herum, dargestellt durch zwei Frauen, die sich in diesen beiden Bereichen bewegen: Leben und Tod, Diskontinuität und Kontinuität; jedoch befinden sich beide letztlich jenseits moralischer Wertungen, denn das Böse (Dalle) findet seinen Ursprung in dem vermeintlich Guten (Sarah). Schlussendlich wird es Sarah nicht mehr gelingen, gegen das von ihr Verbannte anzukämpfen, sie wird sich dem Bösen, das zu ihr durchdringen wird, hingeben, und die Grenzen werden vollkommen überschritten – sie wird selbst zum Abjekten.

Innerhalb der ambivalenten Mutter: Das Motiv der Transgression

Direkt nach Sarahs Traum beginnt der eigentliche Prozess der sukzessiv voranschreitenden Grenzüberschreitung durch das Abjekte. Kristeva beschreibt das Verhältnis zwischen dem Subjekt und dem verfemten Teil, welches sich vor allem durch eine ambivalente Beschaffenheit auszeichnet:

»The abject has only one quality of the object – that of being opposed to *I*. If the object, however, through its opposition, settles me within the fragile texture of a desire for meaning, which, as a matter of fact, makes me ceaselessly and infinitely homologous to it, what is *abject*, on the contrary, the jettisoned object, is radically excluded and draws me toward the place where meaning collapses. A certain ›ego‹ that merged with its master, a superego, has flatly driven it away. It lies outside, beyond the set, and does not seem to agree to the latter's rules of the game. And yet, from its place of banishment, the abject does not cease challenging its master.«[88]

Daraus ergibt sich eine unablässige Konfrontation des Subjektes durch das Abjekte von dem Ort der Verbannung aus. Das Element der Transgression wird dabei beinahe durchweg in der Bildkomposition der jeweiligen Einstellung aufgegriffen, indem zumeist zwei sich farblich voneinander abhebende Bildebenen durch die unterschiedliche Lichtsetzung platziert werden, welche das Gefühl des Zwiespalts der Protagonistin verdeutlichen sollen. Immer wieder gibt es zwischenzeitlich langsame Kamerafahrten, vorbei an offenen Türen oder Übergängen, wobei eine Ebene aus Wänden im Vordergrund eine sehr dunkle, beinahe schwarze Ebene darstellt und dazwischen den Blick in einen Raum dahinter freigibt, der in ein milchiges, seichtes, gelbliches Licht getaucht ist, welches beinahe physisch wirkt und damit an das Körperinnere erinnert. Dieses Stilmittel der bildlich aufgegriffenen Ambi-

Die voyeuristische Kameraperspektive im Hausinneren suggeriert, dass sich das Böse bereits in Sarahs Haus bzw. in Sarah selbst befindet

Die ambivalente Mutter in À L'INTÉRIEUR

Sarahs dunkle Doppelgängerin

valenz scheint die These zu unterstützen, dass das Haus die Innenwelt der Protagonistin darstellt. Da die Grenzen des Hauses (Außenwände, Türen, Innenwände) mit der bereits dargelegten Deutung als physische Grenzen fungieren und zudem in direkter Weise Sarahs Körpergrenzen selbst angegriffen und schließlich überschritten werden, wird hierbei das Element der Körper-Transgression bildlich deutlich. Da dieser Vorgang von Sarah selbst ausgelöst wurde, scheint dies ein Akt der Befreiung für die Protagonistin zu sein: eine Befreiung von der Funktion als Mutter. Nach dem Hervorrufen des Abjekten durch die Traumsequenz beginnt sogleich mit der nächsten Einstellung der Prozess der (befreienden) Körper-Transgression.

Laut klopft es an die Haustüre, durch den Spion erblickt Sarah lediglich eine tiefschwarze Silhouette. Eine erste Grenze, die äußeren Wände des Haus-Körpers, steht somit zur Disposition. Die fremde Frau behauptet, eine Autopanne zu haben, nun Hilfe zu benötigen, und bittet um Einlass. Sarah fühlt sich unwohl und unsicher; schließlich bittet sie die Frau zu gehen. Während der Türkonversation nimmt die Kamera immer wieder eine auffällige Perspektive ein. Die Quelle dieser Einstellung scheint unbekannt, die versteckte Positionierung wirkt voyeuristisch: Die Kamera übernimmt den Blick eines Eindringlings, der in den dunklen Ecken des Hauses auf Sarah lauert. Einerseits wird damit die androhende Gefahr schicksalhaft vorweggenommen, denn der tatsächliche Eindringling steht zu diesem Zeitpunkt noch vor der Haustüre. Andererseits könnte diese Einstellung darauf hindeuten, dass die verdrängte Bedrohung, die von außen eindringen will, sich schon längst in Sarahs Innenwelt befindet. Ein weiterer Hinweis darauf, dass das Böse, das Abjekte, aus ihr selbst entstammt. Vereinzelt tauchen diese besonderen Einstellungen als eine beunruhigende Störfunktion auf (wie es bereits zuvor in der Untersuchung der allerersten Einstellungen des Hausinneren festgestellt wurde).

Angriff: Die Destruktion von Körperkonzepten des Mütterlichen

Die Kamera nimmt die Obersicht ein, um die räumliche Abgrenzung hervorzuheben

Nachdem Sarah die unerwünschte Frau abgewimmelt hat, taucht diese hinter der Terrassentür wieder auf. Draußen ist es bereits Nacht und sehr dunkel. Sarah kann lediglich die Konturen der düsteren, fremden Figur erkennen, die unbewegt vor der gläsernen Tür steht. Plötzlich schlägt die Fremde hart gegen die Terrassentür, welche zu zerbrechen droht, doch es entstehen lediglich Sprünge, die sich langsam durch das Glas ziehen, was auf der Tonebene besonders bedrohlich aufgegriffen wird. Die Grenze zum sicheren Innenraum bröckelt, Sarahs moralisch geordnete Innenwelt bekommt die ersten, bedrohlichen Risse; fortwährend greift sie schützend an ihren Babybauch. Sarah versucht die Unbekannte zu fotografieren, die Blitze der Fotokamera beleuchten frontal die regungslose Gestalt auf der gegenüberliegenden Seite der Hausgrenze, während die Filmkamera langsam von hinten auf sie zufährt. Der Kamerablick offenbart noch nicht das Gesicht der Frau, sondern entblößt lediglich die Schemen ihrer schwarzen Gestalt. Auf diese Weise erscheint die Fremde als düster geisterhafte Doppelgängerin, als abjektes Abbild Sarahs. Ein pulsierender, tiefer Sound betont die äußerst bedrohliche Situation und wird von diesem Zeitpunkt an zum wiederkehrenden auditiven Motiv, verbunden mit dem Auftauchen der (vermeintlichen) Gegenspielerin von Sarah.

Diese beginnt von nun an Grenzen zu überschreiten und dabei immer weiter in den Haus-Körper hervorzudringen. Dieser Vorgang definiert sie nicht nur als das Böse, sondern sie erfüllt damit auch ihre Funktion als das personifizierte Abjekte, denn »that which crosses or threatens to cross the border is abject«.[89] Sie schlägt und tritt gegen Türen und Wände, sticht auf diese ein und wirkt dabei fortwährend überaus aggressiv. Sie scheint über eine nahezu übernatürliche Kraft zu verfügen, bewegt sich im Hausinneren, als kenne sie sich dort aus; geisterhaft taucht sie kaum sichtbar in das Dunkel der Hausflure ein. Die vermeintlich Unbekannte kennt Sarahs Lebensgeschichte, weiß von dem Unfall und gibt sich als ihre Mutter aus, als sie Jean-Pierre, den Freund und Chef von Sarah, empfängt. Der bemerkt den Schwindel zunächst nicht und wird schnell zum ersten Opfer. Die Rahmenhandlung erklärt, dass die Fremde aus Rache zu Sarah zurückkehrt, jedoch ergeben die erläuterten Aspekte die zweite filmische Realitätsebene: Die Fremde ist selbst ein Teil von Sarah.

Der Kampf um die Körpergrenzen wird hauptsächlich an einer bestimmten Abgrenzung im Hausinneren ausgeführt und ist daher exemplarisch für den Akt der Transgression. Nachdem die Frau sich Zugang in das Haus verschafft und Sarah bereits brutal angegriffen hat, verbarri-

Die ambivalente Mutter in À L'INTÉRIEUR

kadiert sich Sarah in ihrem Badezimmer. Das weiß geflieste, hell erleuchtete kleine Zimmer wird somit zum gegensätzlichen Konzept zu dem restlichen Bereich des Hauses, in dem sich die Unbekannte aufhält. Hier versucht Sarah nun die Zimmergrenze, die Badezimmertüre, aufrechtzuerhalten und das Eindringen der Frau zu verhindern. In einer Obersicht der Kamera wird die Symbolik der Grenze verdeutlicht. Die weißen Wände, die immer mehr mit Blut besprizt werden, die Tatsache, dass sich Sarah als zerbrechliches Opfer darin verbarrikadiert, und der fortlaufende Kampf um die Abgrenzungen dieses Zimmers könnten darauf hinweisen, dass das Badezimmer als Bereich markiert wird, in welchem die Regeln der Abgrenzung innerhalb der symbolischen Ordnung aufrechterhalten werden müssen, jedoch nach und nach destruiert werden. Sarah bemüht sich dabei sehr um den Erhalt von Grenzen und Diskontinuitäten innerhalb dieses kleinen Bereiches, der als Gegenkonzept zum mütterlich-kontinuierlichen Hauskörper dient, welcher in seiner Funktion und filmischen Beschaffenheit und Gestaltung an den Kristeva'schen Begriff der semiotischen *chora* erinnert. Diese Situation der stark voneinander abgegrenzten Bereiche verändert sich, nachdem Sarah in ihrem kleinen Schutzraum den Spiegel zerschlägt, jenes Symbol, das nach Lacan den Übergang des Subjektes aus der präödipalen Phase in die symbolische Welt bedeutet. Das Badezimmer scheint damit einen Teil seiner Funktion als symbolische Welt verloren zu haben, und Sarah scheint einen ersten Schritt getätigt zu haben, der sie näher an die Grenze zur semiotischen *chora* bringt. Mit dem Zerschlagen des Spiegels wird tatsächlich ein darauffolgender transgressiver Akt Sarahs eingeleitet: ein partieller Übergang in die kontinuierliche Mutter-Welt. Mit einer Scherbe des Spiegels beginnt Sarah aus dem diskontinuierlichen Innenraum ein Loch in die Türe zu schlagen, ein Loch, das kurz zuvor von der Fremden in die Türe gerissen wurde – Sarah erweitert es von ihrer Seite aus. In Bezug

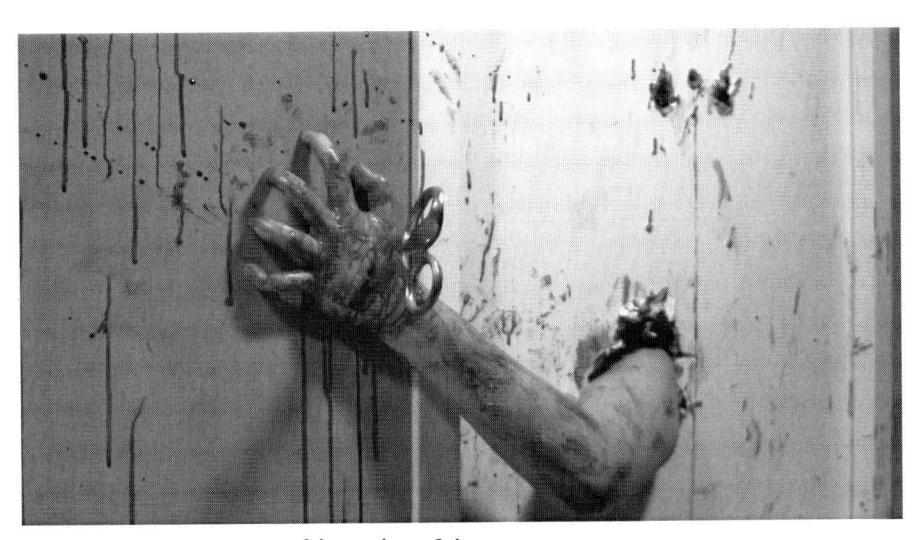

Fixierung von Sarahs Körper auf der ›anderen Seite‹

Angriff: Die Destruktion von Körperkonzepten des Mütterlichen

auf die Ambivalenz in Sarah und das Wechselspiel beider gegenüberliegenden Bereiche scheint dieser Vorgang bezeichnend, denn nicht nur die abjekte Person im verfemten Bereich destruiert Grenzen, auch das Subjekt scheint aktiv an dem grenzüberschreitenden Prozess teilzunehmen und diesen damit zu einem Akt der Transgression im Bataille'schen Sinn zu komplettieren, da sich dieser gerade durch die zwiespältige Haltung des Subjektes definiert. Diese Symbolik wird durch die folgende Sequenz noch weiter getrieben: Sarah greift mit ihrem Arm durch das Loch in der Türe. Als die Fremde dies erblickt, fixiert sie Sarahs Hand mit einer Schere an der Hauswand. Diese Szene zeigt zunächst bildhaft einen transgressiven Akt, aus dem Bereich der Diskontinuität in den Bereich der Kontinuität und des Todes und der abjekten Mutter, des Weiteren scheint der Arm ein phallisches Symbol darzustellen, welches in den Bereich des Mütterlichen eindringt. Das Haus und das Geschehen innerhalb der Räume erinnern immer mehr an ein Zusammenspiel somatischer Symbolik.

Die letzte Überschreitung – Der Kampf im Bereich der unbegrenzten Transgression und die Destruktion des mütterlichen Körpers

Alle Grenzen sind gefallen. Die Badezimmertür steht weit offen, und somit ist dieser Schutz spendende Raum endgültig hinfällig. Das Spiel zweier Welten findet seinen Endpunkt; der Bereich des mütterlichen Abjekten der fremden Frau, die versucht, die schützende Abtrennung zu Sarah zu zerstören, und der Bereich Sarahs, die darum bemüht war, den schützenden diskontinuierlichen Raum zu erhalten, verschmelzen zu einem abtrünnigen Bereich der absoluten Entgrenzung. Die inneren Grenzen der Mutter, die den Versuch verdeutlichen, das Abjekte zu verdrängen, sind gefallen, und Sarah setzt sich nun direkt mit ihrem verfemten Wunsch auseinander. Dieser Schritt findet seine Umsetzung in der Inszenierung der Bild- und Tonebene.

Bataille beschreibt in seiner Konstruktion des Transgressionsbegriffs die Gefahr des Übertretens in eine Welt der Grenzenlosigkeit: die unbegrenzte Transgression. Das Subjekt kann den transgressiven Akt kontrolliert und souverän einleiten und durchführen, jedoch kann laut Bataille nach der Grenzüberschreitung, innerhalb des ekstatischen Rausches der Transgression, die Gefahr bestehen, dass ein »grenzenloser Drang zur Gewaltsamkeit«[90] in dem Individuum ausgelöst wird:

»[...] wenn der Tod über ein souveränes Wesen, das seiner Natur nach über ihn zu triumphieren schien, die Oberhand gewinnt, dann siegt dieses Gefühl des Bruchs, und die Unordnung ist grenzenlos.«[91]

Die grenzenlose Transgression besitzt eine destruktive Kraft, die das Individuum in ein Dilemma stürzen kann. Die Umkehrung der Werte wurde mit der Überschreitung ausgelöst und kann nicht mehr rückgängig gemacht werden. Das Subjekt befindet sich jenseits von Gut und Böse.

Die Fremde befand sich als das Abjekte, gleichgesetzt mit der Mutter, welche als Spur des Semiotischen den Bereich des Symbolischen stört, zu jeder Zeit in einem verfemten Bereich, außerhalb jeglicher Grenzen und somit im Bereich der unbegrenzten Transgression: »It lies outside, beyond the set, and does not seem to agree to the latter's rules of the game.«[92] Mit der Öffnung der Badezimmertür hat auch Sarah ihre letzte Souveränität ver-

Die ambivalente Mutter in À L'INTÉRIEUR

loren und ist übergetreten in die Welt der archaischen Mutter, in der keine Werte und Normen mehr zählen. Mit dem Schutzraum des diskontinuierlichen Raumes verschwinden auch die durch die Kamerafahrten etablierten räumlichen visuellen Ebenen, die übereinandergelegt wurden. Damit wird die Trennung der beiden Welten aufgelöst und der Raum der unbegrenzten Transgression auch visuell umgesetzt. Vorher waren noch deutlich voneinander abgesetzte zweischichtige Ebenen im Bild vorherrschend, wobei die Kameraperspektive in langsamen Schwenks einen dunklen Vordergrund präsentierte und den Blick in den sanft beleuchteten Raum freigab; jetzt herrscht vornehmlich Dunkelheit. Vor allem im Obergeschoß, wo sich Sarah aufhält, sind die Räume in ein bläuliches, kaltes Licht gehüllt, und die Körper sind hier lediglich als dunkle, wandelnde Schatten erkennbar. Im Untergeschoß dringt seichtes Licht durch die abgedunkelten Fenster herein. Von nun an ist alleine die Welt außerhalb des Hauses eine weitere Dimension. Gleichzeitig setzt auf der Tonebene ein düsterer, kontinuierlich andauernder Sound ein. Damit wird das Innere des Hauses zu einem hermetisch abgegrenzten Bereich. Durch die Kamerainszenierung wird auch die Verschmelzung der beiden Realitätsebenen auf der Handlungsebene suggeriert. Wo zuvor die Kamera zeitweise wie ein beobachtender Eindringling fungiert hat und somit den düsteren Abgrund in Sarah darstellte, befinden wir uns nun in den tiefsten und dunkelsten Abgründen von Sarahs Innenwelt.

Sarah ist das von Bataille beschriebene Individuum innerhalb dieser Welt, in dem ein »grenzenloser Drang zur Gewaltsamkeit«[93] ausgelöst wurde, denn nun beginnt sie zu kämpfen und äußerst brutal gegen die Frau vorzugehen bzw. sich endlich mit dem verdrängten Gedanken auseinanderzusetzen.

Nachdem auch die schützende Grenze des Badezimmers überschritten ist und Sarah die Tötung mehrerer Opfer mit ansehen musste und nachdem sie selbst ihre eigene Mutter durch eine tragische Verwechslung tötete, tritt sie nun verletzt und am ganzen Körper mit Blut bedeckt über in das Reich, in dem sich das Abjekte befindet. Die Tonebene behält den beständigen, tranceartigen Ton, der ihren Übertritt in eine sakrale Dimension suggeriert und damit auch das innere Befinden Sarahs widerspiegelt. Abwesend wandert Sarah durch die Dunkelheit in das nebenan gelegene Schlafzimmer. Eine Großaufnahme zeigt ihr völlig mit Blut überströmtes Gesicht. Sie legt sich langsam auf das Bett. Aus dem Off ertönen Schüsse, mit denen die Fremde zwei Männer im Untergeschoss tötet. Es scheint an diesem Punkt nicht mehr nötig, das Bild der Tonquelle zuzuordnen, denn es ist Sarahs unabwendbares Schicksal, das am Ende nur noch sie selbst und ihre Gegenspielerin übrig bleiben. Und so bleibt auch Sarahs Gesicht ausdruckslos. Nachdem die Eindringlinge brutal ermordet wurden, geht die Fremde langsam zu Sarah in das Schlafzimmer, legt sich auf sie, liebkost sie. In dem Glauben, endlich Sarah für sich zu haben, empfindet das Abjekte Begehren für sein Opfer. Außerdem wird durch diesen Akt der Liebkosung, den Sarah zunächst hinnimmt, ein Zusammenfinden der beiden vermeintlichen Gegensätze angedeutet und eine gewisse Akzeptanz der Situation: Im Bereich der unbegrenzten Transgression vereinen sich beide. Doch plötzlich stößt Sarah die Frau von sich ab. Sie ist aus der Starre erwacht als ebenbürtige Gegnerin. Wie Captain Willard (Martin Sheen) in APOCALYPSE NOW (1979; R: Francis Ford Coppola) mit dreckverschmiertem Ge-

149

Angriff: Die Destruktion von Körperkonzepten des Mütterlichen

sicht aus dem Sumpf auftaucht, vereint mit dem Geist des Dschungels, um dem König des Chaos Colonel Walter E. Kurtz (Marlon Brando) entgegenzutreten und zu kämpfen, erwacht auch Sarah mit blutrotem Gesicht aus der Schockstarre, um der Königin des Bereichs der unbegrenzten Transgression entgegenzutreten. Innerhalb dieses Reiches ist sie bereit, alles zu opfern, im Kampf droht sie sogar damit, das Kind in ihrem Bauch zu töten. Hier wird klar, dass noch eine letzte Grenze existiert. Und das Überschreiten dieser bedeutet die »Erfahrung des *Unmöglichen*«.[94]

Nach einem unerbittlichen Kampf zwischen beiden Frauen erfüllt sich am Ende des Films der Wunsch der abjekten Mutter, das Baby endlich selbst besitzen zu dürfen. Sie schneidet es Sarah aus dem Bauch heraus, die daraufhin stirbt. Hier schließt sich der Kreis von Traum und Erfüllung. Jedoch ist der Wunsch der Fremden, das Kind zu besitzen (mit der Lesart des Traums von Sarah zu Beginn), auch gleichzeitig der Wunsch der jungen Mutter, das Kind zu verlieren. In diesem Akt der Abtreibung vereinen sich die beiden Mutterfiguren: Sarah scheint sich während dieser letzten ›Geburtsszene‹ der Frau hinzugeben. Diese berührt Sarah zärtlich im Gesicht, streichelt sie, beruhigt sie, versucht ihr die Angst zu nehmen und Sarah zu trösten. Sarah nennt die Frau zudem »Mama« und ruft: »Es steckt fest«, und scheint sie anzuflehen, das Kind herauszuholen.

Diese letzte und grausamste aller Gewaltsequenzen in À L'INTÉRIEUR offenbart somit auch eine karthatische Handlung. Denn die Trennung des Kindes von der Mutter und deren darauffolgender Tod lassen Sarah endgültig in den Bereich der Kontinuität übergehen, sie ist befreit von der latenten, bedrohlichen und schmerzhaften Transgression.

Schließlich fährt die Kamera langsam über den restlos verletzten Körper Sarahs. Dieser bedeutende und intensive Moment offenbart den völlig entgrenzten Körper einer Mutter, der, ausgelöst durch die Rückkehr eines eigenen, tief verdrängten Wunsches, ihr Kind genommen wurde. Dies ist ein äußerst subversiver Ansatz, denn die Zuschauenden werden mit zwei Ebenen konfrontiert: mit dem absoluten Körperhorror – durch Transgression – und zugleich mit der Metaebene, die einem das verstörende Gefühl vermittelt, dass dieser Horror von der jungen Mutter selbst ausgelöst wurde.

Doch Sarah ist nicht die einzige Mutter im Film, die entgrenzt und zerstört zurückgelassen wird. Béatrice Dalle, deren Figur mit starken Verbrennungen schwer verletzt aus dem Kampf gegangen ist, hält das Baby in ihren Armen. Sie setzt sich langsam auf einen Schaukelstuhl und liebkost das Kind sanft und liebevoll. Übrig bleibt lediglich das traurige Bild eines entstellten, zombiehaften und grotesken Wesens, das es geschafft hat, endlich ›so

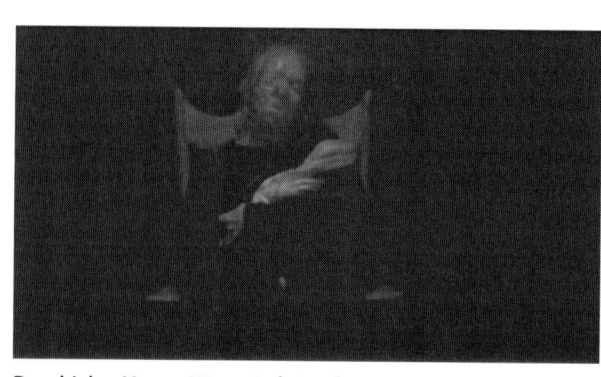

Der abjekte Mutter-Körper in À L'INTÉRIEUR

etwas wie‹ eine Mutter zu sein. Die Fremde sitzt in dem Stuhl, hält das Baby in ihren Händen, ein seichter, rötlicher Lichtkegel vor völlig schwarzem Hintergrund fällt auf die beiden Figuren, welche zentriert im Bild angeordnet sind. Eine Symbolik, die den unbegrenzten Bereich veranschaulicht, in welchem sich Mutter und Kind nun befinden: die Einheit mit der Mutter in der präödipalen Phase. Ein bizarrer und verstörender Anblick, denn letztlich deutet die erörterte Metaebene des Films darauf hin, dass sich Sarahs Kind in den Armen der abjekten Mutter in einem völlig anderen entgrenzten Bereich (als der in Verbindung mit dem Mutterkörper) befindet: Es ist der kontinuierliche Bereich des Todes. Gehalten wird das Baby von dem Wesen, das den Wunsch der eigenen Mutter verkörpert, seinen Tod herbeizuführen.

Zusammenfassung

Was in FRONTIÈRE(S) den Ansatz des Terrors geliefert hat, nämlich die Mutter, die sich gegen das eigene ungeborene Kind entscheidet, das wird in À L'INTÉRIEUR zum verstörenden Hauptmotiv und findet am Ende seine drastische Erfüllung. Die Analyse legt dar, dass im Film die symbolische Ordnung dem Bereich des Semiotischen (der semiotischen *chora*) entgegengestellt wird, Kontinuität gegen Diskontinuität und die gute gegen die böse Mutter, die gemeinsam betrachtet das Konzept der archaischen Mutter ergeben könnten. Mit der dargelegten Lesart jedoch sind die Zuschauenden beinahe ausnahmslos mit dem Innenleben einer zweifelnden, unglücklichen Mutter konfrontiert, die sich mit dem verdrängten Wunsch auseinandersetzt, das eigene Kind verlieren zu wollen. Gemeinsam ergeben die sich nur scheinbar gegenüberstehenden Bereiche ein komplexes somatisches Zusammenspiel.

Mit dieser Metaebene wird letztlich das übergeordnete Mutterkonstrukt nach Kristeva subvertiert, denn die Entscheidung einer Frau unterbricht den Kreislauf aus Leben und Tod: Das Kind wird niemals geboren, und auch die Mutter, die neues Leben spenden könnte, stirbt. Durch den drastischen Akt der Körper-Transgression ist sie letztendlich gänzlich entgrenzt und damit ›befreit‹ von jeglicher physisch auferlegten mütterlichen Symbolik. Aus der Mutter geht demnach zwar das Todbringende hervor, wie es auch Creed mit dem Konzept der archaischen Übermutter beschreibt,[95] jedoch richtet sich dieses gegen die lebensspendende Mutter selbst und ergibt schlussendlich ein selbstzerstörerisches System. Ausschlaggebend ist, dass dieser selbstzerstörerische Prozess, der im Grunde einen Befreiungsakt darstellt, von einer zweifelnden, ambivalenten Mutter angestoßen wurde – einem Subjekt, das sich mit dem eigenen Verdrängten und Ängsten auseinandersetzt. Somit geht À L'INTÉRIEUR über das von Creed beschriebene monströse Mütterliche hinaus und präsentiert letztlich ein völlig destruiertes und dekonstruiertes Konzept von Mütterlichkeit.

Das Leitmotiv der Körper-Transgression scheint in den vorliegenden Filmen nicht alleine durch die Drastik der Zerstörung der Haut-Grenze wirksam, gerade die Kopplung an die unterschiedlichen Mutter-Konstruktionen verursacht möglicherweise den tatsächlichen performativen Angriff auf die Körperlichkeit der Zuschauenden. Durch diese Verbindung findet die kulturelle Affizierung statt, denn es wird ein Körpergefühl angegriffen, welches das Zuschauersubjekt womöglich mit Mütterlichkeit verbindet: Geborgenheit und die universelle Einheit mit dem Mutterkörper.

Angriff: Die Destruktion von Körperkonzepten des Mütterlichen

Die Filmanalysen haben offengelegt, dass gerade diese tradierten Assoziationen mit dem Mütterlichen dekonstruiert werden. Die Transgression der Körpergrenze kann damit als ein Stilmittel gedeutet werden, das kulturelle Körperkonstruktionen angreift. Dies ist ein Ansatz, der im vorliegenden Kapitel an Konstruktionen des Mutterkörpers gekoppelt wird, in den folgenden Analysen jedoch noch weitergeführt wird. ❑

Anmerkungen

1. Kristeva, Julia: Die Revolution der poetischen Sprache. Frankfurt am Main 1978, S. 32
2. Schmitz, Bettina: Veränderungen am Ort der Frau. Muttermord und Sprache bei Julia Kristeva. *www.diotimafilosofe.it/down.php?t=3&id=194*; [5.3.2014], S. 4.
3. Frei Gerlach, Schrift und Geschlecht, S. 98.
4. Butler, Das Unbehagen der Geschlechter, S. 126.
5. Kristeva, Revolution, S. 53.
6. Schmitz, Veränderungen am Ort der Frau, S. 3.
7. Kristeva, Revolution, S. 53.
8. Frei Gerlach, Schrift und Geschlecht, S. 98.
9. Kristeva, Revolution, S. 36.
10. Schmitz, Veränderungen am Ort der Frau, S. 3.
11. Frei Gerlach, Schrift und Geschlecht, S. 100.
12. Kristeva, Revolution, S. 35.
13. Frei Gerlach, Schrift und Geschlecht, S. 100.
14. Schmitz, Veränderungen am Ort der Frau, S. 4.
15. Butler, Körper von Gewicht, S. 106.
16. Aus Platons Timaios: Vgl. Platon: Timaios. Sämtliche Werke Band 5. Hamburg 1959.
17. Wobei die Verbindung zwischen der Figur der Mutter und dem *chora*-Begriff, die Kristeva macht, umstritten ist, denn nach Platons Definition ist es unmöglich, eine figurale Assoziation zu vollziehen.
18. Kristeva, Revolution, S. 36.
19. Brauerhoch, Die gute und die böse Mutter, S. 61.
20. Frei Gerlach, Schrift und Geschlecht, S. 99.
21. Kristeva, Revolution, S. 71.
22. Ebd., S. 56.
23. Lackner, Susanne: Zwischen Muttermord und Muttersehnsucht. Die literarische Präsentation der Mutter-Tochter-Problematik der écriture féminine. Würzburg 2003, S. 112.
24. Kristeva, Revolution, S. 56.
25. Baum; Höltgen, Lexikon der Postmoderne, S. 7.
26. Kristeva, Powers of Horror, S. 10.
27. Baum; Höltgen, Lexikon der Postmoderne, S. 7.
28. Kristeva, Powers of Horror, S. 13.
29. Ebd., S. 53.
30. Pabst, Manfred: Bild – Sprache – Subjekt: Traumtexte und Diskurseffekte bei Freud, Lacan, Derrida, Beckett und Deleuze/Guattari. Würzburg 2004, S. 137.
31. Kristeva, Powers of Horror, S. 2.
32. Diese Ausführungen entsprechen in abgeänderter Form meiner Vorstudie zur Dissertation: Kappesser, Susanne: Inside. Die weibliche Körperinszenierung als transgressives Spiel mit dem Abjekten im neuen französischen Genrekino. In: Stiglegger, Marcus; Ritzer, Ivo (Hrsg.): Global Bodies. Mediale Repräsentationen des Körpers. Berlin 2012, S. 160–174.
33. Vgl. Creed, The Monstrous-Feminine.
34. Creed, Monstrous-Feminine, S. 25.
35. Ebd.
36. Ebd., S. 10.
37. Diese Ausführungen entsprechen in stark abgeänderter Form meiner Vorstudie zur Dissertation: Kappesser, Susanne: Inside. In: Global Bodies.
38. Bataille, Die Erotik, S. 15.
39. Ebd.
40. Ebd., S. 17–18.
41. Ebd., S. 24.
42. Ebd., S. 21.
43. Ebd., S. 82.
44. Ebd., S. 21.
45. Kristeva, Powers of Horror, S. 4.
46. Vgl. Brauerhoch, Annette: »Der Bezug auf Lacans Spiegelphase und Freuds Kastrationskomplex bindet die Lust am Kino an die Etablierung von Subjektivität und Geschlechsidentität über den Blick – beides Formen des Sehens, die an Prozesse der Kontrolle, Differenzierung und Abgrenzung gekoppelt sind, wobei in der patriarchalen Gesellschaft kein Zweifel darüber besteht, von wem und für wen die Ausgrenzung und Differenzierung stattfindet. So entsteht ein Machtgefälle zugunsten des männlichen Zuschauers, dessen Lust und Subjektivität über den Blick in Abgrenzung vom Weiblichen sich herstellt.« In: Die gute und die böse Mutter, S. 24
47. Vgl. Brauerhoch, Die gute und die böse Mutter, S. 9.
48. Baudry, Jean-Louis: The Apparatus: Metapsychological Approaches to the Impression of Re-

Anmerkungen

ality in the Cinema. In: Rosen, Philip (Hrsg.): Narrative, Apparatus, Ideology, S. 313.
49 Brauerhoch, Annette: Die gute und die böse Mutter, S. 32.
50 Baudry, Jean-Louis: The Apparatus: Metapsychological Approaches to the Impression of Reality in the Cinema. In: Rosen, Philip (Hrsg.): Narrative, Apparatus, Ideology. New York 1986, S. 313.
51 Ebd.
52 Baudry, Ideological Effects, S. 306.
53 Brauerhoch, Die gute und die böse Mutter, S. 46.
54 Ebd.
55 Studlar, Gaylyn: In the Realm of Pleasure. Von Sternberg, Dietrich, and the Masochistic Aesthetic. Chicago 1988.
56 Brauerhoch, Die gute und die böse Mutter, S. 45.
57 Lummerding, Weibliche Ästhetik?, S. 49.
58 Vgl. Mulvey, Laura: Visuelle Lust und narratives Kino. In: Texte zur Theorie des Films. Stuttgart 1998, S. 389–408.
59 Ein Beispiel für eine solche Darstellung bietet Barbara Creed in ihrer Analyse des Horrorthrillers ALIEN (Alien – Das unheimliche Wesen aus einer fremdem Welt; 1979; R: Ridley Scott).
60 Lummerding, Weibliche Ästhetik?, S. 50.
61 Vgl. Brauerhoch, Die gute und die böse Mutter, S. 46–51.
62 Ebd.
63 Butler, Das Unbehagen der Geschlechter, S. 123.
64 Baum; Höltgen, Lexikon der Postmoderne, S. 122–123.
65 Butler, Das Unbehagen der Geschlechter, S. 123.
66 Ebd.
67 Siehe Erläuterungen unter dem Absatz: *Der Ort des Semiotischen.*
68 Butler, Das Unbehagen der Geschlechter, S. 124.
69 Ebd., S. 134.
70 Ebd., S. 125.
71 Ebd.
72 Ebd., S. 134.
73 Ebd., S. 135.
74 Ebd., S. 138.
75 Ebd., S. 141.
76 Ebd., S. 137.
77 Ebd., S. 141–142
78 Dieser Handlungsstrang erscheint allerdings etwas widersprüchlich, da Yasmine als Frau mit arabischem Hintergrund nicht den Vorstellungen des Familienoberhaupts entsprechen dürfte, der als äußerst überzeugter deutscher Nationalsozialist ein Reich mit entsprechenden ›arischen‹ Idealen fortsetzen möchte. Dies kommentiert Von Geisler damit, dass ›reines Blut‹ benötigt werde. Womöglich ist die Vermeidung weiterer inzestuöser Zusammenkünfte zwischen den Sektenmitgliedern wichtiger als die Einhaltung nationalsozialistischer Idealvorstellungen.
79 Kristeva, Julia: Ellipsis on Dread and the Specular Seduction. In: Rosen, Philip (Hrsg.): Narrative, Apparatus, Ideology. New York 1986, S. 236.
80 Kristeva, Ellipsis on Dread, S. 237.
81 Brauerhoch, Die gute und die böse Mutter, S. 63.
82 Beugnet, French Cinema of the Margins, S. 290.
83 Schaub, Miriam: Der Horror des Alltäglichen. Das Spiel mit dem Unerträglichen und die verblüffenden Ähnlichkeiten zwischen Monstern und Liebhabern. In: www.dgae.de/downloads/Mirjam_Schaub.pdf [19.01.2014], S. 9.
84 Ebd.
85 Masschelein, Anneleen: Zwischen Animismus und Computeranimation. Das Unheimliche als Unbegriff im 20. und 21. Jahrhundert. In: Doll, Martin; Gaderer, Rupert; Camilletti, Fabio; Howe, Jan Niklas (Hrsg.): Phantasmata. Techniken des Unheimlichen. Wien/Berlin 2011, S. 22.
86 Kristeva, Powers of Horror, S. 53.
87 Ebd., S. 65.
88 Ebd., S. 1–2.
89 Creed, Monstrous-Feminine, S. 11.
90 Ebd., S. 65.
91 Ebd., S. 66.
92 Kristeva, Powers of Horror, S. 2.
93 Ebd., S. 65.
94 Foucault, Michel: Vorrede zur Überschreitung. Frankfurt am Main 2001 (Dits et Ecrits. Schriften Bd. 1), S. 323.
95 Creed, Monstrous-Feminine, S. 16ff.

Erschütterung: Körper-Transgression als Entladung körperlicher Lesbarkeit

»Eine Voraussetzung in Frage zu stellen ist nicht das Gleiche, wie sie abzuschaffen; vielmehr bedeutet es, sie von ihren metaphysischen Behausungen zu befreien, damit verständlich wird, welche politischen Interessen in und durch diese metaphysische Platzierung abgesichert wurden. [...] Dieses Erschüttern der ›Materie‹ läßt sich verstehen als Anstoß für neue Möglichkeiten, für neue Arten, wie Körper Gewicht haben können.«

Judith Butler

Bisher haben die Untersuchungen der Körperästhetiken ergeben, dass die Offenlegung von Weiblichkeit als Konstruktion in zwei Schritten verhandelt wird. Zunächst wurde verdeutlicht, dass Körper nicht die Voraussetzung für Geschlecht und Identität sind, sondern dass performative körperliche Akte diese Kategorien konstituieren und damit selbst die (filmische) Wirklichkeit konstruieren. Grundlegend wird damit das Bedeutungsverhältnis zwischen Körper, Geschlecht, Identität und sozialer Wirklichkeit irritiert (›Irritation‹). In einem zweiten Schritt erfolgt ein ›Angriff‹ auf die tiefliegende Verknüpfung zwischen Weiblichkeit und Mütterlichkeit. Die Destruktion des mütterlichen Körpers durch die Entscheidungskraft des Muttersubjektes entlarvte schließlich das übergeordnete Imago der immer fruchtbaren und Mutter-sein-wollenden Übermutter als

konstruiertes und möglicherweise überfälliges Konzept von ›weiblicher‹ Körperlichkeit. Relevant ist im vorliegenden Kapitel der dritte Schritt, in welchem Frauenkörper untersucht werden, die schließlich desymbolisiert erscheinen. Desymbolisierte Körper sind hier Körper weiblichen Ursprungs, die sich ihrer Lesbarkeit entledigt haben; sie erscheinen als ungreifbare Zukunftsvisionen. Die Umgebung, in der sich diese Körper bewegen, ist apokalyptisch oder klinisch-laborartig – eine unwirtliche Welt. Dies lässt darauf schließen, dass auch die Umwelt, in welcher die unlesbaren Körper existieren, nicht mehr denkbar ist und als eine Utopie mit dystopischen Elementen erscheint.

Für die meisten der bislang untersuchten Körperdarstellungen und Figurationen gilt, dass eine Auseinandersetzung mit Strukturen der sozialen Umgebung stattfindet: Aurore, die in LA HORDE (Die Horde; 2009; R: Yannick Dahan, Benjamin Rocher) einer reinen Männergruppe ausgesetzt ist und sich daher gezwungen sieht, durch körperliche Akte eine besonders weibliche Körperlichkeit zu performen, oder Charlotte, die mit einer Gruppe Menschenfressern konfrontiert wird, die ihre durch die gender-transgressive Frau enteignete Männlichkeit stabilisieren (LA MEUTE / Die Meute; 2010; R: Franck Richard). Marie (HAUTE TENSION / High Tension; 2003; R: Alexandre Aja), die als Homosexuelle durch das hetero-

Erschütterung: Körper-Transgression als Entladung körperlicher Lesbarkeit

Unlesbare Körperlichkeit in MARTYRS (2008)

normative System ausgeschlossen wird und sich gezwungen sieht, das männliche Geschlecht übereindeutig zu performen, um auf die Matrix mit Ausschließmechanismus brutal zurückzuschlagen; Yasmine, die sich in FRONTIÈRE(S) (Frontier(s) – Kennst du deine Schmerzgrenze?; 2007; R: Xavier Gens) dem strengen Patriarchat Von Geislers widersetzen muss, um dann an neu gesetzte Grenzen zu stoßen und damit zu erkennen, dass sie den patriarchalen Strukturen niemals entkommen kann, unabhängig davon, ob sie sich im surrealen Grenzland befindet oder in der brutalen Wirklichkeit des Terrors der Außenwelt. Für den Erhalt eines Matriarchats sorgt die dunkle Fremde in À L'INTÉRIEUR (Inside; 2007; R: Alexandre Bustillo, Julien Maury), die jeden Mann, der in ihre Welt tritt, brutal hinrichtet. Schließlich lässt sich feststellen, dass patriarchale, heteronormative Herrschaftsstrukturen verhandelt werden, und an den Frauenkörpern ist ablesbar, wie intensiv sie sich an ebendiesen abarbeiten. Diese Tendenzen kulminieren in diesem Kapitel in Körperdarstellungen, die aus dieser Auseinandersetzung *hervorgehen*. Sie verweisen damit auf eine Gesellschaft *nach* der heutigen gesellschaftlichen Ordnung, und dementsprechend erscheinen auch ihre Körper als Post-Körperlichkeiten. Damit ist demzufolge nicht ein ›Nach-dem-Körper‹ gemeint, sondern ein Körperentwurf, der aus dem symbolischen Kampf mit rezenten Sozialstrukturen hervorgeht. ›Post-‹ bezeichnet hier folglich vielmehr ein ›nach-der-(aktuellen)-Gesellschaft‹. Dieser Gedanke kann mit dem Diskurs des Posthumanismus gefasst werden, der zudem bestimmte Körperentwürfe entwickelt hat, die für das vorliegende Kapitel relevant sind. Der theoretische Rahmen in diesem Kapitel, das sich hauptsächlich mit den finalen Figurationen in THE DIVIDE (The Divide – Die Hölle, das sind die anderen!; 2011; R: Xavier Gens), X IS FOR XXL (2012; R: Xavier Gens) und MARTYRS (2008; R: Pascal Laugier) beschäftigt, stellt verschiedene Möglichkeiten solcher Post-

Körperlichkeiten vor. Doch da der posthumanistische Diskurs äußerst breitgefächert und vielseitig ist, soll zunächst kurz erläutert werden, welcher Standpunkt dahingehend in dieser Arbeit eingenommen wird. Es ist dabei allerdings nicht möglich, den kompletten Diskurs ausführlich darzulegen. Abschließend wird der Begriff des Postsexuellen, der vor allem in MARTYRS wichtig erscheint, erläutert.

Körper im Dazwischen

Der posthumanistische Diskurs

»Nach dem Menschen, ist also vor dem Menschen, doch zwischen Endlichkeit und Erneuerung besteht die Möglichkeit des ganz ›anderen‹ Menschen. Dies ist die Ambiguität, die jedem Präfix ›Post-‹ innewohnt.«

Stefan Herbrechter

Vergleichbar mit der Postmoderne scheinen auch im posthumanistischen Diskurs Tendenzen vorzuliegen, die dazu beitragen, dass der Begriff bisweilen diffus erscheinen kann. Stefan Herbrechter stellt etwa fest: »Es gibt zweifelsohne einen modischen oder populären Posthumanismus, aber auch einen philosophisch oder kulturtheoretisch seriösen.«[1] Besonders kritisch scheinen die durch den Fortschritt der Technologie inspirierten Denkbewegungen innerhalb des Posthumanismus, da hierbei entweder äußerst euphorische oder apokalyptisch-kulturpessimistische Utopien der Verschmelzung des Menschlichen mit technologischen Elementen gedacht werden. Susanne Lummerding kritisiert, dass diese »technologiegetriebenen«[2] posthumanistischen Vorstellungen einen fragwürdigen Paradigmenwechsel propagieren:

»Ein zentrales Element in der technologiedeterministischen Rhetorik des ›Neuen‹ bildet die Idee eines umfassenden kulturellen und gesellschaftlichen ›Paradigmenwechsels‹. Sowohl euphorische wie auch pessimistische Einschätzungen eines vermeintlich bevorstehenden oder bereits angebrochenen ›posthumanen Zeitalters‹ gehen mehr oder weniger explizit von der Vorstellung eines technologiebedingten, irreversiblen historischen ›Bruchs‹ aus, die geknüpft ist an die Idee der Grenzüberschreitung von Raum, Zeit, Materie und Identität.«[3]

Die euphorisch geprägten posthumanistischen Imaginationen beinhalten laut Lummerding zudem eine starke Diskrepanz zu tatsächlich auftretenden posthumanen kulturellen Erscheinungen und Figurationen. Beispielsweise liegen feministische Hoffnungen darin, dass Geschlechterdifferenzen überschritten werden und es ein ›post-gender‹-Wesen geben wird, welches vor allem mit der Figur des Cyborg in Verbindung gebracht wird:

»Im Unterschied zum Roboter, der Verheißungen und Ängste des Industriezeitalters verkörpert [...], integriert die Figur der/des Cyborg Menschliches und verwischt scheinbar die Grenzen zwischen Mensch und Technologie. Grenzen zwischen ›Geschlechterzugehörigkeiten‹ werden dabei allerdings keineswegs verwischt, sondern, im Gegenteil, Gender-Klischees werden nahezu ohne Ausnahme extrem übersteigert. Hier ist neben unzähligen anderen Beispielen etwa an Filme wie ROBOCOP (Verhoeven 1987), TERMINATOR (Cameron 1984), TETSUO: THE IRON MAN (Tsukamoto 1989) – samt ihren zahlreichen Sequels – zu erinnern, aber auch an Mainstream-Cyberpunk-Literatur bzw. Comics, oder an Computerspiele wie MORTAL COMBAT – wo ebenso wie in den genannten Filmen muskelgepanzerte ›maskuline‹ Cyborg-Kämpfer dominieren – oder TOMB RAIDER – dessen Protagonistin Lara Croft vor allem dank ihres Designs bzw. der großzügigen Ausstattung mit konventionellen ›Weiblichkeits‹-Attributen enorme Popularität erlangte.«[4]

Lummerdings kritischer Blick auf die posthumane mediale Mainstream-Kultur überzeugt. Tatsächlich scheinen sich hierbei keine feministischen Utopien des Menschen zu erfüllen, der über die Geschlechterstereotype hinausgeht. Jedoch soll gerade der differenzierte Blick auf Erscheinungen außerhalb dieser popkulturellen Beispiele die Sichtbarkeit der Alternativen verstärken, demgemäß auch anhand der vorliegenden Untersuchungen der Körperlichkeiten im französischen Terrorfilm. Dies soll jedoch keineswegs bedeuten, dass diese ausschließlich unkritisch oder rein affirmativ zu betrachten sind. Auch hier finden sich Elemente, die aus feministischer Sicht strittig erscheinen. Wie ist in diesem Zusammenhang beispielsweise die Figur Annas in MARTYRS zu deuten, die lediglich als ultimatives weibliches Opfer dargestellt wird? Zudem wird diese Darstellung noch kombiniert mit tradierten »Weiblichkeits-Attributen« wie Passivität und diffuser Fluidität, welche der Darstellung eines selbstbestimmten weiblichen Subjektes mit Handlungsfähigkeit absolut widersprechen. Dieser Aspekt wird in der Analyse des Films noch einmal aufgegriffen. Letztlich verweisen diese Ausführungen jedoch darauf, dass Posthumanismus keineswegs als Diskurs betrachtet werden sollte, der nur durch die Tatsache, dass er das Ende des Menschlichen verhandelt – und damit auf den von Lummerding kritisierten Paradigmenwechsel und Bruch verweist – frei von Machtstrukturen ist,

die in Zusammenhang mit dem Subjekt stehen. Die Idee vom Ende der Menschheit und die Vorstellung eines dezentrierten Subjektes bedeuten nicht zugleich das Ende kultureller und diskursiver Machtstrukturen:

»*Cyberspace* ist keineswegs als kohärente, technologisch hergestellte (etwa räumlich imaginierte) Einheit zu verstehen, sondern als diskursives Feld, in dem ideologische Kämpfe um die Definition des Verhältnisses von Technologie, Gesellschaft und Subjektivität ausgetragen werden.«[5]

Ähnlich wie Lummerding *Cyberspace* als vielschichtiges diskursives Konzept definiert, betrachtet auch Herbrechter Posthumanismus als komplexes Diskursfeld:

»Was aber in den 1990ern brodelt, ist eine Kombination sowohl von beschleunigter technologischer Entwicklung auf dem Gebiet der Informations-, Kognitions-, Bio- und Nanowissenschaften, als auch der öffentlichen Diskussion über die Implikation dieser neuen technologischen Perspektiven in populärwissenschaftlichen Foren, Magazinen und Internetseiten, und somit der Beginn des politischen und kulturkritischen Interesses an diesem Phänomen, gleichzeitig mit der Herausbildung künstlerischer Verarbeitungen dieser neuen ›posthumanisierenden‹ Tendenzen. Es bietet sich also an, das Phänomen des Posthumanismus als einen ›Diskurs‹ im foucaultschen Sinne zu verstehen, zu beschreiben und zu analysieren.«[6]

Posthumanismus auf diese Weise wissenschaftlich zu ergründen bedeutet auch, dass Hinterfragungen möglich sind und dass die Vorstellung eines Bruchs nicht in das »ahistorische Negieren von Entwicklungskontexten«[7] kippt. Der Begriff

Erschütterung: Körper-Transgression als Entladung körperlicher Lesbarkeit

sollte nicht aus den Strukturen gelöst werden, die ihn begründet haben und weiterführen werden. Damit scheint es nun möglich, die erwähnten Fragestellungen aufzuwerfen:

> »Die angstvolle Frage ist, ob dieser nächste Schritt in der menschlichen Evolution – auf dem Weg zur vermeintlichen Posthumanität – einerseits neue Ungleichheiten schafft, neue Formen der Diskriminierung, Ausbeutung und Unterdrückung [...].«[8]

Die Problematik des radikalen Paradigmenwechsels (Lummerding) sieht Herbrechter ebenfalls. Er sieht in den posthumanistischen Tendenzen eine Fortführung des poststrukturalistischen und dekonstruktivistischen Antihumanismus und damit die Ablehnung des klassischen Humanismusbegriffs.[9] Damit wird jedoch auch deutlich, dass der Humanismusbegriff nicht völlig aus einer solchen Betrachtungsweise entfernt werden kann und sollte, vielmehr geht es um eine kritische Auseinandersetzung. Herbrechter entwickelt daraufhin die Haltung eines kritischen Posthumanismus und verbindet zwei Perspektiven:

> »[...] einerseits Aufgeschlossenheit gegenüber der Radikalität des technokulturellen Wandels, andererseits betont [...] Kontinuität mit schon lange existierenden Denkformen, die sich kritisch mit dem Humanismus, teilweise aus der humanistischen Tradition heraus, beschäftigt haben.«[10]

Darin liegt zum einen der Aspekt des »Postanthropozentrischen«:

> »Das kulturelle Unbehagen oder die Euphorie, die aus dem Gefühl entstehen, wenn man die Idee des ›Postanthropozentrismus‹ ernst zu nehmen beginnt.«[11]

Zum anderen »werden sowohl Freiheit, Universalität und das Prinzip der Individualität des humanistischen Subjekts angezweifelt«.[12] Für die vorliegende Arbeit ist es ebenfalls wichtig, den kritischen Posthumanismus in diesem anti-humanistischen poststrukturalistisch-dekonstruktivistischen Rahmen zu betrachten, denn die Figurationen, die hier untersucht werden, scheinen in gewisser Weise anzudeuten, dass es einen Wunsch nach etwas Zukünftigem zu geben scheint, der sich gegen traditionelle humanistische Vorstellungen richtet. Es wurde bereits dargelegt, dass humanistische Subjektvorstellungen irritiert und angegriffen wurden; die Filme weisen eine Auseinandersetzung damit auf, schließen jedoch ohne eine völlig ausgedeutete Vision des ›Danach-Kommenden‹ ab. Möglicherweise werfen die hier zu untersuchenden Körperdarstellungen demnach Fragen auf, die auf eine Zeit nach dem Humanismus verweisen. In diesem Sinne lassen sich die Körperdarstellungen der französischen Terrorfilme in die Tradition des kritischen Posthumanismus fassen:

> »Vor die philosophische Fragestellung ›Was ist der Mensch‹ tritt die vom Posthumanismus radikalisierte Kritik am Humanismus und seiner Tradition [...]. Sich ›nach‹ dieser Tradition zu ›positionieren‹ – Posthumanismus – bedeutet wie auch schon beim Postmodernismus und der Postmoderne, je nach Akzentsetzung eine gewisse Doppeldeutigkeit in Kauf zu nehmen: Die Erfahrung, dass ein gewisser Humanismus eindeutig an sein Ende gelangt ist (daher *Post*-humanismus); andererseits beschreibt sie das Bewusstsein, dass dieser Humanismus auf Grund seiner eigenen Pluralität und Ungreifbarkeit nicht einfach ohne Überreste oder Wiederkehr *ad acta* gelegt werden kann, sondern kritisch-dekonstruktiv ›durchgearbeitet‹ werden muss (daher auch Post-*humanismus*).«[13]

Die Körper greifen gerade diesen Aspekt visuell auf: »[K]ritisch-dekonstruktiv« arbeiten sie sich an tradierten humanistischen Vorstellungen ab und markieren in diesem Kapitel nun den vorläufigen visuellen Endpunkt oder die Konsequenz ebendieser Auseinandersetzung. Aufgezeigt wird eine *Richtung*, die das Ende des humanistischen Denkens vertritt:

> »Es geht nicht so sehr um eine Ablösung einer utopischen oder real existierenden Posthumanität von einer mehr oder weniger real existierenden idealisierten Humanität oder deren Opposition, sondern um ›Durcharbeitung‹, ›Differenzierung‹ und ›Pluralisierung‹.«[14]

Für diesen Ansatz spricht die Tatsache, dass die Körper in den französischen Terrorfilmen Körper der Auseinandersetzung in vielfältiger Art und Weise sind. Mit Spuren der Verletzung gehen sie aus diesen Kämpfen hervor. Vor allem aber ist auffällig, dass sie ausnahmslos als lebende Körper am Ende des jeweiligen Films verbleiben. Dies ist ausschlaggebend, denn sie führen wie ein roter Faden in das Nachdenken über die Zukunft der Körper, nachdem sie sich an traditionellen humanistischen Vorstellungen abgearbeitet haben.

Posthumane Körperlichkeiten

»Der (filmische und literarische) Diskurs des Posthumanen verhandelt die Grenzen des Menschlichen.«[15] Was die Körperlichkeiten im vorliegenden Genrekino angeht, so gehen die somatischen Entwürfe des Posthumanismus einher mit Imaginationen des monströsen Körpers. Julia Miess macht die Verbindung dieser beiden Begrifflichkeiten deutlich, indem sie das Moment des »Dazwischen-seins« (in Anlehnung an Judith Halberstams Bestimmung des *gothic monster*[16]) als gemeinsamen Nenner posthumanistischer Körperentwürfe und Figurationen der »neuen Monster« des Horrors aufzeigt; beides sind »Grenzwesen«:

> »Die Funktion als Grenzwesen, als besondere Ausdrucksform menschlicher Ängste vor dem Fremden und Anderen eint also die Repräsentationsform des Cyborg mit Monstern wie Vampir und Werwolf.«[17]

Auch Donna Haraway, die in ihrem bekannten und wegweisenden »Manifest für Cyborgs«[18] die Figur des Cyborg zum posthumanen Wesen schlechthin erklärte, sieht in der Funktion und Position des ›Anderen‹ einen ausschlaggebenden Aspekt:

> »Das Selbst ist der Eine, der nicht beherrscht wird, und dies durch die Knechtschaft der Anderen weiß. Die/der Andere ist die/derjenige, der/dem die Zukunft gehört und dies durch die Erfahrung der Herrschaft erkennt, die die Autonomie des Selbst als Lüge entlarvt. Der Eine zu sein, heißt autonom, mächtig, Gott, aber auch eine Illusion zu sein, und damit in die Dialektik der Apokalypse mit den Anderen gezogen zu werden. Noch bedeutet die/der Andere zu sein, vielfältig und ohne klare Grenze, aufgerieben und unwesentlich zu sein. Eins ist zu wenig, aber Zwei sind zu viel.«[19]

In Haraways Beschreibungen liegt zudem ein politischer Anspruch: Sie verweist auf die Hoffnung, die in der Figuration des Cyborg gefasst wird, dass humanistische Machtstrukturen, die sich durch Abgrenzung vermeintlich abweichender Subjekte selbst bestätigen, für obsolet erklärt werden – ihnen droht die Apokalypse. Dies ist ein Hinweis, der für die Filmbeispiele wichtig ist, denn auch hier finden sich apokalyptische Elemente, die sich explizit in den Umgebungen ablesen lassen. In diese Welten treten dann Körperlichkeiten, die aus den Strukturen ausgetreten sind, welche sie zuvor als anders markiert haben, dafür stehen besonders die Filmbeispiele THE DIVIDE und MARTYRS. Auch Herbrechter sieht in dem Monströsen ein posthumanistisches Phänomen, das aus der »Dialektik der Identität, die sich der radikalen Andersheit bedient, um sich ihrer selbst, oder besser, ihres Selbst zu versichern«[20] entsteht. Das Monster ist demnach das, was das Selbst konstituiert, aber auch bedroht:

> »Ungeheuer, Grenzlandbewohner, haben immer schon die höchsten Grade von Überschreitung und das Limit der Ordnung dargestellt. Im Werk Jacques Derridas verkörpert die Figur des Monsters die Möglichkeit einer anderen Denkweise – eine Möglichkeit ›jenseits von human und Humanismus‹ und zu anderen posthumanen Zukunftsformen zu gelangen –, die unter dem Begriff Dekonstruktion kursiert.«[21]

In den vorliegenden Filmbeispielen ist das monströse Element als etwas zu betrachten, das entweder Grenzen verweigert und sozusagen »in der Gestalt der Nicht-Gestalt, in der unförmigen, stummen, embryonalen und schreckenerregenden Form der Monstrosität«[22] erscheint (MARTYRS) oder durch die Verweigerung der Lesbarkeit durch die Verdeckung des Körpers, was eine Irritation durch die unmögliche Einordnung des Körpers in die symbolische Ordnung auslöst (THE DIVIDE). Die monströsen Körper erscheinen demnach als »Grenzlandbewohner« zwischen den Traditionen des Humanismus und den Versuchen, diesen zu überschreiten. Wichtig erscheint in diesem Zusammenhang, dass die Körper immer noch Körper, also Materialitäten sind.

Auch dass sie zumeist als Wesen weiblichen Ursprungs gedacht werden können, weist darauf hin, dass nicht mit den Kategorien der Körperlichkeit und Materialität selbst abgeschlossen wird. Auf diese Weise verhandeln die Körperästhetiken eine Form des Posthumanismus und lassen sich somit als transgressiv betrachten:

> »Das Posthumane kann weder das Humane einfach fortsetzen, noch darf es sich von ihm in irgendeiner epistemologischen Weise unterscheiden, denn selbst Antinomie, Variation usw. sind Wiederholungen des Selben nur in anderer Form, also keine radikale Differenz oder Andersheit [...]. Das Posthumane muss also ganz anders und neu im Sinne einer ›monströsen Monstrosität‹ sein (Derrida 1989), denn hinter dem Ekel vor Monstrosität steht die Angst vor der Unkontrollierbarkeit und der Unvorhersehbarkeit eines radikalen ›Monströsen‹, das jenseits einer Moral von Gut und Böse hereinbricht in der Form eines Ereignisses oder einer unangekündigten Ankunft als ›*arrivant*‹. Das Posthumane kündigt also das Inhumane im Sinne Lyotards an. Es ist in seiner Monstrosität und Faszination eine apokalyptische Ansage einer Wahrheit, die vom humanistisch-anthropozentrischen Standpunkt aus unfassbar und damit ungeheuerlich ist. Und dennoch läuft alles auf diese Unfassbarkeit hinaus.«[23]

Die Körper-Transgression ist ein Leitmotiv posthumaner Körperentwürfe und erfüllt demgemäß die grenzüberschreitende Hinterfragung humanistischer Tradition und die Weiterführung des kritischen Posthumanismus.

Gerade die Verletzung der Haut steht für dieses Motiv der physischen Transgression im postmodernen Horrorfilm, wie es Judith Halberstam in »Skin Shows« feststellt:

»Where the monsters of the nineteenth century metaphorized modern subjectivity as a balancing act between inside/outside, female/male, body/mind, native/foreign, proletarian/aristocrat, monstrosity in postmodern horror films finds its place in what Baudrillard has called the obscentity of ›immediate visibility‹ and what Linda Williams has dubbed ›the frenzy of the visible‹.«[24]

Die direkte Sichtbarkeit des Monströsen bildet sich auf dem offenbarsten menschlichen Organ ab: der Haut. Halberstam führt als Beispiel die Figur des Buffalo Bill aus dem Film THE SILENCE OF THE LAMBS (Das Schweigen der Lämmer; 1991; R: Jonathan Demme) an, der sich aus der Haut verschiedener Frauenopfer ein Kostüm näht, dieses überstreift und darin tanzt. An der Haut lässt sich alles ablesen, und sie wird so zum Verweis auf das Innere, und die Monstrosität kehrt nach außen:

»Skin [...] becomes a kind of metonym for the human; and its color, its pallor, its shape mean everything within a semiotic of monstrosity. [...] Slowly but surely the outside becomes the inside and the hide no longer conceals or contains, it offers itself up as text, as body, as monster.«[25]

Wenn in diesem Zusammenhang nun Frauenkörper ihre Haut bis zur Unkenntlichkeit selbst verletzen, gar gehäutet werden, oder aber die Haut beinahe komplett verdecken, so kann dies darauf hinweisen, dass die Sichtbarkeit der Haut als Lesbarkeit des Inneren verhandelt werden soll. Je mehr sich die weiblichen Körperdarstellungen ihrer Lesbarkeit entziehen, umso monströser erscheinen sie. Es ist immer wieder wichtig zu betonen, dass diese transgressiven Prozesse nicht als absolute Überschreitung gedeutet werden sollen, die mit einer posthumanen Vision der universellen Vereinheitlichung einhergehen würde. Wie bereits erläutert, findet hier keine Absage an Körperlichkeit selbst statt, es handelt sich um eine (schmerzhafte) Auseinandersetzung, eine Erschütterung des Körpers und der Körpergrenzen, die auf neue Möglichkeiten der Grenzziehung und auf den ständigen Prozess der Grenzziehungen als körperlich-materielle Neufixierungen hinweisen.

In diesem Sinne deutet auch Barbara Becker die Darstellungen posthumaner Körperlichkeiten. Sie stellt daher fest,

»dass es bei einer Neudeutung des Selbst im Kontext neuer technologischer Entwicklungen und damit einhergehender ›posthumaner‹ Identitätsentwürfe und ›Cyborg-Visionen‹ nicht darum gehen kann, Dichotomien und Differenzen zugunsten neuer Einheits- und Vereinheitlichungsperspektiven vollkommen abzuschreiben. Statt eine Entgrenzung im Sinne einer un-differenzierten Amalgamierung anzustreben, wo die Spalten und Brüche zwischen Natur und Kultur, Organismus und Artefakt, Subjekt und Objekt negiert würden, geht es eher um ein Offenlegen der immer schon vorhandenen Fragilität von Grenzziehungen wie auch um die Auslotung möglicher Grenzverschiebungen.«[26]

Becker sieht in den posthumanen, entgrenzten Einheitsvisionen des Körpers, die als Willen zur Überwindung von Dichotomien verstanden werden, nicht unbedingt ein neues Phänomen. Vielmehr betrachtet sie den Körper als Leib, der schon immer in Kontakt und Austausch mit der Außenwelt war, damit einerseits selbstbestätigend, aber andererseits schon immer entgrenzt war, denn berühren heißt zugleich auch berührt werden. Die Haut erhält eine ambige Funktion als »durchlässige Körper-Grenze, die gleichermaßen eine begrenzende Hülle des Selbst(-Bildes) wie auch Kontaktstelle zwischen dem Selbst und anderen ist«.[27] Der körperliche Leib ist demnach »als responsive und damit immer schon dezentrierte Schwellenexistenz«[28] zu betrachten.

Auch die Körperlichkeiten in den folgenden Analysen widersetzen sich der Auslegung posthumaner Körpervisionen, welche das Motiv der Entgrenzung und Transgression als Ent-Körperlichung oder völlige Körper-Auflösung deuten, die in das grenzen- und körperlose Universelle schreitet (wie beispielsweise in den Cyberspace). Vielmehr sollen die Körperdarstellungen und die Körper-Transgressionen im Sinne einer »Auslotung möglicher Grenzverschiebungen«[29] analysiert werden, denn die hier aufgestellte These, dass sich die Frauenkörper nach einer gewissen Jenseitigkeit sehnen, geht *nicht* unbedingt mit dem Wunsch nach dem Ende des Körpers selbst einher. Die zumeist schwer verletzten, aber immer noch lebenden Körper bleiben als letztes Bild auf der Leinwand und werfen durch diese drastische Konfrontation Fragen nach neuen Entwürfen und Körper-Möglichkeiten auf. Sie decken ein Defizit in der Gesellschaft auf; das Defizit sind die Repressionen normativer Strukturen und Ausgrenzungsmechanismen, aus denen sie hervorgehen und an denen sie sich abgearbeitet haben – und als eine solche Offenlegung treten sie physisch auf: der offene und der monströse, entrückte Körper als Provokation der Grenzverschiebung.

Die Utopie der Postsexualität

Wie auch das Präfix ›Post-‹ beim Begriff des Posthumanismus nicht das Ende des Menschen bezeichnet, ist Postsexualität ebenfalls nicht als ein Ende der Sexualität zu verstehen, sondern »es sind die mit dem Wandel sich abzeichnenden neuen Erscheinungsformen [von Sexualität, S.K.] angesprochen«.[30] Der Terminus soll hier vorgestellt werden, da er für die Hauptanalyse des Films MARTYRS äußerst relevant sein wird, zudem für THE DIVIDE.

Laut Irene Berkel ist Sexualität ein Strukturelement der Gesellschaft:

» [...] die heterosexuell-generative Verfassung unserer sozialen Organisation und Kultur war über den Unterschied der Geschlechter und Generationen, die Verknüpfung von Geschlecht, Sexualität und Generativität vermittelt.«[31]

Doch gerade diese grundlegenden Elemente scheinen nun einem Wandel zu unterliegen:

»Seit der zweiten Hälfte des 20. Jahrhunderts sind unsere Gesellschaften verstärkt mit der Dissoziation und Verselbstständigung von Sexualität und Fortpflanzung konfrontiert. Infolge der Säkularisierung des Fortpflanzungsgeschehens und des Bedeutungswandels der Sexualität verlieren tragende Elemente der sozialen Organisation an symbolischer Substanz.«[32]

Verbunden mit dem diffus gewordenen Sexualbegriff tauchen neue Phänomene des Postsexuellen auf, wie etwa die

»Enttabuisierung der Sexualität, die offensive Sexualisierung, aber ebenso das Schwinden der Sexualität aus bestimmten Bereichen, die Präsenz des Sexuellen im öffentlichen Raum, die wachsende Sexualablehnung oder die asexuellen Reproduktionsformen [...].«[33]

Besonders relevant für die folgende Filmbetrachtung ist vor allem der Aspekt des Schwindens von Sexualität, den Jean Clam näher bestimmt. Dessen Begriffsbestimmung von Postsexualität bezieht sich auf die »Vorstellung eines Nach-der-Sexualität«,[34] für die Clam drei Gesichtspunkte in Betracht zieht:

> »1. Der Wunsch nach einem Ende und Jenseits des Sexuellen.
> 2. Das Fading des Sexuellen.
> 3. Die Desymbolisierung des Sexuellen und die Frage nach der Haltbarkeit der Grundtheoreme der Psychoanalyse.«[35]

Das Anzeichen für die Entwicklung des Postsexuellen ist für Clam vor allem an einem »Wunsch nach einer Überschreitung des Sexuellen als einer Sache, die affektiv und physisch nicht mehr aushaltbar ist« und als »Erfahrung des Leidens am Sexus« zu beobachten. Diese Attribute sind ebenfalls an den Körperlichkeiten in MARTYRS ablesbar. Die Darstellerinnen nehmen dabei jeweils unterschiedliche Positionen ein. Während Lucie im ersten Teil des Films ihren eigenen Körper auf äußerst brutale Weise selbst bekämpft und damit den »Wunsch der Überschreitung des Sexuellen« offenbart, der mit einer starken Todessehnsucht einhergeht, werden demgegenüber durch die Figur Anna in der zweiten Hälfte des Films eine Welt und eine Körperlichkeit präsentiert, die über diese Dimensionen hinausgehen und damit eine Art Utopie des Postsexuellen verbildlichen. Innerhalb dieses Prozesses lässt sich der erste Teil des Films, dessen Zentrum Lucie darstellt, an den von Clam erstgenannten Punkt des »Wunsches nach einem Ende und Jenseits des Sexuellen« anschließen, während das »Fading des Sexuellen« ein Motiv ist, das (bis auf eine Ausnahme) zwar den kompletten Film durchzieht, jedoch gerade in der zweiten, durch die Figur der Anna bestimmten Episode ausformuliert und gar überschritten wird: »Die Vollendung des Fadings ruft Imaginationen auf den Plan, in denen sich eine vollkommen entsexualisierte Welt ausgestaltet.«[36] Das Fading des Sexuellen ist ein Phänomen, welches Clam folgendermaßen definiert:

> »Das Fading nimmt sich wie eine Weißung der verschiedenen Stellen aus, an denen sexuelles Begehren in der einen oder anderen Form für eine libidinöse Markierung der Objekte untergründig motivierend gewesen wäre.«[37]

Das Fading des Sexuellen beschreibt demnach den Prozess des »Verblassens von Sexualität.«[38] Wichtig scheint, dass sich das Zurückziehen oder Nicht-greifen-Können von Sexualität auf Objekte bezieht, die das Sexuelle normalerweise jedoch aufzeigen. Es entsteht ein bestimmtes Missverhältnis zwischen dem Erscheinen eines offenkundig sexuell begehrenswerten Objektes, welches als solches immerzu wahrnehmbar ist, und dem Umstand, dass es gleichzeitig nicht mit Begehren besetzt wird oder werden kann.[39]

Gerade für einen Genrefilm scheint dieser Aspekt äußerst ungewöhnlich, denn in MARTYRS agieren, oberflächlich betrachtet, zwei attraktive Hauptdarstellerinnen, die, zum Teil knapp bekleidet, ihre Kämpfe auf der Leinwand austragen. Es scheint, als liege diesem Kontext eine sexuelle Konnotation nahe. Jedoch bestimmt das Sexuelle keineswegs den Film oder ist gar in irgendeiner Form relevant und gegenwärtig. Diese Form der Konfrontation realistischer und teilweise auch nackter weiblicher Körper mit dem absoluten Entschwinden des Sexuellen scheint irritierend. Dieser Aspekt ist derart von der drastischen Gewalt am Körper überlagert, dass sich der Gedanke an das Fehlende des Sexuellen möglicherweise erst nach dem Filmerlebnis selbst einstellt und erschließt. Es sind bis auf das Äußerste geschundene Körper, die hier auftauchen;

dieses Motiv der gefolterten und verletzten Körper(-hüllen) scheint sogar das Sexuelle zu überdecken. Das Fading des Sexuellen kann nach Clam die Folge haben, dass auch der Psychoanalyse die »Grundtheoreme« (Clam) entzogen werden:

> »Mit der These des Heraufkommens eines Nach-dem-Sexuellen, verstanden als eines Fadings des (sexuellen) Begehrens, könnte der psychoanalytischen Theorie der Boden entzogen werden.«[40]

Auch dieser Aspekt entspricht einer Entwicklung, die in MARTYRS angedeutet wird (wie an entsprechender Stelle noch dargelegt werden wird) und als weiterer Anhaltspunkt für die Hypothese der vollzogenen Dekonstruktion dient, die an den Körperlichkeiten abzulesen ist. Auch in THE DIVIDE lassen sich die erwähnten postsexuellen Tendenzen ablesen. Sexualität findet hier zwar statt, jedoch scheint sich eine Krise des Sexuellen herauszustellen, was sich vor allem für die weiblichen Protagonistinnen wiederum als »Leid am Sexus« (Clam) entpuppt. Aus der Perspektive der Protagonistin stellen sich Sexualität und die patriarchalen sozialen Strukturen am ehesten als »Schwellen- und Krisenzeit der Überwindung von Sexualität selbst«[41] heraus; Strukturen, die sie letztendlich hinter sich lässt.

Der entrückte Körper in THE DIVIDE

»Vor einem Monstrum wird man sich der Norm bewusst«
                                  Jacques Derrida

X IS FOR XXL, FRONTIÈRE(S) und THE DIVIDE sind Filme des Regisseurs Xavier Gens. Alle offenbaren ein gemeinsames Hauptmotiv: Frauenfiguren, die sich physisch, selbstreflexiv und emotional mit den umgebenden Strukturen auseinandersetzen. Dieser Prozess wird durch die jeweilige Körperdarstellung der Hauptfigur veranschaulicht. Vergleichbar mit dem abschließenden Bild der Hauptfigur Yasmine in FRONTIÈRE(S), präsentiert auch der apokalyptische Terrorfilm THE DIVIDE einen Frauenkörper, der schlussendlich völlig entrückt erscheint. Entrückt ist hierbei ein Ausdruck, der sich von den noch kommenden Analysen der offenen, partiell oder gar komplett gehäuteten Körper absetzen soll, wie sie beispielsweise in X IS FOR XXL zu sehen sind. Entrückt bedeutet hier, dass der Frauenkörper aus der Auseinandersetzung mit hegemonialen Strukturen *nicht* als eine Art ›offene Wunde‹ hervorgeht, sondern eine entfremdete Körperlichkeit präsentiert, die in eine andere (soziale) Wirklichkeit entrückt wurde. Sie entledigt sich aktiv einer obsolet gewordenen Gesellschaftsstruktur und schreitet in eine andere Welt, eine Utopie mit dystopischen Elementen. Wie bereits zuvor dargelegt, zeigt etwa Yasmine eine Körperlichkeit auf, an der die veraltete Struktur noch ablesbar ist: mit den Kleiderfetzen aus einer traditionellen, patriarchalen Welt geht sie schließlich auf neue Grenzen zu. Ihr Körper scheint entrückt, da noch Spuren der tradierten Lesbarkeit erkennbar sind, die sie jedoch hinter sich gelassen hat. Im Gegensatz zu Eva in THE DIVIDE gelingt es Yasmine jedoch nicht, in eine neue Umgebung zu schreiten. Sie wird aufgehalten und ist dazu gezwungen, in den immer gleichen Strukturen zu verweilen.[42] Eva dagegen geht schließlich, wie Yasmine, noch von den vorherigen Kämpfen völlig entrückt aus einer Apokalypse in die nächste, allerdings mit einer anderen Körperlichkeit, welche sich der Lesbarkeit der vorherigen Gesellschaft entzieht; zudem wird eine ›neue Welt‹ angedeutet. In THE DIVIDE zeigen sich daher – im Gegensatz zu FRONTIÈRE(S) – posthumanistische Motive des ›Dazwischen‹: Der Körper ist nicht völlig befreit von veralteten Elementen und schreitet entrückt in eine zukünftige Welt, die allerdings noch unbekannt ist.

Zwei Aspekte werden in der Analyse besonders fokussiert: Zum Ersten sollen die Strukturen der Gemeinschaft untersucht werden, die sich in dem Bunker eingefunden hat. Es soll hinterfragt werden, wofür diese stehen und was die Gruppendynamik mit der tatsächlichen westlich geprägten Gesellschaft verbindet. Des Weiteren werden die sich verändernden Körperlichkeiten dargelegt und in welchem Zusammenhang sie mit den oben genannten Strukturen stehen. Diese Untersuchungen kulminieren in der Analyse der Schlusssequenz, in der aufgedeckt werden soll, welchen Prozess die Hauptfigur Eva durchlebt und wie sich dieser auf ihre Körperdarstellung auswirkt.

Nach einem desaströsen Atomanschlag auf die Stadt New York gelingt es neun BewohnerInnen eines Hochhauses in ein im Keller gelegenes, abgeschlossenes Bunkersystem zu fliehen, das von dem Hausmeister Mickey (Michael Biehn) verwaltet wird. Die junge und attraktive Eva (Lauren German) sowie ihr Verlobter Sam (Iván González) sind unter den Geretteten. Bald treten die ersten Probleme auf: Die Lebensmittel werden immer knapper, und plötzlich dringen fremde, in Schutzanzügen gekleidete Soldaten in den Kellerraum ein, entführen das einzige Kind Wendi (Abbey Thickson) und trennen es damit von seiner Mutter Marilyn (Rosanna Arquette), die sich daraufhin völlig aufgibt. Während der Entführung werden Soldaten getötet, wodurch ein intakter Schutzanzug übrig bleibt. Der junge Mann Josh (Milo Ventimiglia) startet einen riskanten Rettungsversuch und dringt mit diesem Anzug gekleidet in die Außenwelt, wo er Wendi jedoch mit zugeklebten Augen in einem sargartigen Behältnis vorfindet. Sie ist nicht tot, scheint jedoch verloren. Kurz nach der Aktion wird die stählerne Kellertür von außen verschweißt, wodurch die erdrückende Atmosphäre im Bunker verstärkt wird. Weitere Schwierigkeiten tauchen auf, als ein verborgenes Vorratslager entdeckt wird, das Mickey gehört, der es jedoch vor der Gruppe verheimlichte. Angesichts der Kämpfe um die Lebensmittel und der ausweglosen Situation schwinden Moral und Solidarität unter den Bewohnern zusehends. Im Zentrum des moralischen Verfalls stehen Josh und Bobby (Michael Eklund), die sich als neue Anführer der Gemeinschaft und Bewacher des Lagerraums aufspielen. Nach und nach gibt es immer mehr Todesopfer. Schließlich eskaliert die Situation endgültig, und durch Josh, der sich selbst entzündet, bricht ein verheerendes Feuer im ganzen Bunker aus. Eva entscheidet sich, den verbliebenen Schutzanzug zu benutzen, um über die Kanalisation aus dem Keller zu fliehen. Sie lässt dabei ihren Verlobten Sam und auch den väterlichen Mickey in den Flammen zurück. Schließlich schreitet sie in die Außenwelt und erblickt eine völlig zerstörte Welt.

Eine auffällige Sichtbarkeit von Körpern und die Verhandlung von patriarchalen Strukturen sind in THE DIVIDE tragende Motive. Bevor Eva jedoch als eine Art ›Alien-Figur‹ in die neue Welt schreitet, wird der Aspekt der fokussierten Körperlichkeit vor allem durch die übrigen Körperdarstellungen im Film verdeutlicht. Eva selbst widersetzt sich dem geistigen und dem damit einhergehenden körperlichen Niedergang. Anschaulich wird das Fortschreiten des moralischen und psychischen Verfalls

Erschütterung: Körper-Transgression als Entladung körperlicher Lesbarkeit

THE DIVIDE (2011): Marylin definiert ihre Weiblichkeit zunächst vor allem über Mütterlichkeit …

der übrigen Figuren durch die körperliche Veränderung, die jeweils in das Monströse schreitet. Im Zentrum dieses Vorgangs stehen vor allem die Figuren Josh, Bobby und Marilyn. Der moralische Verfall ist bei den beiden männlichen Protagonisten an das Machtbedürfnis geknüpft, die Lebensmittel zu bewachen und damit das Bestimmungsrecht über die Gruppe zu erlangen. Marilyns psychische Verfassung bröckelt stetig, nachdem sie ihre Tochter Wendi und damit ihre Mutterfunktion verloren hat. Somit bezeichnen diese beiden Aspekte die tradierten gesellschaftlichen Konnotationen, die an die Konstruktionen von ›Männlichkeit‹ und ›Weiblichkeit‹ geknüpft werden: das männlich-patriarchale Machtbedürfnis und die weiblich-fürsorgliche Mütterlichkeit. Auf diesen Regeln scheint die Gesellschaft aufgebaut zu sein, denn der Film verweist gerade mit der Demoralisation dieser vermeintlichen Werte auf den Verfall der westlichen Zivilisation. Der Fokus auf US-amerikanische Symbolik, die vielseitig eingesetzt wird, spielt zusätzlich auf diesen Aspekt an: Der versteckte Lagerraum befindet sich hinter einer riesigen US-Flagge, und der Hausmeister des zusammengestürzten Gebäudes, Mickey, ist ein ehemaliger Feuerwehmann, der auch am 11. September 2001 im Einsatz war. Der Code der Safetür des Lagerraums lautet dementsprechend ›91101‹. Dass diese Welt dem Ende geweiht ist und nur noch innerhalb dieses abgegrenzten Bunkers auf dasselbige wartet oder vielmehr aktiv daraufhin zuarbeitet, wird durch das Verschweißen der Tür von außen besonders deutlich – eine Gesellschaftsform, die veraltet und nicht mehr funktionsfähig ist. Und so wird es auch erfolgen: Die Gemeinschaft im Bunker veranschaulicht als sozialer Mikrokosmos die Strukturen einer Gesellschaft, welche zum Scheitern verurteilt ist und deren Zerstörung zum Selbstläufer wird.

Der patriarchale Machtkampf wird gleich zu Beginn zwischen dem jungen, rebellischen Josh und dem väterlichen Mickey etabliert. Er gipfelt in einer Foltersequenz, nachdem sich herausgestellt hat, dass Mickey einen geheimen Raum mit Lebensmitteln besitzt. Josh schneidet Mickey einen Finger ab; ein Akt, der in seiner Symbolik an eine Kastration erinnert. An diesem Punkt muss Mickey seine Vormachtstellung aufgeben, und Josh reißt sie an sich. Mit dieser Handlung der Machtübernahme verändern sich sukzessive auch die Körperlichkeiten von Josh, Bobby und Marilyn. Bobby hat sich Josh angeschlossen, und Marilyn wendet sich zunächst aus Verzweiflung und Einsamkeit an Bobby, der sie dann jedoch zunehmend misshandelt. Schließlich wird sie von Bobby und Josh dermaßen körperlich gequält und vergewaltigt, dass sie stirbt. Bobby kommentiert diesen Höhenpunkt

Der entrückte Körper in THE DEVIDE

der Missachtung menschlicher Würde mit dem bezeichnenden Satz »She just broke« (»Sie ist einfach kaputtgegangen«). Dieser äußerst zerstörerische Umgang mit Marilyn in Verbindung mit Sexualität steht exemplarisch für jegliche Form von sexuellen Vorgängen, die in dem Bunker stattfinden: Alle sexuellen Akte erfolgen entweder als absolute Verzweiflungstat (so bedrängt Sam Eva in einem für sie sehr unpassenden Moment der größten Verzweiflung und Traurigkeit), als reine Machtdemonstration, wie beispielsweise Bobbys sexueller Angriff auf Sam, oder in Verbindung mit Gewalt, wie etwa Joshs Versuch, Eva zu vergewaltigen.

Jean Clam sieht in der Tendenz zum Postsexuellen hin eine Art ›Wende‹, die »uns vom Sexuellen zum Postsexuellen«[43] führt. Diese Wende kann, wie Clam es am Beispiel von ausgewählten Werken Michel Houellebecqs aufzeigt, auch eine Krisenzeit sein. Hier werden die »Härten des Mediums Sex«[44] deutlich. Auch für die Gemeinschaft im Bunker kann Sexualität nicht mehr als Genuss funktionieren. Sexuelle Handlungen werden alleine mit Leid, Qual und Herabsetzung in Verbindung gebracht, sodass ein Ende dieser Form von Sexualität wegen ihrer selbstzerstörerischen Züge geradezu absehbar

... Bobby dagegen definiert sich vor allem über seine maskuline Körperlichkeit

sein muss. An diesem Punkt kann es nur noch einen Wunsch nach dem »einem Ende und Jenseits des Sexuellen«[45] geben.

Die drei Körperlichkeiten von Josh, Marilyn und Bobby markieren – später jeweils karikaturhaft übersteigert – die ursprüngliche gesellschaftliche Position: Marilyn als Frau, Josh als starker und lässiger Mann und Bobby als männlicher Mitläufer. Alle diese Körperlichkeiten driften ins Monströse ab, und die Körper werden in ihrer Überzeichnung gleichzeitig diffus und unklar: Bobby nimmt gender-transgressive Züge an, die in einer äußerst erniedrigenden sexuellen Belästigung von Sam gipfeln.

Marilyn schminkt sich stark und über die Gesichtsgrenzen hinaus und überzeichnet damit ihre mittlerweile puppenhafte Weiblichkeit ins Karikaturhafte.

Der lässige Josh entpuppt sich als Widersacher des Patriarchen Mickey

Erschütterung: Körper-Transgression als Entladung körperlicher Lesbarkeit

Karikaturhafte Weiblichkeit bei Marylin

Josh wird zu einer Erscheinung, die immer mehr die individuellen Züge zu verlieren scheint. Seine Markierung als besonders maskulines Wesen scheint vollkommen verloren, als er versucht, Eva zu vergewaltigen, es ihm aber nicht gelingt, in sie einzudringen.

Mit den beschriebenen Figuren scheinen auch die strukturellen Grundpfeiler der patriarchalen Gesellschaft zugrunde zu gehen. Diese Entwicklung gipfelt in der Selbstaufgabe des Patriarchen: Josh entzündet sich schließlich nach einem langen Kampf und nachdem er von Mickey angeschossen wurde. Seine vorherige Stellung als Patriarch wird vor allem dadurch deutlich, dass Mickey, den Josh zuvor durch die Kastrationssequenz als Anführer abgelöst hat, mit Blick auf die bereits toten und schwer verletzten Personen im Bunker fragt: »Bist du stolz auf *dein* Werk?« Er repräsentiert das Bild eines Patriarchen, der zunächst zu einer völlig diffusen Figur wird und sich schlussendlich selbst zerstört: die Ankündigung vom Ende einer Gesellschaftsform. Nun ergreift die letzte weibliche Figur mit dem bezeichnenden Namen Eva die Flucht aus dieser verlorenen, obsoleten Welt und markiert damit zugleich den Beginn einer neuen Umgebung.

Diese Schlusssequenz setzt mit zwei markanten inszenatorischen Mitteln ein: einer Zeitlupe und dem Einsatz eines Klavierstücks. Nachdem sich Josh in Brand gesteckt hat, versuchen Mickey und Sam verzweifelt, das Feuer mit ihren Kleidungsstücken zu löschen. Eva steht dicht hinter ihnen, blickt jedoch immer wieder in den dunklen Gang hinter sich, der in die Freiheit führen könnte. Der Kamerablick fängt im Vordergrund die Flammen ein, die den Patriarchen niedergestreckt haben, an den jeweiligen seitlichen Bildrändern sind Mickey und Sam positioniert, und zentral durch die lodernden Flammen des sterbenden Patriarchen zu sehen steht Eva, die immer wieder aufgeregt hinter sich blickt. Bereits zu diesem Zeitpunkt vermittelt die *Mise-en-scène*, dass Eva nicht mehr mit Sam und Mickey kämpft, sondern dass sie sich von beiden absetzt und von nun an einen anderen Weg gehen wird. Das Klavier setzt nun mit ruhigen Tönen ein. Die Kamera wechselt in Evas Position und betrachtet von hinten die beiden Männer. Langsam beginnt sie sich rückwärts zu bewegen. Die folgende frontale Porträteinstellung

Der Verlust individueller Züge bei Josh

von Eva, die langsam, aber mit entschlossenem Blick rückwärts schreitet, verdeutlicht, dass sie eine folgenschwere Entscheidung getroffen hat. Gleichzeitig gehen die einzeln gesetzten Klavier-Töne in eine harmonische Melodie über, die melancholisch erscheint, jedoch zugleich die beruhigende Stimmung von Befreiung in sich trägt. Evas direkter Blick in die Kamera scheint mitreißend, denn es wird damit deutlich, dass die Zuschauenden mit ihrer Figur den Bunker verlassen und auf diese Weise zu Evas Verbündeten werden. Der Blick in das Kameraauge sprengt den filmischen Rahmen und wird damit performativ. Einerseits fühlt das Zuschauersubjekt mit Eva und ist in deren Geschichte eingebunden, andererseits findet durch die Überschreitung des filmischen Rahmens möglicherweise eine Übertragung in die eigene soziale Wirklichkeit statt: Überträgt sich Evas Geschichte der Befreiung womöglich auf ein Bedürfnis der Zuschauenden? Durch das Feuer, das eine kathartische Symbolik aufweist, und durch den Befreiungsakt Evas wird möglicherweise auch der Zuschauende mitgerissen in ein Bedürfnis nach Bereinigung und in ein Eintreten in etwas Neues – eine erneuerte soziale Wirklichkeit.

Mickey bemerkt Evas Flucht und blickt ihr noch etwas nachdenklich und unsicher nach. Erst als sie hinter einer Türe verschwindet, die sie gleich daraufhin verschließt, scheint er zu begreifen, was sie vorhat, denn er selbst hat Eva von dem Fluchtweg durch die chemische Toilette erzählt. Nachdem Eva die Türe verschlossen hat, blickt sie noch einmal durch ein Gitter zurück in den Gang, doch dann dreht sie sich endgültig um und verschwindet in dem Raum. Mickey gibt Sam Bescheid, und beide folgen Eva, scheitern jedoch zunächst an der verriegelten Türe. Laut beginnen die beiden Männer nun ihren Namen zu rufen. Eva ignoriert jedoch die verzweifelten Hilferufe der Männer, greift sich den einzig verbliebenen intakten Schutzanzug und flüchtet in den nächsten Raum, dessen Türe sie abermals verriegelt. Das Licht flackert stark, die Kamera ist sehr bewegt und nahe bei Eva, die sich beeilt, um schnell aus dem Bunker zu entkommen. Den Männern gelingt es, in den nächsten Raum vorzudringen, immer noch schreien sie Evas Namen und beginnen mittlerweile stark zu husten. Das Feuer dringt weiter nach vorne, und die Gefahr wird zunehmend größer. Mittlerweile steht fest, dass die Männer in

Erschütterung: Körper-Transgression als Entladung körperlicher Lesbarkeit

Eva als Alien-artiges Wesen in einer apokalyptischen Umgebung

dem Feuer verloren sind. Eva zieht sich den Anzug in mehreren Lagen an, und schnell montierte Großaufnahmen zeigen das eilige Schließen der unterschiedlichen Verschlüsse des Anzugs. Sie rüstet sich für die neue Welt und verdeckt zum Schutz ihren Körper, während die Männer halbnackt der Hitze des Feuers ausgesetzt sind und ihre Körperlichkeit sichtbar verletzlicher wird. Eva befindet sich in dem abgesicherten Lagerraum, der nur anhand eines Codes geöffnet werden kann. Der vorherige Code entsprach dem Datum der ersten Erschütterung der westlichen Welt: 091101. Als Mickey den Code eingeben will, erfährt er von Sam, dass dieser geändert wurde. Dies verdeutlicht den Übergang in eine neue Zeit, die ebenfalls den Untergang jener Gesellschaftsform markiert, wie sie bisher bestanden hat. Mickey kennt den Zugang zu dieser Welt nicht, und er wird als Patriot, Kriegsveteran und väterlich-patriarchale Figur mit ihr untergehen. Auch Sam, der mit Eva verlobt ist, wird zurückgelassen. Er scheint demnach ein ebenfalls veraltetes (Männer-)Bild zu vertreten. Während Eva den Rucksack mit Lebensmitteln füllt und die Toilette zerschlägt, um durch diese abzutauchen, ruft Sam verzweifelt: »Lass uns nicht sterben«, und: »Es tut mir leid, Eva.« Als Eva den Zugang freigeschlagen hat, blickt sie noch einmal zurück. Am oberen Ende

der Türe krallen sich die Finger von Sam in einem Gitter fest, und die Todesschreie der Männer dringen weiter zu ihr durch. Doch Eva entzündet ein Rettungslicht, dreht sich wieder zum Ausgang, und der letzte Ausruf ihres Namens geht in einen hallenden Sound über – es ist endgültig: Eva flüchtet in die Außenwelt, und die Männer bleiben zurück und sind dem Tode geweiht. Während Eva noch einmal in den menschlichen Unrat abtaucht, bereiten sich Mickey und Sam dagegen auf ihren Tod vor. Als Eva die Stufen einer Leiter in die Freiheit aufsteigt, blickt Mickey nachdenklich und sogar lächelnd auf sein altes Leben zurück, indem er sich die aufgereihten Bilder seiner ehemaligen Familie ansieht. Die Feuerfront kommt immer näher und reißt schließlich über die Bildergalerie seines alten Lebens hinweg. Das helle Licht der Flammen überblendet in die Welt, in die Eva nun vorgedrungen ist und die ebenfalls durch ein riesiges Feuer zerstört wurde. Ein Ascheregen fällt vom blaugrauen Himmel, mit den fallenden, dunklen Flocken schwenkt die Kamera langsam auf die Erde und gibt damit den Blick frei auf das Ausmaß der Zerstörung. Die Farbgebung hat sich von den orangebraunen Tönen des Bunkerinneren verändert zu kühlen Blaugrau-Tönen. Schritt für Schritt tritt Eva als unkenntlich gewordene Figur durch die apokalyptische Landschaft. Ihre Erscheinung scheint der Umgebung sehr angepasst: Sie geht in der Farbkulisse beinahe unter, und ihre Gestalt wirkt nicht mehr menschlich. Eva ist zu einem unlesbaren, entfremdeten Körper gewor-

Der entrückte Körper in THE DEVIDE

den, an dem keine Kategorien jener Gesellschaft mehr angelegt werden können, aus der sie hervorgegangen ist bzw. welche sie soeben überschritten hat. Dementsprechend schreitet sie in ihrem fremdartigen Anzug an den skelettartigen Überresten vorbei, die sinnbildlich für die veraltete Zivilisation stehen. Eine Großaufnahme gibt den Blick auf Evas Gesicht, das sich hinter der Scheibe des Schutzanzuges befindet, frei, und es folgt ein sehr ruhiger Schwenk hinter ihren Kopf auf die Umgebung, die vor Eva liegt. Diese Kameraführung suggeriert einen Ausblick auf die Welt, die Eva erwarten wird, auf etwas Zukünftiges. Die Gestaltung der hinteren Helmseite erinnert entfernt an Gesichtszüge und deutet möglicherweise einen utopischen Körper an. Der folgende Schnitt in eine weitere Großaufnahme von Evas Gesicht vermittelt nun den Eindruck, dass sie sich in dieser Umgebung völlig neu definieren muss. Auf ihrem Helm spiegelt sich die zerstörte Welt, der sie entstammt, die Spiegelungen überlagern schließlich ihre frühere Identität. Der Fokus liegt hier auf dem Ende der westlichen Gesellschaft und ihrer patriarchalen Strukturen. Der Ausblick in die Zukunft scheint pessimistisch, doch diese Eindrücke werden lediglich an- und nicht völlig ausgedeutet. Evas neue

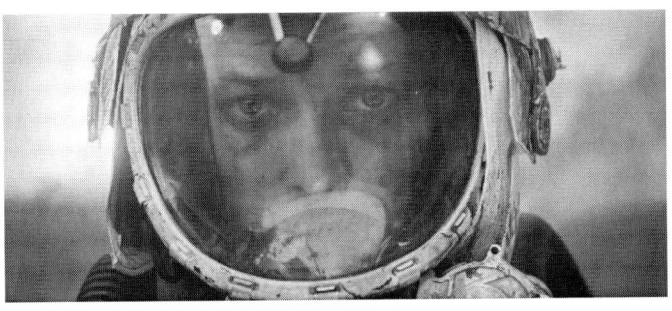

Überlagerung von Evas früherer Identität

Gestalt symbolisiert ein posthumanistisches Zwischenwesen, das seine Identität neu fixieren muss: ein entrückter Körper. Es wird demnach auch darauf angespielt, dass es unmöglich scheint, sich diese Identität und Körperlichkeit in der aktuellen Zeit vorzustellen – eine Körperlichkeit nämlich, die sich, wie es in dieser Schlusssequenz dargestellt wurde, aktiv und selbstbestimmt aus den patriarchalen Strukturen befreit hat. Wie bereits festgestellt, erscheint der entrückte Körper, der einmal Eva war (und entfernt immer noch zu sein scheint), als Körperlichkeit zwischen zwei Welten, zwei Epochen und zwischen zwei verschiedenen Darstellungen von Körperlichkeiten. Die Zuschauenden kennen lediglich die Vergangenheit dieser Figuration. Doch die Vergangenheit, der sich das Wesen nun entledigt hat, *zeigt* etwas auf. Und in diesem

Eva gefangen in patriarchalen Strukturen

Erschütterung: Körper-Transgression als Entladung körperlicher Lesbarkeit

Sinne (einerseits als Zwischen-Wesen und andererseits als etwas Zeigendes) erfüllt die neue Gestalt die Kriterien eines Monsters. Das Monster als posthumanes Wesen, das durch seine Vergangenheit, durch die Gesellschaft, aus der es entstammt und an deren normativen Strukturen es sich abgearbeitet hat, etwas aufzeigt: die Norm. Dies ist eine Verbindung, die auch Derrida dem Monster zuschreibt:

> » [...] vor einem Monstrum wird man sich der Norm bewusst, und wenn diese Norm eine Geschichte hat – was zum Beispiel für die diskursiven, philosophischen, soziokulturellen Normen gilt: sie haben eine Geschichte –, dann erlaubt jedes Erscheinen von Monstrosität in diesem Bereich eine Analyse der Geschichte der Normen. Um das jedoch zu erreichen, genügt es nicht, eine theoretische Analyse durchzuführen, sondern es ist nötig, etwas zu produzieren, das in der Tat einem diskursiven Monster ähnlich sieht, damit die Analyse einem *praktischen* Effekt gleichkommt, der dazu zwingt, sich der Geschichte der Normalität bewusst zu werden. Aber ein Monstrum ist nicht nur diese gewissermaßen chimärische Gestalt, in der ein Tier auf ein anderes, ein Lebewesen auf ein anderes gepfropft wurde. Ein Monstrum ist immer lebendig, vergessen wir das nicht! Monstren sind Lebewesen. Außerdem ist das Monstrum etwas, das zum ersten Mal auftaucht und folglich noch nicht erkannt oder wiedererkannt werden kann. [...] Sie *zeigt* sich einfach [elle se *montre*] – das ist die Bedeutung des Wortes ›Monstrum‹ –, sie zeigt sich in einem Wesen, das sich noch nicht gezeigt hatte und deshalb einer Halluzination gleicht, ins Auge fällt, Erschrecken auslöst, eben weil keine Antizipation bereit stand, diese Gestalt zu identifizieren.«[46]

Eva geht nun als monströses posthumanes Zwischenwesen ohne eine neue festgeschriebene Identität aus den Normen hervor und ist sozusagen ein Effekt derselbigen. Gerade durch diese Funktion zeigt sie die Normen (des Patriarchats) auf, aus denen sie entstammt.

Auch die ins Monströse abweichenden Körperlichkeiten von Bobby, Josh und Marilyn zeigen letztlich die Norm auf, die sie ursprünglich selbst symbolisiert haben. Durch die stetig fortschreitende Abweichung von der Norm wird das anfängliche Bild gleichzeitig immer eindeutiger. Das, was verloren geht, das, was nicht mehr sichtbar ist, das, was sie einmal waren, ist in den monströs gewordenen Körpern stets präsent und wohnt ihnen latent inne. Jedoch waren diese Körper im Film dazu bestimmt, durch ebendiese Abweichung die ihnen zugeteilten normativen Funktionen offenzulegen (Marilyn: Mutter/Frau, Josh: Mann/Anführer, Bobby: Mann/Mitläufer), allerdings nicht, diese zu überschreiten – dazu ist Eva bestimmt.

Exkurs: Die offene Wunde – Gesellschaftliche Repressionen und die weibliche Körperlichkeit in X IS FOR XXL

Der nur knapp sechsminütige Kurzfilm X IS FOR XXL von Xavier Gens, der einen Teil des Episodenfilms THE ABCS OF DEATH (22 Ways to Die, 2012)[47] darstellt, ist ein gutes Beispiel für die Auseinandersetzung einer Frauenfigur mit den Repressionen der Umwelt. Die selbstreflexive Abarbeitung der gesellschaftlichen Anforderungen, die an eine Frau gestellt werden, ist hierbei geradezu überdeutlich an der Körperdarstellung ablesbar.

Eine junge, übergewichtige Frau ist in einer Großstadt gerade auf dem Heimweg.

Es begegnen ihr unterschiedliche, stark beleidigende Kommentare von Menschen, die sie wegen ihres Körpergewichts offensichtlich für äußerst unattraktiv halten. Zudem sieht sich die traurige Frau ständig von Werbeplakaten mit vermeintlich perfekten, schlanken und unnatürlich glatten Frauenkörpern konfrontiert. Diese scheinen geradezu spöttisch auf sie herabzublicken. Zu Hause angekommen, entkleidet sich die junge Frau bis auf ihre Unterwäsche und begibt sich an ihren Kühlschrank, aus dem sie verzweifelt viel Essen in sich hineinstopft. Davon noch mehr frustriert, geht sie in das Badezimmer, wo sie nun beginnt, sich mit einem Messer die Haut von Körper zu schneiden. Die Wunden werden immer größer und tiefer, schließlich scheint sie einer Art Wahn zu verfallen. Immer wieder ertönen Satzbausteine, die ihr eine Diät anraten und zunehmend auf körperliche Selbstoptimierung verweisen. Auf der Bildebene taucht wiederholt in kurzen Zwischenschnitten das perfekt anmutende Werbegesicht auf, das die Frau zu Beginn des Films in der U-Bahn gesehen hat und das samt seinem Körper letztlich austauschbar ist, denn solche Zerrbilder sind immer und überall in einer urbanen Umgebung sichtbar. Unter diesem sich immer mehr aufbauenden Druck steigt die Frau in ihre Badewanne und schneidet sich mit einem elektronischen Messer das – vermeintlich überschüssige – Fleisch vom ganzen Körper. Schließlich tritt sie wankend und bis auf die Knochen vom eigenen Fleisch ›befreit‹ aus der Wanne in die davor entstandene riesige Blutlache. Ihre zerbrechlichen Konturen ähneln nun denen eines abgemagerten Frauenkörpers. Sie schafft es gerade noch, eine unnatürliche ›Modelpose‹ einzunehmen, bevor sie zusammenbricht und mit völlig entstelltem Körper zuckend auf dem Boden liegen bleibt. Das finale Bild des Films präsentiert schließlich einen völlig entgrenzten und entstellten Körper, der schockartig darauf hinweist, wie krankmachend die Idealbilder der westlichen Gesellschaft sind. Die Frau entledigt sich hierbei jedoch nicht ihrer Lesbarkeit als Frau, sondern ihrer Lesbarkeit als fettleibige und damit vermeintlich nicht ›ideale‹ Frau. Letztlich befindet sie sich jedoch jenseits jeglicher körperlicher Attraktivität und symbolisiert die pure übersteigerte Ideologie, die krankhaft auf ›weibliche‹ Körper einwirkt.

Die Thematik dieses Kurzfilms scheint, wie bereits einleitend erwähnt, für den Regisseur Xavier Gens exemplarisch zu sein, denn immer wieder reiben sich die Frauenfiguren in seinen Filmen mit den Gesellschaftsstrukturen und -anforderungen. Dieses Reiben ist im wörtlichen Sinne zu verstehen, denn die Betrachtung der Körperdarstellungen zeigt auf, dass diese Frauen sich tatsächlich an diesen Einwirkungen ›wund‹ reiben, aufreiben und manches Mal vollständig entgrenzen, wie es in X IS FOR XXL erkennbar ist.

Der Film ist ein interessantes Beispiel, da er die Auseinandersetzung mit der gesellschaftlichen Umwelt thematisiert und in direkte Verbindung mit der weiblichen Körperlichkeit setzt, die darauf reagiert: Wütend, verletzt und verzweifelt demontiert die Frau den eigenen Körper zu einer einzigen, großen, offenen Wunde. An diesem Punkt kann der Kurzfilm mit THE DIVIDE verglichen werden, denn auch Eva reagiert auf die Gesellschaftsstrukturen. Im Gegensatz zu der jungen Frau in dem Kurzfilm entledigt sie sich dieser jedoch und geht als neue Gestalt daraus hervor, nicht als Opfer. Die Frau in X IS FOR XXL entledigt sich dem Druck und der Strukturen nicht, vielmehr ist sie ein trauriges Beispiel für das Erliegen vor den Repressionen. Ihre Körperlichkeit ist, wie auch

Erschütterung: Körper-Transgression als Entladung körperlicher Lesbarkeit

Annas Körper in MARTYRS, letztlich völlig entgrenzt, übersteigt aber nicht die Konstruktionen, die ihrem Körper auferlegt werden. Denn während Annas Körperlichkeit das Überschreiten der Einschreibungen symbolisiert, im Grunde demnach desymbolisiert erscheint, erfüllt die Körperlichkeit der Protagonistin in X IS FOR XXL, wenn auch in ironisch entrückter Form, die gesellschaftlich geforderte und idealisierte Lesbarkeit des weiblichen Körpers.

Die erschütterte Körperlichkeit: MARTYRS

»MARTYRS is almost a work of prospective fiction that shows a dying world, almost like a pre-apocalypse. It's a world where evil triumphed a long time ago, where consciences have died out under the reign of money and where people spend their time hurting one another. It's a metaphor, of course, but the film describes things that are not that far from what we're experiencing today.«

Pascal Laugier

MARTYRS hat zwei Gesichtspunkte. Der erste entspricht dem äußerst drastischen Umgang mit (zumeist selbstreflexiver) gewaltgeprägter Körperlichkeit, der zweite überschreitet jede Spur, die in Ersterem gelegt wurde (und damit möglicherweise auch alles, was in einem Terrorfilm bisher präsentiert wurde). Denn der zweite Teil des Films deutet nicht alleine visuell, sondern vor allem philosophisch und gedanklich die im ersten Teil vorkommenden Aspekte gänzlich aus: Die Spuren der Grenzüberschreitung führen zur absoluten Transgression.

MARTYRS präsentiert bereits in den ersten Minuten Merkmale mehrerer Horrorfilm-Subgenres. Beispielsweise erscheint die Titelsequenz in der Ästhetik eines *found-footage*-Films. Des Weiteren taucht früh ein geisterhaftes Wesen auf, das durch seine unnatürlichen Körperbewegungen an die Geisterdarstellungen aus japanischen Horrorfilmen erinnert, wie die gebrechliche Figur der Kayako (Takako Fuji) in JU-ON (Ju-On: The Grudge; 2002; R: Takashi Shimizu), die mit weit aufgerissenem Mund in abrupten Vorwärtsbewegungen die Treppe hinuntersteigt. Oder wie Sadako (Rie Ino'o) in RINGU (Ring – Das Original; 1998; R: Hideo Nakata), die sich ebenfalls unerwartet sprunghaft auf ihre potenziellen Opfer zubewegt. Auch findet sich in MARTYRS eine relativ kurze, jedoch äußerst schockierende *home invasion*-Sequenz. Der Regisseur von MARTYRS, Pascal Laugier, betont zudem, von Terrorfilmen wie HOSTEL (2005; R: Eli Roth) oder SAW (2004; R: James Wan) inspiriert worden zu sein. Diese durch Folter geprägten Segmente finden sich vor allem in der zweiten Hälfte des Films.

»Neben den sorgsam als kulturelles Erbe in Museen und Gotteshäusern bewahrten bildlichen Darstellungen historischer Märtyrer/innen ist es vor allem das Kino, das ein Bildarchiv des Martyriums hervorbringt. Hierzu zählt auch der Terrorfilm.«[48]

Terrorfilme, drastische Thriller und Horrorfilme sollen grenzüberschreitende Erfahrungen für die Zuschauenden ermöglichen. Dementsprechend werden vor allem Körperlichkeiten präsentiert, die verletzt, verfolgt, gefoltert, gejagt oder getötet werden. Es sind immer Imaginationen, die mit dem Tod zu tun haben, und vor allem Welten, in die das Zuschauersubjekt gefahrlos vordringen kann. Grenzüberschreitungen finden dabei durch die dargestellten Körper stellvertretend statt – mal mehr, mal weniger intensiv. Marcus Stiglegger sieht in diesem transgressiven Spiel etwa eine Zurückeroberung des physischen Erlebens für die Zuschauenden:

> »Es geht hier um ein verlorenes Körperbewusstsein, das in Angst-, Schmerz- und Todeserfahrung zurückgewonnen wird. [...] Als Zuschauer können wir uns diesem Filmerlebnis in masochistischem Vergnügen unterwerfen und die sadistische Performanz mit allen Sinnen auf uns wirken lassen. Diese Offenheit ermöglicht es dem Terrorkino, Körperlichkeit gewaltsam und zugleich symbolisch in das Erleben zurück zu holen.«[49]

Laugiers Film entfaltet jedoch eine Wirkung, die sich von diesen Werken abzusetzen scheint. Stiglegger betrachtet MARTYRS dementsprechend als den »programmatischen Endpunkt des Terrorfilms heute.«[50] Denn während in den übrigen Filmen Grenzüberschreitungen zumeist partiell und, wie beschrieben, stellvertretend umgesetzt werden, geht MARTYRS in dem Sinne darüber hinaus, als der Film buchstäblich die Transgression *an sich* veranschaulicht – die körperliche und auch die philosophisch-mystische Idee davon:

> »Zudem ist es dem Terrorfilm sogar möglich, eine philosophische Frage neu zu stellen: Beschwört das absolute (Selbst-)Opfer nicht von jeher die Gegenwart des Heiligen und ermöglicht eine Transzendenz?«[51]

Damit bringt Stiglegger es auf den Punkt, denn letztlich führt MARTYRS auf direktem Wege zu ge-

rade diesem Erlebnis. Andere Terrorfilme sind dagegen um diesen Aspekt herum gebaut, werden mal konkreter, ziehen sich letztlich jedoch zurück und binden die Zuschauenden nicht dermaßen konsequent in den Transgressionsakt ein, wie es in MARTYRS der Fall ist. Denn zumeist werden in Terrorfilmen Rollenspiele präsentiert, durch die das Zuschauersubjekt entweder in die sadistische oder masochistische Rolle schlüpfen kann, jedoch in jedem Fall stellvertretend durch Opfer bzw. TäterIn. MARTYRS setzt hier durchaus an, führt dann jedoch weiter, denn das Publikum verbleibt schließlich als Gegenüber eines absolut handlungsunfähigen Opfers und wird damit automatisch in die Position eines souveränen Täters versetzt, während gleichzeitig – und das ist ausschlaggebend – das Opfer die Antwort und das Gefühl beschreiben kann, weshalb sich der Zuschauende überhaupt diesem Film (und allen anderen Terrorfilmen) möglicherweise aussetzt: die Frage nach der Erfahrung des Heiligen, die Erfahrung der Grenzüberschreitung. Diese Information bleibt jedoch offen und unbeantwortet, denn die filmische Umsetzung hat ihre Grenzen,[52] zudem kann der Zuschauende dabei zusehen, wie Anna vom Erlebnis des Heiligen

MARTYRS: Das unheimliche Wesen, das Lucie verfolgt

berichtet, dies wird schlussendlich jedoch nicht aufgeklärt. Die Körperlichkeit – die transfigurierte Anna – prangert damit beinahe das Verlangen an, über das Opfer an dem Heiligen teilhaben zu wollen; Annas Körperlichkeit scheint das Motiv selbst zu hinterfragen und damit zu irritieren. Ihre völlig entblößte und passive Körperlichkeit zeigt letztlich das auf, was dieses Opfer in letzter Konsequenz wirklich bedeutet. Es scheint demnach, neben der Erfahrung des Heiligen, noch ein weiterer Aspekt in MARTYRS zu stecken, den Marcus Stiglegger ebenfalls im Terrorkino erkennt:[53]

> »Dabei [im Terrorkino, S.K.] werden psychologische Rollenspiele entwickelt, die an die unterschwellige Sehnsucht des Menschen nach absoluter Souveränität appellieren, diese jedoch ad absurdum treiben und den tyrannischen Impuls schonungslos bloßlegen.«[54]

Das Schlussbild enthüllt die Handlungsunfähigkeit des ›vollkommenen‹ Opfers, und dem Zuschauersubjekt wird damit schließlich die absolute Souveränität übergeben. Annas monströse Körperlichkeit ist an diesem Punkt rein performativ und zeigend: ästhetisch und faszinierend, zudem jedoch hinterfragend und entlarvend zugleich – und möglicherweise wird die Körperlichkeit der Zuschauenden durch diese melancholisch-bedrückende Entblößung der eigenen Motivation letztlich selbst erschüttert.

> »VS: There seems to be a fascination for suffering in the film, whether physical or psychological, whether with those who inflict it or those who are subjected to it.
> PL: *It's not really a fascination, but a questioning.* [Hervorgehoben durch die Autorin] The film is a personal reaction to the darkness of our world. And I like the paradox within horror film: take the worst of the human condition and transform it into art, into beauty. It's the only genre that offers this kind of dialectic and I have always found this idea very moving – to create emotion with the saddest, most depressing things in existence. I've always felt that horror was a melancholy genre.«[55]

Die griechische Übersetzung des Wortes Märtyrer lautet Zeuge, doch die Bewandtnis des Filmtitels MARTYRS stellt sich erst in der zweiten Hälfte des Films heraus. Lucie (Mylène Jampanoï) wird als junges Mädchen von Unbekannten festgehalten und schrecklich gefoltert, bis ihr die Flucht gelingt. Dabei muss sie ein ebenfalls in der Fabrik festgehaltenes weibliches Opfer zurücklassen. Schwer traumatisiert kommt sie in eine Heilklinik, in der sie aufwächst und eine enge Freundschaft zu Anna (Morjana Alaoui) aufbaut, die sie seither begleitet. 15 Jahre später wird eine komplette, vierköpfige Familie erschossen. Es stellt sich heraus, dass die Täterin Lucie ist, die ihre damaligen Folterer auf dem Foto eines Zeitungsartikels erkannt haben will: die Familieneltern (Patricia Tulasne und Robert Toupin). Als Lucie nach dem Blutbad völlig verstört ihre Freundin Anna zur Hilfe ruft, eilt diese zu ihr in das ehemalige Heim der Familie, kümmert sich um die verstörte Lucie und um die Beseitigung der Leichen. Trotz der Rache leidet Lucie immer noch sehr unter den Verletzungen, die ihr zugefügt wurden. Immer wieder wird sie von einem imaginierten missgestalteten, über den ganzen Körper vernarbten und verwundeten weiblichen Wesen (Isabelle Chasse) verfolgt: Es ist die Frau, die sie damals nicht aus der Fabrik retten konnte. Lucie verletzt sich durch die Hand der imaginierten Gestalt immer wieder selbst, bis sie sich schließlich durch einen Kehlenschnitt das Leben nimmt. Von nun an ist Anna alleine in dem Haus, bis sie zufällig einen verborgenen Keller findet, in welchem ein gefoltertes und dementsprechend schwer verletztes und abgemagertes weibliches Opfer gefangen gehalten wird. Es stellt sich heraus, dass Lucie sich nicht geirrt hat: Die Eltern, die sie wiedererkannt hat, haben all die Jahre weiterhin Frauen festgehalten und misshandelt. Nachdem Anna das Opfer befreit hat, stürmen plötzlich schwer bewaffnete Unbekannte in das Haus, töten, ohne zu zögern, die durch Anna Gerettete und nehmen Anna gefangen. Von nun an ist sie das nächste Opfer. Anna wird von einer älteren Dame (Catherine Bégin) aufgeklärt: Die Organisation hat es sich zur Aufgabe gemacht, junge Frauen dermaßen zu foltern, dass sie dem Tode nahe sind, aber gerade noch überleben, um von ihren Visionen berichten zu können. Sie sollen zu ›Zeuginnen‹ werden. Die Dame ist die Anführerin der brutalen Vereinigung. In dem klinisch-laborartigen Keller wird Anna von nun an in einem dunklen Raum gefangen gehalten, geschlagen, gefüttert und schließlich bis auf das Gesicht komplett gehäutet. Sie überlebt das Martyrium und verfällt in den Zustand, auf den es die Mitglieder der Organisation abgesehen haben. Sie berichtet schließlich, in einem Tank liegend, der Mademoiselle von ihren Visionen. Doch bevor diese den Inhalt den angereisten restlichen Mitgliedern schildern kann, tötet sie sich durch einen Kopfschuss – mit den Worten: »Zweifeln Sie!«

Die Analyse hebt im ersten Teil die – für einen Genrefilm – besonders außergewöhnliche Körperdarstellung weiblicher Protagonistinnen hervor. Die Hauptfigur Lucie bildet dabei das Zentrum. Deren Körperlichkeit präsentiert drastische körper-transgressive Elemente, die dermaßen von Leid, Gewaltsamkeit und Todessehnsucht geprägt sind, dass jegliche sexuelle Konnotation unmöglich wird. Dieses Element scheint auffallend, ist doch Transgression zumeist, gerade bei Bataille, mit Erotik und Begehren verbunden. Zudem scheinen die Körperdarstellungen junger, attraktiver Frauen im Genrefilm, an deren Körpern keinerlei sexuierte Darstellung festzustellen ist, äußerst selten. Sexualität wird dabei nicht nur ausgeklammert, sondern geradezu ausgelöscht: ein Merkmal der Postsexualität. Zudem etabliert Lucies Figur die Haut sinnbildlich als Austragungsort für körperliche Kämpfe.

Diese Analysen führen zum zweiten Filmteil, welcher letztlich eine Körperlichkeit präsentiert, die als performative Körperdarstellung par excellence dargelegt werden kann. Dabei wird deutlich, dass Tendenzen und Auseinandersetzungen des ersten Teils aufgegriffen und ausformuliert werden. Abschließend soll aufgedeckt werden, was diese Darstellungen in Bezug auf die Konstruktion von Weiblichkeit bedeuten.

Die Spuren zur Überschreitung: Körper-Transgressionen und Postsexualität

Wie bereits einleitend erwähnt, kann MARTYRS in zwei Teile unterteilt werden. Ersterer gestaltet sich vor allem um die eine der beiden Hauptfiguren, Lucie. Der Zuschauende erfährt hier von ihrer schwierigen Geschichte und wird mit den Folgen konfrontiert: eine äußerst traumatisierte junge Frau, die sich bis zum Suizid selbst verletzt, nachdem sie brutale Rache an ihren Peinigern (und deren Kindern) verübt hat. Vor allem jedoch wird mit der Körperdarstellung Lucies deutlich, welche Tendenzen der körperlichen Darstellung etab-

Erschütterung: Körper-Transgression als Entladung körperlicher Lesbarkeit

liert werden, um im zweiten Teil durch die Figur der Anna überschritten zu werden.

Eine kurze, jedoch bezeichnende Sequenz deutet auf ein Hauptmotiv der weiblichen Körperdarstellungen in diesem Film hin: die Haut. Nachdem Lucie die Familie mit unbarmherzigem Willen niedergeschossen und Anna gerufen hat, die nun auf dem Weg zu ihr ist, betrachtet sie auf dem Sofa liegend nachdenklich und ruhig ihre eigenen Hände, die sie sich über das Gesicht hält. Zunächst nimmt die Kamera eine distanziert beobachtende Position hinter der Sofalehne ein. Hierbei sind alleine die Hände zu erkennen, die Lucie nach oben hält. Erst danach wechselt der Kamerablick über Lucies Gesicht, ihre Hände erscheinen zwischen der Kamera und ihrem Gesicht. Diese Montage fokussiert die Hände und damit die Körperlichkeit Lucies, vor allem aber deren Nachdenken darüber. Dieser Moment scheint im gesamten Film der einzige zu sein, in dem Lucie emotional gelassen wirkt. Ihr Charakter ist ansonsten von einer unbändigen und unberechenbaren Wut geprägt. Die Finger sind bedeckt mit dem Blut der gerade hingerichteten Familie, dem Blut ihrer Peiniger. Es scheint, als versichere Lucie sich der geschlossenen und unverletzten Körpergrenzen, als genieße sie ihren diskontinuierlichen Zustand und die Unversehrtheit ihres Körpers, während gleichzeitig das Blut belegt, dass sie sich den Menschen entledigt hat, die diese Grenzen einmal bedroht haben.

Diese beinahe friedvolle Sequenz betont die Bedeutung der Haut als Körpergrenze und als Austragungsort der Auslotung ebensolcher Grenzen. Mit der Betrachtung ihrer intakten Haut scheint auch Lucies Identität wieder neu fixiert und an Stabilität gewonnen zu haben. Catherine Shelton stellt in ihrer Analyse der Bedeutung der Haut in der modernen Gesellschaft einen solchen Zusammenhang fest: »Zudem stellt die Haut das zentrale und konstituierende Element in der Fixierung der menschlichen Identität dar.«[56] Dementsprechend bedeutet der gegenteilige Prozess, nämlich die Körper-Transgression durch Verletzung der Haut, den Zerfall oder die Hinterfragung von Identität und von körperlicher Lesbarkeit selbst.[57] Genau dieser Prozess wird nun eingeleitet: Durch ein lautes Geräusch im Haus wird Lucie aus ihren Gedanken gerissen. Das Wesen, das durch den Racheakt verschwinden sollte, ist scheinbar nicht gegangen. Lucie tunkt ihre Hand in das Blut der ehemaligen Folterer und hebt sie demonstrativ in die Luft. Doch der Geist ist immer noch da, um sie heimzusuchen; es beginnt eine qualvolle Odyssee der Selbstverletzungen. Es ist vor allem die Sequenz, in der Lucie schließlich Selbstmord begeht, welche die genannten Motive verdeutlicht und ins Unerträgliche steigert.

»Es ist aus, Anna.« Lucie kann sich ihren inneren Geistern nicht mehr entgegensetzen. Nachdem Anna versucht hat, die noch lebende Mutter zu retten, die daraufhin von Lucie mit einem Hammer hingerichtet wurde, fühlt sich Lucie nun sogar von ihrer treuen Freundin verraten. Sie gibt auf. Geistesabwesend blickt sie die Treppe hinauf: »Sie sind tot, sie können dir nicht mehr wehtun.« Oben kauert das Wesen, welches sie ihr ganzes Leben, seit ihrer Flucht, nicht mehr loslassen wollte. Die Kamera ist leicht verwackelt, wirkt lebendig und mitten im Geschehen. Kurz wechselt die Perspektive von dem Wesen an der Treppe in Annas Blick, die in der Ecke kauert und Lucie von dort aus beobachtet; von hier aus wird klar, dass Lucie offenbar ins Leere spricht. Lucie greift ein Cutter-Messer und setzt sich auf den Boden. Das Wesen kommt langsam zu ihr, streichelt sie, sie umarmen sich. Lucie scheint sich ihm hinzugeben. Beinahe furchtlos wirkt zu diesem Zeitpunkt die Kameraführung, die alles einfängt, ganz nahe bei den beiden Figuren ist, und die zuvor nur bruchstückhaft wahrnehmbare unheimliche Gestalt wird deutlich sichtbar, gleichwertig mit der Sichtbarkeit der Körperlichkeit von Lucie selbst. Dies deutet darauf hin, dass Lucie die Vergangenheit und die damit verbundene Angst nun zulässt. Dementsprechend vereinen sie sich im folgenden Akt: Das Wesen greift das Messer und schneidet Lucie der Länge nach die Arme auf. Erst als die Kameraperspektive wieder in Annas Sichtweise rückt, wird das erste Mal eindeutig visuell aufgeklärt, dass das Wesen nur in Lucies Fantasie existiert. Denn Lucie selbst greift das Messer und fügt sich die verheerenden Verletzungen zu. Einzelne bedrohlich dunkle Sounds begleiten die langen Schlitze, die sich Lucie mit zusätzlichen lauten Schreien zufügt. Die Einschnitte in die Haut sind deutlich hörbar, immer wieder wird in Großaufnahmen das schmerzverzerrte Gesicht Lucies eingefangen. Diese Montage wirkt dadurch sehr eindringlich, und Lucies Leid wird beinahe unerträglich. Immer wieder taucht im Bildhintergrund Anna auf, die versucht, Lucie von ihren Selbstverletzungen abzuhalten. Die Bildkomposition weist zwei Ebenen auf, in welcher Annas Gestalt im Hintergrund verweilt, während Lucies selbstzerstörerische Verbindung mit dem Wesen deutlich im Vordergrund erscheint. Dies veranschaulicht, dass Lucie bereits mit Anna und dem Leben abgeschlossen hat – sie ist in ihrer eigenen Welt, die von der reinen und zielgerichteten Todessehnsucht geprägt ist. Immer wieder schlägt das Wesen Lucies Kopf hart gegen die Wand. Im Takt der Schläge wechselt die Perspektive in eine neutrale, beobachtende Sicht, die aufzeigt, dass Lucie sich diese Gewalt selbst antut. Schließlich stößt Lucie das Wesen ab und rennt davon. Die Kamera kündigt in der nächsten Einstellung bereits an, was folgen wird: Sie zeigt die gläserne Hauswand einige Sekunden von außen, durch die Lucie nun springt. Diese drei erläuterten Segmente machen deutlich, dass Lucie mit Grenzen kämpft: ihre eigene Haut als Körperbegrenzung, die innere Hauswand und nun die äußere Glaswand, welche sie zerstört. Diese Begrenzung scheint für Lucie die letzte zu sein, bevor sie sich tötet. Sie ist aus dem Haus ausgebrochen, in welchem so viel Kummer und Leid beherbergt war. Wieder wird, vergleichbar mit À L'INTÉRIEUR, auf einen Haus-Körper angespielt – als Raum, der das Innere der Protagonistin widerspiegelt. Diesen durch Qual und Folter geprägten Innenräumen kann sie nur noch durch den Suizid entkommen. Und so wie schon in FRONTIÈRE(S) Regen als karthatisches Element fungiert, nachdem Yasmine sich von ihren Peinigern befreien konnte, regnet es auch hier. Lucie rafft sich benommen vom nassen Boden des Gartens auf, Anna stürmt aus dem Inneren des Hauses auf sie zu, doch Lucie hat bereits eine Scherbe an ihrer Kehle angesetzt und schlitzt sie sich mit einem Schnitt auf. Ein kurzer, düsterer Ton, der mit einer Zeitlupe auf der Bildebene einhergeht, verdeutlicht die Endgültigkeit dieser Tat, die auch Anna nicht mehr verhindern kann. Sie rennt auf Lucie zu, eine Obersicht der Kamera fängt auf, wie die Sterbende in Annas Arme fällt. Die Vogelperspektive scheint zu symbolisieren, dass das Geschehen nicht mehr in Annas Macht liegt: Lucies Schicksal, ihr Tod ist nun besiegelt. Lucies Auseinandersetzungen mit dem eigenen Körper gipfeln in dieser Sequenz in einem Selbstmord. Die Verletzungen, die sie sich zufügt, sind bezeichnend: Immer wieder schlitzt sie sich an verschiedenen

Erschütterung: Körper-Transgression als Entladung körperlicher Lesbarkeit

Stellen Haut auf. Es tauchen zudem noch weitere Frauenkörper im Film auf, deren Haut bis zur Unkenntlichkeit vernarbt und verletzt erscheint: die unheimliche Gestalt, die Lucie verfolgt, sowie das Frauenopfer, welches später von Anna aus dem Kellerverlies gerettet wird. Zudem sind diese Figuren entweder komplett oder beinahe nackt. Auffallend scheint hier die absolute Abwesenheit von sexuierter Körperdarstellung. Letztendlich wird deutlich, dass die Fokussierung auf die Verletzung der Haut als Form der Körpertransgression betrachtet werden kann, die sich alleine auf die Betonung von körperlichem Leid (Opfer) oder eine Sehnsucht nach dem Tode richtet (Lucie). Hierbei erscheint die Bekämpfung von sexueller und körperlicher Lesbarkeit als Identitätsverlust und Bekämpfung des Lebens sowie als Ausdruck von Todessehnsucht. Die transgressive Körperdarstellung ist an einen solch ausgeprägten Zerstörungs- und Todeswunsch geknüpft, dass sich auf diese Weise ein Anzeichen des Postsexuellen ablesen lässt, wie Jean Clam es bezeichnet: als »Wunsch nach einem Ende und Jenseits des Sexuellen«[58] und der sexuellen Lesbarkeit. Dies wiederum deutet nicht alleine auf das »Leiden am Sexus«,[59] sondern vielmehr auf das Leiden am eigenen Körper, an der Existenz und damit am Leben selbst hin.

In Lucies entsexualisierter Körperdarstellung wird zudem der Bataille'sche Transgressionsbegriff aufgegriffen, denn Lucie scheint sich durch die Verletzungen der Haut an eine Erfahrung der Kontinuität heranführen zu wollen, bedeutet diese doch das Ende ihres (menschlichen) Leids. Doch während Bataille vor allem die erotische Erfahrung[60] als transgressiven Akt deutet, wird hier alleine der gewalttätige und verschwenderische Umgang mit dem eigenen Körper als grenzüberschreitend und todes-

sehnsüchtig gewertet. Sex ist hier somit kein transgressiver Akt der erotischen Ekstase, sondern die sexuellen Kontexte haben sich gewandelt in die Konzepte einer *postsexu*ellen Welt, in der sogar die Körper junger, schöner Frauen durch drastische Gewalt, Todessehnsucht und Selbstdestruktion entsexualisiert werden. In dieser Vision des Postsexuellen wird also der erotische Akt abgelehnt und gewandelt in den rein gewaltsamen Akt; alleine dieser kann den transgressiven Prozess auslösen. Dementsprechend wird auch kurz eine Liebesaffäre zwischen den beiden Protagonistinnen angedeutet, als Anna versucht, Lucie zu küssen, diese jedoch den Kuss abwehrt. Begehren hat keinen Platz in Lucies entsexualisierter, von Tod und Leid geprägter Welt.

In diesen Sequenzen werden demnach zwei Spuren gelegt, die im zweiten Filmteil ausgedeutet werden: Zum einen wird die Haut als Element etabliert, an dem die Transgressionen, die Versuche der Überschreitung und der Kämpfe gegen die Körperoberfläche ablesbar werden. Die Haut erscheint hier als Sinnbild für die Auslotung körperlicher Grenzen. Damit spielen die Selbstverletzungen Lucies bereits hier auf das Motiv der posthumanen Körperlichkeit im Sinne Barbara Beckers an, die im zweiten Teil ihre Ausformulierung finden:

»Statt eine Entgrenzung im Sinne einer undifferenzierten Amalgamierung anzustreben, wo die Spalten und Brüche zwischen Natur und Kultur, Organismus und Artefakt, Subjekt und Objekt negiert würden, geht es eher um ein Offenlegen der immer schon vorhandenen Fragilität von Grenzziehungen wie auch um die Auslotung möglicher Grenzverschiebungen.«[61]

Lucie betont die Fragilität der Körpergrenze und hinterfragt diese gleichzeitig als Subjekt- und Körper-konstituierendes Element. Zum anderen zeigt Lucies rigorose Auseinandersetzung mit ihrer Körperhülle Anzeichen des Postsexuellen. Während Lucie jedoch einen Wunsch oder eine (Todes-) Sehnsucht ausdrückt, indem sie an ihrer Körperlichkeit zu leiden scheint und diese entsprechend bekämpft, wird Anna im zweiten Teil ebendiese Tendenz übersteigen und damit eine Körperlichkeit offenbaren, die jenseits solcher Deutungen anzusiedeln ist. Sie übersteigt das menschliche Leid und damit womöglich sogar das Menschliche selbst – etwas, wofür Lucie hier noch steht.

Die Überschreitung

»Cyborg-Configurationen mögen von der Sehnsucht nach einer Überwindung des ›Menschlichen, allzu Menschlichen‹ (F. Nietzsche) künden und damit charakteristisch für ein post-humanes Denken sein.«[62]

Vera Kuni

Sobald Anna die Kellerräume betritt, verändert sich die visuelle Ebene in MARTYRS: Langsame und geradlinige Kamerafahrten an Gängen und Räumen vorbei offenbaren den Folterkeller, welcher durch die Chrom- und Edelstahloptik eine klinisch-laborartige Atmosphäre verbreitet. Die Perspektiven sind dabei vorwiegend statisch und der Symmetrie des Raumes angepasst. Die Räume sind ausschließlich durch meist sehr helles, besonders künstlich wirkendes Licht beleuchtet. Oftmals wird es durch von der Decke herabfallende einzelne Lichtkegel auffällig pointiert eingesetzt, womit der klinische Effekt des Lichtes betont wird. Vor allem scheint dies darauf hinzuweisen, dass die Kellerräume optimiert wurden, um besonders ziel- und zweckgerichtet, beinahe professionell zu foltern.

Im ersten Teil des Films, der hauptsächlich in den oberen Räumen des Hauses spielt, dominieren die verwackelten, lebensnahen Bilder einer Schulterkamera, und die Lichtinszenierung imitiert zumeist das Tageslicht und wirkt somit weitaus natürlicher. Die zurückgenommene und vornehmlich statische Kamera im Keller lässt die dort entworfene filmische Welt dagegen surreal und von der eigenen Wahrnehmungswelt hermetisch abgeschottet wirken: eine Raumgestaltung, die auf eine utopisch-posthumane Umgebung anspielt. An den Wänden des Flures hängen große, von hinten beleuchtete und scheinbar authentische Fotografien diverser (Folter-)Opfer. Auf diese Weise werden die Bilder wie in einer Kunstausstellung präsentiert. Sie veranschaulichen das Vorhaben der Organisation, in deren Fängen sich Anna nun befindet: das Erschaffen einer Märtyrerin, die menschliche Qualen und Leid übersteht, um eine innere Erfahrung des Heiligen zu erleben. Über dieses ultimative Opfer wollen die Mitglieder der Vereinigung selbst an eine solche Vision heranschreiten: »Ein Märtyrer ist ein außergewöhnliches Wesen. Er übersteht das Leiden, er übersteht jegliche Entbehrung. Man belädt ihn mit den Übeln dieser Welt, und er wird sich nicht verweigern. Er transzendiert. Verstehen sie, was das heißt? Er verwandelt sich völlig« – so die Anführerin der Sekte. In der französischen Sprache des Originals verwendet sie das Wort »transfigure.« Die Transfiguration bezeichnet im Christentum die ›Verklärung Christi‹; ein Offenbarungsereignis, bei dem drei Apostel Jesus Christus in verklärtem[63] Zustand sahen: als erleuchtete Figur, die in Kontakt mit dem Heiligen (mit Gott) steht. Beispiele solcher Figurationen finden sich in den Fotografien an der Wand des Kellers, allerdings in weltlich-profaner Auslegung. Unter die-

Erschütterung: Körper-Transgression als Entladung körperlicher Lesbarkeit

sen Bildern ist ebenfalls eine Fotografie, die auch in Georges Batailles »Tränen des Eros«[64] auftaucht und ein noch lebendes Opfer während der sogenannten Leng-Tsch'e-Folter (Zerstückelung) zeigt. Die Opfer sind dem Tode nahe, noch lebendig blicken sie, den Erläuterungen der Mademoiselle entsprechend, alle nach oben. Sie vermutet in diesem Blick eine Verbindung zum Jenseitigen, zum Heiligen selbst zu erkennen. Die Philosophie der Vereinigung ist trotz der religiösen Anspielungen allerdings daran interessiert, »über eine wahrhaftige (profane, also nicht notwendigerweise religiöse) Märtyrerin in Kontakt mit dem Heiligen zu treten.«[65] Diese (unter anderem durch das Foto) offenkundige Anspielung an die Philosophie Georges Batailles etabliert das, worauf sich die folgenden Sequenzen konzentrieren werden: die Erfahrung der Transgression.[66]

Der entscheidende Schritt, der in den folgenden Sequenzen erfolgt, ist Annas Übersteigen des Leides, eine Form der emotionalen Befreiung und des Loslassens. Dies ist ein Anschluss an Lucies Figur, deren Auseinandersetzung mit ihrem eigenen Körper gezeigt hat, dass sie diesen Schritt – im Leben – nicht vollbringen konnte und sich selbst immer wieder mit dem körperlichen Leid konfrontiert hat und schließlich psychisch daran zerbrach.

Anna durchlebt zunächst eine schreckliche Zeit, in der sie von einem großen, starken Mann mehrmals brutal geschlagen wird, sodass ihr Gesicht bald bis zur Unkenntlichkeit angeschwollen ist. Eine unbekannte und äußerst gefühlskalte Frau füttert und wäscht sie lieblos und schneidet ihr die langen Haare ab. Die restliche Zeit muss Anna in einem abgedunkelten Raum auf einem Stuhl angekettet und ausschließlich sitzend verbringen. Während dieser unbestimmt langen Zeit der Folter ist die Kamera zumeist zurückhaltend und statisch. Mit der folgenden Sequenz verändert sich dieses visuelle Element.

Langsam nähert sich die Kamera Anna, die auf einem Stuhl sitzend beinahe unhörbar vor sich hin spricht. Ein sehr ruhiges Klavierstück setzt langsam ein, die Kamera geht aus unterschiedlichen Perspektiven teilweise nahe an ihren Körper heran, ruhig sind die Bilder aneinander montiert. Ein Schwenk von oben, der in einer Großaufnahme von Annas Gesicht endet, fängt ihren abwesenden Blick ein. Es ertönt eine flüsternde Stimme, es ist Lucie. Das Klavierstück setzt kurzzeitig aus: »Wie schaffe ich es, keine Angst mehr zu haben?«, fragt die innere Stimme. »Ich glaube, man muss loslassen.« Eine ruhige Schwarzblende leitet in das folgende Bild, die Musik wird fortgesetzt, und das Stück beginnt jetzt erst seine Melodie zu entfalten. Bildlich werden die Tätigkeiten aufgegriffen, die bereits zuvor erfolgt sind: das Füttern und die Folter durch die unerbittlichen Schläge. Jedoch hat sich Annas innere Haltung verändert, und dieses Gefühl der Überschreitung, der Befreiung von ihrem körperlichen Leid wird durch die melodische und beinahe positive Stimmung der Tonebene wiedergegeben und erscheint damit kontrapunktisch zu dem Grauen auf der Bildebene. Das Musikstück erinnert stark an die Titelsequenz von THE DIVIDE, ebenfalls ein ruhiges Klavierstück mit einer melancholischen, aber gleichzeitig positiv anmutenden Grundstimmung, welches mit einem Moment der Befreiung der Protagonistin einsetzt, nämlich der Entscheidung Evas, den Bunker alleine zu verlassen und sich mit dem Zurücklassen der Männer der alten Strukturen zu entledigen.

Großaufnahmen zeigen Annas Gesicht, während sie gefüttert wird – sie wehrt sich nun nicht mehr. Eine weitere Schwarzblende

Die erschütterte Körperlichkeit: MARTYRS

Utopisch-klinische Raumgestaltung des Kellers in MARTYRS

leitet in die nächste Folterung ein: Zunächst scheint der Kamerablick etwas versteckt hinter einer Wand und schwenkt langsam weiter in das Zimmer, in dem Anna auf einer Matratze von dem über ihr gebeugten Mann außerordentlich schwer verprügelt wird. Hinter seiner übermächtigen Gestalt kann man lediglich Annas mit jedem Schlag erneut aufzuckenden Körper erkennen. Wie bereits in dem ersten Teil der Analyse erwähnt, wird in dem vorliegenden Teil des Films, dabei besonders deutlich in dieser Einstellung, der Aspekt der Postsexualität erneut aufgegriffen. Während jedoch bei Lucie der »Wunsch nach einem Jenseits des Sexuellen« zu erkennen ist, wird diese Tendenz hier nun durch das Fading ausgedeutet zu der Utopie eines »Nach-der-Sexualität«:

> »Das Fading nimmt sich wie eine ›Weißung‹ der verschiedenen Stellen aus, an denen sexuelles Begehren in der einen oder anderen Form für eine libidinöse Markierung der Objekte untergründig motivierend gewesen wäre.«[67]

Die beschriebene Kameraführung deutet zu Beginn der Foltersession für einen kurzen Moment einen voyeuristischen Blick an: Sie ist noch hinter der Wand positioniert und gibt nur eine Ecke der sich auf und ab bewegenden Matratze frei. Erst nach und nach gibt die Bewegung der Kamera den Blick auf das Zimmer frei. Die Konstellation eines leicht bekleideten Frauenopfers und eines sich darüber beugenden übermächtigen Mannes wäre für eine sexuelle »Markierung untergründig motivierend gewesen.« Durch das vollzogene Fading des Sexuellen wird allerdings deutlich, dass hier die Utopie des Postsexuellen völlig ausformuliert erscheint. Der Gedanke des Posthumanen lässt sich demnach auch an einer Überschreitung des »allzu Menschlichen«[68] der Sexualität ablesen.

Interessant scheint zudem, dass auch die psychoanalytische Symbolik zwar angedeutet wird, jedoch abweichend ausgelegt wird. Damit wird nach Jean Clam ebenfalls ein Anzeichen von Postsexualität aufgegriffen, denn er hält die »Grundtheoreme

183

der Psychoanalyse« in Zeiten der Postsexualität für unhaltbar. Zunächst finden die Folterungen im Keller eines Hauses statt. Psychoanalytisch betrachtet, ist dies ein Ort, der sinnbildlich für das Triebhafte, das Unbewusste und das ›Es‹ steht. Im oberen Teil des Hauses leben die Folterer ein scheinbar normales Leben. Der Keller in MARTYRS steht für die absolute Brutalität eines Geheimbundes, jedoch verblasst hierbei jegliche Form des triebhaft Sexuellen und damit auch die psychoanalytische Auslegung. Die Folterer scheinen keinem Trieb nachzugehen, denn sie führen systematisch und mit einer absoluten Gefühlskälte ihre ›Aufgaben‹ aus (auch wenn unter diesen Umständen eine sexuelle Ausbeutung der Opfer durchaus möglich wäre). Auch der Eindruck, dass die Folterer und ihr Opfer eine Art Familienstruktur widerspiegeln, in der die Frau das ›Kind‹ (Anna) füttert und wäscht, während der Vater als brutaler Patriarch erscheint, wird hier einerseits angespielt, angesichts der Brutalität der ›Eltern‹ im selben Moment jedoch brüchig. Dies könnte auf eine Kritik der gängigen und festgefahrenen Familienkonstruktionen der heutigen westlichen Gesellschaft

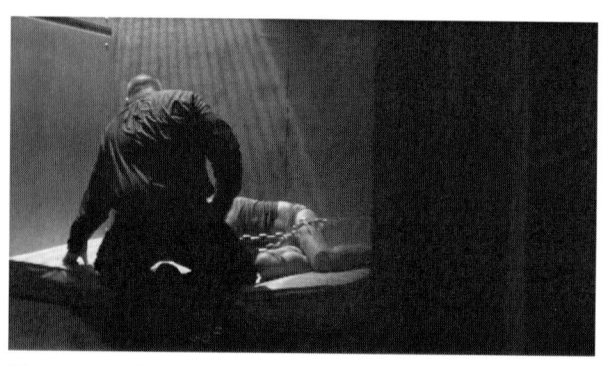

Die pure Gewalt entzieht jegliche sexuelle Konnotation in MARTYRS. Hier prügelt der Folterer auf sein weibliches Opfer ein; positioniert ist der Gewaltakt auf einer Matratze.

verweisen, die im Grunde Strukturen vertreten, welche für das kindliche Opfer äußerst leidvoll sein können.[69] Wie schon in THE DIVIDE im Bunker eine selbstzerstörerische Gesellschaftsstruktur präsentiert wird, könnte hier das Geschehen im Keller ebenfalls eine Struktur als destruktiv und dysfunktional offenlegen: die der klassischen Familie. Gerade im Rahmen einer postsexuellen Umgebung werden ebensolche Strukturen, die die rezente Gesellschaft begründen, aufgebrochen und unhaltbar.

Aber gerade das Merkmal des Fadings, dass nämlich an Orten, Gegenständen und Kontexten, die im Allgemeinen mit Sexualität konnotiert werden, die Sexualität entschwindet, scheint in der Bett-Foltersequenz besonders verstörend. Dies wird kombiniert mit den Andeutungen der psychoanalytischen Struktur der symbolischen Ordnung, die sich jedoch von jeglichem Triebhaften abwenden und abgewandelt werden in schiere Gewalthandlungen. Dieses unterschwellige Spiel mit gängigen westlichen Gesellschaftsstrukturen, die in eine gewaltsame, postsexuelle Welt umgedeutet werden, scheint äußerst fordernd.

Ein letzter Schnitt in ein schwarzes Bild, dann taucht die am Boden liegende und nach der letzten Folterung schrecklich zugerichtete Anna auf. Das Klavierstück ist vorüber, alleine Lucies Stimme ertönt aus dem Nichts: »Du hast keine Angst mehr, Anna. Du hast keine Angst mehr.«

Die vorliegende Sequenzanalyse legt dar, dass die Spuren, die im ersten Teil des Films durch Lucies Körperdarstellung gelegt wurden, hier ihre Ausdeutung finden: Der Wunsch nach einem Jenseits der Sexualität gipfelt im Fading des Sexuellen; Lucies Ausbruch aus dem Haus(-Körper) wurde durch die verstörende Resignifizierung psychoanalytischer Strukturen (Keller und Familienkonstellation) weitergedeutet; und die Angst vor dem Leid und den körperlichen Qualen durch die Organisation wurde, zumindest auf der emotionalen Ebene, von Anna überwunden. Die Symbolik der Haut als Auseinandersetzung mit Körperlichkeit, Körpergrenzen und der körperlichen Lesbarkeit jedoch führt erst mit der Schlusssequenz von MARTYRS zu der Visualisierung der Figuration eines posthumanen Körpers.

Der jenseitige Körper als monströse, posthumane Körperlichkeit

In Folgendem trifft der Zuschauende auf ein ausgedeutetes postsexuelles Universum. Abgetrennt von Zeit und Raum, spielen sich in dieser Welt Szenarien des Grauens ab, die nur ein Ziel haben: das profane Leid zu übersteigen und damit Türen zu anderen Welten zu öffnen, die außerhalb der menschlichen Vorstellungskraft liegen. Innerhalb dieser außerzeitlichen Utopie ist auch das Ideal des Körpers abgekapselt von jeglicher Menschlichkeit und Emotionen wie Leid, Qual, Sex und Begehren.

Die soeben beschriebene emotionale Überschreitung des Leids wird in der folgenden Sequenz auf die Körperlichkeit Annas übertragen. Das Motiv der Haut, die als ständige Grenze zwischen Leben und Tod etabliert wird, scheint in MARTYRS ständig bedroht. Dies ist ein Aspekt, der gerade durch Lucies Körperlichkeit veranschaulicht wurde: Die Haut wird zum Symbol des Leidens selbst. An dem Organ sind alle Spuren des Leides ablesbar, das die bisherigen Frauenopfer erdulden mussten (wie beispielsweise bei der vernarbten Haut des geretteten Frauenopfers), oder das Leid am Leben selbst wird an dieser Markierung verdeutlicht. Diese Grenze (und damit ebenso die erläuterte Symbolik) wird Anna nun genommen. Mit diesem Schritt scheint alles überwunden zu werden, was letztlich das Subjekt in der Gesellschaft als menschlich zu kennzeichnen scheint: kulturelle und geschlechtliche Lesbarkeit, körperliche Abgeschlossenheit – eine Identität, die sich an der Körperoberfläche manifestiert. Marie-Luise Angerer beschreibt das postsexuelle Subjekt mit dem von Donna J. Haraway umgedeuteten Begriff des Cyborgs und bezieht sich auf ebendiesen Aspekt der Lesbarkeit:

»[…] ein Hybridwesen, das den neuen postmodernen Überlebens-Anforderungen gewachsen ist: als ein Oberflächenwesen, ohne seelischen Tiefgang konzipiert, verweigert es sich der alten psychoanalytischen Geschichte von Papa und Mama. Seine Identität trägt weder die Kerben von Familientragödien noch die Narben verdrängter Sehnsüchte. Weder Traditionen noch Normen, weder geschlechtliche Identitäten noch klassenspezifische Grenzen oder unterschiedliche Hautfarben sind seine essentialistischen Identitäts-Setzungen.«[70]

Ein entscheidender Grundgedanke für die folgende Sequenzanalyse ist, dass die Figuration Annas posthumanistische Züge aufweist, jedoch nicht als eine rein utopische, den Machtstrukturen entledigte Körperlichkeit zu deuten ist, denn Anna ist ein Wesen im ›Dazwischen‹, sie übersteigt nicht völlig die menschliche Körperlichkeit (ihre Materialität ist noch vorhanden), weist aber auf zukünftige Körpermöglichkeiten hin (durch die entgrenzte, offene Körperlichkeit), welche noch nicht denkbar scheinen.

Gleichzeitig projiziert sie damit das, was nicht sichtbar ist: In ihrer Figuration ist all das zu erkennen, was sie auslässt. Das ›Auslassen‹ der Haut als Markierung der kulturellen Einschreibung zeigt zugleich auf, dass die Haut immerzu latent als solche deutbar gemacht wird, d.h., mit der Entnahme der Haut wird die kulturelle Bedeutung derselbigen erst sichtbar. Der Zuschauende erkennt, was *nicht* sichtbar ist – beispielsweise weist das uneindeutige Geschlecht von Annas posthumaner Figuration zugleich auf tradierte Geschlechterklischees hin. Indem sich ihre Körperdarstellung der Lesbarkeit verweigert, zeigt sie die Konstruktionen und die Bedeutung von körperlicher Lesbarkeit in der Gesellschaft erst auf. Ganz im Sinne Derridas: »[...] vor einem Monstrum wird man sich der Norm bewusst«[71] – gerade weil es sich derselbigen entzieht.

Anna wurde von ihrem männlichen Folterer in einem dafür konstruierten stählernen Gestell beinahe komplett gehäutet, alleine ihre Gesichtshaut ist noch vorhanden. Nach der grausamen Prozedur, die filmisch nicht vollständig umgesetzt wird, werden Annas Arme beidseitig befestigt, und eine helle Lampe wird auf ihren vollständig entblößten Körper, der nun nur noch eine offene Wunde darstellt, gerichtet. Ihre Position erinnert an die der gekreuzigten Jesus-Figur und verweist damit auf den zuvor erläuterten, religiösen Prozess der Transfiguration bzw. der ›Verklärung‹ als Ziel der Häutungs-Prozedur. Der Folterer lässt Anna in dem Raum zurück und verlässt die Kellerräume, duscht, kleidet sich, geht in die oberen Zimmer des Hauses, wo die weibliche Folterin gerade das Essen für ihr Keller-Opfer zubereitet, er bemerkt noch einen verbliebenen Blutfleck, welchen er sich im Bad abwäscht. Die Kamera bleibt dabei die ganze Zeit bei dem Folterer, zumeist folgt sie ihm als bewegte und verwackelt lebensnahe Schulterkamera. Erstmals im Film wechselt die Identifikationsebene auf das zuvor völlig entpersonalisierte Folterpaar – noch bevor sich herausstellt, dass Anna zur Märtyrerin wird (und damit ohnehin in eine andere Wirklichkeitswelt entsteigt). Einerseits wird damit deutlich, dass die Folterungen alltäglich und routiniert von dem Paar absolviert werden, andererseits wird der Zuschauende zum Komplizen. Anna ist in andere Wahrnehmungssphären aufgestiegen, und das Zuschauersubjekt wartet gespannt (mit den Sektenmitgliedern) auf das folgende Geschehen und das Ergebnis der alles übersteigenden letzten Folterung. Ein letztes Mal wird der Zuschauende (jedoch nur begrenzt) mit in Annas Welt genommen, nachdem die Frau schreiend aus dem Keller ins Obergeschoss läuft und die Anführerin telefonisch davon informiert, dass Anna den Blick aufweist, der in das Jenseits zu reichen scheint, Anna dabei aber immer noch am Leben ist. Ein harter Schnitt in die Großaufnahme von Annas Gesicht gibt den Blick auf ihre erleuchteten Augen frei: Sie blickt abwesend nach oben. Die Kamera ist direkt über ihr positioniert und fährt nun langsam immer näher auf ihr linkes Auge zu. Ein brummend rauschender Sound, der durch entferntes Flüstern und Schreien ergänzt wird, begleitet den Kamerablick, der in Annas Auge hinein und in ein gleißendes, weißes Licht führt; ein filmisches Mittel, das Marcus Stiglegger als »Signum der Transzendenz im Film« interpretiert:

»In solchen Momenten, ›lichtet‹ sich auf dem Leinwand das Nichtabbildbare, das Unbenennbare, letztlich: das Transzendentale. Werden die Grenzen menschlichen Empfindens und menschlicher Wahrnehmung erreicht, sind auch die Gesetze filmischer Bildkomposition außer Kraft gesetzt. Reines weißes Licht tritt an die Stelle der Formen und Elemente, um eine Ahnung des Höheren, des absolut Heiligen zu vermitteln. Das Nichtdarstellbare als Vision der Transzendenz funktioniert nur noch als Projektionsmoment für die individuelle Assoziationskraft der Betrachters. Reines weißes Licht fungiert als Signum der Transzendenz im Film.«[72]

Es wird verdeutlicht, dass die filmische Darstellung an ihre Grenzen stößt und damit die menschliche Vorstellungskraft, womöglich das profane Menschliche selbst. Wenn die Kamera wieder aus Annas Auge herausfährt, erblicken wir ihre Gestalt nun vor einem sehr hellen, weißen Hintergrund, der zuvor noch dunkel war: Anna ist dem Weltlichen entstiegen, sie ist transfiguriert. Die filmische Erzählung verlässt von nun an endgültig Annas Identifikationsebene, die bisher beinahe durchweg eingenommen wurde. Auch im ersten Teil des Films (der sich um Lucies Geschichte drehte) fühlten sich die Zuschauenden stets mit Annas Figur verbunden, die Lucies drastische Taten hinterfragte und auch visuell durch Kameraperspektiven ihrer Sicht immer wieder die objektivierende ZuschauerInnen-Perspektive vertrat. Von nun an sind die Zuschauenden jedoch die Verbündeten der brutalen Organisation, deren Anführerin nun anreist, um die Märtyrerin zu treffen. Wie auch die Kamera zuvor den Folterer verfolgte, folgt der Zuschauerblick nun ebenfalls der älteren Dame. Diese Kameraführung wirkt wie der Blick einer Person, die sich mitten im Geschehen befindet; sie folgt der Mademoiselle in den Raum, in dem Anna sich nun aufhält. »Haben Sie sie gesehen, die andere Welt?«, fragt die Dame, und Anna berichtet ihr flüsternd, für die Zuschauenden unhörbar. Es reisen nun die übrigen Mitglieder an, die sich in dem Haus versammeln: Alle entstammen der reichen, weißen Oberschicht. Étienne, der Assistent der Anführerin, kündigt an, dass bald alle durch die Mademoiselle aufgeklärt werden. Doch die hat sich in ein Zimmer zurückgezogen. Sie schminkt sich langsam ab, entnimmt die künstlichen Wimpern und ihr Haarteil; nahe Einstellungen dieser Prozedur der Demaskierung lassen diesen Moment persönlich, beinahe intim erscheinen. Neugierig und stellvertretend für die Zuschauenden fragt Étienne, ob Anna klar etwas erkennen konnte: »Natürlich«, entgegnet die Mademoiselle. Sie fragt Étienne, der noch auf der anderen Seite der Zimmertüre verweilt, ob er sich vorstellen könne, was nach dem Tod passiere – er verneint. Bevor sie sich mit einer Pistole in den Mund schießt, gibt sie ihm noch einen letzten Rat: »Zweifeln Sie!« – Der Bildschirm wird schwarz, es ist endgültig: Der Betrachtende weiß nun, dass

Annas Blick auf das nicht Vorstellbare

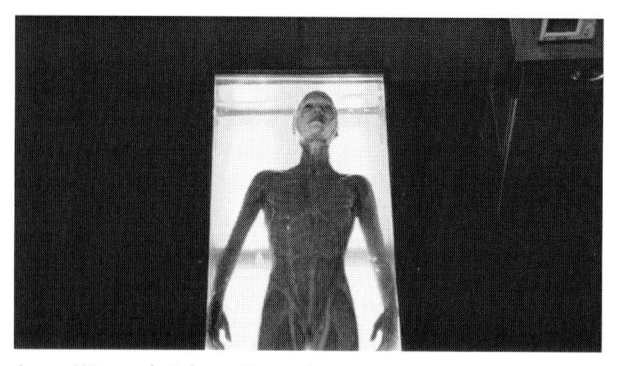

Erschütterung: Körper-Transgression als Entladung körperlicher Lesbarkeit

Annas Körper als Cyborg-Figuration

nicht aufgedeckt werden wird, was Anna gesehen hat. Eine Schrift wird eingeblendet: »*martyrs*«: *nom, adjectif; du grec »marturos«: témoin* (Märtyrer, der: Substantiv, von Griechisch »marturos«: Zeuge). Langsam wird in die Schwärze des Bildes Annas gehäuteter Körper überblendet: völlig entgrenzt und als offene Körperlichkeit in einem beleuchteten Tank voller Flüssigkeit liegend. Diese Figuration weist viele Gemeinsamkeiten mit der posthumanen Figuration eines Cyborgs auf:

> »Das ›Ich‹ ist in permanenter Konfusion mit Grenzen: Das Bild des Fluiden versinnbildlicht sowohl die Bedrohung, die dem Körperpanzer durch das Fließende geschieht, als auch dessen buchstäbliches Zerfließen. Damit wird nun deutlich, dass es sich mit diesen Bildern auch um Repräsentationen eminent psychischer Verfassungen handelt, um Krisen und Symptome, die um die Knotenpunkte von Ermächtigung und Entmächtigung kreisen, um Kohärenz und Auflösung, um den Verlust der Grenzen. Die Gemeinsamkeit zwischen faschistischem Körperpanzer, Cyborg und fluidem Morph liegt darin, dass man ihnen kein ›Ich‹ attestiert, dass sie reine Hüllen und Fleischpakete sind [...].«[73]

Damit soll hier lediglich verdeutlicht werden, dass Anna der Verkörperung posthumaner Imaginationen entspricht, jedoch in einem anderem Sinne, als es zumeist mit Cyborg-Konfigurationen in Verbindung gebracht wird.[74] Annas Körper weist deshalb posthumane Züge auf, weil sie, wie einleitend vorgeschlagen, als posthumanes Monstrum im ›Dazwischen‹ angesiedelt ist: zwischen den humanistischen Vorstellungen eines Subjektes und den posthumanen, anti-humanistischen Gedankenentwürfen.

Die Körperlichkeit Annas am Ende von MARTYRS erscheint als (all-)wissende und post-menschliche Figuration. Gleichzeitig visualisieren ihr gehäuteter Körper und ihre Verfasstheit tatsächlich eine der größten offenen Fragen der Menschheit: die Frage nach dem Tod und dem Jenseits – und diese Frage bleibt unbeantwortet. Anna lässt die Zuschauenden schlichtweg damit zurück; mehr noch: Ihre Körperlichkeit symbolisiert die offene Frage. Sie wirft die Betrachtenden durch ihre Entgrenztheit und völlige Passivität auf sich selbst zurück, auf ihre eigenen Motive, auf ihr Verlangen, das perfekte Opfer zu sehen und wissen zu wollen, was dieses weiß: Die Zuschauenden sind letztlich selbst die Organisation im Film, wie es bereits die Sequenzanalyse (durch die Analyse der Kameraführung und des damit einhergehenden Wechsels der Identifikationsebene) suggeriert hat – verbunden durch das Motiv, das ultimative Opfer sehen und dessen Antwort erfahren zu wollen.

Die finale Körperdarstellung in MARTYRS ist der Höhepunkt und gleichzeitige

Endpunkt von dem, was die Zuschauenden sehen wollen, wenn sie sich einen Body-Horror-Film (Terrorfilm) ansehen und wenn sie sich der Drastik von MARTYRS überhaupt bis zu diesem Zeitpunkt ausgesetzt haben. Diese Aspekte werden (unter anderem) durch die absolute Handlungsunfähigkeit des Opfers vorgeführt. Diese äußerste *Passivität* des präsentierten Körpers wird somit zu einer Möglichkeit der *Handlung*, und ihre offene Körperlichkeit wird performativ. Das Zuschauersubjekt ist durch den Anblick des leeren Körpers von Anna – der visualisierten offenen Frage – erschüttert, denn es erblickt eine Körperlichkeit, die weder männlich noch weiblich ist, die absolute Offenheit und gleichzeitiger Träger eines großen Geheimnisses ist, eine Körperlichkeit zwischen menschlich und unmenschlich, Leben und Tod. Der Zuschauende sieht gleichzeitig *alles und nichts*: Anna ist das perfekte Monster.

Zusammenfassung

Wie bereits erläutert, hinterfragt Judith Butler die Materialität des Körpers als Quelle, Ursprung und Voraussetzung für tradierte soziale Einschreibungen, aber nicht Materialität per se. Sie hinterfragt die Bedeutung, die dem Körper auferlegt wird, indem sie die Konstruktionen aufbricht, die denselbigen als Essenz und Keim aller Bedeutung betrachten. Der Körper ist nach Butler ein Effekt, der aus Bedeutungen hervorgeht – was aber bleibt, wenn die Bedeutung hinterfragt und die Konstruktion als solche entlarvt und dekonstruiert wurde?

Die finalen Figurationen der hier untersuchten französischen Terrorfilme verdeutlichen die These, dass an diesem Punkt eine Art körperliche Leerstelle auftaucht: die Unmöglichkeit, Körperlichkeit zu denken. Die bisher durch die Körperdarstellungen aufgeworfenen Fragen und Irritationen führen im vorliegenden Kapitel zu Figurationen, die in die Zukunft verweisen, wie an den Filmbeispielen aufgezeigt wurde. Dass die Körperfigurationen (und auch die Umgebungen, in denen sie agieren) als zukünftig präsentiert werden, ohne jedoch die Zukunftsvisionen vollständig auszudeuten, bedeutet zugleich, dass diese utopischen Körper und Welten äußerst schwer vorstellbar zu sein scheinen. Sie scheinen in der Gegenwart nicht erfüllbar, nicht intelligibel, nicht möglich. Auch die Umwelt, in der sie existieren könnten, scheint undenkbar. Dabei hinterfragen die selbstreflexiven Körper nicht einmal ihre Körperlichkeit und Materialität per se, sondern lediglich die Konstruktionen von Körperlichkeit und Weiblichkeit, deren Effekt sie sind. Zumeist streifen die Frauenkörper ihre Bestimmbarkeit ab, gehen gegen ihre Lesbarkeit vor, widersetzen sich ihr oder setzen sich zumindest damit auseinander. Zudem werden auch die sozialen Strukturen ihrer Umwelt thematisiert, die ihre Körper immerzu einordnen. Das bedeutet, dass die hier analysierten Körperdarstellungen nicht darauf verweisen, dass der Körper abgeschafft werden soll; es wird demnach kein Prozess der Entkörperlichung dargestellt, sondern es wird mit drastischen Mitteln der rezente gesellschaftliche Umgang (dies bezieht sich ebenso auf die Hinterfragung der weiblichen Körperdarstellungen im Genrekino) mit Körperlichkeit hinterfragt, vor allem mit weiblich konnotierter Körperlichkeit.

Ausschlaggebend ist hierbei, dass an den daraus entstehenden somatischen Leerstellen (Eva als alienartige Figuration und die entgrenzte Anna) im jeweiligen Abschlussbild der Filme festgehalten wird. Die physische Auflösung bis zur (geschlechtlichen) Unlesbarkeit bleibt als Zustand bestehen, und die Rückführung zu einer gefestigten Identität wird zum größten Teil verweigert. Lediglich die Gesichter der Protagonistinnen sind erkennbar, was auf eine Neufixierung von Identität in neuen Strukturen hinweist, welche jedoch *noch* nicht erfolgt ist. Damit erfüllen die Körperlichkeiten das posthumanistische Motiv des ›Dazwischen-Seins.‹ Dies ist ein Moment äußerster Irritation und gleichzeitiger Offenlegung neuer Möglichkeiten von Körperlichkeit: die erschütterte Materie als Endpunkt der Dekonstruktion.

Das Motiv der Körper-Transgression wird hierbei völlig unterschiedlich eingesetzt und visuell ausformuliert. Die Überschreitung des Körpers ist als Überschreitung körperlicher Lesbarkeit zu verstehen, und damit zusammenhängend zeigen die so entstandenen Körperdarstellungen das Moment der Jenseitigkeit auf, denn sie befinden sich in diesem Zustand jenseits kultureller Einschreibungen, jenseits der Intelligibilität, und letztlich ist es ein Versuch der Darstellung von Körpern, die jenseits der *gegenwärtigen* sozialen Wirklichkeit anzusiedeln sind; daher sind sie transgressiv. Zum einen wird dieses Element durch die tatsächliche Verletzung der Körpergrenze, der Haut, visualisiert (wie in MARTYRS, X IS FOR XXL und auch À L'INTÉRIEUR), zum anderen wird die Überschreitung in einen Bereich der Nicht-Lesbarkeit auch durch den gegenteiligen Prozess dargestellt, nämlich durch das Verdecken des Körpers (THE DIVIDE). Letztendlich werden in beiden Fällen die Körper von ihrer »metaphysischen Behausung«[75] befreit.

Diese These soll nicht bedeuten, dass mit den finalen Figurationen lediglich eine Idee Butlers visualisiert wird. Sie soll letztendlich, mit der Analyse von MARTYRS, dazu führen vorzuschlagen, dass eine visuelle physische Erschütterung stattfindet, die sich auf das Zuschauersubjekt überträgt. Denn die Hauptfigur Anna ist die einzige der bisher untersuchten Frauenfiguren, die nicht selbstreflexiv handelt. Sie ist dagegen ein völlig passives und handlungsunfähiges Opfer. Dieser Zustand führt schließlich dazu, dass die erwähnte Auseinandersetzung mit Körperlichkeit, welche sonst die Figuren innerhalb des Films ausführen, in MARTYRS konsequent auf die Zuschauenden übertragen wird. Anna wird somit eine Figur, die durch ihre absolute Passivität den Aspekt der Auseinandersetzung nach außen verlagert und damit die Zuschauenden direkt mit in den Filmprozess einbezieht. Letztlich werden über den Filmkörper und dessen Verletzungen durch die brutale Folter schockartige Affekte im Zuschauerraum ausgelöst, des Weiteren werden gesellschaftliche Körperkonstruktionen verhandelt und damit auch die des Zuschauersubjektes: Die abgebildete Körperlichkeit wird zu einer sozialen Handlung. An diesem Punkt ist die Körperlichkeit Annas auf der Leinwand eine performative Körperlichkeit *par excellence* und in einem transgressiven Austausch mit den zuschauenden Körperlichkeiten. Der erschütterte Körper ist daher letzten Endes derjenige, der im Kinosessel sitzt. ❑

Anmerkungen

1 Herbrechter, Stefan: Posthumanismus. Eine kritische Einführung. Darmstadt 2009, S. 24.
2 Ebd., S. 19.
3 Lummerding, Susanne: agency@? Cyber-Diskurse. Subjektkonstituierung und Handlungsfähigkeit im Feld des Politischen. Wien/Köln/Weimar 2005, S. 12.
4 Ebd., S. 77.
5 Ebd., S. 14.
6 Herbrechter, Posthumanismus, S. 35.
7 Lummerding, Cyber-Diskurse, S. 13.
8 Herbrechter, Posthumanismus, S. 29.

Anmerkungen

9 Herbrechter definiert Humanismus – unter anderem – als »die Idee, dass durch ständiges Identifizieren mit einer quasi-mystischen universellen menschlichen ›Natur‹ große kulturelle Errungenschaften hervorgebracht werden, die den Zusammenhalt der Menschheit als Ganzes darstellen.«, S. 15.
10 Ebd., S. 7–8.
11 Ebd., S. 7.
12 Ebd., S. 16.
13 Ebd., S. 19.
14 Ebd.
15 Miess, Julia: Neue Monster. Postmoderne Horrortexte und ihre Autorinnen. Köln/Weimar/Wien 2010, S. 185.
16 Halberstam, Judith: Skin shows. Gothic Horror and the Technology of Monsters. Durham 1995.
17 Miess, Neue Monster, S. 185.
18 Haraway, Donna: Manifest für Cyborgs. In: Die Neuerfindung der Natur. Primaten, Cyborgs und Frauen. Frankfurt am Main 1995, S. 33–72.
19 Haraway, Manifest für Cyborgs, S. 67.
20 Herbrechter, Posthumanismus, S. 76.
21 Milburn hier zitiert nach der Übersetzung von Herbrechter, Posthumanismus, S. 77.
22 Derrida, Jaques: Die Schrift und die Differenz. Frankfurt am Main 1992, S. 442.
23 Herbrechter, Posthumanismus, S. 78.
24 Halberstam, Skin Shows, S. 1.
25 Ebd., S. 6–7.
26 Becker, Barbara: Grenzmarkierungen und Grenzüberschreitungen. Anmerkungen zur aktuellen Debatte über den Körper. In: Angerer, Marie-Luise; Peters, Kathrin; Sofoulis, Zoë (Hrsg.): Future_Bodies. Zur Visualisierung von Körpern in Science und Fiction. Wien 2002, S. 267.
27 Becker, Grenzmarkierungen, S. 266.
28 Ebd.
29 Becker, Grenzmarkierungen, S. 267.
30 Berkel, Postsexualität, S. 7.
31 Ebd.
32 Ebd.
33 Ebd.
34 Clam, Jean: Lässt sich postsexuell begehren? Zur Frage nach der Denkbarkeit postsexueller Begehrensregime. In: Berkel, Irene: Postsexualität. Zur Transformation des Begehrens. Gießen 2009, S. 11.
35 Ebd.
36 Ebd., S. 12.
37 Ebd.
38 Ebd., S. 16.
39 Diese Ausführungen zum Begriff des Postsexuellen entsprechen in stark abgeänderter Form einem Artikel, der als Vorstudie dieser Arbeit veröffentlicht wurde: Kappesser, Susanne: Körper-Transzendenz. Postsexuelle Körper in MARTYRS. In: Navigationen. Zeitschrift für Medien- und Kulturwissenschaften 12 (2012), S. 81–95.
40 Clam, Lässt sich postsexuell begehren?, S. 12.
41 Ebd., S. 13.
42 Daher wurde die Analyse von FRONTIÈRE(S) nicht dem vorliegenden Kapitel der posthumanistischen Thematik zugeteilt, sondern unter dem Aspekt des Mutterbildes im vorangegangenen Kapitel analysiert.
43 Clam, Lässt sich postsexuell begehren?, S. 13–14.
44 Ebd., S. 14.
45 Ebd., S. 11.
46 Derrida, Jacques: Übergänge – Vom Trauma zum Versprechen. In: Engelmann, Peter (Hrsg.): Auslassungspunkte. Gespräche. Wien 1998, S. 390.
47 Die RegisseurInnen des Kompilationsfilms sind Nacho Vigalondo, Adrián García Bogliano, Ernesto Díaz Espinoza, Marcel Sarmiento, Angela Bettis, Noboru Iguchi, Andrew Traucki, Jorge Michel Grau, Yudai Yamaguchi, Anders Morgenthaler, Timo Tjahjanto, Ti West, Banjong Pisanthanakun, Bruno Forzani & Hélène Cattet, Simon Rumley, Adam Wingard, Simon Barrett, Srdjan Spasojevic, Jake West, Lee Herdcastle, Ben Wheatley, Kaare Andrews, Jon Schnepp, Xavier Gens, Jason Eisener und Yoshihiro Nishimura.
48 Stiglegger, Terrorkino, S. 88.
49 Ebd., S. 96–97.
50 Ebd., S. 83.
51 Ebd., S. 97.
52 Vgl. ebd., S. 93.
53 Stiglegger bezieht sich hierbei jedoch nicht im Speziellen auf MARTYRS.
54 Stiglegger, Terrorkino, S. 97.
55 Martyrs: Interview with Pascal Laugier (2009): www.electricsheepmagazine.co.uk/features/2009/05/02/martyrs-interview-with-pascal-laugier/ [20.04.2014].
56 Shelton, Inskriptionen, S. 323.
57 Vgl. hierzu Shelton, die in ihrer Studie auf die Zeichenhaftigkeit der Haut verweist: »Die Haut vermittelt zwischen den unsichtbaren

58 Clam, Lässt sich postsexuell begehren?, S. 11.
59 Ebd.
60 Vgl. Bataille, Die Erotik.
61 Becker, Grenzmarkierungen und Grenzüberschreitungen, S. 267.
62 Kuni, Vera: Mythische Körper. Cyborg-Configurationen als Formationen der (Selbst-) Schöpfung im Imaginationsraum technologischer Kreation: Alte und neue Mythologien von »künstlichen Menschen«. In: www.medienkunstnetz.de/themen/cyborg_bodies/mythische-koerper_I/, (Medien Kunst Netz 2004) [15.04.2014].
63 Verklären: »jemanden, etwas ins Überirdische erhöhen und seiner Erscheinung ein inneres Leuchten, Strahlen verleihen.« www.duden.de/rechtschreibung/verklaeren, abgerufen am 30.05.2014.
64 Bataille, Georges: Die Tränen des Eros. München 1993.
65 Stiglegger, Terrorkino, S. 91.
66 Eine interessante und kritische Betrachtung der Gewaltdarstellung in MARTYRS in Auseinandersetzung mit Bataille findet sich in den Ausführungen von Benjamin Moldenhauer: Ästhetik des Drastischen. Welterfahrung und Gewalt im Horrorfilm. Berlin 2016, S. 314ff.
67 Clam, Lässt sich postsexuell begehren?, S. 12.
68 Siehe einleitendes Zitat von Kuni, die sich auf Nietzsche bezieht.
69 Auch Lucies invasiver Amoklauf im ersten Teil des Films lässt eine solche Kritik erahnen, denn letztlich ist die Familienidylle, die vor Lucies Auftauchen präsentiert wird eine reine Fassade, hinter welcher das schiere Grauen verborgen ist.
70 Angerer, Marie-Luise: Postsexuelle Körper. The Making of ... Begehren, digitales. In: www.medienkunstnetz.de/themen/cyborg_bodies/postsexuelle_koerper/1/ [02.04.2014]
71 Derrida, Übergänge – Vom Trauma zum Versprechen, S. 390.
72 Stiglegger, Marcus: Heiliges Licht. Reines Licht als Signum der Transzendenz im Film. In: filmdienst 22 (2007), S. 6.
73 Volkart, Yvonne: Monströse Körper: Der verrückte Geschlechtskörper als Schauplatz monströser Subjektverhältnisse. In: www.medienkunstnetz.de/themen/cyborg_bodies/monstroese_koerper/1/ [20.02.2014].
74 Diese sind teilweise auch kritisch zu betrachten, können die Figurationen doch auch Gefahr laufen, tradierte Geschlechterklischees zu stützen: »Ein weiterer Aspekt in dieser Debatte um die fluiden digitalen Körper kommt hinzu, wenn wir die damit verhängten Geschlechterbilder betrachten. Es zeigt sich nämlich, dass die fluiden (Techno-) Körper und –Subjektivitäten in der Repräsentation und Rezeption häufig mit Weiblichkeitsbildern analogisiert werden. [...] Weiblich ist das, was morpht, zerfließt, wiederaufersteht, was reiner fluider und immaterieller Informationscode, antihumanistisch und schwächlich ist.« Volkart, Monströse Körper, Seite 8; vgl. auch Lummerdings Ausführungen zu Haraway, Cyber-Diskurse, S. 80ff.
75 Butler, Körper von Gewicht, S. 56.

(pathologischen) Vorgängen in der Körperinnen- und der Außenwelt. Als Fläche ist die Haut somit zeichenhaft oder, anders formuliert, semantisch codiert.«, S. 324.

Der kulturelle Handlungskörper: Eine Schlussbetrachtung

Filmische Körperlichkeiten vermögen es, performativ auf die Zuschauenden zu wirken. Es ist die gleichberechtigte Verbindung von unmittelbaren somatischen Affekten und kulturellen Affizierungen, die ein intensives Filmerlebnis ausmachen. Die Analysen der Körperdarstellungen haben ebendies aufgezeigt: Die weiblichen Filmkörper des neuen französischen Terrorfilms präsentieren nicht nur gesellschaftlich relevante Körperkonzeptionen, sie stehen in einem transgressiv-performativen Austausch mit den zuschauenden Körperlichkeiten und agieren so letztlich als soziokulturelle Handlungen.

Durch die ›Irritation‹ im ersten filmanalytischen Kapitel wurde deutlich, dass die Hauptfigur Marie in HAUTE TENSION innerhalb tradierter Genremechanismen performt, um eine Möglichkeit der Handlung zu erlangen. Sie imaginiert eine überaus maskuline Figur, und mit diesem Akt bringt sie selbst ebensolche Genre-Strukturen hervor. Dies ist vergleichbar mit den Konzeptionen von Judith Butler, die die normative Gesellschaft ebenso deutet: Die heterosexuelle Matrix funktioniert, indem Subjekte deren Strukturen entsprechend performen (binäre Geschlechtsidentifikation). Damit bedingen und ›verursachen‹ sich Subjekte und Matrix gegenseitig, denn sie bringen sich reziprok selbst hervor. Ausschlaggebend ist in diesem Zusammenhang, dass dies lediglich durch eine Form von Ausschluss möglich sein kann. Die Norm muss sich ständig selbst bestätigen und definieren, wodurch vermeintlich uneindeutige Subjekte verbannt werden. Doch diese schlagen irgendwann auf das System zurück, ganz so wie Marie in HAUTE TENSION. Die Sequenzanalysen des entsprechenden Kapitels zeigen auf, dass in unterschiedlicher Art und Weise mit Geschlechterperformanzen gespielt wird. Entweder performt die Hauptfigur ihre ›Weiblichkeit‹ verstärkt, um durch Eindeutigkeit innerhalb patriarchaler Strukturen Handlungsfähigkeit zu erlangen (LA HORDE), oder die Erlangung von Eindeutigkeit erfolgt, wie in MUTANTS, nicht durch die körperliche Performanz von Geschlecht, sondern durch den Verweis auf die Schwangerschaft als biologische Beschaffenheit des Körpers. Der Schluss des Films stellt die ausschließende Matrix gar bildlich durch den eingezäunten Bereich dar, in dem sich Sonia befindet.

Die junge Charlotte in LA MEUTE wird radikal für ihre aufrechterhaltene gendertransgressive Performanz bestraft, indem die menschenfressenden Schattenfiguren ihre vermeintliche Männlichkeit durch eine Vergewaltigung und eine symbolischen Kastration definieren. Sie führen als Horrorfiguren gewissermaßen das aus, was den menschlichen männlichen Vertretern nicht gelungen ist (die Bikerbande und Charlottes Freund Max). Diese Ansätze der Körperdarstellungen (in Kombination mit den restlichen filmischen Mitteln, die in den Analysen herausgestellt wurden)

Der kulturelle Handlungskörper: Eine Schlussbetrachtung

kulminieren in HAUTE TENSION zu einer Metaebene, die letztlich auf die Zuschauenden performativ zurückwirkt. Maries Identität springt von einer Realitätsebene in die andere, und auch ihre geschlechtliche Performanz wechselt stetig. Schlussendlich stellt sich heraus, dass die Performanz eines eindeutigen Geschlechts gar die Wahrnehmung der ›Realität‹ bestimmt. Das normativ geprägte Konzept von Körper – Geschlecht – Identität wird somit letztlich völlig irritiert. Was diese Form der Affizierung bedeuten könnte, wird im Folgenden noch vorgeschlagen werden.

Der ohnehin drastische Körperhorror, der in dem zweiten Analysekapitel relevant ist, wird durch die performativen Filmkörper in ihrer Funktion als kulturelle Affizierung verstärkt. Denn gekoppelt sind die Gewaltdarstellungen an die sozialen Konzeptionen von Mutterkörpern. Dies ist ein äußerst verstörender Ansatz, der als ›Angriff‹ auf die Körperlichkeit (und die Körpergrenzen) der Zuschauenden gedeutet werden kann. Der Körperhorror wird auf diese Weise, erst durch die kulturelle Affizierung, geradezu verinnerlicht und intensiviert. Das verstörende (angreifende) Mutter-Konzept ist letztlich eines, das sich dem tradierten entgegenstellt. Dabei trifft eine Mutter mit Entscheidungs- und Handlungsmacht auf das Imago der allumfassenden Mutter, in die das Leben hineinfließt und aus der es ebenso hervorgeht. In Filmen wird dieses Konzept aufgegriffen, indem es, wie beispielsweise in ALIEN (Alien – Das unheimliche Wesen aus einer fremden Welt; 1979; R: Ridley Scott) als übergeordnetes Gestaltungselement in Form der *archaic mother* auftaucht (etwa durch die körperhafte Ausformung der Kulisse, die schwunghaften Gänge des feindlichen Schiffes, oder durch Geburtssequenzen innerhalb des »Motherships«). Zudem kann das Konzept, wie Baudry es vorschlägt, in der Zuschauerposition im Kino selbst verankert sein. Eine Mutter, die als Subjekt erkennbar und sichtbar ist und die zudem noch Entscheidungen trifft, welche unangenehm und verstörend sind (Abtreibung), steht dem nun entgegen und greift die möglicherweise im Kreislauf der archaischen Mutter schwelgenden Zuschauenden direkt an.

Schließlich offeriert das letzte Kapitel zwei Formen von weiblichen Körperlichkeiten, die aus solchen Auseinandersetzungen mit weiblichen Körperkonstruktionen hervorgehen können: die gestärkte, aber entrückte Körperlichkeit von Eva oder aber die völlig entgrenzte, offene Körperlichkeit von Anna. Während sich Eva selbst sozusagen eine zusätzliche Körperhülle aneignet (durch den Schutzanzug) und damit unleserlich wird, wird der absolut passiven Anna die Körperhülle entfernt, und sie transformiert auf diese – völlig entgegengesetzte – Weise zur unlesbaren Körperlichkeit. Beide Körperlichkeiten schweben letztlich im absolut Ungewissen: in einer apokalyptischen, noch unberechenbaren Umwelt oder in einer ungreifbaren, transzendenten Dimension, die außerhalb der profanen Welt anzusiedeln ist. Dementsprechend scheinen diese Körperlichkeiten – die sich im ›Dazwischen‹ befinden – aufzuzeigen, dass sie heute noch nicht denkbar sind, nicht in der rezenten sozialen Wirklichkeit.

Doch was genau sagt diese Feststellung über die derzeitige Gesellschaft und über die heutigen Konstruktionen von Weiblichkeit aus? Die Botschaft ist pessimistisch. Denn es scheint, als ob Körper, die sich nicht der tradierten Lesbarkeit fügen wollen, nicht anerkannt sind – sie müssen als utopische Monster erscheinen.

Um zu erörtern, ob die Filme bezüglich der Frauenfiguren subversiv sind, ist es wich-

Der kulturelle Handlungskörper: Eine Schlussbetrachtung

tig darzulegen, wo die Quelle des Horrors anzusiedeln ist. Die Analysen decken auf, dass die Filme eine Metaebene etablieren, die offeriert, dass die Frauenfiguren nicht als Quelle des Bösen fungieren, sondern aus ebendieser als Effekte hervorgehen: Die Quelle des Bösen sind demnach die Strukturen, in denen die Frauenkörper agieren.

Wie Marie, die vom heteronormativen System ausgegrenzt wird, oder Yasmine, die sich angesichts des Terrors der realen Welt gezwungen sieht, ihr Kind abzutreiben.

Wenn sich die junge Frau in der Prologsequenz von FRONTIÈRE(S) für eine Abtreibung entscheidet, um dann mit bedrohlichen Porträtbildern als Quelle des Bösen performativ auf das Publikum einzuwirken, wird bei genauerer Betrachtung deutlich, dass erst die realen Umstände innerhalb der gesellschaftlichen Umgebung die Frau dazu treiben, ihr Kind nicht auf die Welt bringen zu wollen. Der Verlauf und hauptsächlich der Schluss des Films scheinen diese Entscheidung zu unterstützen. Vor allem, wenn ihr die Alternative (nicht abzutreiben) in Person einer überzeichneten, bizarren Mutterfigur entgegengestellt wird, die dem brutalen Patriarchat Von Geislers völlig unterworfen ist.

In THE DIVIDE wird die westliche Gesellschaft mit ihren Herrschaftsstrukturen nicht nur für obsolet erklärt, sondern zudem als völlig selbstzerstörerisch dargestellt; lediglich eine junge Frau geht daraus hervor, um auf eine neue, andere zukünftige Umwelt zu verweisen.

Die reiche, weiße Oberschicht in MARTYRS ist die Quelle des absoluten Terrors, der Schluss des Films setzt gar das Publikum mit der Organisation auf eine (Identifikations-)Stufe: Liegt das Böse vielleicht in uns selbst?

Diese Feststellung führt wiederum zu dem Ansatz der performativen Körperlichkeit als kulturelle Handlung und schließt damit den Kreis. Indem die Ursache des Terrors in der westlichen sozialen Wirklichkeit angesiedelt ist, aus der die jeweiligen körperlichen Performanzen hervorgehen, wird letztlich der Horror auf die Zuschauenden (und deren eigene soziale Umgebung) zurückgeworfen. Wenn das Böse in der Gesellschaft liegt, sozusagen mitten unter den Zuschauenden, wer performt dann die Körperlichkeiten, die auf der Kinoleinwand präsentiert werden?

Wir sind es.

Danksagung

Zu großem Dank bin ich meinem Doktorvater Prof. Dr. Marcus Stiglegger verpflichtet. Er hat mich in jeder Phase dieser Arbeit sehr engagiert und zuverlässig betreut und hat mich dazu inspiriert, mich auch Themen anzunähern und zu widmen, die in der wissenschaftlichen Landschaft als ungewöhnlich erscheinen. Seine Offenheit und Förderung haben diese Arbeit ermöglicht.

Meinem Zweitgutachter PD Dr. habil. Andreas Rauscher möchte ich ebenfalls für die Betreuung und die wertschätzende wissenschaftliche Auseinandersetzung mit meiner Arbeit danken.

Sabrina Dittus möchte ich für Korrekturen, vor allem aber für die konstruktiven, inspirierenden und ermutigenden Gespräche danken. Ihre Erfahrung und Freundschaft waren und sind eine große Bereicherung für mich.

Romi Agel danke ich ebenfalls für die Korrekturarbeit und die nützlichen Anregungen (hauptsächlich für den ersten Teil dieser Arbeit). Von besonderem Wert waren mir ihre stets aufbauenden Worte.

Meinem Vater, Gerald Kappesser, möchte ich dafür danken, dass er auf meinem Lebensweg immer an mich geglaubt hat. Diese wichtige Unterstützung hat mir das Zutrauen vermittelt, diese Aufgabe anzunehmen und bewältigen zu können.

Stefanie Schnellbächer möchte ich für die langjährige und enge Freundschaft danken, die mir auch durch die Zeit der Promotion geholfen hat. Die fröhliche und unbeschwerte Zeit mit ihr haben mir die wichtigen Auszeiten ermöglicht.

Mein größter Dank gilt Gisela Kappesser und Manuel Roos. Meine Mutter hat mir zu jeder Zeit der Promotion und in allen Bereichen das wertvolle Gefühl der Sicherheit gegeben. Sie hat mir auf vielfältige Weise ein Fundament in meinem Leben vermittelt, das unter anderem dieses Buch ermöglicht hat. Manuel Roos hat mich in all meinen Entscheidungen gestützt und bestärkt. Mit seiner Selbstlosigkeit und seiner großen Stärke hat er die Zeit der Promotion – und darüber hinaus – mit mir durchlebt und mir zur Seite gestanden. Ihnen beiden ist diese Arbeit gewidmet.

Literaturverzeichnis

Agel, Romi: Taktile Sinnlichkeit. Zu den Körperlandschaften bei Claire Denis. In: Stiglegger, Marcus; Ritzer, Ivo (Hrsg.): Global Bodies. Mediale Repräsentationen des Körpers. Berlin 2012, S. 55–64.

Angerer, Marie-Luise: Antihumanistisch, Posthuman. Zur Inszenierung des Menschen zwischen dem Spiel der Strukturen und der Limitation des Körpers. In: Angerer, Marie-Luise; Peters, Kathrin; Sofoulis, Zoë (Hrsg.): Future_Bodies. Zur Visualisierung von Körpern in Science und Fiction. Wien 2002, S. 223–251.

Angerer, Marie-Luise: Einführende Überlegungen: Verschiebungen im Denken von Geschlecht, Sexualität und Subjekt. In: Angerer, Marie-Luise; König, Christiane (Hrsg.): Gender goes Life. Die Lebenswissenschaften als Herausforderung für die Gender Studies. Bielefeld 2008, S. 7–18.

Angerer, Marie-Luise (Hrsg.): The Body of Gender. Körper. Geschlechter. Identitäten. Wien 1995.

Austin, John L.: How to Do Things with Words. Cambridge 1962.

Austin, John L.: Zur Theorie der Sprechakte, Elfte Vorlesung. In: Wirth, Uwe (Hrsg.): Performanz. Zwischen Sprachphilosophie und Kulturwissenschaften. Frankfurt am Main 2002, S. 72–82.

Austin, John L.: Zur Theorie der Sprechakte. How to do things with words. Stuttgart 1979.

Babka, Anna; Bidwell-Steiner, Marlen: Gender, Lesbian Phallus und Fantasy Echoes. In: Babka, Anna; Bidwell-Steiner, Marlen (Hrsg.): Obskure Differenzen. Psychoanalyse und Gender Studies. Gießen 2013, S. 248–268.

Barker, Jennifer M.: The Tactile Eye. Touch and the cinematic Experience. Berkley/Los Angeles/London 2009.

Bataille, Georges: Die Erotik. München 1994.

Bataille, Georges: Die Tränen des Eros. München 1993.

Baudry, Jean-Louis: Ideological Effects of the Basic Cinematographic Apparatus. In: Rosen, Philip (Hrsg.): Narrative, Apparatus, Ideology. New York 1986, S. 286–298.

Baudry, Jean-Louis: The Apparatus: Metapsychological Approaches to the Impression of Reality in the Cinema. In: Rosen, Philip (Hrsg.): Narrative, Apparatus, Ideology. New York 1986, S. 299–318.

Bernold, Monika; Braidt, Andrea B.; Preschl, Claudia (Hrsg.): Screenwise. Film/Fernsehen/Feminismus. Marburg 2004.

Birks, Chelsea; Keller, Dana (Hrsg.): Cinephile. Contemporary Extremism. The University of British Columbia's Film Journal 8 (2012).

Becker, Barbara: Grenzmarkierungen und Grenzüberschreitungen. Anmerkungen zur aktuellen Debatte über den Körper. In: Angerer, Marie-Luise; Peters, Kathrin; Sofoulis, Zoë (Hrsg.): Future_Bodies. Zur Visualisierung von Körpern in Science und Fiction. Wien 2002, S. 251–272.

Benjamin, Walter: Das Kunstwerk im Zeitalter seiner technischen Reproduzierbarkeit. In: Schöttker, Detlev (Hrsg): Medienästhetische Schriften. Frankfurt am Main 2002, S. 351–386.

Literaturverzeichnis

Bergfleth, Gerd: Leidenschaft und Weltinnigkeit. Zu Batailles Erotik der Entgrenzung. In: Bergfleth, Gerd (Hrsg): Die Erotik. München 1994, S. 313–396.

Bergmann, Franziska; Schößler, Franziska; Schreck, Bettina (Hrsg.): Gender Studies. Bielefeld 2012.

Berkel, Irene: Postsexualität. Zur Transformation des Begehrens. Gießen 2009.

Beugnet, Martine; Ezra, Elizabeth: Traces of the Modern: An alternative History of French Cinema. In: Studies in French Cinema 10 (2010), S. 11–38.

Beugnet, Martine: Cinema and Sensation. Edinburgh 2007.

Beugnet, Martine: French Cinema of the Margins. In: Ezra, Elizabeth (Hrsg.): European Cinema. Oxford 2003, S. 283–298.

Beugnet, Martine: The Wounded Screen. In: Horeck, Tanya; Kendall Tina (Hrsg.): The New Extremism in Cinema. From France to Europe. Edinburgh 2011, S. 29–42.

Bischoff, Eva; Netzwerk Körper (Hrsg.): What can a body do? Praktiken und Figurationen des Körpers in den Kulturwissenschaften. Frankfurt am Main 2012.

Bischof, Rita: Souveränität und Subversion. Georges Batailles Theorie der Moderne. München 1984.

Bordieu, Pierre: Die feinen Unterschiede. Kritik der gesellschaftlichen Urteilskraft. Frankfurt am Main 1987.

Braidotti, Rosi: Biomacht und posthumane Politik. In: Angerer, Marie-Luise; König, Christiane (Hrsg.): Gender goes Life. Die Lebenswissenschaften als Herausforderung für die Gender Studies. Bielefeld 2008, S. 41–62.

Brauerhoch, Annette: Die gute und die böse Mutter. Kino zwischen Melodrama und Horror. Marburg 1996.

Brauerhoch, Annette: Utopische Materialität? Zum Dialog des Körperlichen im Kino. In: Zumbusch, Cornelia; Hasselmann, Kristiane; Schmidt, Sandra (Hrsg.): Utopische Körper. München 2004, S. 105–116.

Bublitz, Hannelore: Judith Butler zur Einführung. Hamburg 2002.

Butler Judith: Phantasmatische Identifizierung und die Annahme des Geschlechts. In: Institut für Sozialforschung Frankfurt (Hrsg.): Geschlechterverhältnisse und Politik. Frankfurt am Main 1994, S. 101–138.

Butler, Judith: Das Unbehagen der Geschlechter. Frankfurt am Main 1991.

Butler, Judith: Die Macht der Geschlechternomen und die Grenzen des Menschlichen. Frankfurt am Main 2012.

Butler, Judith: Kontigente Grundlagen: Der Feminismus und die Frage der Postmoderne. In: Benhabib, Seyla; Butler, Judith; Cornell, Drucilla; Fraser, Nancy (Hrsg.): Der Streit um die Differenz. Feminismus und Postmoderne in der Gegenwart. Frankfurt an Main 1993, S. 31–58.

Butler, Judith: Körper von Gewicht. Die diskursiven Grenzen des Geschlechts. Berlin 1995.

Butler, Judith: Performative Akte und Geschlechtskonstitution. Phänomenologie und feministische Theorie. In: Wirth, Uwe (Hrsg.): Performanz. Zwischen Sprachphilosophie und Kulturwissenschaften. Frankfurt am Main 2002, S. 301–322.

Butler, Judith: Transgression und Medialität. Lanas Imitation: Melodramatische Wiederholung und das Performativ des Geschlechts. In: Bettinger, Elfi; Ebrecht, Angelika (Hrsg.): Querelles. Jahrbuch für Frauenforschung (Bd.5). Stuttgart 2000, S. 29–49.

Carroll, Noël: The Philosophy of Horror or Paradoxes of the Heart. New York 1990.

Case, Sue-Ellen: Tracking the Vampire (Extract). In: Gelder, Ken (Hrsg.): The Horror-Reader. New York/Oxon 2000, S. 198–209.

Clam, Jean: Lässt sich postsexuell begehren? Zur Frage nach der Denkbarkeit postsexueller Begehrensregime. In: Berkel, Irene: Postsexualität. Zur Transformation des Begehrens. Gießen 2009, S. 11–30.

Clover, Carol J.: Her Body, Himself: Gender in the Slasher Film. In: Jancovich, Mark (Hrsg.): Horror. The Film Reader New York 2002, S. 77–90.

Clover, Carol J.: Men, Women and Chainsaws. Gender in the modern Horror Film. Princeton 1992.

Copjec, Joan: Vampires, Breast-Feeding, and Anxiety (Extract). In: Gelder, Ken (Hrsg.): The Horror-Reader. New York/Oxon 2000, S. 152–63.

Corrigan, Timothy: Zwischen Himmel und Hölle. Die denaturalisierte Welt des SINGING DETECTIVE. In: Felix, Jürgen (Hrsg.): Unter die Haut. Signaturen des Selbst im Kino der Körper. St. Augustin 1998, S. 293–306.

Creed, Barbara: Kristeva, Femininity, Abjection. In: Gelder, Ken (Hrsg.): The Horror-Reader. New York/Oxon 2000, S. 64–70.

Creed, Barbara: Monstrous-Feminine. Film, Feminism, Psychoanalysis. New York 1993.

Culler, Jonathan D.: Dekonstruktion. Derrida und die poststrukturalistische Literaturtheorie. Hamburg 1994.

Curtis, Robin: Deixis, Imagination und Perzeption. Bestandteile einer performativen Theorie des Films. In: Wenzel, Horst; Jäger, Ludwig (Hrsg.): Deixis und Evidenz. Freiburg 2008, S. 141–260.

Curtis, Robin: How Do We Do Things with Films? In: Nessel, Sabine; Pauleit, Winfried; Rüffert, Christine; Schmid, Karl-Heinz; Tews, Alfred (Hrsg.): Wort und Fleisch. Kino zwischen Text und Körper. Berlin 2008.

Deleuze, Gilles: Foucault. Frankfurt am Main 1992.

Derrida, Jacques: Übergänge – Vom Trauma zum Versprechen. In: Engelemann, Peter (Hrsg.): Auslassungspunkte. Gespräche. Wien 1998, S. 377–398.

Derrida, Jaques: Die Schrift und die Differenz. Frankfurt am Main 1992.

Derrida, Jaques: Marx'ens Gespenster. Frankfurt am Main 1995.

Dittus, Sabrina: Subjektivität, Sexualität und Materialität: Eine Auseinadersetzung mit dem Ansatz des Corporeal Feminism. In: Frauenrat der Universität Konstanz (Hrsg.): Gender Studies. Vortragsreihe an der Universität Konstanz 1996, S. 19–29.

Doane, Mary Ann: Remembering women: psychical and historical constructions in film theory. The Australian Journal of Media and Culture 1 (1987).

Doane, Mary Anne: The Voice in the Cinema: The Articulation of Body and Space. In: Rosen, Philip (Hrsg.): Narrative, Apparatus, Ideology. New York 1986, S. 335–348.

Fahlenbach, Kathrin: Audiovisuelle Metaphern. Zur Körper- und Affektästhetik in Film und Fernsehen. Marburg 2010.

Felix, Jürgen (Hrsg.): Die Postmoderne im Kino. Ein Reader. Marburg 2002.

Felix, Jürgen (Hrsg.): Moderne Film Theorie. Mainz 2002.

Felix, Jürgen (Hrsg.): Unter die Haut. Signaturen des Selbst im Kino der Körper. Bd. 3. St. Augustin 1998.

Fischer-Lichte, Erika: Ästhetik des Performativen. Frankfurt am Main 2004.

Fischer-Lichte, Erika: Entgrenzungen des Körpers. Über das Verhältnis von Wirkungsästhetik und Körpertheorie. In:

Literaturverzeichnis

Fischer-Lichte, Erika; Fleig, Anne (Hrsg.): Körper-Inszenierungen. Präsenz und kultureller Wandel. Tübingen 2000.

Fischer-Lichte, Erika: Performativität. Eine Einführung. Bielefeld 2012.

Fischer-Lichte, Erika; Suthor, Nikola (Hrsg.): Verklärte Körper. Ästhetiken der Transfiguration. München 2006.

Fischer-Lichte, Erika: Verkörperung/Embodiment. Zum Wandel einer alten theaterwissenschaftlichen in eine neue kulturwissenschaftliche Kategorie. In: Fischer-Lichte, Erika; Horn, Christian; Warstat, Matthias (Hrsg.): Verkörperung. Tübingen 2001, S. 11–28.

Fleig, Anne: Körper-Inszenierungen: Begriff, Geschichte, kulturelle Praxis. In: Fischer-Lichte, Erika; Fleig, Anne (Hrsg.): Körper-Inszenierungen. Präsenz und kultureller Wandel. Tübingen 2000, S. 7–18.

Foucault, Michel: Archäologie des Wissens. Frankfurt am Main 1981.

Foucault, Michel: Der Wille zum Wissen. Sexualität und Wahrheit 1. Frankfurt am Main 1983.

Foucault, Michel: Die Aussage definieren. In: Wirth, Uwe (Hrsg.): Performanz. Zwischen Sprachphilosophie und Kulturwissenschaften. Frankfurt am Main 2002, S. 111–120.

Foucault, Michel: Schriften in vier Bänden. Dits et Ecrits Band 1 1954–1969. Frankfurt am Main 2001.

Foucault, Michel: Vorrede zur Überschreitung. Frankfurt am Main 2001 (Dits et Ecrits. Schriften Bd. 1).

Frei Gerlach, Franziska: Schrift und Geschlecht: Feministische Entwürfe und Lektüren von Marlen Haushofer, Ingeborg Bachmann und Anne Duden. Berlin 1998.

Freud, Sigmund: Das Unheimliche. Bremen 2012.

Friedrich, Andreas (Hrsg.): Filmgenres. Fantasy- und Märchenfilm. Stuttgart 2003.

Funk, Julia (Hrsg.): Körper-Konzepte. Tübingen 1999.

Gabbard, Krin; Luhr, William (Hrsg.): Screening Genders. Brunswick/New Jersey/London 2008.

Gelder, Ken (Hrsg.): The Horror Reader. New York/Oxon 2000.

Goodall, Jane: Unter Strom. Zukünftige Körper und das Fin de Siècle. In: Angerer, Marie-Luise; Peters, Kathrin; Sofoulis, Zoë (Hrsg.): Future_Bodies. Zur Visualisierung von Körpern in Science und Fiction. Wien 2002, S. 301–321.

Grant, Barry Keith (Hrsg.): The Dread of Difference. Gender and the Horror Film. Austin 1996.

Grant, Barry Keith (Hrsg.): Film Genre Reader III. Austin 2007.

Grundmann, Wolfgang: Die Zukunft des Körpers? In: Stiglegger, Marcus (Hrsg.): Kino der Extreme. Kulturanalytische Studien. St. Augustin 2002, S. 118–130.

Halberstam, Judith: Female Masculinity. In: Bergmann, Franziska; Schößler, Franziska; Schreck, Bettina (Hrsg.): Gender Studies. Bielefeld 2012, S. 175–194.

Halberstam, Judith; Livingston, Ira: Posthuman Bodies. Bloomington/Indianapolis 1995.

Halberstam, Judith: Skin shows. Gothic Horror and the Technology of Monsters. Durham 1995.

Hammer, Carmen; Stieß, Immanuel: Einleitung. In: Hammer, Carmen; Spieß, Immanuel (Hrsg.): Die Neuerfindung der Natur. Primaten, Cyborgs und Frauen. Frankfurt am Main/New York 1995, S. 9–32.

Hanich, Julian: Cinematic Emotions in Horror Films and Thrillers. The Aesthatetic Paradox of Pleasurable Fear. New York 2010.

Haraway, Donna: Manifest für Cyborgs. In: Die Neuerfindung der Natur. Primaten, Cyborgs und Frauen. Frankfurt am Main 1995, S. 33–72.

Herbrechter, Stefan: Posthumanismus. Eine kritische Einführung. Darmstadt 2009.

Herding, Klaus; Gehring, Gerlinde (Hrsg.): Orte des Unheimlichen. Die Faszination verborgenen Grauens in Literatur und bildender Kunst. Göttingen 2006.

Herwig, Jana: Mann oder Maus, Mensch oder Maschine? Körpersemantik in Zack Snyders 300. In: Hoffmann, Dagmar (Hrsg.): Körperästhetiken. Filmische Inszenierungen von Körperlichkeit. Bielefeld 2010, S. 59–76.

Hickethier, Knut: Film- und Fernsehanalyse. Stuttgart 2001.

Hoffmann, Dagmar: Sinnliche und leibhaftige Begegnungen – Körper (-ästhetiken) in Gesellschaft und Film. In: Hoffmann, Dagmar (Hrsg.): Körperästhetiken. Filmische Inszenierungen von Körperlichkeit. Bielefeld 2010, S. 11–34.

Höltgen, Stephan; Baum, Patrick: Lexikon der Postmoderne. Von Abjekt bis Žižek. Bochum/Freiburg 2010.

Horeck, Tanya; Kendall, Tina (Hrsg.): The New Extremism in Cinema. From France to Europe. Edinburgh 2011.

Howe, Jan Niklas: Wiedererkennen und Angst. Das Unheimliche als ästhetische Emotion. In: Doll, Martin; Gaderer, Rupert; Camilletti, Fabio; Howe, Jan Niklas (Hrsg.): Phantasmata. Techniken des Unheimlichen. Wien/Berlin 2011, S. 47–62.

Huet, Marie-Hélène: Introduction to Monstrous Imagination. In: Gelder, Ken (Hrsg.): The Horror-Reader. New York/Oxon 2000, S. 84–89.

Jancovich, Mark (Hrsg.): Horror. The Film Reader New York 2002.

Jutz, Gabriele: Die Physis des Films. Techniken der Körperrepräsentation in der Filmavantgarde. In: Felix, Jürgen (Hrsg.): Unter die Haut. Signaturen des Selbst im Kino der Körper. St. Augustin 1998, S. 339–350.

Kamper, Dietmar; Wulf Christoph: Die Wiederkehr des Körpers. Frankfurt am Main 1982.

Kappesser, Susanne: Inside. Die weibliche Körperinszenierung als transgressives Spiel mit dem Abjekten im neuen französischen Genrekino. In: Stiglegger, Marcus; Ritzer, Ivo (Hrsg.): Global Bodies. Mediale Repräsentatoonen des Körpers. Berlin 2012, S. 160–174.

Kappesser, Susanne: Körper-Transzendenz. Postsexuelle Körper in MARTYRS. In: Navigationen. Zeitschrift für Medien- und Kulturwissenschaften 12 (2012), S. 81–95.

Käufer, Birgit; Karentzos, Alexandra; Sykora, Katharina (Hrsg.): Körperproduktionen. Zur Artifizialität der Geschlechter. Marburg 2002.

Kimmerle Heinz: Derrida zur Einführung. Hamburg 1992.

Klippel, Heike: Das Unwesen. Subjektivität und Geschlechtlichkeit im Horrorfilm. In: Fritz, Jochen; Stewart, Neil (Hrsg.): Das schlechte Gewissen der Moderne. Kulturtheorie und Gewaltdarstellung in Literatur und Film nach 1968. Köln 2006, S. 211–230.

Klippel, Heike; Knieper, Thomas: Transamerica – Roadmovie und Familienfilm über die Entdramatisierung der Geschlechterrollen. In: Hoffmann, Dagmar (Hrsg.): Körperästhetiken. Filmische Inszenierungen von Körperlichkeit. Bielefeld 2010, S. 189–208.

Koch, Gertrud: Latenz und Bewegung im Feld der Kultur. Rahmungen einer performativen Theorie des Films. In: Krä-

Literaturverzeichnis

mer, Sybille (Hrsg): Performativität und Medialität. München 2004, S. 163–188.

Koebner, Thomas: In der Haut der anderen. Männer als Frauen – Frauen als Männer. In: Felix, Jürgen (Hrsg.): Unter die Haut. Signaturen des Selbst im Kino der Körper. St. Augustin 1998, S. 179–192.

Köhne, Julia; Kuschke, Ralph; Meteling, Arno (Hrsg.): Splatter Movies. Essays zum modernen Horrorfilm. Berlin 2005.

Kracauer, Siegfried: Die Errettung der physischen Realität. In: Franz-Josef Albersmeier (Hrsg.): Texte zur Theorie des Films. Stuttgart 2001, S. 241–255.

Krämer, Sybille: Performativität und Medialität. München 2004.

Krämer, Sybille: Sprache-Stimme-Schrift: Sieben Gedanken über Performativität als Medialität. In: Wirth, Uwe (Hrsg.): Performanz. Zwischen Sprachphilosophie und Kulturwissenschaften. Frankfurt am Main 2002, S. 277–300.

Krämer, Sybille: Was haben Performativität und Medialität miteinander zu tun? Plädoyer für eine in Aisthetisierung gründende Konzeption des Performativen. In: Krämer, Sybille (Hrsg.): Performativität und Medialität. München 2004, S. 13–32.

Kristeva, Julia: Die Revolution der poetischen Sprache. Frankfurt am Main 1978.

Kristeva, Julia: Ellipsis on Dread and the Specular Seduction. In: Rosen, Philip (Hrsg.): Narrative, Apparatus, Ideology. New York 1986, S. 236–243.

Kristeva, Julia: Powers of Horror. An Essay on Abjection. New York 1982.

Krüger Oliver: Die Vervollkommnung des Menschen. Tod und Unsterblichkeit im Posthumanismus und Transhumanismus. Transit – Europäische Revue 33 (2007).

Krüger, Oliver: Gnosis im Cyberspace? Die Körperutopien des Posthumanismus. In:

Zumbusch, Cornelia; Hasselmann, Kristiane; Schmidt, Sandra (Hrsg.): Utopische Körper. München 2004, S. 131–148.

Kuhn, Annette: Women's pictures: Feminism and Cinema. London 1993

Lackner, Susanne: Zwischen Muttermord und Muttersehnsucht. Die literarische Präsentation der Mutter-Tochter-Problematik der écriture féminine. Würzburg 2003.

Lauretis de, Teresa: Through the Looking-Glass. In: Rosen, Philip (Hrsg.): Narrative, Apparatus, Ideology. New York 1986, S. 360–374.

Lummerding, Susanne: »Weibliche« Ästhetik? Möglichkeiten und Grenzen einer Subversion von Codes. Wien 1994.

Lummerding, Susanne: agency@? Cyber-Diskurse. Subjektkonstituierung und Handlungsfähigkeit im Feld des Politischen. Wien/Köln/Weimar 2005.

Marks, Laura U.: The Skin of the Film. Intercultural Cinema, Embodiement and the Senses Durham 2000.

Masschelein, Anneleen: Zwischen Animismus und Computeranimation. Das Unheimliche als Unbegriff im 20. und 21. Jahrhundert. In: Doll, Martin; Gaderer, Rupert; Camilletti, Fabio; Howe, Jan Niklas (Hrsg.): Phantasmata. Techniken des Unheimlichen. Wien/Berlin 2011, S. 19–46.

Mathes, Christiane: Feel my touch, respond to it – Taktile Elemente in den Filmen von Darren Aronofsky. In: Bär, Peter; Schneider, Gerhard (Hrsg.): Darren Aronofsky. Im Dialog: Psychoanalyse und Filmtheorie Band 9. Gießen 2012, S. 21–36.

Max Horkheimer, Theodor W. Adorno: Dialektik der Aufklärung. Philosophische Fragmente. Frankfurt am Main 1988.

Merleau-Ponty, Maurice: Phänomenologie der Wahrnehmung. Berlin 1966.

Meteling, Arno: Monster. Zur Körperlichkeit und Medialität im modernen Horrorfilm. Bielefeld 2006.

Metelmann, Jörg: Skimena. Haut, Emotion, Körperphantasie und kinästhetisches Subjekt am Beispiel von Black Swan. In: Stiglegger, Marcus; Ritzer, Ivo (Hrsg.): Global Bodies. Berlin 2012, S. 30–42.

Metz, Christian: Psychoanalysis and Cinema. The Imaginary Signifier, London 1983.

Miess, Julia: Neue Monster. Postmoderne Horrortexte und ihre Autorinnen. Köln/Weimar/Wien 2010.

Milburn, Colin Nazhone: Monsters in Eden: Derrida and Darwin. In: Modern Language Notes 118.3 (2003), S. 603–621.

Moldenhauer, Benjamin: Ästhetik des Drastischen. Welterfahrung und Gewalt im Horrorfilm. Berlin 2016.

Monaco, James: Film und neue Medien. Lexikon der Fachbegriffe. Hamburg 2000.

Morsch, Thomas: Der Körper des Zuschauers. Elemente einer somatischen Theorie des Kinos. In: Medienwissenschaft 3 (1997), S. 271–289.

Morsch, Thomas: Medienästhetik des Films: Verkörperte Wahrnehmung und ästhetische Erfahrung im Kino. München 2011.

Morsch, Thomas: Zur Ästhetik des Schocks. Der Körperdiskurs des Films, AUDITION und die ästhetische Moderne. In: Nessel, Sabine; Pauleit, Winfried; Rüffert, Christine; Schmid, Karl-Heinz; Tews, Alfred (Hrsg.): Wort und Fleisch. Kino zwischen Text und Körper. Berlin 2008, S. 10–26.

Mulvey, Laura: Visuelle Lust und narratives Kino. In: Franz-Josef Albersmeier (Hrsg.): Texte zur Theorie des Films. Stuttgart 1998, S. 389–408.

Munster, Anna: Von der Wiederkehr des schwindenden Körpers. In: Angerer, Marie-Luise; Peters, Kathrin; Sofoulis, Zoë (Hrsg.): Future_Bodies. Zur Visualisierung von Körpern in Science und Fiction. Wien 2002, S. 143–162.

Nagl-Docekal, Herta: Feministische Philosophie. Ergebnisse, Probleme, Perspektiven. Frankfurt am Main 1999.

Nessel, Sabine; Pauleit, Winfried: Vorwort. In: Nessel, Sabine; Pauleit, Winfried; Rüffert, Christine; Schmid, Karl-Heinz; Tews, Alfred (Hrsg.): Wort und Fleisch. Kino zwischen Text und Körper. Berlin 2008.

Nietzsche, Friedrich: Jenseits von Gut und Böse. Vorspiel einer Philosophie der Zukunft. Leipzig 1981.

Pabst, Manfred: Bild – Sprache – Subjekt: Traumtexte und Diskurseffekte bei Freud, Lacan, Derrida, Beckett und Deleuze/Guattari. Würzburg 2004.

Pagel, Gerda: Lacan zur Einführung. Hamburg 1989.

Palmer, Tim: Brutal Intimacy. Analyzing contemporary French Cinema. Middletown 2011.

Palmer, Tim: Style and Sensation in the Contemporary French Cinema of the Body. In: Journal of Film and Video 58.3 (2006), S. 22–32.

Palmer, Tim: Under your skin: Marina de Van and the contemporary French cinéma du corps. In: Studies in French Cinema 6 (2006), S. 171–181.

Penley, Constance (Hrsg.): Feminism and Film Theory. London 1988.

Peucker, Brigitte: The material Image. Art and the Real in Film. Stanford 2007.

Peters, Kathrin: Zur Unschärfe des Zukünftigen. Einleitende Überlegungen. In: Angerer, Marie-Luise; Peters, Kathrin; Sofoulis, Zoë (Hrsg.): Future_Bodies. Zur Visualisierung von Körpern in Science und Fiction. Wien 2002, S. 1–20.

Peucker, Brigitte: Verkörpernde Bilder – das Bild des Körpers. Films und die anderen Künste. Berlin 1999.

Literaturverzeichnis

Platon: Timaios. Sämtliche Werke Band 5. Hamburg 1959.

Preschl, Claudia: Geschlechterverhältnisse im Blickfeld von Liebe und Begehren. Ein Beitrag zum Kino. In: Angerer, Marie-Luise (Hrsg.): The Body of Gender. Körper.Geschlechter.Identitäten. Wien 1995, S. 131–150.

Quandt, James: Flesh and Blood. Sex and Violence in Recent French Cinema. In: Horeck, Tanya; Kendall, Tina (Hrsg.): The New Extremism in Cinema. From France to Europe. Edinburgh 2011, S. 18–25.

Rappe, Michael (Hrsg.): Methoden der Populärkulturfoschung. Interdisziplinäre Perspektiven auf Film, Fernsehen, Musik, Internet und Computerspiele. Berlin 2012, S. 85–114.

Reichel, Ingeborg: Der achte Tag der Schöpfung. Zu utopischen Körperentwürfen in der zeitgenössischen Kunst. In: Zumbusch, Cornelia; Hasselmann, Kristiane; Schmidt, Sandra (Hrsg.): Utopische Körper. München 2004, S. 61–76.

Renz, Thilo: Gewalt weiblicher Figuren als resignifizierendes Sprechen. THELMA UND LOUISE, BAISE-MOI und Judith Butlers Politik des Performativen. In: Fritz, Jochen; Stewart, Neil (Hrsg.): Das schlechte Gewissen der Moderne. Kulturtheorie und Gewaltdarstellung in Literatur und Film nach 1968. Köln 2006, S. 179–210.

Ritzer, Ivo: Bodies that Splatter. Grenzen des Geschlechts im Giallo. In: Navigationen. Zeitschrift für Medien- und Kulturwissenschaften 12 (2012), S. 16–33.

Robnik, Drehli: Der Körper ist OK. Die Splatter Movies und ihr Nachlaß. In: Felix, Jürgen (Hrsg.): Unter die Haut. Signaturen des Selbst im Kino der Körper. St. Augustin 1998, S. 235–278.

Robnik, Drehli: Körper-Erfahrung und Film-Phänomenologie. Filmanalyse: SAVING PRIVATE RYAN. In: Felix, Jürgen (Hrsg.): Moderne Film Theorie. Mainz 2002, S. 246–286.

Sarasin, Philipp: Abu Ghraib, terrorist vermin und der utopische Körper der Nation. In: Zumbusch, Cornelia; Hasselmann, Kristiane; Schmidt, Sandra (Hrsg.): Utopische Körper. München 2004, S. 167–192.

Sarasin, Philipp: Michel Foucault zur Einführung. Hamburg 2005.

Schaub, Miriam; Wenner, Stefanie: Einleitung. In: Schaub Miriam (Hrsg.): Körper-Kräfte. Diskurse der Macht über den Körper. Bielefeld 2004, S. 7–20.

Schuegraf, Martina: Girl, Interrupted: Zur Performativität des Körpers im Film. In: Hoffmann, Dagmar (Hrsg.): Körperästhetiken. Filmische Inszenierungen von Körperlichkeit. Bielefeld 2010, S. 167–188.

Schmitz, Sigrid; Degele, Nina: Embodying – ein dynamischer Ansatz für Körper und Geschlecht in Bewegung. In: Degele, Nia (Hrsg.): Gendered Bodies in Motion. Opladen 2010.

Shaviro, Steven: The Cinematic Body. Minnesota 1993.

Shelton, Catherine: Unheimliche Inskriptionen. Eine Studie zu Körperbildern im postklassischen Horrorfilm. Bielefeld 2008.

Smelik, Anneke: And the Mirror cracked. Feminist Cinema an Film Theory. London 1998.

Sobchack, Vivian: The Address of the Eye: A Phenomenology of Film Experience. Princeton 1992.

Sobchak, Vivian: Carnal Thoughts. Embodiement and moving image culture. Berkley/Los Angeles/lLondon 2004.

Sofoulis, Zoë: Post-, Nicht- und Parahuman. Ein Beitrag zu einer Theorie soziotechnischer Personalität. In: Angerer, Marie-Luise; Peters, Kathrin; Sofoulis, Zoë (Hrsg.): Future_Bodies. Zur Visualisierung von Körpern in Science und Fiction. Wien 2002, S. 273–300.

Stiglegger, Marcus; Kleiner, Marcus S.: Vom organlosen Körper zum Cinematic Body und zurück. Deleuze und die Körpertheorie des Films. In: Sanders, Olaf; Winter, Rainer (Hrsg.): Bewegungsbilder nach Deleuze. Klagenfurter Beiträge Band 4. Köln 2014, S. 250–277.

Stiglegger, Marcus: Die Seduktionstheorie des Films. Verführungsstrategien filmischer Inszenierung am Beispiel von Philippe Grandrieux' SOMBRE (1999). In: Kleiner, Marcus S.; Rappe, Michael (Hrsg.): Methoden der Populärkulturforschung. Interdisziplinäre Perspektiven auf Film, Fernsehen, Musik Internet und Computerspiele. Berlin 2012, S. 85–114.

Stiglegger, Marcus: Fe|Male Transgressions. Überschreitungen der Geschlechtergrenzen in den Filmen von David Croneneberg und Monika Treut. In: Berkel, Irene (Hrsg.): Postsexualität. Zur Transformation des Begehrens. Gießen 2009, S. 49–62.

Stiglegger, Marcus: Haptische Bilder. Das performative Körperkino von Philippe Grandrieux. In: Stiglegger, Marcus; Ritzer, Ivo (Hrsg.): Global Bodies. Berlin 2012, S. 42–55.

Stiglegger, Marcus: Heiliges Licht. Reines Licht als Signum der Transzendenz im Film. In: film-dienst 22 (2007), S. 6–9.

Stiglegger, Marcus: Im Angesicht des Äußersten. Der Kampf als Grenzsituation und performative Kadenz im zeitgenössischen Kriegsfilm. In: Kappelhoff, Herrmann; Gaerner, David; Pogodda, Cilli (Hrsg.): Mobilisierung der Sinne: Der Hollywood-Kriegsfilm zwischen Genrekino und Historie. Berlin 2013, S. 144–159.

Stiglegger, Marcus: Julian Hanich: Cinematic Emotion in Horror Films and Thrillers. In: Zeitschrift für Fantastikforschung 4 (2012), S. 137.

Stiglegger, Marcus: Ästhetik der Auflösung. Zur Zerstörung des Körpers in der Industrial Culture. In: Felix, Jürgen (Hrsg.): Unter die Haut. Signaturen des Selbst im Kino der Körper. St. Augustin 1998, S. 279–292.

Stiglegger, Marcus: Ritual und Verführung. Schaulust, Spektakel und Sinnlichkeit im Film. Berlin 2006.

Stiglegger, Marcus; Ritzer, Ivo: Film | Körper. Beiträge zu einer somatischen Medientheorie. In: Navigationen. Zeitschrift für Medien- und Kulturwissenschaften 12 (2012), S. 7–15.

Stiglegger, Marcus; Ritzer, Ivo: Körper, Medium, Repräsentation. Einleitende Bemerkungen. In: Stiglegger, Marcus; Ritzer, Ivo (Hrsg.): Global Bodies. Mediale Repräsentationen des Körpers. Berlin 2012, S. 9–21.

Stiglegger, Marcus: Splitter. Filmemacher zwischen Autorenfilm und Mainstreamkino. In: Stiglegger, Marcus (Hrsg.): Splitter im Gewebe. Filmemacher zwischen Autorenfilm und Mainstreamkino. Mainz 2000, S. 11–26.

Stiglegger, Marcus: Terrorkino. Angst/Lust und Körperhorror. Berlin 2010.

Stiglegger, Marcus: Zwischen Konstruktion und Transzendenz. Versuch zur filmischen Anthropologie des Körpers. In: Fröhlich, Margit; Middel Reinhard (Hrsg.): No Body is perfect. Körperbilder im Kino. Marburg 2002, S. 9–28.

Studlar, Gaylyn: In the Realm of Pleasure. Von Sternberg, Dietrich and the masochistic Aesthetic. Chicago 1988.

Tischlederer, Bärbel: They are Called Boobs. Zur Aufwertung des Körpers im aktuellen Hollywoodkino. In: Fröhlich Margit; Middel Reinhard (Hrsg.): No Body

is perfect. Körperbilder im Kino. Marburg 2002, S. 55–70.
Todorov, Tzvetan: Definition of the Fantastic. In: Gelder, Ken (Hrsg.): The Horror-Reader. New York/Oxon 2000, S. 14–19.
Trimmel, Gerald: Körperdiskurse und Mythen der Gewalt im Film Terminator 2. In: Hoffmann, Dagmar (Hrsg.): Körperästhetiken. Filmische Inszenierungen von Körperlichkeit. Bielefeld 2010, S. 35–58.
Villa, Paula-Irene: Sexy Bodies. Eine soziologische Reise durch den Geschlechtskörper. Wiesbaden 2011.
Volkart, Yvonne: Das Fliessen der Körper. Weiblichkeit als Metapher des Zukünftigen. In: Angerer, Marie-Luise; Peters, Kathrin; Sofoulis, Zoë (Hrsg.): Future_Bodies. Zur Visualisierung von Körpern in Science und Fiction. Wien 2002, S. 163–182.
Vossen, Ursula (Hrsg.): Filmgenres. Horrorfilm. Stuttgart 2004.
Vossen, Ursula: Konvergenz der Geschlechter. Frauenrollen, Männerbilder – in den Filmen von Almodóvar. In: Felix, Jürgen (Hrsg.): Unter die Haut. Signaturen des Selbst im Kino der Körper. St. Augustin 1998, S. 157–178.
Wiechens, Peter: Bataille zur Einführung. Hamburg 1995.
Wiemer, Serjoscha: Maschine, Soma, Interface. Körperkonfigurationen im Science Fiction Film. In: Zumbusch, Cornelia; Hasselmann, Kristiane; Schmidt, Sandra (Hrsg.): Utopische Körper. München 2004, S. 117–130.
Williams, Linda: Film Body: An Implantation of Perversions. In: Rosen, Philip (Hrsg.): Narrative, Apparatus, Ideology. New York 1986, S. 507–534.
Williams, Linda: Film Bodies: Gender, Genre and Excess. In: Film Quarterly 44 (1991), S. 2–13.
Williams, Linda: When the Woman Looks. In: Jancovich, Mark (Hrsg.): Horror. The Film Reader New York 2002, S. 61–66.
Wirth, Uwe (Hrsg.): Performanz. Zwischen Sprachphilosophie und Kulturwissenschaften. Frankfurt am Main 2002.
Wirth, Uwe: Der Performanzbegriff im Spannungsfeld von Illokution und Iteration und Indexikalität. In: Wirth, Uwe (Hrsg.): Performanz. Zwischen Sprachphilosophie und Kulturwissenschaften. Frankfurt am Main 2002, S. 9–60.
Zumbusch, Cornelia; Hasselmann, Kristiane; Schmidt, Sandra: Vom Einwandern der Utopie in den Körper. Zur Einleitung. In: Zumbusch, Cornelia; Hasselmann, Kristiane; Schmidt, Sandra (Hrsg.): Utopische Körper. München 2004, S. 11–28.

Internetquellen

Angerer, Marie-Luise: Postsexuelle Körper. The Making of ... Begehren, digitales. In: www.medienkunstnetz.de/themen/cyborg_bodies/postsexuelle_koerper/1/ [02.04.2014].
Fleig, Michael: »The Body is everything. The story is nothing.« Philippe Grandrieux' Spielfilmdebüt lotet die Möglichkeiten des Films jenseits der Repräsentationslogik aus. In: www.critic.de/film/sombre-4261/ [20.06.2014].
Kuni, Vera: Mythische Körper. Cyborg-Configurationen als Formationen der (Selbst-)Schöpfung im Imaginationsraum technologischer Kreation: Alte und neue Mythologien von »künstlichen Menschen«. In: www.medienkunstnetz.de/themen/cyborg_bodies/mythische-koerper_I/, (Medien Kunst Netz 2004) [15.04.2014].

Martyrs: Interview with Pascal Laugier (2009). In: www.electricsheepmagazine.co.uk/features/2009/05/02/ martyrs-interview-with-pascal-laugier/ [20.04.2014].

Polan, Dana: Film Theory Re-Assessed. In: Continuum. The Australian Journal of Media and Culture 1 (1987). In: wwwmcc.murdoch.edu.au/ReadingRoom/1.2/Polan.html [15.06.2013].

Romney, Jonathan: Le Sex and Violence. In: The Independent 12 (2010). In: www.independent.co.uk/arts-entertainment/films/features/le-sex-and-violence-6161908.html [18.06.2014].

Schaub, Miriam: Der Horror des Alltäglichen. Das Spiel mit dem Unerträglichen und die verblüffenden Ähnlichkeiten zwischen Monstern und Liebhabern. In: www.dgae.de/downloads/Mirjam_Schaub.pdf [19.01.2014].

Schmitz, Bettina: Veränderungen am Ort der Frau. Muttermord und Sprache bei Julia Kristeva. In: www.diotimafilosofe.it/down.php?t=3&id=194 [05.03.2014].

Stiglegger, Marcus: Ein Genre unter Verdacht: Terrorkino. Vortrag 2010. In: http://vimeo.com/12528681[03.05.2014].

Stiglegger, Marcus im Gespräch mit Die Welt online: Blut tut gut – Die neue Lust am Horror. In: www.welt.de/kultur/article2482599/Blut-tut-gut-Die-neue-Lust-am-Horror.html [13.06.2014].

Stiglegger, Marcus: Körpertheorie der Medien. Eine Einführung. In: www.ikonenmagazin.de/artikel/Koerpertheorie_der_Medien_Stiglegger.html.

Volkart, Yvonne: Monströse Körper: Der verrückte Geschlechtskörper als Schauplatz monströser Subjektverhältnisse. In: www.medienkunstnetz.de/themen/cyborg_bodies/monstroese_koerper/1/ [20.02.2014].

Volkart, Yvonne: Was ist Cyberfeminismus? Zum Reader: First Cyberfeminist International. Hybrid Workspace, Kassel, 20.-28. September 1997. In: www.xcult.org/volkart/pub_d/kritiken/wasiastCyberfem.html [05.02.2013].

Voss, Christiane: Zur Konstitution der Phänomenalität cinematografischer Illusion. In: Sonderforschungsbereich 626 (Hrsg.): Ästhetische Erfahrung: Gegenstände, Konzepte, Geschichtlichkeit. Berlin 2006. In: www.sfb626.de/veroeffentlichungen/online/aesth_erfahrung/aufsaetze/voss1.pdf, S. 8 [11.10.2013].

Index

A

ABCS OF DEATH, THE 34
À L'INTÉRIEUR 14, 19, 34, 67, 113, 114, 117, 119, 121, 126, 127, 128, 136, **137–149**, 151, 155, 179, 190
Aja, Alexandre 12, 18, 66, 93, 112, 137

B

Bataille, Georges 27–29, 117, 119–121, 127, 148, 149, 177, 180, 182, 192
Beugnet, Martine 13–15, 133
BLUTGERICHT IN TEXAS 18
Brauerhoch, Annette 122, 123
Bustillo, Alexandre 14, 113, 137
Butler, Judith 24, 25, 34, 66–76, 78–81, 84, 90, 93, 95, 99–101, 105, 108, 109, 111, 113, 125–128, 137, 154, 189, 190, 193

C

Case, Sue-Ellen 77, 78, 103, 104
Clam, Jean 162–164, 167, 180, 183
Creed, Barbara 21, 40, 119, 122, 151
Curtis, Robin 27, 43–46, 59

D

Dahan, Yannick 14
Derrida, Jacques 37, 48, 49, 164, 172, 186

DIVIDE, THE 11, 12, 16, 18, 22, 34, 67, 137, 155, 160, 162, **164–173**, 182, 184

E

ENTER THE VOID 16, 23

F

Fischer-Lichte, Erika 41, 42, 43, 45, 47, 49, 51–55, 60, 62, 74
Foucault, Michel 27, 34, 37, 38, 69, 70, 111
Freud, Sigmund 80, 96, 112, 115, 122, 140
FRONTIÈRE(S) 11, 14, 18, 19, **128–136**, 137–140, 151, 155, 164, 165, 179, 191

G

Gens, Xavier 11, 18, 34, 155, 164, 172, 173, 191

H

Halberstam, Judith 159–161
Haraway, Donna 159, 185
HAUTE TENSION 12, 18, 19, 21, 23, 60, 64–68, 72–74, 78, 81, 82, 85, 92, **93–108**, 109, 110, 137, 140, 154
Herbrechter, Stefan 156
HIGH TENSION s. HAUTE TENSION
Hooper, Tobe 18
HORDE, LA 14, 19, 72, 73, 81, **82–92**, 109, 128, 154

I

INSIDE s. À L'INTÉRIEUR
IRRÉVERSIBLE 16

K

Koch, Gertrud 23, 47–51, 58
Kristeva, Julia 21, 40, 114–119, 121, 123–128, 131, 132, 137, 142, 144, 147, 151, 152

L

Lacan, Jacques 27, 79, 80, 84, 100, 101, 115, 122, 124, 147
Laugier, Pascal 12, 18, 155, 174

M

MARTYRS 12, 18, 19, 22, 23, 34, 60, 64, 67, 155–157, 160, 162–164, **174–189**, 190
Maury, Julien 14, 113, 137, 155
MEUTE, LA 11, 67, 73, 81–83, 89–90, 109, 128, 137, 154
Morsch, Thomas 30, 40, 41, 50, 59, 63
Mulvey, Laura 123
MUTANTS 72, 73, 81, **82–92**, 109, 128

R

Richard, Franck 11
Rocher, Benjamin 14

S

Shaviro, Steven 27–29, 38, 46, 51, 53, 54
Shelton, Catherine 25, 29, 30, 56–58, 178
Stiglegger, Marcus 17–19, 28, 29, 34, 45–47, 49, 53, 54, 56, 57, 64, 65, 137, 175, 176, 186, 191

T

TEXAS CHAIN SAW MASSACRE, THE 18

W

Williams, Linda 30, 40, 51, 55, 57, 161

X

X IS FOR XXL 155, 164, **172–173**, 174, 190

Reihe Medien/Kultur

Lars Robert Krautschick
Gespenster der Technokratie
Medienreflexionen im Horrorfilm

Thomas Morsch
Vom Abbild zum Affekt
Zur Ästhetik der
Postkinematografie

Anke Steinborn
**Der neo-aktionistische
Aufbruch.** Zur Ästhetik des
»American Way of Life«

Wilma Kiener
**Leben und Sterben bei
den Leinwandvölkern**
Todesrituale im Spielfilm

Ivo Ritzer /
Marcus Stiglegger (Hg.)
Global Bodies. Mediale
Repräsentationen des Körpers

Thomas Küpper
Filmreif. Das Alter in
Kino und Fernsehen

Thomas Klein
**Geschichte – Mythos –
Identität**
Zur globalen Zirkulation des
Western-Genres

Clauda Bruns / Asal Dardan /
Anette Dietrich (Hg.)
»Welchen der Steine du hebst«
Filmische Erinnerung an
den Holocaust

Petra Kissling-Koch
Macht(t)räume
Der Production Designer
Ken Adam und die James-
Bond-Filme

Oksana Bulgakowa (Hg.)
Resonanz-Räume
Die Stimme und die Medien

Stefan Höltgen /
Michael Wetzel (Hg.)
Killer/Culture
Serienmord in der
populären Kultur

www.bertz-fischer.de
mail@bertz-fischer.de
Newsletter: bertz-fischer.de/newsletter

Filmgeschichte / -theorie

Bettina Henzler / Winfried Pauleit (Hg.)
Kino und Kindheit
Figur – Perspektive – Regie

Winfried Pauleit / Rasmus Greiner / Mattias Frey
Audio History des Films
Sonic Icons – Auditive Histosphäre – Authentizitätsgefühl

Deutsches Filminstitut – DIF
Eva Lenhardt / Andreas Rauscher
Film und Games
Ein Wechselspiel

Aidan Power / Delia González de Reufels / Rasmus Greiner / Winfried Pauleit (Eds.)
Reality Unbound
New Departures in Science Fiction Cinema [Englisch]

C. Bernd Sucher / Stefan Fischer (Hg.)
Jenseits der Frontlinien
Texte zum modernen israelischen Film

Rainer Rother / Vera Thomas (Hg.)
Linientreu und populär
Das Ufa-Imperium 1933 bis 1945

Kristina Jaspers / Nils Warnecke / Gerlinde Waz / Rüdiger Zill (Hg.)
Future Worlds
Science • Fiction • Film

Rainer Rother / Annika Schaefer (Hg.)
Future Imperfect
Science • Fiction • Film [Englisch]

Connie Betz / Julia Pattis / Rainer Rother (Hg.)
Deutschland 1966. Filmische Perspektiven in Ost und West

Kristina Jaspers / Rüdiger Zill (Hg.)
Werner Herzog
An den Grenzen

Günter Agde / Alexander Schwarz (Hg.)
Die rote Traumfabrik
Meschrabpom-Film und Prometheus (1921–1936)

www.bertz-fischer.de
mail@bertz-fischer.de
Newsletter: bertz-fischer.de/newsletter

Reihe Deep Focus

Benjamin Moldenhauer
Ästhetik des Drastischen
Welterfahrung und Gewalt im Horrorfilm

Jörn Ahrens
Einbildung und Gewalt
Film als Medium gesellschaftlicher Konfliktbearbeitung

Sven Kramer
Transformationen der Gewalt im Film
Über Riefenstahl, Améry, Cronenberg, Egoyan, Marker, Kluge, Farocki

Wieland Schwanebeck (Hg.)
DER WEISSE HAI revisited
Steven Spielbergs JAWS und die Geburt eines amerikanischen Albtraums

Sonja M. Schultz
Der Nationalsozialismus im Film
Von TRIUMPH DES WILLENS bis INGLOURIOUS BASTERDS

Elisabeth Bronfen / Ivo Ritzer / Hannah Schoch (Hg.)
Ida Lupino
Die zwei Seiten der Kamera

Sabine Moller
Zeitgeschichte sehen
Die Aneignung von Vergangenheit durch Filme und ihre Zuschauer

Norbert Grob / Bernd Kiefer
Bruch der Weltenlinie
Zum Kino der Moderne: Essays – Porträts – Hommagen

Norbert Grob
Drei Meister in Hollywood
Erich von Stroheim – William Wyler – Otto Preminger

Christian Weber
Gus Van Sant
Looking for a Place Like Home

Harald Steinwender
Sergio Leone
Es war einmal in Europa

www.bertz-fischer.de
mail@bertz-fischer.de
Newsletter: bertz-fischer.de/newsletter

Terrorkino / Girls with Guns

Marcus Stiglegger
Terrorkino
Angst/Lust und Körperhorror
Kultur & Kritik 1
108 Seiten | 45 Fotos | Paperback | A6

»Wenn es ein pauschal angefeindetes Kino gibt, dann ist es das des Blutes. In westlichen Gesellschaften gilt der schädigende Charakter expliziter Gewaltdarstellungen als ausgemacht, weshalb viele sie nur allzu gerne zugunsten einer besseren Welt ausgemerzt sähen. [Das Buch] steuert dem nun entgegen und setzt sich facettenreich mit jenen Filmen auseinander, die das Zeigen von Gewalt zum Inhalt haben. Stiglegger plädiert nachdrücklich für ihre grundsätzliche Existenzberechtigung als Fiktionalisierungen eines ebenso schmerzhaften wie bedeutsamen Themas bei der Abarbeitung an der conditio humana.« (film-dienst)

Julia Reifenberger
Girls with Guns
Rape & Revenge Movies:
Radikalfeministische
Ermächtigungsfantasien?
Sexual Politics 5
120 Seiten | 53 Fotos | Paperback | A6

Rape & Revenge-Filme – inhaltlich höchst unterschiedlich und ideologisch ambivalent – sind immer Teil eines zeitaktuellen geschlechterpolitischen Diskurses. Der Band analysiert und diskutiert das Genre im kultur- und filmhistorischen Zusammenhang.

»Eine spannende Aufbereitung eines der thematisch heikelsten Untergenres des Exploitationfilms.« (taz.de/popblog) | »Ein lesenswerter Band, sprachlich und filmhistorisch überzeugend.« (Missy Magazin)

www.bertz-fischer.de
mail@bertz-fischer.de
Newsletter: bertz-fischer.de/newsletter